国家社会科学基金重大项目（15ZDA053）
国家社会科学基金重点项目（14AZD021）
文化名家暨“四个一批”人才项目（中宣干字〔2018〕86号）
江苏省自然科学基金项目（BK20171422）
江苏产业集群决策咨询研究基地成果

产业集聚、环境污染与环境规制研究

Study on Industrial Agglomeration, Environmental Pollution and Environmental Regulation

朱英明　张　珩　李玉见◎著

经济管理出版社
ECONOMY & MANAGEMENT PUBLISHING HOUSE

图书在版编目（CIP）数据

产业集聚、环境污染与环境规制研究/朱英明，张珩，李玉见著．—北京：经济管理出版社，2019.12

ISBN 978－7－5096－4362－4

Ⅰ．①产… Ⅱ．①朱… ②张… ③李… Ⅲ．①产业集群—关系—环境规划—研究—中国 Ⅳ．①F269.23 ②X32

中国版本图书馆 CIP 数据核字(2019)第 255489 号

组稿编辑：申桂萍
责任编辑：魏晨红
责任印制：黄章平
责任校对：王淑卿

出版发行：经济管理出版社
（北京市海淀区北蜂窝 8 号中雅大厦 A 座 11 层　100038）
网　　址：www.E－mp.com.cn
电　　话：（010）51915602
印　　刷：三河市延风印装有限公司
经　　销：新华书店
开　　本：720mm×1000mm/16
印　　张：21.5
字　　数：374 千字
版　　次：2019 年 12 月第 1 版　　2019 年 12 月第 1 次印刷
书　　号：ISBN 978－7－5096－4362－4
定　　价：88.00 元

目　录

第一章 导论

本章重点对本书的研究背景、研究意义、研究价值、主要框架、研究内容、创新程度、突出特色和主要建树等方面做简要介绍。

一、研究背景

人类活动与环境相互作用问题的研究可以追溯到马尔萨斯（Malthus）时代。1798 年，马尔萨斯在著名的《人口论》中提出，在缺乏技术进步的条件下，人口增长最终将达到资源基础的极限。18 世纪工业革命后，世界人口开始快速增长，人类经济活动正以前所未有的水平影响和改变着全球环境。20 世纪 70 年代早期，Commoner、Ehrlich 和 Holden 的争论产生了著名的 IPAT 公式（Commoner 等，1971），该公式概括了人类活动对环境的影响，即人类活动的总环境影响（I）是人口规模（P）、富裕程度（A）和技术进步（T）的乘积（Marin 和 Mazzanti，2009）。经济活动在本质上具有空间集聚的特征，产业集聚是经济活动的普遍现象。正如 1994 年《经济学家》论述的那样，甚至最新的产业也在遵守地理集中的老规则（Malmberg，1996）。作为人类重要经济活动的产业集聚现象，对生态环境产生了广泛而深刻的影响，因为空间上密集的经济活动比空间上分散的经济活动对生态环境的影响更为深刻与复杂。美国耶鲁大学最新公布的《全球环境指数报告》强调，在全球范围内，不断推进的工业生产、城市建设和交通发展所产生的空气污染，对人们生命健康的危害越来越大，因空气污染造成的死亡人数在过去十年中持续上升。对于处于产业集聚快速发展阶段的中国而言，在 179 个国家与地区的“2016 环境指数排行榜”榜单中位居第 109 位。

2012 年 9 月联合国环境规划署（UNEP）发布《全球环境展望报告 5》

（GEO－5），在这份环境评估报告中，中国和亚太地区其他国家的可持续政策和行动被认为是“实现全球环境目标和全球经济增长的发动机”。尽管如此，随着我国城镇化和工业化的深入推进，产业集聚及其人口集中引发的环境问题，尤其是城市大气环境问题，仍然令人不容乐观。例如，2013 年，京津冀、长三角、珠三角等重点产业集聚区及直辖市、省会城市和计划单列市共 74 个城市，按照新的《环境空气质量标准》（GB 3095—2012）进行监测，对 SO_2、NO_2、PM10、PM2. 5 年均值，CO 日均值和 O_3 日最大 8 小时均值进行评价，74 个城市中仅海口、舟山和拉萨三个城市空气质量达标，占 4. 1%；超标城市比例为 95. 9%。三大重点产业集聚区中，京津冀和珠三角产业集聚区所有城市均未达标，长三角产业集聚区仅舟山六项污染物全部达标。除局地气象条件外，大气污染物排放、沙尘、外部源区域输送、燃煤、机动车尾气、排放、扬尘等对环境空气质量的影响程度和影响范围，归根结底都取决于区域发展过程中的产业集聚及其人口集中的强度。2013 年，全国 SO_2 排放总量中，工业源排放占 89. 8%，生活源排放占 10. 2%；氮氧化物排放总量中，工业源排放占 69. 4%，生活源排放占 1. 8%，机动车排放占 28. 8%。工业源排放当然是来自经济增长过程，尤其是产业集聚过程，而与产业集聚相伴随的人口快速集聚则是生活源和机动车排放高速增长的根本原因。燃煤、机动车、扬尘等污染排放是空气质量下降的表面原因，而高速经济增长过程中的产业集聚及其人口集中则是影响城市环境空气质量的“幕后推手”。

目前，我国已经进入了以高效率、低成本、低能源消耗、低环境污染、可持续的中高速增长阶段为主要特征的经济新常态。与此同时，中等收入群体持续扩大，对生态产品需求日益增加，环境权益观认识和人体健康维护日益增强，生态文明建设和环境保护也进入新常态。经济社会环境的新常态导致众多结构性因素变化，相应产生了区域环境的新特征和环境治理的新要求。在新常态的背景下，产业集聚发展不平衡、不协调、不可持续的问题将得到改善，产业集聚发展格局将出现新的变化。在产业集聚发展格局转变过程中，一方面产业集聚促进地区经济增长和产能扩张，增加对资源和能源的消耗，污染物排放量呈现出刚性增长的态势，产业集聚对环境的污染效应日益凸显；另一方面产业集聚提高地区生产率，减少资源消耗和污染物排放，在严格的环境规制政策下，增加环保治理投入，生态环境有可能得到改善，产业集聚对环境的污染效应不断减弱，这两种不同的影响效应进一步凸显了产业集聚对环境影响的复杂性。对于污染物排放量大、面广，环境污染重，化学需氧量、二氧化硫等主要污染物仍处于高位排放，环境承载能力超过或接近上限。所有这些问题的研究，对于新常态下做好我国的环境保护工作，持续推行治污减排，促进绿色集聚发展，都具有重要的现实意义，不仅备受决策部门的高度关注，而且也亟待研究者给出较为明确的答案。

二、研究意义和研究价值

目前，中国已经进入了以高效率、低成本、低能源消耗、低环境污染、可持续和符合市场经济发展规律的中高速增长阶段为主要特征的经济新常态。导致众多结构性因素变化，相应产生了区域环境的新特征和环境治理的新要求。在经济新常态的背景下，产业集聚新常态将随之形成，产业集聚发展模式将发生新的变化，产业集聚发展模式将从以规模扩张为主的粗放型集聚转向以结构优化为主的内涵式集聚。产业集聚一方面会增加对资源和能源的消耗，排放更多的污染物（负环境外部性）；另一方面又会产生正环境外部性而减少污染排放，这两种不同的环境效应导致了产业集聚对环境影响的复杂性。那么，究竟产业集聚的环境效应是以正环境效应为主，还是以负环境效应为主？不同的环境效应又有什么政策含义？如果产业集聚是环境污染加剧的原因，那么这一发展模式就不再那么有效，产业集聚水平的降低乃至产业分散可能是区域发展战略的优选方向。相反，如果产业集聚有助于降低环境污染，那么这一发展模式的科学意义就不再仅局限于经济层面，它也是解决环境污染这一系统工程的一个重要举措。

产业集聚区是我国促进新型工业化、信息化、城镇化与农业现代化“四化”协调发展，构建现代产业体系、现代城镇体系和自主创新体系“三大体系”的有效载体，是落实科学发展、可持续发展和包容性发展“三种发展”的实现途径，是经济转型升级的战略突破口。因此，在经济新常态下，深入研究产业集聚引发的环境效应和生态风险，科学分析产业集聚究竟是减轻还是加剧了区域环境污染和生态风险，正确评价产业集聚的环境污染和生态风险是否存在区域差异，在此基础上，制定经济新常态下的产业集聚与区域环境协调发展的调控政策，不仅有助于减轻当前雾霾频发等环境问题，而且有助于中国经济的转方式调结构，因而本书对于新常态下中国经济发展具有重要的现实意义和深远的历史意义。

本书从中国工业集聚的环境效应理论与实证研究—新型城镇化背景下产业集聚的环境污染效应研究—产业集聚、环境污染与资源错配研究—产业集聚对环境规制的响应研究—产业集聚带高质量发展与生态文明建设研究—产业集聚背景下雾霾污染治理研究（共计十六章）展开研究。研究内容跨越多个学科，涉及新常态经济理论、集聚经济学、新经济地理学理论（地理经济学理）、环境经济学、环境地理学、国际经济学理论、空间结构理论、区域经济学理论等。本书不仅能够促进相关学科的融合与交叉，而且能够进一步丰富和发展新常态下区域经济可持续发展理论体系。因而，本书具有重要的理论研究价值。

三、主要框架和研究内容

本书研究内容包括十六章：第一章是导论，主要介绍本书的研究背景、研究意义、研究价值、主要框架、研究内容、创新程度、突出特色和主要建树等。

第二章是国内外相关研究动态。本书研究涉及经济学、地理学、管理学、社会学等学科，国内外学者对相关内容进行了大量的理论和实证研究。为了简要梳理出国内外相关研究的脉络，本章拟从八个方面进行综述：产业集聚对环境影响的直接效应研究、产业集聚对环境影响的间接效应研究、集聚正外部性与环境负外部性研究、环境规制分类与门槛效应研究、环境规制影响污染排放综述研究、环境规制对产业集聚的影响研究、环境规制对区位选择的影响研究、产业集聚、污染排放与资源错配研究。在此基础上，对已有研究成果进行了评述。

第三章是产业集聚的环境污染减缓效应理论分析。本章在经典的“自由资本”（FC）模型基础上，构建一个包含环境规制、污染排放、跨境污染和部门间生产负外部性因素在内的新经济地理学模型，深入分析产业集聚对污染排放的影响。该模型的特点：一是将对消费者的效用产生负面影响的污染排放引入效用函数中，以便决定均衡时的污染排放量；二是在模型中引入了跨境污染下工业生产的负外部性对环境敏感型行业生产力的影响，即跨境污染下的行业间负外部性，以便考虑行业间负外部性对企业污染排放和企业区位选择的影响；三是将环境规制因素引入模型中，以便充分考虑环境规制在产业集聚的环境污染效应中所起的重要作用。

第四章是产业集聚的环境污染减缓效应实证分析。本章考虑污染排放的跨境污染性及其引致的行业间负外部性这两大污染特征，从地区间环境规制互动视角，基于产业集聚的环境污染减缓效应的理论模型，利用广义矩模型和门槛回归方法检验产业集聚对环境污染的影响效应及其门槛效应，利用敏感性分析方法检测 SO_2 估计的稳健性。研究结果表明：产业集聚的环境污染效应具有边际污染排放递减规律，由此导致产业集聚的环境污染减缓效应；环境规制导致环境污染抑制效应，与产业集聚的环境污染减缓效应存在联动效应；产业集聚的环境污染减缓效应存在明显的门槛效应。具体的对策建议为：加快提升产业集聚发展水平，构建更严厉的环境规制体系。

第五章是空间计量视角下工业集聚的环境污染效应研究。本章从空间经济学视角出发，将 Copeland – Taylor 模型思想与空间杜宾模型相结合，构建 Copeland – Taylor 空间模型，选取 2003 ~ 2014 年中国 30 个省市地区的工业面板数据，分别就工业专业化与多样化集聚对环境污染的直接效应和间接效应进行研究。研究认为：就全行业而言，工业多样化集聚的环境污染效应作用效果要强于专业化集聚；就分行业而言，能源密集型行业与非能源密集型行业两种集聚模式的环境污染效应存在较大差异；就新旧常态而言，中国经济新常态前后工业集聚的环境污染效应存在一定差异；进入经济新常态后，两种集聚模式均有改善环境质量的趋势。在此基础上，为改善工业集聚引致的环境问题提出相应的对策建议。

第六章是新型城镇化下产业集聚的环境污染效应理论分析。产业集聚对环境污染的影响效应非常复杂，受制于当地经济、社会发展水平等因素，在我国大力推进新型城镇化的背景下，将新型城镇化水平纳入产业集聚对环境污染影响的研究体系中，探讨各个省份在不同的城镇化水平下产业集聚对环境质量的影响具有重要意义。本章以经济学、金融学、国际贸易学相关理论为指导，在分析产业集聚水平对环境污染的作用机制的基础上，将城镇化水平纳入研究体系建立拓展模型，理论分析不同城镇化水平下产业集聚与环境污染之间的关系。

第七章是新型城镇化下产业集聚的环境污染效应实证分析。本章基于 2006 ~ 2016 年我国 30 个省（直辖市、自治区）的面板数据，运用 Pearson 相关检验法对衡量环境污染的六大指标进行筛选，从人口城镇化、产业城镇化、可持续发展城镇化的角度构建新型城镇化质量综合评价体系，并采用熵值法对数据进行标准化处理。分别运用五种线性回归模型、面板数据静态门槛回归模型以及动态门槛模型，以产业集聚度为自变量，污染排放水平为因变量，新型城镇化水平为门槛变量，研究不同城镇化水平下产业集聚与环境污染之间的关系。

第八章是城市产业集聚的环境污染效应研究。本章利用中国 285 个地级市以上城市 2003～2014 年面板数据对产业集聚的环境效应和经济新常态前后两阶段产业集聚的环境效应进行实证研究。研究表明：①工业集聚加剧了工业污染排放。经济新常态前工业集聚的环境负效应（1.237）大于新常态后工业集聚的环境负效应（0.502）。②全样本期间外商直接投资和环境管制水平与工业集聚的交叉项系数均为负，即外商直接投资和环境管制水平通过工业集聚间接减少了污染排放，改善了环境。但是，新常态前环境管制与工业集聚的交叉项没有通过显著性检验，说明新常态前我国环境管制政策执行力度有待改善；新常态后外商直接投资和工业集聚的交叉项没有通过显著性检验，可能的解释为新常态后我国工业集聚区的本国技术与引进国外技术的差距已不明显。

第九章是产业集聚影响资源错配的污染中介效应。本章利用中国工业企业数据库 2010～2013 年的数据，对污染排放作为中介变量时，产业集聚与资源错配之间的关系进行研究。研究发现：当资本和劳动力配置均过度或均不足时，产业集聚能够改善资源错配，但此时污染排放量的提高会削弱产业集聚的改善效果。当资本和劳动力配置不平衡时，产业集聚会加剧资源错配，此时污染形成的环境负效应会扩大劳动力缺口，但集聚可能有益于区域内资源循环利用。污染排放作为中介变量能够在产业集聚影响资源错配的过程中形成三个门槛点，将不同行业划分为轻度污染、中度污染和重度污染，污染排放的整体控制对产业的可持续发展至关重要，一旦形成重度污染将难以扭转，加重行业资源错配。结合分析结论，本书从地方政府角度，对如何在控制污染排放从而取得产业高效发展，提出了若干政策建议。

第十章是环境规制的产业集聚效应理论分析。环境问题是目前学界研究的热点问题，但是大部分文献集中在研究环境与经济的关系上。而事实上，环境规制导致产业区域重新分布的现象在现实中已大量存在，因此研究环境规制对产业集聚的影响具有一定的必要性。本章在自由企业家模型的基础上进行修改，构建了环境规制影响产业集聚的理论模型，以图进一步阐述环境规制对产业集聚的影响机理。

第十一章是环境规制的产业集聚效应实证分析。本章在对环境规制影响产业集聚进行理论分析的基础上，选取 2004～2016 年 30 个省份的相关数据，建立面板门槛模型，分析了环境规制对不同类型产业集聚的影响，不同类型环境规制对

产业集聚的影响，不同经济发展水平、不同产业结构状况下环境规制对产业集聚的影响。结果如下：①环境规制对不同类型产业集聚的影响：环境规制对重污染型产业集聚有负面影响，对高技术型产业集聚、工业产业集聚的影响则随规制强度提高表现为先促进后抑制。②不同类型环境规制对产业集聚的影响：命令型环境规制对工业产业集聚在整体上有负面影响。经济激励型环境规制、自愿型环境规制对工业产业集聚有促进作用，但作用强度随规制强度提高而减弱。③不同经济发展水平下环境规制对产业集聚的影响：经济发展水平处于较低水平及中等水平时，环境规制不利于工业产业集聚。经济发展水平处于较高水平时，环境规制对工业产业集聚有微弱的负面影响，且影响系数并不显著。④不同产业结构状况下环境规制对产业集聚的影响：第二产业比例较低时，环境规制对工业产业集聚有负面影响，第二产业比例处于中等水平及较高水平时，环境规制对工业产业集聚有积极影响。基于以上实证结果，本书提出以下对策建议：①合理设定环境规制强度；②综合运用各类环境规制措施；③推行政策支持企业技术创新。

第十二章是环境规制的行业区位选择效应研究。本书基于 2005～2015 年 30 个省份的工业数据，将环境规制按生产流程划分为事前环境规制、事中环境规制和事后环境规制。首先研究三种环境规制工具对工业区位选择的影响有何差异；然后按污染密集型产业转出和转入区域将 30 个省份划分为两个样本，验证环境规制对区位选择的影响是否存在空间异质性；最后利用门槛回归模型探究不同环境规制对区位选择的影响是否存在门槛效应。研究结论如下：①整体样本回归显示：不同类型的环境规制工具对工业企业区位选择的作用存在明显差异。事前环境规制和事后环境规制都能够吸引工业企业进入，事中环境规制没有显著的作用。②空间异质性的研究结果表明：在污染产业转入区域，事前环境规制和事中环境规制会显著地抑制工业企业进入，事后环境规制的作用不显著；在污染产业转出区域，三种环境规制对工业区位选择的影响系数均为正数，但是仅事前环境规制是显著的。③门槛回归结果显示：三种环境规制与工业企业区位选择间的关系均存在单个门槛，具有显著的门槛效应，在门槛值前环境规制的影响系数为负值，跨过门槛值后环境规制的影响系数为正数。

第十三章是绿色技术进步下产业集聚区生态文明建设研究。技术进步的方向将对经济活动的环境结果产生深刻的影响，技术进步由污染型向绿色型的转变，标志着一国经济发展模式从“灰色经济”向“绿色经济”的根本变革。本书在区分污染型技术和绿色技术的基础上，通过将绿色技术引入污染排放方程构建理论模型，着重考察了绿色技术进步及其双重外部性特征对环境污染排放的影响机理，并运用2002~2014年中国35个工业行业的面板数据，采用固定效应模型和差分GMM方法，对理论假设进行了实证检验。结果表明：①中国当前技术进步呈现出显著的污染密集型特征，是导致环境污染排放增加的重要因素。②绿色技术进步有效减少了环境污染的排放，是改善中国环境质量的关键手段。③工业行业全样本回归中，环境规制有效纠正了绿色技术外部性所导致的“市场失灵”，对绿色技术进步的环境改善效应起到了积极的调节作用，然而在污染密集行业的子样本回归中，则未通过显著性检验。最后，根据本书的研究结论，提出相应的政策建议。

第十四章是扬子江城市群产业集聚区的环境污染效应研究。伴随着区域城镇化和工业化的深入推进，产业集聚及其人口集中引发的环境问题不容乐观。首先，沿江生态环境问题凸显，沿江生态环境承载力与产业集聚进一步发展矛盾突出；其次，沿江八市环境污染治理缺乏协同，多头管理、内部职能交叉无法有效形成治理合力，产业集聚摩擦成本较高；再次，产业规划不到位，沿江各市同质产业集聚造成恶性竞争引发环境问题；最后，区域内部制度性障碍突出，城市间横向协作欠缺，生产要素流动不畅。在新常态下，传统经济发展模式已不可持续，保增长、调结构、转方式、促创新成为当前经济发展的首要任务。促进扬子江城市群产业集聚与区域环境协调发展是区域可持续发展的现实需要，同时也对江苏经济增长有重要的辐射和带动意义。为促进扬子江城市群产业集聚与区域环境协调发展，应切实做好以下四个方面的工作：①用足禀赋，集聚高端要素描绘绿色发展。②加强协调，注重产业集聚与环保规划的整体性。③减少同构，推动产业合理集聚放大环境正效应。④加速转型，推动产业集聚生态化发展。

第十五章是宁杭生态经济集聚带高质量发展与生态文明建设研究。宁杭生态经济集聚带资源禀赋优越、区位优势突出，是长三角城市群不可分割的重要组成部分，其建设对于推动长三角地区一体化有重要意义。本章遵循“优势条件—实证研究—问题分析—对策建议”的基本研究路径，融合了产业经济学、生态经济学、经济地理学等理论和方法，首先对建设宁杭生态经济集聚带的优势条件进行梳理，主要包括生态环境优美、科教实力强大、文化底蕴深厚、社会经济发达、交通设施齐全。其次通过主成分分析法和引力模型方法，对宁杭生态经济集聚带建设现状分析表明，除南京、杭州两个中心城市外，宁杭生态经济集聚带内其他中小城市经济竞争力较弱，生态竞争力没有表现出与经济竞争力间的相关关系；

宁杭生态经济集聚带内城市间经济联系强度呈现“少强多弱”“局优整劣”的格局，南京、杭州这两个中心城市与其他城市的经济联系较强，而其他城市间的经济联系较弱，经济带内整体联系不够紧密。宁杭生态经济集聚带的“瓶颈”问题主要在于：经济实力相对薄弱、生态经济发展欠协调、城市联系不紧密、跨界问题难解决；最后提出了加快建设宁杭生态经济集聚带的对策建议：推动产业发展生态化、加快生态资源资本化、建立更加有效的区域分工合作新机制、构建更为完善的城市发展体系。

第十六章是以产业集聚高质量发展助推美丽中国建设研究。以习近平总书记为核心的党中央提出了美丽中国建设“两个 15 年”的战略目标，做出了我国经济由高速增长阶段转向高质量发展阶段这一战略判断。生态环境问题归根结底是低质量发展带来的，也只有通过高质量发展才能加以解决。推动产业集聚高质量发展，既是保持我国经济持续健康发展的必然要求，也是助推美丽中国建设的必由之路。党的十八大以来，我党形成了以新发展理念为主要内容的习近平新时代中国特色社会主义经济思想，形成了以“绿水青山就是金山银山”的“两山论”为核心价值观的习近平新时代生态文明思想。学习贯彻习近平新时代中国特色社会主义经济思想和生态文明思想，要求我们以绿色发展理念引领经济高质量发展，以生态文明思想指引美丽中国建设，以产业集聚高质量发展助推美丽中国建设。

第二章　国内外相关研究动态

本书研究涉及经济学、地理学、管理学、社会学等学科，国内外学者对相关内容进行了大量的理论和实证研究。为了简要梳理出国内外相关研究的脉络，本章拟从八个方面进行综述：产业集聚对环境影响的直接效应研究，产业集聚对环境影响的间接效应研究，集聚正外部性与环境负外部性研究，环境规制分类与门槛效应研究，环境规制影响污染排放研究，环境规制对产业集聚的影响研究，环境规制对区位选择的影响研究，产业集聚、污染排放与资源错配研究。在此基础上，对已有研究成果进行评述。

一、产业集聚对环境影响的直接效应研究

众所周知，人类的经济活动对环境产生直接的影响，空间上密集的经济活动比空间上分散的经济活动对环境的影响更为深刻与复杂。随着地区产业集聚水平的提高和产业集聚规模的扩张，污染物排放绝对量呈现出刚性增长的态势，产业集聚对环境的影响作用日益凸显和更加复杂：其一，产业集聚会促进地区经济增长和产能扩张，产生更多的污染，产业集聚产生负环境效应（负环境外部性）。其二，产业集聚可以提高地区生产率，减少资源消耗和污染物排放，采取更加严格的环境规制，增加环保治理投入，环境有可能得到改善，产业集聚产生正环境效应（正环境外部性）。其三，产业集聚引致的环境效应因地区分布和发展阶段等方面的差异而呈现出复杂的变化特征。

1. 产业集聚的负环境效应研究

自然环境是自然资源得以存在和发展的环境场所，自然环境一方面接纳自然资源开发利用而产生的污染物，另一方面具有一定的自净能力，地区工业集聚过

程中自然环境的发展变化深受这两方面的影响。目前，我国正处于城市化加速发展阶段，依然沿用过去大量消耗资源和破坏环境的低层次产业集聚模式，地区产业集聚过程引致的环境污染问题较为严峻，这引起了许多学者对产业集聚的环境问题的极大关注。为此，较多学者对产业集聚过程中的负环境效应问题进行了探索性研究。刘树成（2005）在《现代经济词典》中明确指出，产业集聚过程中应特别注意产业过度集聚问题，他认为集聚效益的增加是一条倒 U 形曲线。当集聚程度超过一定点时，其效益服从边际效益递减规律。任何集聚都是有一定限度的，特别是在人们对环境质量的要求日益提高的今天，集聚的程度更应引起人们的重视，以防止由于过分集聚引发过多的环境问题。侯风岐（2008）认为，区域经济集聚通常对地方的经济增长和城市化发展具有巨大的推动作用，但在生态环境方面的作用却相反，主要表现在两个方面：在区域内，经济集聚的环境效应会使地方环境问题日趋严重；在区域外，经济集聚引致了大规模的跨区域资源配置，这种跨区域的经济要素流动由于缺乏应有的生态补偿机制的配合，会将经济集聚的负环境效应扩散到资源流出地区，造成全局性的环境问题。杜瑜和樊杰（2008）认为，产业聚集过程中产生的负外部性明显滞后于正外部性，若不采取措施规避，势必付出自然要素价格飞涨、资源环境破坏的沉重代价。郑季良（2008）认为，由于区域环境资源的承载能力有限，产业、人口、资本的过度集聚必然导致土地成本增加、生态环境恶化、交通拥挤等外部不经济现象。丘兆逸（2012）以国际垂直专业化理论和新经济地理学的中心—外围理论为基础，以 1990 ~2009 年的时间序列数据进行检验，证实了国际垂直专业化集聚与中国环境污染之间的 U 形关系，同时指出当前的国际垂直专业化集聚指数已经超过了拐点，进一步的集聚则导致污染排放增加。还有研究表明当产业高度集中并超过了区域环境承载力时，产业集聚对环境的不良影响会累积，例如诱发水环境恶化、大气污染、土壤污染、生物多样性减少等一系列生态环境恶化问题，环境对产业的支撑能力逐渐降低，产业集聚的负环境外部性增强（Shao 等，2006；Wang 等，2008）。张可和汪东芳（2014）运用空间联立方程模型考察了经济集聚与环境污染的空间溢出和相互作用机制。从生产投入端和产出末端视角，将环境污染拓展到生产密度理论模型中，构建了经济集聚与环境污染的交互影响理论模型，并运用 2002 ~2011 年中国 283 个地级及以上城市的数据对理论模型进行了验证。实证表明：经济集聚和环境污染之间存在双向作用机制，经济集聚加重了环境污染，环境污染对经济集聚存在反向抑制作用。刘满凤和谢晗进（2014）用 Herfindahl 指数、Gini 指数、地理集中度指数测度了我国省级区域的经济集聚度水平与污染集聚度水平，通过空间相关性检验，证明了经济集聚度与污染集聚度存在很强的正相关关系，即经济的集聚加速了污染的集聚，并且污染的集聚态势趋同于经济的集聚态势。

产业发展不可避免地产生污染物，如废水、废气、废渣等，在技术水平不变的条件下，随着产业规模的扩张，污染物的排放量就会增加。从这个角度来看，产业集聚发展与环境污染之间存在一定的关系，即产业集聚导致环境负外部性问题产生。产业集聚产生环境污染的事实也被少数国外学者的研究直接加以证实：如 Braat（1987）分析了工业规模扩大产生了环境污染的事实；Virkanen（1998）的研究证实了芬兰南部的工业集聚区是导致大量的空气和水污染的直接原因；Frank 等（2001）分析了欧盟 200 个城市集聚区的环境污染发现：产业集聚的规模化与大气的污染存在显著的相关性；Verhoef 和 Nijkamp（2002）研究了产业与环境污染的关系认为工业的分布是产业集聚产生污染的主要原因；Duc 等（2007）以越南 Nhue 河为研究对象，发现该河流的水污染主要是由该地区的工业废水、有机碳、磷和氮等造成的。

2. 产业集聚的正环境效应研究

从逻辑上看，产业集聚与污染之间存在一定的关系，因为污染物是产业发展的产物，它内生于产业集聚的发展过程。从经济学的角度看，这一关系实际上就是产业集聚发展的环境外部性问题。与其他的外部性相一致，产业集聚发展过程中不仅存在负外部性，也存在正外部性。王崇锋和张吉鹏（2009）利用 CR4 指数，对制造业产业集聚对生态城市建设的影响进行了研究，表明制造业产业聚集对生态城市建设和生态环境具有正向和积极作用，之所以存在这种正向作用，是因为在产业集聚过程中，生产链会拉长或结成网状，使资源的利用效率提高，并减少了废弃物的排放。杨礼琼和李伟娜（2011）利用 2001 ~ 2008 年中国制造业面板数据进行实证分析。研究发现，由专业化集聚带来的马歇尔外部性和由多样化集聚带来的雅各布斯外部性，都与代表环境及工业协调性的环境技术效率呈倒 U 形关系，马歇尔外部性和雅各布斯外部性会对环境及工业协调性共同起作用，并建议政府积极利用这两种外部性正效应实现节能减排。闫逢柱等（2011）运用 2003 ~ 2008 年中国制造业二位数产业数据，对产业集聚发展与环境污染关系进行考察，发现短期内产业集聚发展有利于降低环境污染，但长期内产业集聚发展与环境污染之间不具有必然的因果关系。

产业集聚之所以能够缓解环境污染，原因是集聚存在正的外部性，产业集聚会促进技术进步和企业间的竞争，企业为了获得差异化竞争优势和社会信誉而进行环保节能技术改进。当产业过度集聚时，由产业集聚所带来的经济增长以及地区收入提高、国外企业环保理念、技术进步所带来的环保效益、居民环保需求的提高，从而迫使政府制定更高的环保标准等因素使当地的环境污染减少成为可能。陆铭和冯皓（2004）构建了1993～2006年中国省级行政区内部地级市之间的人口规模差距，用来反映省级行政区内部的空间集聚水平。研究发现，人口和经济活动的集聚度提高有利于降低污染物质的排放强度。刘习平和宋德勇（2013）采用STIRPAT模型对我国286个地级以上城市的实证分析表明：产业集聚能有效改进城市的环境状况，城市规模越大，集聚所带来的环境改善效应越大。李勇刚和张鹏（2013）选取中国1999～2010年31个省市区的面板数据为分析样本，构建面板数据联立方程模型，分别从全国层面和东部、中部、西部三大地区层面，实证研究了产业集聚对环境污染的影响：产业集聚有利于降低环境污染程度，产业集聚并不是近年来环境污染和生态破坏加剧的原因。李顺毅和王双进（2014）基于2001～2007年我国20个工业行业的数据，采用动态面板模型进行了实证分析。结果表明，在选取的工业废水、二氧化硫和工业粉尘三种污染物的排放指标中，产业集聚度对污染排放均具有显著的负向影响。这说明产业集聚程度提高有利于减少我国工业污染的排放，从而缓解工业发展与生态环境间的矛盾。

产业集聚能够产生正环境效应的一个重要原因在于产业集聚过程中存在的各种规模经济（陆铭和冯皓，2004）。当区域对污染的规制强度（环境标准与排污费征收率等）已经确定后，工业污染排放量主要取决于生产技术（每单位产出所产生的污染物质）、治理污染的努力程度（净化处理与循环利用）以及公众和政府的监督成本。这三个机制都有可能具有规模经济的性质。首先，如果将污染物质视为一种特殊的生产成本，那么人口与生产活动的集聚将减少因重复建设所引起的固定污染成本，而且污染物质可能具有边际排放量随工业规模增加而递减的规模经济性质，Andreoni和Levinson（2001）的理论模型考虑了这种可能性。其次，治理污染需要设备、厂房等固定投资，治理集中的污染源所需要的单位成本可能更低，治理污染的技术也可能具有规模收益递增的性质，Dasgupta等（1996）发现，随着工业规模增加，用污水处理设备的安装、运行和维护费用度量的工业污染的边际减排成本递减，Wang和Wheeler（1996）的均衡污染模型在此基础上考虑了治理污染的规模经济性质。最后，公众和政府监督集中的污染源需要花费的单位成本更少（交通更便捷、监控设备建设和监控手段实施更容易）。因此，人口和生产活动向特定区位的集聚，很可能对于总体上单位 GDP 的工业污染减排具有积极的作用。

3. 产业集聚的复杂环境效应研究

产业集聚的环境效应表现出复杂的变化特征：一方面，产业集聚不仅具有正环境效应，而且还具有负环境效应，产业集聚的环境效应本身具有复杂特征；另一方面，产业集聚不仅具有发展水平和发展阶段的差异特征，而且还具有明显的区域分异特征。为此，有些学者对产业集聚的复杂环境效应进行了探讨。李伟娜等（2010）研究了中国的制造业集聚与大气污染及节能减排之间的关系，得出制造业集聚与大气污染间存在 N 形的关系曲线，并且大气污染与制造业集聚的程度有较大的关系。Dong 和 Zhao（2012）的实证分析表明，若 FDI 的流出国和流入国的市场规模均较小，FDI 的流入将显著提高本国的环境规制，并造成“向高环保标准竞争”的现象。当两个国家的市场规模足够大时，FDI 将不会对本国的环保标准产生影响。李伟娜和徐勇（2013）的研究表明，制造业集聚与环境技术效率呈倒 U 形关系。在初始阶段，随着产业集聚增强，环境技术效率提高，环境与工业发展愈加协调；拐点出现后，随着产业集聚的继续增强，环境技术效率下降，环境与工业发展的协调度呈下降趋势。李筱乐（2014）将集聚函数引入 Copeland – Taylor 模型，以市场化水平为门限变量，构建了工业集聚影响环境质量的门限模型，并结合 2000 ~2009 年我国 30 个省市的数据，运用门限回归方法对工业集聚与环境污染的关系进行了检验。实证结果表明：工业集聚与环境污染呈倒 U 形关系。当市场化水平较低时，工业集聚会导致环境污染，并且随着市场化水平的提高，这种负面影响减弱；当市场化水平跨越更高门限值时，工业集聚会改善环境。为此，他建议根据各地区市场化进程的不同特征制定差异化政策以解决环境问题。杨仁发（2015）借鉴 Copeland – Taylor 模型，构建一个产业集聚影响环境污染的理论模型，利用 2004 ~2011 年我国 30 个省（市、自治区）的面板数据，采用门槛面板回归方法，实证分析产业集聚与环境污染之间的关系。实证结果表明，产业集聚与环境污染之间关系并非简单的线性关系，产业集聚对环境污染的影响具有显著的门槛特征，在产业集聚水平低于门槛值时，产业集聚将加剧环境污染；而在产业集聚水平高于门槛值时，产业集聚将有利于改善环境污染。

产业集聚的复杂环境效应不仅与产业集聚的发展阶段有关，而且也与地区差异有关。沈能（2014）的研究表明，在不同工业集聚度下，集聚的规模负外部性（污染效应）、马歇尔外部性和雅各布斯外部性（自净效应）的均衡比较结果，引致了工业集聚和环境效率在维度上的U形轨迹关系。中西部大部分城市工业集聚对环境的影响主要表现为规模负外部性，处于U形曲线的下降阶段；东部大部分城市工业集聚对环境的影响主要表现为马歇尔和雅各布斯正外部性，接近U形曲线的上升阶段。苏芳（2015）的研究表明，中部、西部地区随着产业集聚水平的提高，引发的环境问题较为突出，大部分省（市、自治区）环境影响有明显的上升趋势，而东部地区大部分省（市）已经步入经济、环境双赢的发展局面；关于环境与经济发展关系的环境库兹涅茨曲线假说在产业集聚过程有着特有特征：轻工业为主的产业在集聚过程中，环境影响会随着产业集聚水平的提高，环境影响有下降趋势，而以重工业为主的产业在集聚过程中，所引发的环境影响将更加突出。加大产业集聚过程中的固定资产投资的规模与增长速度，将有效地降低产业集聚造成的环境影响。

二、产业集聚对环境影响的间接效应研究

产业集聚对环境影响的机理非常复杂，不仅包括产业集聚对环境影响的直接效应，而且还包括产业集聚对环境影响的间接效应。综观既有的研究成果后发现，产业集聚对环境影响的间接效应涉及众多的影响因素，其中主要的间接效应集中在：国际产业与资本转移、国际贸易、城镇化以及环境公平四个方面。

1. 国际产业与资本转移的影响研究

随着经济全球化进程的不断发展，发达国家的资本和产业加速向发展中国家和地区转移。发展中国家集聚水平高的区域通常是FDI、国际产业转移集中流入地。发展中国家早期为了获得境外投资，往往放松环境规制，获取稀缺的资本积累和技术，解决本地的劳动力就业水平，促进经济增长。根据“污染天堂”和“逐低竞争”假说，这些国际资本和产业的转移会加重当地的环境污染。因此，发展中国家发展初期一般获得的是“肮脏”的产业，带来了大量的环境污染问题。He（2006）运用中国29个省市的二氧化硫排放量的面板数据实证了中国的

确存在“污染天堂”。Zhang 和 Fu（2008）运用中国的数据发现 FDI 偏向于环境规制相对宽松的地区。Wagner 和 Timmins（2009）则证实了化工产业符合“污染天堂”假说。与上述学者的观点不同，部分学者却认为国际资本和产业的转移并不会导致当地的环境污染，甚至是有利于环境污染的减少。Copeland 和 Taylor（1999）认为，发展中国家的环境污染加重并非来自海外产业的转移，而是来自发展中国家经济的快速发展。李小平和卢现祥（2010）、曾贤刚（2008）运用中国的数据进行实证研究，发现“污染天堂”假设在中国并未得到验证。Dean 等（2009）用中国的数据研究表明，中国工业化程度较高的地区并不是依赖相对较低的环保规制。

甚至有学者认为 FDI 的大量进入不但不会污染环境，反而有利于环境污染的改善，他们认为 FDI 的生产活动和污染治理均有规模报酬递增的效应，FDI 通过提高当地的收入水平从而使环境治理资金来源更为充裕，同时国际投资的外企更高的环保标准有利于促进东道国的环境保准和环保技术发展，产生污染“晕轮效应”，外企间接的生产外溢效应更是可以改善东道国的环境状况（He，2006）。李小平和卢现祥（2010）分析了中国国际贸易、产业转移与工业二氧化碳排放之间的关系，研究表明：发达国家向中国转移的产业并不仅仅是污染产业，同时也向中国转移了“干净”产业，同时国际贸易能够减少工业行业的 CO_2 排放总量和单位产出的 CO_2 排放量，从而得出中国并没有因为国际贸易成为发达国家的“污染产业天堂”的结论。许和连和邓玉萍（2012）的研究表明，FDI 在地理上的集群有利于改善我国的环境污染，从整体上来说“污染天堂”假说在中国并不成立，但不同来源地的 FDI 对区域环境污染的影响程度存在显著的差异，其中来自全球离岸金融中心的外资显著降低了我国的环境污染，东亚、欧美等发达国家的外资对环境污染的改善不明显。刘渝琳和郑效晨（2012）分析了中国的 FDI 与工业污染排放的空间经济效益，FDI 和工业污染排放物都具有显著的空间集聚效应，高集聚型省市主要集中在东部地区，而低集聚型省市主要集中在西部地区。

2. 国际贸易的影响研究

在环境研究文献中，污染外部性可导致生产集合的非凸性（Baumol 和 Bradford，1972）。在国际贸易文献特别是新贸易理论文献中，非凸性发挥着非常重要的作用，这些文献认为规模收益递增为贸易的决定因素。许多学者将收益递增模拟为对企业是外部的但对行业是内部的正外部性（Helpman，1984）。这种外部

性其实是集聚经济中的地方化经济类型，毫无疑问，从行业集聚的具有外部经济的区位进行贸易能够获得潜在的经济利益。由于跨行业间可能存在的负外部性，有些学者指出贸易的动机是在空间上分离各行业，从而引起产业集聚程度的降低（Copeland 和 Taylor，1999）。

伴随着全球贸易和外国直接投资的稳步上升，跨界污染和全球环境威胁意识的增强，贸易—环境问题的讨论正在发生变化。当 20 世纪 70 年代该问题出现时，分析的主要焦点是环境措施会如何影响贸易（Siebert，1977）。后来，讨论集中在贸易自由化的环境效应，以及贸易措施如何可以作为保护环境目标的一种手段（Pearson，1993）。进入 21 世纪，通过分析跨界污染和国际贸易的动态相互依赖，研究跨界污染、贸易与反产业集聚的空间分离的关系问题（Unteroberdoerster，2001）。

在贸易与不相容行业空间分离的 Copeland 和 Taylor（1999）模型（CT 模型）中，贸易至少在一国导致生产率提高，在两国潜在地提高福利，因为产业集聚引致的污染活动集中在一个国家，由此造成的对其他国家的退化性的影响降低。然而，由于跨界污染，相反的结果可能是正确的，专业化集聚对其他国家污染水平产生间接影响。已有文献提供了跨界污染充足的证据。例如，水和空气污染的许多双边问题在 Walter（1975）中介绍，Pickering 和 Lewis（1994）以及 Elsom（1992）分别展示各国对多边污染如酸雨和温室气体排放的定量贡献。跨界污染像一国边界本身那样，是现实世界一个基本的事实。因此，跨界污染是国际贸易和产业集聚一个重要的潜在决定因素和结果，应当包括在国际贸易、环境和产业集聚的分析中。

如果一国的环境存量受到来自国外生产的伤害比来自国内生产的伤害大，那么该国可能希望保持国内生产，尽管在这一行业存在比较劣势。放弃污染行业和通过进口替代国内生产，从长远来看可能伤害该国，因为这增加污染水平并导致自身环境存量的进一步损耗。当贸易是自由贸易时，全世界可能会遭受污染水平增加、生产率和福利水平下降之苦。Unteroberdoerster（2001）通过考虑跨界污染，扩展了 CT 模型，他的研究表明产业集聚导致的污染物排放影响的跨国差异能够产生比较优势，贸易模式与跨界污染在什么条件下能够增加污染水平并对两国的生产率和福利具有负面影响。自由贸易潜在的不利动态效应取决于两个因素，即排放行业污染状况以及跨界与不跨界污染的比例。如果一国的排放行业一定比另一个国家污染更严重，而且跨界与不跨界污染的比例足够高，那么拥有相对清洁行业的国家遭受的跨界污染之苦比遭受的国内污染之苦要大。

工业污染对环境敏感行业生产率产生长期的负面影响，当存在跨部门的生产外部性时，一国长期生产可能性集合可能非凸。由于生产集合中的非凸性，开放型经济有在生产方面专业化的倾向，小的价格变动将导致污染密集型行业大的扩张的潜力（Baumol 和 Bradford，1972）。生产集合非凸性的存在表明，在许多情况下，政策应该促进环境损害在空间上集中：如果一个行业损害另一个行业，那么一种解决方案是将它们分开。这种空间分离由于贸易可能发生：内生演化的生产率差异将为两国专业化生产提供市场激励。因此，在一些情况下，跨国生产的有效配置可以发生，而不需要任何环境政策（Helfand 和 Rubin，1994）。

3. 城镇化的影响研究

国外研究较早地提出了有关城镇化和环境污染的相关问题。Goldsmith（1974）提出了关于世界城镇化“有极限增长”的预测，这使各个国家逐渐意识到由于城镇化所引发的能源资源加速消耗以及环境污染加剧的问题。Gehendra（2010）着眼于城市土地的开发利用，结果表明城镇化的快速进程对土地资源以及当地生态环境质量造成了严重的污染与破坏。国内一些研究大部分集中于证明两者之间存在交互关系。张云峰等（2011）在研究城镇化与生态环境之间动态耦合演化趋势时发现，随着城镇化的发展，在环境资源压力上升的同时，人们的环境保护、资源节约意识也在日益增强，城镇化与生态环境逐步走向协调。刘望辉等（2015）通过实证研究各个省级面板数据模型，结果指出：对于我国东部地区而言，新型城镇化水平的提升有助于产业集聚水平的提升；对于我国中部和西部地区来说，新型城镇化水平与产业集聚水平两者之间存在一种双向互动动态提升的相互关系。

城镇化本身并不是导致生态环境质量下降的直接原因，由城镇化引发的人口集中和产业集聚才是造成环境污染的本质原因（Satterwaite，2009）。一些学者在研究城镇化对环境污染的影响时发现，城镇化通过人口集聚和规模效应带动工业化的发展，城镇化进程推动了产业的分工与重组，加速了产业集聚特别是战略性新兴产业的协同集聚，进而作用于该地区的环境污染（Michael 等，2012；邓晓兰等，2017）。Ren 等（2003）以上海市为研究对象，发现在处于快速城镇化的背景下，产业集聚是导致上海郊区水体严重污染以及土地过度开发的重要原因。何静（2004）研究发现，城镇化为产业集聚在更高水平上的发展提供了人力资源、科学技术、硬件与软件基础设施等资源要素。随着城镇化水平的不断提高，

城镇阅历丰富的高技能劳动力资源越来越充足，同时技术创新的溢出效应也日益突出，这些都使产业可以在更高层次上进行高端要素集聚。杨冬梅（2014）采用VAR 模型，通过构建脉冲响应与方差分解方法来分析城镇化、产业结构以及环境污染之间的动态关系，研究发现城镇化对环境污染的影响效应可以分为长期和短期两种情况：一方面，城镇化在长期内促进产业结构升级从而对环境有利；另一方面，城镇化在短期内将会显著加剧环境污染。

4. 环境公平的影响研究

随着环境问题的加剧和人们环境意识的提高，作为环境问题研究的一个重要方面，环境公平日益引起人们的重视。环境公平（Environmental Justice）问题起源于美国一场旨在反对在黑人及少数族群地区建立有毒的垃圾倾倒场的民权运动。1992 年，美国环境保护署发布了“环境公平：为全社会降低风险”的报告认为，少数族裔和低收入人群明显地承担着更多的环境风险（铅污染、空气污染、有害废弃物处置、被污染的鱼类和农业杀虫剂等）。该报告将环境公平定义为：在不同经济和文化的社会群体中，环境权益和风险成比例地和公平地分配，以及政府对这种分配的政策反应，保证政府的政策和活动不会有区别地影响不同经济和文化的人群。

环境公平问题研究主要集中在不同群体间的环境不公平问题研究。国外环境公平的研究主要集中于，有毒垃圾处理厂等环境风险是不是更多地集中在黑人及少数族群居住地区（Ringquist，2005；Mohai，2008）。大多数研究认为，有色人种以及低收入阶层以及儿童和老人承受更多环境风险（Singer，2004）。从群体间不公平的范围来看，一些学者认为环境不公平现象在全国范围存在（Mohai 和 Saha，2007），一些学者认为环境不公平现象在州范围内存在（Pastor 等，2005），一些学者认为环境不公平现象在大城市范围内存在（Fricker 和 Hengartner，2001）。对于中国不同群体之间的环境公平问题也有所讨论。例如，朱旭峰和王笑歌（2007）指出，我国环境决策不公平，没有考虑地区和人群特点，环境政策的制定和执行使人群间环境消耗和环境责任不匹配，不同群体的环境参与不公平。王慧（2010）认为，以市场机制为基础的环境规制会导致污染者将污染转移到低收入群体社区，污染税对低收入群体有累退效应。

最近几十年，各国各地区在强调环境公平的同时环境社会冲突现象却不断增加。一些人得出结论：少数和低收入人员不成比例地承受污染导致的对健康和环境造成的不利影响（Bullard，1994）。这要求在环境法律和政策的发展、实施和强制执行过程中公平对待所有种族、收入和文化的人。环境公平问题的分析得到大量经验研究的支持，这些研究主要评价特别感知到的环境不舒适更接近或更流行于某类人群的程度。许多这类研究集中在环境规制的工业设施接近由社会等级、民族或种族确定的特定人群的居住区。经验性的问题往往是既定区域内特殊类型的设施更经常地定位在这些特殊人群附近的程度。包括产生或管理固体或危险废弃物的设施（Bowman 和 Crews - Meyer，1997；Hamilton，1995；Pastor 等，2002），利用有毒化学制品的设施（McMaster 等，1997；Mitchell 等，1999；Perlin 等，2001），排出工业废水的设施（Hird 和 Reese，1998；Markham 和 Rufa，1997），或者排放空气污染物的设施（Graham 等，1999；Mennis 和 Jordan，2005；Shaikh 和 Loomis，1999）。除了证明这样的接近性存在的经验努力外，争论中的关键问题是，一旦问题被认识到，如何解释。

Bowen 等（2009）主张区域科学的某些基本概念对于环境规制设施接近环境公平研究中的人员的准确表示和相当完善的解释是必不可少的。尤其是集聚力影响产业区（Hoover，1937；Marshall，1920；Weber，1929）、制造业设施（Carlino，1982；1987）、工商企业集群（Roelandt 和 Hertog，1999；Rosenfeld，1995）以及城市（Fujita 和 Thisse，1996）的形成。这些产业集中的地理区域包括环境公平分析中争论的许多相同的设施，即使不是大多数。为此，Bowen 等（2009）的研究集中在与新泽西州少数民族的区位有关的工业空气污染许可证持有者的区位。他们的研究结果表明，研究的正确性要求环境公平分析明确地纳入产业集聚。产业集聚是新泽西州具有空气污染许可证的工业设施区位的重要决定因素，从环境公平研究中删除产业集聚可能导致严重误导性的经验结果和政策含义。

三、集聚正外部性与环境负外部性研究

在城市和区域可持续性研究中，存在两种类型的外部性：一类是环境负外部性（即环境污染）；另一类是集聚正外部性（即集聚经济）。环境负外部性要求限制城市和区域经济活动，而集聚正外部性则要求促进城市和区域经济活动，城市和区域发展的过程实际上是两种外部性相互影响和相互作用的过程。因此，集聚正外部性与环境负外部性问题成为城市与区域可持续发展研究中的重要内容之

一（朱英明，2011）。

1. 城市可持续发展中的集聚正外部性与环境负外部性研究

现代经济社会显著地受到城市力场的影响（Glaeser，1998）。城市显示一系列引人注目和非引人注目的特征，并因此受到向心力和离心力的控制。一方面，丰富的文化生活或邻近大量物品、服务和工作可能使城市成为有吸引力的生产和生活区位；另一方面，补偿城市生活方式的消极结果可能包括噪声和难闻的气味、较高的犯罪率、更昂贵的住房以及比农村区位更低的环境质量。城市生活的许多积极和消极特征涉及外部性：经济主体彼此施加的无法估价的影响。

在城市可持续性研究中特别关注两类外部性间的相互作用：一类是产业活动导致生活环境退化的环境污染即环境负外部性，另一类是集聚正外部性，包括发生在相同产业的不同企业间的地方化经济（Localization Economies）以及发生在不同产业的企业间的城市化经济（Urbanization Economies）在内的外部规模经济（集聚经济），集聚正外部性是解释城市存在的重要经济原因之一。城市经济学具有研究城市环境中外部性的空间含义的传统，一些经典的例子包括：Solow 和 Vickrey（1971）、Oron 等（1973）以及 Kanemoto（1976）有关交通拥挤的研究，Richardson（1977）、Tauchen（1981）有关拥挤外部性的研究。有关环境质量的空间（经济）方面的文献较多，并不断增加（Nijkamp，1999），但是城市经济模型中环境污染的影响明显关注不够。许多享受主义的价格研究试图评价环境质量对住房价格的一个方面的影响（Freeman，1993）。然而，一般城市均衡中环境污染的所有效应的分析，也集中在集聚正外部性和环境负外部性间的相互作用，并考虑生产、环境质量、家庭区位以及劳动供应间的所有相互作用。然而，目前这方面的研究还较少。

Verhoef 和 Nijkamp（2002）是这方面研究的代表，他们构建单中心城市的一般空间均衡模型，该模型包括上述两种类型的外部性。与上述不同，他们假定中央产业区（CID）集群，城市中的集聚经济以“马歇尔式”外部性来表示，并区分两类马歇尔式外部性：一类是生产效率随着 CID 总产出的增加而增加，即所谓的 Q 型集聚经济；另一类是生产效率随着 CID 总劳动力的增加而增加，即所谓的 L 型集聚经济。他们研究自由市场、最优和次优的空间均衡，研究结果表明，追求环境目标有时可能以降低集聚经济作为代价，但是有时也可能激发这些集聚经济。

目前尚不清楚两种类型的集聚外部性中哪一种在现实中更重要。两种外部性构想已在文献中被应用。例如，Sullivan（1986）使用Q型集聚效应，Arnott（1979）和Fujita（1989）使用类型L型集聚效应。De Groot（2000）在非空间环境中的内生增长背景下讨论这两种集聚效应，并将Q型称为“做中学”，将L型称为“看中学”。

2. 区域可持续发展中的集聚外部性与环境外部性研究

在有关区域可持续发展的大量文献中，与区域土地利用有关的空间可持续性被忽视（Toman，1994；Pezzey和Toman，2005）。有关贸易和环境方面的大量文献同样没有特别关注包括与土地利用和运输有关的外部性的空间可持续性问题。因此，考虑可持续土地、可持续运输、可持续区位和可持续贸易政策间相互作用的区域可持续发展的坚实基础是缺乏的。

对可持续发展空间方面的分析是重要的，原因在于：第一，它使我们能够实施有关可持续性的方案，特别是通过区分可持续和不可持续的土地利用、运输和贸易。第二，它允许将政策工具和目标与涉及贸易、区位和运输的具体战略相联系。福利分析能够包含区域和全球水平，考虑源自经济活动的负外部性（如污染）和正外部性（如集聚效应的溢出效应）以及源自贸易的优势。

“集聚”涉及经济活动的空间群集。集聚效应表明，当企业共享某些非独占的投入品如劳动和通信网络时，出现某种类型的正外部性（Eberts和McMillen，1999）。当所有互补性的生产设施处于紧密接近的状况时，这种外部性的出现，促使企业获益于规模经济、最小的交易和通信成本、共同的劳动市场和共享的技术技能（Anas等，1998）。许多中间品和制成品以低成本得到。

贸易优势对应于一个区域与另一个区域交易其产品获得的利益。这种优势包括比较优势，反映出一个区域的一种物品比另一个区域有相对更高的生产率，对于另一种物品相反的情况也成立（Krugman，1991）。这种特征引起贸易，增加区域间分工和专业化，因而能够导致自然资源更有效的利用（由于专业化），获得的利益只是从一个地区到另一个地区运输商品时消费的资源的一部分补偿。这种机制是激发运输成本的“冰山模型”的机制（Samuelson，1952）。贸易进一步引起供应者间的更大竞争（即更少的市场集中或不完全），这反过来导致较低的价格，因而增加社会福利。

当一个经济主体（消费者或生产者）的生产或福利通过自然的相互作用，受到另一个经济主体做出的选择的负面影响时，环境负外部性或外部成本出现。个体决策不符合社会福利和环境可持续性。生态足迹（EF）由Wackernagel和

Rees（1996）提出，适合处理有关空间可持续性问题。尽管其结构存在缺陷，但是它已变为评价环境可持续性被广泛利用的指标。它实际上被用于计算国家、区域、城市和人口的环境可持续性绩效（McDonald 和 Patterson，2004；Muñiz 和 Galindo，2005），同时它定期地出现在有关环境非政府组织（尤其是世界野生生物基金会，WWF）的报告中。EF 考虑经济对环境的负面影响，但是本身没有考虑负外部性或环境溢出效应。原因在于，在 EF 方法中，经济主体和他们的利益或个体福利没有受到关注。负外部性可能引起受影响的主体生产更少的产品。这种影响在 EF 方法中被忽视，但是在空间经济福利方法中没有被忽视。而且，EF 完全忽视考虑集聚效应和贸易优势。

为了研究不同规模（国家、区域或城市）上的空间集中和环境（不）可持续性间的关系，Grazi 等（2007）效仿 Forslid 和 Ottaviano（2003）的空间贸易模型，构建包括集聚效应、环境负外部性、区域间贸易和各种土地利用类型的两区域空间经济模型。按照建立在社会福利和生态足迹指标基础上的评价值，根据集聚效应、负外部性和贸易优势三种空间经济现象，以及制造业活动的城市集中（集聚）、农业支配型区域、自然状态支配性区域三种空间结构，对五种空间经济结构进行福利分析：①农业支配型区域，农业支配型区域。②集聚，农业支配型区域。③农业支配型区域，自然状态支配性区域。④集聚，集聚。⑤集聚，自然状态支配性区域。研究结果表明，除非环境外部性大大超过经济福利的所有其他部分，否则空间福利经济学方法就提供完全不同于生态足迹（EF）的选择性土地利用构造等级。

四、环境规制分类与门槛效应研究

1. 环境规制的分类研究

环境规制是指以环境保护为目的，政府或相关组织为规制主体，个人或企业为被规制对象，运用行政、法律、经济等手段，防止环境污染的发生及维持自然生态的平衡。许多学者从环境规制的提出主体、对象、目标、手段和性质等多维度剖析环境规制，对现有出台的环境规制政策和措施进行类型划分，并验证了不同类型的环境规制工具产生的影响具有显著差异性。

按照环境规制的主体不同进行划分的文献最多，环境规制涉及政府、企业和居民三个主体，对应的环境规制工具分别为命令控制型环境规制、市场激励型环境规制和自愿型环境规制。彭海珍和任荣明（2003）、王小宁和周晓唯（2015）、张江雪（2015）、彭星和李斌（2016）、任胜钢等（2016）、冯志军等（2017）均是按这种方式对环境规制进行细分并展开研究；王红梅（2016）在此基础上增加了一类，除了政府为主体的命令控制型，企业为主体的市场激励型，将居民为主体的环境规制进一步划分为公众参与型和自愿行动型。

根据产生的经济效益不同可将环境规制分为费用型和投资型两类，原毅军和刘柳（2013）、张平等（2016）、原毅军和谢荣辉（2016）、邱玉霞和郭景先（2017）、宋爽（2017）均选择了此种方法对环境规制细分。

根据不同的政策实施机制可将环境规制分为正式型和非正式型两类，徐圆（2014）探究了普通民众的关注、新闻媒体的披露等来源于社会压力的非正式环境规制对工业污染的影响。原毅军和谢荣辉（2014）、周海华和王双龙（2016）、徐茉和陶长琪（2017）、孔令丞和李慧（2017）在研究中设计了正式和非正式环境规制的衡量指标展开相关分析。

除上述几种主流的划分方式以外，还有其他的分类方法。赵玉民等（2009）根据环境保护方式，将环境规制分为显性环境规制和隐性环境规制。Böcher（2012）认为，广义的环境规制可分为信息型（或劝导型）、合作型、经济型、管制型四类。Rexhäuser 和 Rammer（2014）区分了引导型环境规制和自主选择型环境规制。王书斌和徐盈之（2015）将环境规制分为环境行政管制、环境经济规制、环境污染监管。钟茂初等（2015）区分了源头治理和末端处理两种类型的环境规制工具。罗能生和王玉泽（2017）考察了治理投入型和经济激励型两种环境规制。

绝大部分文献的研究结果均显示，不同类型的环境规制工具会对经济变量产生不同的影响，政府在实施环境规制政策时需要选择适宜的规制工具才能够达到想要的效果。

2. 环境规制的门槛效应研究

在众多文献中，当把环境规制视为解释变量展开研究时，发现环境规制的作用并非简单的线性关系，而是呈现出较明显的门槛效应，环境规制在门槛值前后的影响作用显著不同。现有文献在使用面板门槛模型时，研究比较多的是环境规制与技术创新、环境规制与经济增长、环境规制与环境污染之间的关系，本部分梳理了关于环境规制门槛效应的相关研究。

第一，环境规制与技术创新的门槛效应研究。沈能（2012）检验了环境规制与技术创新之间是明显的U形非线性关系，即随着环境规制强度的由弱变强，对企业技术创新产生先降低后提高的影响。李平和慕绣如（2013）基于中国29个省份在2000～2010年的数据，使用门槛回归和系统GMM两种方法，发现环境规制与技术创新之间是三重门槛效应，当规制强度较低时对创新活动的开展是潜在的作用，当达到最优规制水平时环境规制能显著地促进创新水平提高，但是规制强度过高时促进创新的作用会逐渐减弱。蒋伏心等（2014）使用非线性门槛回归模型，对江苏省制造业分行业面板数据进行了检验，结果显示环境规制与技术进步是一种折线对应关系。陶长琪和周璇（2015）证明了环境规制对环境全要素生产率及其分解分别存在双重、三重和单一门槛效应。陶长琪和琚泽霞（2016）基于价值链理论，将技术创新进一步分解成技术开发和技术转化两大阶段，门槛面板回归的结果显示环境规制与技术开发之间呈现倒U形关系。

第二，环境规制与经济增长的门槛效应研究。沈能和刘凤朝（2012）在其研究中指出，环境规制强度与经济发展水平的双门槛效应能对环境库兹涅茨曲线假说做出合理的解释。李斌等（2013）采用面板门槛模型估计环境规制和中国工业发展方式转变的非线性关系，研究结果表明存在环境规制强度的“门槛效应”，随着环境规制强度的增强，环境规制对中国工业发展方式的转变呈现出先不显著，然后促进，最后抑制的作用。钟茂初等（2015）提出环境规制与产业转移、结构升级间均呈现出U形关系，且门槛值可将中国的产业结构变迁具体划分三阶段，整体看来中国现阶段所处的阶段为半内涵式发展阶段，环境规制可推动产业转移但无法推动结构升级。王洪庆（2016）以内生增长理论模型为基础，构建了环境规制和经济增长的理论模型，基于门槛面板回归模型，验证了环境规制与经济增长间存在较显著的门槛效应。黄清煌等（2017）基于环境分权体制，检验了命令控制型、公众参与型和市场激励型三类规制工具的具体作用，证明了三种规制与经济增长间均是双重门槛效应。

第三，环境规制与环境污染的门槛效应研究。李子豪（2016）使用非动态门槛面板模型进行实证检验，证明了FDI对工业碳排放的作用存在门槛效应，当行业研发投入或环境规制相对不足时，FDI对工业碳排放的影响作用不显著；而当行业研发投入或环境规制相对较高时，FDI则十分显著地减少了碳排放。路正南和冯阳（2016）从竞争均衡模型的构建出发，讨论环境规制对碳绩效的门槛效应，认为环境规制与碳绩效间是U形曲线关系。惠炜和赵国庆（2017）在扩展EKC方程的基础上，以环境规制强度为门槛变量，结果表明加强环境规制强度能够显著地降低环境污染强度。彭文斌等（2017）探讨正式、非正式环境规制影响绿色创新的机理，正式规制与绿色创新效率呈U形关系，非正式环境规制与绿色创新效率之间呈倒U形关系。

五、环境规制影响污染排放研究

国内外学者对环境规制的环境污染效应进行了大量的研究，但是对于环境规制的环境污染效应同样存在三种不同的声音。大部分研究结果表明，环境规制具有污染减排效应。但也有部分研究认为环境规制不仅没有减少污染排放，反而增加了污染排放。还有部分研究认为环境规制与环境污染排放之间的关系具有一定的条件性和不确定性。

1. 环境规制的正环境效应研究

Magat和Viscusi（1990）利用来自美国环境保护局（Environmental Protection Agency，EPA）以及制浆和造纸行业1982～1985年77家企业的季度数据实证研究发现，环境规制能减少制浆、造纸业大约20%的生物含氧量排放量。Laplante和Rilstone（1996）在Magat和Viscusi（1990）的研究基础上，通过对加拿大魁北克省59家制浆和造纸企业46次月度报告研究发现，环境规制有效降低了企业大约28%的生物含氧量的绝对排放量。Dasgupta等（2001）研究环境规制及排污费用对中国镇江污染性企业的影响效应。该研究通过对1993～1997年镇江污染性企业的相关数据进行GMM估计，结果显示环境规制监管可以降低0.40%～1.18%的总悬浮固体及化学需氧量引起的水污染排放量，同时减少大约0.34%的空气污染排放量。而排污税对企业生产污染的估计结果并不显著。Nadeau（1997）对1979～1989年175家制浆和造纸行业企业违反美国EPA的水污染规制的行为进行时间量化，研究发现EPA能够有效地减少企业违背标准的时间长度。Gray和Shadbegian（2006）以造纸业为例，分析了环境规制水平的变动对大气污染以及水污染排放的影响，其结果表明环境规制有助于抑制污染排放。夏永久等（2006）利用“环境库兹涅茨曲线”分析兰州市环境规制，结果表明兰州

市环境规制显著地提升了环境质量，阻止了环境质量恶化的趋势。傅京燕（2009）通过对广东省制造业的实证研究，得出正式环境规制越严格，污染排放越小的结论。钟娟等（2011）基于“污染的供给—需求”模型，分析环境管制、工业发展与空气污染的关系，结果表明，正式和非正式的环境管制对污染减排有显著的抑制作用。何为等（2015）基于天津市2006～2013年面板数据定量分析了环境规制、技术进步与大气环境质量之间的关系，研究发现，政府环境政策对降低污染物排放有显著作用。刘玉博和汪恒（2016）等的研究发现，现阶段中国的环境规制显著减少了污染物排放，达到了预期的减污效果。刘紫薇（2018）使用空间杜宾模型研究了中国2001～2015年30个省份环境规制对环境污染的空间溢出效应，研究结果表明，环境规制对环境污染具有改善作用。同时，一个地区的环境污染不仅受到该地区环境规制的影响，还会受到其他地区环境规制的影响。

2. 环境规制的负环境效应研究

Sinn（2008）认为，在一些情形下严厉的环境规制并不一定能减少污染物排放，并提出了“绿色悖论”，即以减排为目的的环境政策可能反而导致污染排放量的增加。Liu等（2017）研究表明，中国政府环境规制水平提高加剧了工业污染排放，主要原因是环境规制政策执行力不够。柴泽阳和孙建（2016）基于中国省级层面的研究认为，区域环境规制不但没有减少污染排放，反而增加了污染排放，存在显著的“绿色悖论”。高明等（2016）基于STIRPAT模型，利用中国2001～2013年的省际面板数据实证分析了城市化进程、环境规制对大气污染的影响。结果表明，环境规制对工业废气排放具有正向影响，即环境规制没有起到污染减排作用。甘家武等（2017）的研究表明，中国环境规制政策没有实现“绿色红利”，即环境规制并没有缓解环境污染问题。史丹和马丽梅（2017）基于京津冀地区的研究发现，本地环境规制的提高并没有起到改善环境质量的作用，但邻近地区整体环境规制的提升却能使本地区环境质量得到改善。

3. 环境规制的复杂环境效应研究

贺灿飞等（2013）认为，中国环境规制效果可能受到三方面因素的影响：①被规制对象对环境规制的阻力，这里主要指企业。②环境规制受益方的压力。③环境规制执行主体的能力。这三个因素会通过影响污染源治理与污染途径治理进而影响环境规制效果。余长林和高宏建（2015）认为，环境管制对环境污染存在两种相反的效应，环境管制既可以降低环境污染，也可以通过扩大隐性经济规模提高环境污染。李永友和沈坤荣（2008）采用跨省工业污染数据研究了环境管制政策对污染减排的效应，其研究表明：我国推行的污染收费政策能够有效地抑制污染排放，而减排补贴制度和环保贷款制度并没有发挥应有的污染减排效果。包群等（2013）基于1990年以来中国各省份地方人大通过的84件环保立法，运用倍差法分析了环保立法的规制效果。结果得到，仅依靠环保立法并不能有效抑制污染，只有在法律法规被有效执行或环境污染非常严重的地区，环保立法才能起到改善环境质量的作用。Cheng等（2017）通过空间计量分析得到，命令型环境规制有助于缓解污染排放，而市场型工具的减排效果有限。

六、环境规制对产业集聚的影响研究

环境规制如今是我国政府治理中一项重要的政策、制度。谢里（2009）研究发现，政府的制度安排比一些传统的产业集聚因素能更加明显地作用于制造业集聚。而后，谢里（2016）又基于Fujita和Thisse提出的理论框架，研究发现制度环境变量会对制造业集聚的空间技术溢出产生影响。陈健生等（2015）通过在修正新经济地理学中心—外围模型的基础上，发现政府的政策调控会加速产业集聚。任宛竹等（2017）总结了前人关于地方政府行为影响产业集聚的研究成果，提出地方政府可通过直接的政策制定影响产业集聚，也可通过间接的公共支出、基础设施投资影响产业集聚。另外，环境规制也是一种要素禀赋。肖鹏等（2015）发现环境规制作为一种要素禀赋是企业选择区位时所考虑的重要因素。高静等（2016）认为，产业在空间上的集聚主要由要素禀赋所决定，这些要素不仅包括土地要素、资本要素、研发要素、技术要素等，环境规制也可作为一种要素禀赋纳入产业集聚分析框架。因而，至少从以上两点原因来看，环境规制势必会对产业集聚产生影响。

1. 环境规制抑制产业集聚的研究

Copeland和Taylor（1994）提出的“污染避难所假说”认为，经济发达国家一般会选取高标准的环境规制政策，这会导致污染型企业生产成本高企，不得不转移到环境规制政策较为宽松的落后国家，还会导致发达国家污染型产业扩散、落后国家污染型产业集聚。Xing和Kolstad（1996）对美国污染控制成本高的产

业与污染控制成本较低的产业进行分类研究，发现东道国松散的环境规制会导致美国污染密集型产业转移到该地区，而低污染型产业不会受此影响。Fullerton（2006）把污染避难所假说的作用过程细化为五个阶段：国别特征决定了环境规制强度；环境规制强度决定了企业的治污成本；企业的生产总成本决定了贸易模式和要素流动；贸易模式决定了产品价格等多个变量；产品价格等多个变量又反用于环境规制，如此循环往复。Cole 和 Elliott（2005）补充了“污染避难所假说”的前提，指出东道国的资源禀赋是环境规制变动导致产业转移的重要因素，但是在研究中常常被忽视。Cole（2010）在美国相关研究的基础上，选用日本验证“污染避难所假说”，发现当贸易发生在日本与发展中国家之间时，污染避难所效应更强，特别是对那些环境成本很高的产业来说，这种效应更明显。Efthymia（2013）在研究经济活动的空间集聚时，将环境政策成本归为离心力，因为它反而提高了污染。徐敏燕等（2013）发现对于重污染型产业而言，环境规制虽然能激励创新，但是创新效应还不能抵减剧增的生产成本的负面影响；此外环境规制还会减弱正向的产业集聚效应，这些都导致产业出现扩散。古冰等（2013）研究了中国产业东部—中西部转移，他们认为这种转移出现的主要原因在于：经济较发达的东部沿海地区环境规制政策日益严格，导致污染密集型企业需要付出大量的环境治理支出，造成它们的生产成本显著下降、经营利润显著削减，因此为了降低成本，它们会搬迁到环境规制较为宽松的中西部地区，即这类产业东部—中西部转移的主要原因在于两个地区环境规制政策的差异。赵永亮（2015）从微观层面上采用问卷调查的方式考察了导致企业迁徙的因素，实证结果显示：严厉的环境规制政策会使企业的迁徙意愿显著加强。

2. 环境规制促进产业集聚的研究

Porter（1995）认为，环境规制不仅不会导致产业竞争力与经济增速下滑，反而会带来产业竞争力的提升。环境规制能够提高企业创新能力，降低企业污染水平，提高企业生产效率，从而提升产业集聚。Jaffe 和 Palmer（1997）在研究中进一步将波特假说分为“弱波特假说”与“强波特假说”：“弱波特假说”是指环境规制能激励企业技术创新，但不能确定这是否有益于企业发展；“强波特假说”是指环境规制不仅能激励企业技术创新，而且这种创新能够抵消环境规制所造成的成本上升的不利影响，提高企业绩效、产业竞争力。波特假说中环境规制促进产业集聚的主要途径是：环境规制的创新补偿效应，能够激励企业的技术创新，提高企业生产率。Berman 和 Bui（2011）研究石油冶炼行业这个对环境规制政策非常敏感的重污染型产业，在环境规制更为严格的地区，该产业生产率的增长率高于其他地区。Acemoglu（2012）的研究表明，环境规制强度提高虽然增加了企业的生产成本，但同时也激励企业进行技术创新，企业利润、生产率反而可能增加，企业不会选择转移。Teng 等（2014）研究了 ISO 14001 国际环境认证对中国台湾企业创新及经营绩效的影响，结果表明 ISO 14001 国际环境认证在长期能够促进中国台湾企业创新水平和经营绩效的提高。张成（2012）在面板模型分析的基础上发现环境规制对产业集中度的提高有明显的促进作用，应该合理运用环境规制调整产业结构、淘汰落后产能。徐敏燕等（2013）研究发现：环境规制增强了中度污染型产业集聚，但是对轻度污染型产业集聚的影响不显著。张晓莹等（2014）认为，环境规制导致技术进步，企业会通过技术引进或自行研发的方式提高生产技术；技术进步有利于产业的集聚。覃伟芳等（2015）对制造业进行分类后研究，发现污染密集型产业、能源密集型产业的全要素生产率会受到环境规制较为明显的影响，而其他产业受环境规制的影响比较小；总体而言，环境规制并不会显著地影响生产效率，但是对产业集聚有显著的积极影响。高静等（2016）提出环境规制作为一种要素禀赋是企业选择区位时所考虑的重要因素；受密切的上下游企业联系的影响，环境规制并不会导致产业扩散，在环境规制政策较为严格的省份（如江苏），环境规制不但促进清洁型产业集聚，同样还会促进污染型产业集聚。

3. 环境规制对产业集聚的复杂影响研究

还有学者认为环境规制对产业集聚的影响是非线性的。与 Grossman 和 Krueger（1991）提出的环境库兹涅茨曲线类似，环境规制与产业集聚有时也呈倒 U 形关系。赵少钦等（2013）选取中国 2001 ~ 2010 年各省份制造业的面板数据进行分析，发现环境规制强度与产业集聚之间存在 U 形关系，当环境规制强度处于较低水平时，环境规制抑制产业集聚；当环境规制强度提高到一定水平之后，环境规制促进产业集聚。李璇（2015）对全国地区进行划分，实证检验了在不同地区环境规制对产业集聚的影响，从实证结果来看，环境规制强度与产业集聚之间存在倒 U 形的关系，如今我国的环境规制强度还未突破观点值，提高环境规制强度可促进产业集聚；其中，环境规制对西部地区、东部地区产业集聚的促进作用弱于中部地区。郝寿义等（2016）发现环境规制对产业集聚的影响会因为所研究的产业不同而有所差异：环境规制与非农产业集聚之间是倒 U 形关系，但环境规制对第三产业集聚是积极影响；此外，环境规制的影响也会因环境规制阶段不同而产生差异，率先实施环境规制政策的地区更容易获益。

七、环境规制对区位选择的影响研究

国内外学术界关于环境规制对区位选择影响的讨论主要形成三种观点。

1. 环境规制抑制区位选择的“不利论”

“不利论”的理论基础是“遵循成本假说”。很多学者认为环境规制会重新分配生产要素，要素流入污染减排部门产生挤出效应，增加企业额外成本降低竞争力，阻碍外地企业迁入，加速本地企业迁出。Dean 等（2000）以 10 年间 170 个制造业行业的新建企业为研究对象，结果显示严格的环境规制会增加小型企业的成本劣势，阻碍小企业进入。Becker 和 Henderson（2000）利用 1963～1992 年的企业数据，发现空气质量法规的出台使未达标地区新生的污染企业减少了 26%～45%。Gray 和 Shadbegian（2002）使用造纸行业的普查数据，测量造纸企业在 1967～2002 年在各地区的分配的生产份额，当环境规制越严格时，在该地分配的生产份额会越少，间接验证了环境规制会抑制选址。Cole 等（2007）在中国寻找“污染避难所假说”存在的证据，采用省级层面数据以及三种不同的环境规制测量方法，证实了 FDI 更易被吸引至环境规制力度较弱的区域。Dam 和 Scholtens（2008）找到了污染避难所假说存在的证据，跨国公司正将部分污染产业转移至环境监管薄弱的国家。Condliffe 和 Morgan（2009）检验了 1977 年清洁空气法修正案（CAAA）对污染型企业选址决策的影响，发现越严格的环境规制政策通过减少新建立的企业数量抑制污染密集型产业资本流入。Cai 等（2016）结合中国环境保护的“两控区”政策，进行对比研究发现严格的环境规制会引起对外直接投资减少，且环境保护程度低于中国的国家对环境规制表现出更明显的负面反应。Lian 等（2016）认为，中国环境规制在区域间的差异会影响中国制造业地理位置选址，实证结果显示制造业倾向于从环境规制严格的省份转移至环境规制较宽松的省份，环境监管较弱的省份更易吸引污染企业定址。Dechezleprêtre 和 Sato（2017）认为，短期内环境规制会对企业的生产活动和区位选择产生不利的影响，尤其是对污染密集型产业来说，环境规制确实能引发清洁技术的创新研发，但带来的好处不足以抵消环境规制引起的成本增加。魏玮和毕超（2010）采用2004~2008年转移产业中新建企业的面板数据，证实了环境规制会抑制企业进入，且对污染行业的影响要大于轻污染行业。林季红和刘莹（2013）选取2001~2008年我国36个工业行业的面板数据，当将环境规制视为内生变量时，实证分析的结果表明“污染避难所假说”在我国是成立的。张友国（2015）基于投入产出模型判断国内贸易是基于污染避难所模式还是要素禀赋模式，实证结果显示中国四大地区的国内贸易在整个研究期内主要表现为污染避难所模式，即环境规制强度越小，越容易吸引企业选址。

2. 环境规制促进区位选择的“有利论”

“有利论”的理论基础是“波特创新假说”。诸多学者认为，设计巧妙的环境规制政策能够克服信息不对称、组织惯性等市场失灵问题，激发企业自主创新行为，通过改进技术工艺水平，降低废物处理成本，提升资源利用效率，能够部分甚至全部抵消环境规制所增加的额外费用，实现环境污染减轻和企业创新水平提高的“双赢”局面，环境规制严格地区能有效吸引产业定址。Boyd和Mcclelland（1999）以造纸行业为研究对象，结果显示在该行业中环境规制与企业盈利能实现双赢。Shadbegian和Gray（2005）对68家造纸厂、55家炼油厂、27家钢铁厂在1979~1990年企业数据进行研究，结果也显示污染减排支出对造纸厂的总生产率的影响为正。Lanoie等（2011）依据7个OECD国家的数据展开观察和研究，结果强烈支持环境规制对环保创新是促进作用，从一定程度上证明了采取灵活的环境规制政策而非固定的指令性环境法规时，更能激发出企业创新的动力。Ambec等（2013）也认为合理的环境规制工具，不仅能够提高环境绩效，而且会部分甚至完全抵消规制的额外成本。Rexhäuser和Rammer（2014）以德国2008年CIS企业数据进行分析，并区分了规制诱导型以及自愿型两种环境创新，结果表明当这两种环境创新能显著提高资源利用效率时，环境规制有效驱动企业创新及提高企业利润率。Söderholm等（2015）以芬兰、瑞典和俄罗斯的采矿业为目标研究对象，可以设计出合适的环境法规同时实现保护环境和提升采矿业竞争力双重目标。郭建万和陶锋（2009）指出在考虑集聚经济的前提下，环境法规与FDI流入呈显著的正相关关系。

3. 环境规制影响区位选择的“不确定论”

“不确定论”的理论基础是“多因素决定假说”，持这种观点的学者较多。还有部分学者认为，环境规制对区位选择确实有影响，但由于时间异质性、空间异质性以及行业异质性，环境规制对区位选择的影响可能存在明显的差异。

第一，环境规制不会显著影响区位选择。Levinson（1996）使用制造业普查数据和“污染减排成本与支出调查”的企业层面数据，研究结果证明，当各国实施不同严格程度的环境规制政策时，对大多数制造业企业的选址影响不大。List等（2001）认为，企业区位决策受多重因素影响，环境规制只是影响企业选址的潜在因素之一，并不能直接说明环境规制是促进还是抑制企业迁出或迁入本地。Shimamoto（2016）指出，当企业面临环境规制时，企业选址取决于污染减排效率及生产效率，所以环境规制对其区位选择的影响是不确定的。

第二，环境规制对区位选择的影响存在时间异质性。高爽等（2012）的研究结果表明，1998～2003年对企业区位选择影响的核心要素是土地价格及交通可达性等，环境规制相关要素对其影响不显著；而2003～2008年，环境规制开始成为影响污染密集型制造业区位的重要因子。Wang等（2015）利用2003～2008年中国制造业统计数据探究不同所有制企业对环境规制政策的响应，严格的环境规制政策对国有企业在2003～2005年的选址决策有正向作用，但在2006～2008年影响不显著。私营企业、外资企业以及集体所有制企业在2003～2005年更易进入环境规制较弱的地区，但是2006～2008年局势逆转。

第三，环境规制对区位选择的影响存在行业异质性。Bartik（2002）研究全球财富500强公司分支机构的选址情况，对于大多数企业来说，环境规制对选址没有显著影响，但对高污染行业来说，不能排除环境规制的影响。Morgan和Condliffe（2009）检验了环境规制的空间差异对制造业资本流动的作用有何不同，结果显示当空气质量标准越严格时，明显会抑制污染企业进入，而对污染密集度不高的企业选址没有影响。Mulatu等（2010）以欧洲13个国家的16个行业为研究对象，证明了污染避难所的存在，环境规制与其他决定选址的因素影响程度相差不大，对污染密集型行业的选址影响显著为负。张三峰和卜茂亮（2011）基于2006年中国企业的调查问卷，实证检验了不同行业、规模和区位的企业，在面对环境规制时其生产率存在较为明显的差别。

第四，环境规制对区位选择的影响存在空间异质性。Kheder和Zugravu（2012）认为，不同类型国家的环境规制作用不同，发达国家、新兴经济体和欧洲中东部国家严格环境规制抑制FDI流入，而在独联体国家和发展中国家，严格的环境规制会吸引FDI。

綦建红和鞠磊（2007）研究结果显示不同地区环境规制与外资分布间的关系存在明显的差异，在东部地区两者关系显著为正，而在中部和西部地区则是明显的负相关关系。黄志基等（2015）研究了环境规制对企业生产率的影响，环境规制对企业产率的促进作用在东部地区更明显，而在中西部地区相对较弱。谭灵芝和王国友（2015）探究环境规制对服务业发展的具体作用，在东部和西部地区环境规制对服务业发展能够显著地发挥促进作用，但在中部地区环境规制对服务业发展的影响不足。周浩和郑越（2015）的研究结果显示，在中西部地区内部，环境规制对新建企业迁入的影响不显著，而在其他地区影响则十分显著。周长富等（2016）研究了环境规制对FDI区位选择的影响作用，结果显示环境治理成本的提高有利于促进东部地区FDI“量质齐升”，对中部地区的影响显著为负，对西部地区的影响不显著。

八、产业集聚、污染排放与资源错配研究

集聚作为经济发展的一部分，能够通过前后向关联产生的累积效应形成相关行业的区域集聚，从而影响资源错配。但经济发展会带来环境污染是毋庸置疑的（Marrewijk，2005），产业集聚与污染排放的非线性关系也得到诸多学者的证实，由于中介变量需对核心自变量和因变量均有影响，因此在产业集聚与资源错配的影响关系中，污染作为中介变量可能产生的作用需考察以下三个方面。

1. 产业集聚影响污染排放

环境污染就是产业集聚的负面产物之一，环境污染是阻碍经济集聚的力量（VanMarrewijk，2005；Lange和Quaas，2007），产业集聚与污染排放之间存在复杂的非线性关系：王晓硕、宇超逸（2017）认为，经济活动的空间集聚有利于减少单位GDP和工业COD、工业SO_2、工业烟尘粉尘污染的排放强度，内部集聚对工业COD排放强度差距的贡献为负，是缩小工业COD排放强度差距的重要因素，而外部集聚度对工业区工业污染排放强度的影响存在显著门限效应。杨仁发（2015）研究发现，产业集聚对环境污染的影响具有显著的门槛特征，产业集聚低于门槛值会加剧环境污染，而高于门槛值时有利于改善环境污染。李筱乐（2014）认为，集聚与环境污染的关系与市场化水平较低相关，市场化水平较低时，工业集聚会导致环境污染，但当市场化水平跨越更高门限值时，工业集聚会改善环境。刘习平等（2017）从碳生产的角度探讨集聚的经济效应，集聚对碳生

产率产生了先促进后抑制的作用，两者呈倒U形关系。张可（2018）的研究也证明了经济集聚与污染排放强度呈倒U形关系，经济集聚超过一定的临界水平后将呈现出减排效应，但不同污染物的减排临界点存在差异。

2. 污染排放影响资源错配

污染排放有可能来源于资源不合理配置造成的浪费，而资源错配所带来的效率损失又会影响经济发展，因此污染与经济发展关系的研究可能成为产业集聚的环境效应与资源错配之间关系研究的突破口。关于污染与经济发展的关系研究，其中一条重要的分支是环境库兹涅茨曲线，即EKC曲线的发现和验证。Grossman和Krueger（1992）、Shafik和Bandyopadhyay（1992）等对许多国家的地区性污染物排放变化与人均收入之间关系进行实证分析后发现，环境质量或污染物的排放水平与人均收入之间呈现一种倒U形曲线关系，被称为“环境库兹涅茨曲线”（Environmental Kuznets Curves，EKC），国内关于EKC的研究是近年来的热点，赵细康等（2005）认为，中国污染物排放与人均GDP的关系或许正处于EKC的上升段，离转折点尚有一段距离。袁鹏和程施（2011）则认为，环境效率与经济增长之间存在倒U形曲线关系，即随着经济增长环境效率先提高，但在人均GDP超过转折点后开始下降，与EKC曲线方向相反。刘华军和裴延峰（2017）研究发现，我国城市雾霾污染呈现明显的空间集聚特征，但雾霾污染与经济发展之间不支持倒U形的EKC假说，而是呈现线性递减关系。虽然EKC曲线的研究结论不一，但环境污染与经济发展存在必然影响已被众多学者证实。

3. 产业集聚影响资源错配

资源错配问题来源于Hsieh和Klenow（2009）的研究，根据估算若改善资源错配，则可将中国的TFP提升25%～40%。陈永伟和胡伟民（2009）的研究结果显示，我国制造业的增长一直都是依靠大量廉价要素的投入拉动的，要素价格扭曲导致的行业间资源错配，造成了制造业实际产出要低15%～20%。张庆君（2015）指出，我国工业企业的确存在比较明显的资源错配行为，从某种意义上来说如果达到最优的资源配置条件，我国工业企业的总产出将上升24.3%～58.8%。资源错配会造成效率损失，而由Krugman（1991）开创的新经济地理学理论及其后续研究成果可知，集聚效应能够影响集聚区内资本和劳动力配置，从而对资源错配产生影响。众多学者从外部性和集聚经济的视角对经济活动空间集聚经济绩效的作用机理进行了解释（Romer，1986；Robert，1999），但Williamson（1965）指出，集聚在发展的早期阶段非常重要，这是由于发展初期的交通、通信等基础设施比较落后，资本市场不成熟，此时，生产活动的空间集聚会显著地提高效率水平。随着经济发展，因拥挤而导致的负外部性逐步显现，在达到一定临界发展水平后，集聚的影响由正变负，会促使经济活动产生空间分散的趋势，季书涵等（2016）的研究也指出，产业集聚的资源错配效应主要通过产业集聚形成的降低资本门槛和优化劳动力结构来获得，能够在资本配置过度和劳动力配置不足时改善资源错配，但在资本配置不足和劳动力配置过度时加剧资源错配。产业集聚能够对资源配置产生影响，但随着产业集聚发展，因拥挤而导致的负外部性逐步显现，从而加剧资源错配。

九、对已有研究成果的总体评价

1. 产业集聚的环境效应的机制研究普遍关注较少

产业集聚的环境效应的实证研究较多，理论研究较少，特别是有关产业集聚对区域环境的作用机制研究普遍关注较少。实证研究的理论基础往往借助于集聚外部性理论，从产业集聚形成过程中的吸引力和分散力对产业集聚导致的环境变化做出理论解释，但是产业集聚的相关理论并未将环境因素纳入分析框架。产业集聚的环境效应研究的相关文献主要集中在探讨产业集聚是增加环境污染还是减少环境污染方面，在理论解释上主要借用新经济地理学、新贸易理论、福利经济学和可持续发展等，分别分析 FDI、国际产业转移、国际贸易、技术进步、环境规制等因素对环境的影响，没有将这些因素、产业集聚与环境变化纳入同一分析框架，缺乏产业集聚的环境效应的一个系统性的理论解释。相关理论关注产业集聚的经济增长效应，却忽略了产业集聚的正环境效应和负环境效应。虽然新经济地理理论考虑了产业集聚的部分负外部性即“拥挤效应”，但是未将“拥挤效应”扩展到环境污染效应。此外，产业集聚可能通过诸如产业结构、对外开放度、环境规制等多种中间变量对环境污染或环境改进产生影响，既有理论研究并未解释产业集聚通过这些中间变量对环境污染或环境改进的作用机制。已有研究对产业集聚的环境效应的机制研究普遍关注较少，更不用说对新常态下产业集聚的环境效应进行机制研究。产业集聚的环境效应的机制研究不仅是中国产业集聚发展研究的理论前沿课题，而且也是新常态下中国经济发展的重大战略问题，应当引起学者和决策者的高度关注。

2. 同时对产业集聚的正、负环境效应的实证研究尚非常薄弱

经济活动在本质上具有空间集聚特征，区域经济发展水平在很大程度上取决于产业集聚的空间模式。产业集聚不仅是经济活动的普遍法则，而且也成为经济发展的主流（朱英明，2003）。在产业集聚的过程中，各地区在获取了各种形式的集聚经济的同时，也产生了各种形式的集聚不经济。一方面，产业集聚促进了当地居民收入水平的提高，居民对环境质量的要求也随之提高，政府可能会提高环保标准，污染可能随之减少（产业集聚的正环境效应）；另一方面，产业集聚的过程伴随着产业规模和人口规模的扩张和经济增长，作为生产和生活副产品的污染必然会增加，特别是高污染行业的集聚会显著恶化当地的环境（产业集聚的负环境效应）。产业集聚的正、负环境效应是产业集聚过程中同时出现的经济现象。从某种意义上，区域产业集聚发展过程就是充分利用其正外部性以及尽量减轻其负外部性的过程，过分强调其中一种外部性将导致产业集聚发展的不可持续，乃至产生更大的环境问题。遗憾的是，人们对产业集聚的环境效应的同时存在性还没有明确的认识，违反产业集聚的环境效应规律已使我国的区域经济建设付出了沉重的环境代价。从产业集聚的环境效应角度来研究区域产业集聚及其环境问题，是应对新常态下区域经济发展问题的一种思路，是实现区域经济可持续增长的战略举措。然而，已有的研究要么更多关注区域产业集聚发展过程中的负环境效应，忽视产业集聚过程中的正环境效应；要么相反。而同时关注产业集聚的正、负环境效应的研究则处于无人问津的状况。如何通过研究产业集聚的正、负环境效应，释放区域产业集聚发展的更大红利，来支撑新常态下的区域经济发展，则是新常态下中国经济发展的重大战略问题，亟待对此进行深入和系统的研究。

3. 新常态下产业集聚对环境污染的空间效应研究不够深入

产业集聚不仅对本区域产生显著的负环境效应，而且诸如大气污染物和水污染物还可以通过大气循环和水循环的作用扩散到邻近的地区，对其他区域产生显著的负环境效应。当各区域间的环境规制存在差异时，一些区域的环境污染可能是由于污染的跨界产生，而并非来自本地区的产业集聚、FDI、产业转移、经济增长、环境规制等因素造成的。现有的研究已经关注跨界大气污染造成的影响：在珠江三角洲地区，广州、深圳、珠海、东莞、佛山空气中 SO_2 外来源的贡献约在 40%；而江门、肇庆、惠州、中山等外来源的贡献在 55% 以上。在长江三角

洲地区，上海、南京、杭州等城市 SO_2、NO_x 和 PM10 的外来源贡献率分别在 39%、20% 和 24% 以上。在京津冀地区，北京大气环境中 20% 的 PM10 及 23% 左右的 SO_2 都是来自周边地区。对此，国家从法规层面也加大了对于跨界污染的防治。例如，我国《大气污染防治法（修改草案征求意见稿）》将增加跨界大气污染条款。美国《清洁大气法》为规范各州的大气跨界污染行为，有一条俗称的“好邻居”条款。此外，产业集聚和环境污染均存在明显的空间溢出效应，区域的产业集聚和环境污染与邻近区域密切相关。目前，相关研究主要通过空间自相关模型，对产业集聚与环境污染的交互作用进行分析，分析两者间的空间关联模式。现有研究虽然进行产业集聚对环境污染的空间溢出效应的空间计量经济学分析，但是缺乏新常态经济因素对空间溢出效应的影响。新常态下产业集聚对环境污染的空间效应的研究亟待进行，以便为区域污染联合治理以及跨区污染补偿政策制定提供决策依据。

4. 新常态下环境对产业集聚的响应研究亟待进行

国内外大量产业集聚发展的实践表明，区域产业集聚及其所形成的环境格局之间存在高度的对应关系，区域环境质量状况既是区域产业集聚发展的结果，也是对区域产业集聚发展的环境响应，区域环境质量状况是区域产业集聚状况的指示器和“晴雨表”。从某种意义上讲，区域环境质量状况决定了区域产业集聚发展状况。已有的产业集聚的环境效应研究，大多是从产业集聚对环境影响的视角，或者分析产业集聚的正环境效应，或者分析产业集聚的负环境效应。相关研究的不足之处在于，可能遗漏产业集聚对环境影响的中间变量及其间接效应。弥补这一缺陷的研究思路在于，从区域环境对产业集聚发展的响应这一逆向思维视角，探讨产业集聚的环境效应问题。目前，从区域环境对产业集聚的响应视角的研究成果尚未发现。如何通过区域环境对产业集聚响应的视角，进一步研究产业集聚的环境效应，尤其是深入研究新常态下区域环境对产业集聚的压力、区域环境对产业集聚发展是否有响应、响应函数如何以及响应度的变化趋势及其原因，对于新常态下中国经济转型升级和节能减排战略具有重要的支撑作用，这方面的研究也亟待进行。

5. 新时代高质量产业集聚发展研究

进入新时代，我国产业集聚发展的形势和环境发生了新变化，对产业集聚发展提出了新要求。我国既要通过传统产业集聚区的转型升级来提高资源配置效率，释放经济增长的新动能；又要适应新一轮科技革命的孕育诞生，通过打造新进制造业产业集群来率先实现创新发展和转型发展。在新起点上，提升产业集聚区的全要素生产率和科技贡献率，加快推动高质量产业集聚区，关键就是要保证形成环境高质量产业集聚区，以绿色发展理念引领产业集聚高质量发展，以生态文明思想指引产业集聚环境高质量建设，以产业集聚高质量发展助推美丽中国建设，改变产业集聚发展不平衡、不协调、不可持续的问题。目前，从产业集聚高质量发展视角，研究产业集聚与生态文明建设和美丽中国建设的成果尚不多见，尤其是结合生态经济集聚带、城市群产业集聚区的实证研究更少。因此，在进入新时代后，怎样从高质量产业集聚发展的视角，加快推进生态文明建设，加快推进美丽中国建设，实现产业集聚和生态环境“双赢”发展，这方面的研究也亟须进行。

第三章　产业集聚的环境污染减缓效应理论分析*

本章在经典的“自由资本”（FC）模型基础上，借鉴 Zeng 和 Zhao（2009）的研究思路，构建一个包含环境规制、污染排放、跨境污染和部门间生产负外部性因素在内的新经济地理学模型，深入分析产业集聚对污染排放的影响。该模型的特点：一是将对消费者的效用产生负面影响的污染排放引入效用函数中，以便考虑均衡时污染排放量的决定；二是在模型中引入了跨境污染下工业生产的负外部性对环境敏感型行业（以下统称“农业”）生产力的影响，即跨境污染下的行业间负外部性，以便考虑行业间负外部性对企业污染排放和企业区位选择的影响；三是将环境规制因素引入模型中，以便充分考虑环境规制在产业集聚的环境污染效应中所起的重要作用。

一、基本设定

假设经济系统是一个 2×2×2 经济体：包含两个区域（北部 N 地区和南部 S 地区）、两个部门（工业和农业）和两种生产要素（物质资本和劳动力）。其中，N 地区要素禀赋较高，市场规模较大，企业数量较多，与发达国家相对应；S 地区要素禀赋较低，市场规模较小，企业数量较少，与中国相对应（吴福象和段巍，2017）。“农业”是以农业为代表，涵盖林业、渔业、生物医学、旅游业等其他行业的环境敏感型行业，具有完全竞争、规模报酬不变和产品同质且零贸易

* 本章内容主要借鉴的研究成果为：朱英明等. 产业集聚对环境污染的减缓效应：理论与实证［J］. 环境经济研究，2019（1）.

成本（自由贸易）的特点。S 和 N 地区农产品的价格是一样的，即 $p_A^* = p_A = 1$。工业部门生产差异化产品，以垄断竞争、规模报酬递增和冰山贸易成本为主要特征，一个单位的工业品运到另一地区，必须运送 $\tau > 1$ 单位的工业品。在两种要素中，资本可以在地区间自由流动，生产活动的转移，主要受制于资本收益率，而劳动力在地区间不可流动。资本所有者不能在地区间流动，资本在另一个地区获得的收益被汇回所有者并供所有者在当地消费。在整个经济系统内，资本和劳动力的供给是固定的，其禀赋分别为 K^w 和 L^w。S 和 N 地区拥有的资本和劳动力禀赋分别为 K^* 和 L^* 以及 K 和 L①，其拥有的禀赋份额分别为 θ_K^*（$\theta_K^* = \frac{K^*}{K^w}$）和 θ_L^*（$\theta_L^* = \frac{L^*}{L^w}$）以及 θ_K（$\theta_K = \frac{K}{K^w}$）和 θ_L（$\theta_L = \frac{L}{L^w}$）。每个工业企业只生产一种产品，每种工业品的生产只需要一单位资本作为固定资本，整个经济系统生产的工业品种类数为 n^w，其中 S 和 N 地区分别生产的种类数为 n^* 和 n，其相应的份额为 θ^*（$\theta^* = \frac{n^*}{n^w}$）和 θ（$\theta = \frac{n}{n^w}$）。由于每个企业只生产一种产品，且每种产品只使用一单位资本，所以每个地区的工业企业数 = 生产的产品种类数 = 使用的资本单位数。就整个经济系统而言，$n^w = K^w$。因而，θ^* 和 θ 既是 S 和 N 地区实际使用的资本份额，又是 S 和 N 地区工业企业地区分布状况。考虑到微观层面的企业的区位选择反映在宏观层面就是产业的空间集聚，因此，本书将 θ^* 和 θ 称为 S 和 N 地区的产业集聚水平的度量指标。

代表性工业企业的生产成本包括固定成本和可变成本。为了使模型简单易处理，本书假设固定成本只包括资本，且每个企业只使用一单位资本作为固定成本；可变成本只包括劳动，且每单位产出需要 a 单位劳动力。此外，每个企业必须根据国家环境规制进行污染处理。为此，本书假设每个企业必须额外雇用一定数量的劳动力用于本企业的污染排放治理，且地区环境规制越严厉，企业则需付出的额外劳动力越多。具体来讲，S 和 N 地区企业单位产出分别需要 λ^* 和 λ 单位额外劳动力用于污染治理。按照“谁污染谁治理”的原则，污染和破坏环境造成的损失由排放企业承担，因此，S 和 N 地区企业的总成本函数分别为 $r^* + (a + \lambda^*) w^* x$ 和 $r + (a + \lambda) wx$，其中，r^* 和 w^* 以及 r 和 w 分别是 S 和 N 地区中资本和劳动力的报酬，x 是企业的产出水平。

① 本书在字母或变量的右上角加上符号“*”表示 S 地区，不加该符号则表示 N 地区。

本书假设以 λ^* 和 λ 反映的两地区的环境规制是外生给定的，地区政府制定环境规制后，每个企业通过选择投入和产出来作出反应。工业品生产过程中所产生的污染是跨界的，污染排放的数量取决于两地区环境规制的严厉程度。工业污染物排放不仅应影响到工业部门的收益和消费者的效用，而且也产生跨部门的负外部性，其影响只体现在降低“农业”部门的生产力水平。为了简单起见，本书假设“农业”生产力只取决于环境规制，除了工业污染的影响之外，两地区“农业”生产力之间没有其他的第一性差异，S 和 N 地区“农业”生产力函数为 $\psi^*(\lambda, \lambda^*)$ 和 $\psi(\lambda, \lambda^*)$。在环境规制更加严厉的地区，“农业”生产力更高，即如果 $\lambda^* \geqslant \lambda$，则 $\psi^*(\lambda, \lambda^*) \geqslant \psi(\lambda, \lambda^*)$；反之，如果 $\lambda \geqslant \lambda^*$，则 $\psi(\lambda, \lambda^*) \geqslant \psi^*(\lambda, \lambda^*)$（Zeng 和 Zhao，2009）。

S 地区代表性消费者的效用取决于两个地区对差异化工业品组合的消费量（C_M^*）、农产品消费量（C_A^*）以及污染水平（排放量 Z^*）决定的环境质量。S 地区代表性消费者的效用函数由式（3－1）和式（3－2）决定：

$$U^* = \mu^{-\mu}(1-\mu)^{-(1-\mu)} C_M^{*\mu} C_A^{*1-\mu} - D(Z^*), C_M^* = \left(\int_{i=0}^{n^w} c_i^{*(\sigma-1)/\sigma} di\right)^{\sigma/(\sigma-1)} \tag{3-1}$$

其中，$\mu \in (0, 1)$ 表示在制成品上的支出份额，c_i^* 表示消费者对第 i 种工业品的消费量。$\sigma > 1$ 是不同工业品之间固定不变的消费替代弹性。环境损害 $D(Z^*)$ 以加性可分离形式进入效用函数，本书假设 $D(0) = 0$；对于 $Z^* > 0$，则 $D(Z^*) > 0$；遵循环境经济学的标准假设，对于所有的 $Z^* > 0$，污染排放的边际损害为正且递增，即 $D'(Z^*) > 0$，$D''(Z^*) > 0$。

物质资本流动的目的是寻求最高的名义收益。由于资本收益全部返回资本所有者所在地，而不在使用资本的区域消费，因此资本的流动取决于地区间的名义资本收益率的差异，且物质资本流动的速度取决于名义资本收益率差异的大小。本书用一个标准动态系统来描述区域间资本的流动：

$$\dot{\theta}^* = (r^* - r)\theta^*(1-\theta^*) \tag{3-2}$$

显然，如果 $r^* < r$，则资本将由 S 地区流向 N 地区，S 地区资本使用份额为 θ^*，N 地区资本使用份额为 $1-\theta^*$。当地区的工业企业数 = 使用的资本单位数，此时 S 地区产业集聚水平为 θ^*，N 地区产业集聚水平为 $1-\theta^*$。如果两个地区的名义资本收益率相同，即 $r^* = r$，或者如果所有工业企业都已经定位在名义资本收益率较高的地方，则达到长期均衡。

二、污染排放的决定

继续以S地区为例，由式（3-1）效用最大化可以得到S地区对农产品的需求函数 $C_A^* = (1-\mu)\frac{E^*}{p_A^*}$。完全竞争的“农业”部门以边际成本进行定价，并由“农业”生产力进行调整：$p_A^* = \frac{w^*}{\psi^*(\lambda, \lambda^*)}$ 和 $p_A = \frac{w}{\psi(\lambda, \lambda^*)}$。由于 $p_A^* = p_A = 1$，得到：

$$w^* = \psi^*(\lambda, \lambda^*),\ w = \psi(\lambda, \lambda^*) \quad (3-3)$$

因此，如果跨境污染对S地区比对N地区的影响更严重（S环境质量更差）时，则 $w^* < w$；反之，则 $w^* > w$；如果跨境污染是对称的，则 $w^* = w$。

在迪克希特—斯蒂格利茨垄断竞争框架下，工业企业根据边际成本加成定价的方式定价，由于农产品无运输成本，工业品存在冰山式的成本 $\tau > 1$，可以得到工业品价格：

$$p_i^* = \frac{w^*(a+\lambda^*)\sigma}{\sigma-1},\ p_i = \frac{w(a+\lambda)\sigma}{\sigma-1},$$

$$\bar{p}_i^* = \frac{\tau w(a+\lambda)\sigma}{\sigma-1},\ \bar{p}_i = \frac{\tau w^*(a+\lambda^*)\sigma}{\sigma-1} \quad (3-4)$$

式（3-4）中，产品价格与产品种类无关，因此，下文中统一用下标 i 表示工业品种类。其中，p_i^* 表示由S地区生产在S地区销售的工业品 i 的价格，p_i 表示由N地区生产在N地区销售的工业品 i 的价格，$\bar{p}_i^*$ 表示由N地区生产在S地区销售的工业品 i 的价格，$\bar{p}_i$ 表示由S地区生产在N地区销售的工业品 i 的价格。

S地区消费者预算约束可以表示为 $E^* = p_A^* C_A^* + \int_{i=0}^{n} p_i^* c_i^* d_i$，由效用函数（3-1）和预算约束，建立拉格朗日函数求解效用最大化的工业品需求量如下：

$$c_i^* = \frac{p_i^{*-\sigma}\mu E^*}{p_M^{*1-\sigma}},\ c_i = \frac{p_i^{-\sigma}\mu E}{p_M^{1-\sigma}},\ \bar{c}_i^* = \frac{\bar{p}_m^{*-\sigma}\mu E^*}{p_M^{*1-\sigma}},\ \bar{c}_i = \frac{\bar{p}_i^{-\sigma}\mu E}{p_M^{1-\sigma}} \quad (3-5)$$

式（3-5）中，c_i^* 表示S地区消费者对S地区生产的第 i 种工业品需求量，c_i 表示N地区消费者对N地区生产的第 i 种工业品需求量，$\bar{c}_i^*$ 表示S地区消费者对 N 地区生产的第 i 种工业品需求量，$\bar{c}_i$ 表示 N 地区消费者对 S 地区生产的第 i 种工业品需求量。$p_M^{*1-\sigma}$ 和 $p_M^{1-\sigma}$ 分别表示 S 地区和 N 地区工业品组合的价格指数。为了便于计算，将两地区的工业品价格指数表示为离散形式：

$$p_M^{*1-\sigma} = n\bar{p}_i^{*1-\sigma} + n^* p_i^{*1-\sigma} = \phi n\left[\frac{w(a+\lambda)\sigma}{\sigma-1}\right]^{1-\sigma} + n^*\left[\frac{w^*(a+\lambda^*)\sigma}{\sigma-1}\right]^{1-\sigma} \quad (3-6)$$

$$p_M^{1-\sigma} = np_i^{1-\sigma} + n^*\bar{p}_i^{1-\sigma} = n\left[\frac{w(a+\lambda)\sigma}{\sigma-1}\right]^{1-\sigma} + \phi n^*\left[\frac{w^*(a+\lambda^*)\sigma}{\sigma-1}\right]^{1-\sigma} \quad (3-7)$$

其中，$n^* = \theta^* K^w$，$n = (1-\theta^*) K^w$，$\phi = \tau^{1-\sigma}$，n^* 和 n 分别表示 S 和 N 地区的企业数量，ϕ 表示贸易自由度。

式（3－4）和式（3－5）仅表示了在 S 和 N 地区两个分离市场中，追求利润最大化企业的价格和产量。由于工业品在区域间运输中存在冰山式的成本，S 地区企业的产量为：

$$x^* = c_i^* + \tau\bar{c}_i = \frac{p_i^{*-\sigma}\mu E^*}{p_M^{*1-\sigma}} + \tau\frac{\bar{p}_i^{-\sigma}\mu E}{p_M^{1-\sigma}} \quad (3-8)$$

一个企业在 S 市场的销售量为 c_i^*，销售价格为 p_i^*；在 N 市场销售量为 $\bar{c}_i$，销售价格为 $\bar{p}_i$。则企业的总产出为 $x^* = c_i^* + \tau\bar{c}_i$，企业的销售收入为 $p_i^* c_i^* + \bar{p}_i\bar{c}_i = p_i^*(c_i^* + \tau\bar{c}_i) = p_i^* x^*$。在迪克希特—斯蒂格利茨垄断竞争下，企业的利润为零，企业的销售收入等于生产成本，即 $p_i^* x^* = r^* + (a+\lambda^*) w^* x^*$，再结合式（3－4），可以得到 S 地区企业的资本报酬如下：

$$r^* = \frac{w^*(a+\lambda^*)x^*}{\sigma-1} \quad (3-9)$$

根据 C－D 效用函数，整个经济系统工业企业的总支出等于 μE^w，总营业利润为$\frac{\mu E^w}{\sigma}$。根据整个经济系统的总支出与总收入相等，得到：$E^w = wL + w^*L^* + \frac{\mu E^w}{\sigma} = w\theta_L L^w + w^*(1-\theta_L)L^w + \frac{\mu E^w}{\sigma}$，由此得出：

$$E^w = L^w\frac{w\theta_L + w^*(1-\theta_L)}{1-\frac{\mu}{\sigma}} \quad (3-10)$$

在两地区平均的资本回报率相同的情况下，S 地区的总支出分别为：

$$E^* = w^* \theta_L^* L^w + \frac{\mu \theta_K^* E^w}{\sigma} \tag{3-11}$$

综合式（3-4）~式（3-11），得到S地区工业企业的资本报酬（营业利润）为：

$$r^* = \frac{\mu}{(\sigma-\mu)K^w} \cdot \left\{ \frac{\phi\eta^{-1}(wL+w^*L^*)\theta^* + \left[(1+\frac{\mu}{\sigma}(\phi^2-1)\theta_K)w^*L^* + (\phi^2+\frac{\mu}{\sigma}(1-\phi^2)\theta_K^*)wL\right](1-\theta^*)}{\phi\eta(1-\theta^*)^2 + \phi\eta^{-1}\theta^{*2} + (\phi^2+1)\theta^*(1-\theta^*)} \right\} \tag{3-12}$$

其中，$\eta = \left[\frac{w^*}{w} \cdot \frac{(a+\lambda^*)}{(a+\lambda)}\right]^{\sigma-1}$。由式（3-3）进一步得到：

$$\eta = \left[\frac{w^*}{w} \cdot \frac{(a+\lambda^*)}{(a+\lambda)}\right]^{\sigma-1} = \left[\frac{\psi^*(\lambda, \lambda^*)}{\psi(\lambda, \lambda^*)} \cdot \frac{a+\lambda^*}{a+\lambda}\right]^{\sigma-1} \tag{3-13}$$

式（3-13）反映了工业企业污染排放对“农业”部门的负面影响（跨部门负外部性）在两地区环境规制上的差异程度，是地区政府对跨境污染负外部性作出的政策反应。从这种意义上讲，本书将 η 称为地区环境规制博弈指数（Zeng 和 Zhao，2009）。具体而言，如果S地区为了追求更好的生态环境，那么该地区比N地区必须投入更多的劳动力 λ^*（$\lambda^* > \lambda$）来治理污染，因此成本更高。然而，作为更严厉环境规制的更好生态环境利益的回报，“农业”部门的生产力更高，工人享有更高的工资，因而 $\eta > 1$。相反的情况是 $\lambda > \lambda^*$，则 $\eta < 1$。只有 $\lambda = \lambda^*$ 时，$\eta = 1$。

为了便于后续计算，本书假设 $L^w = \frac{\sigma-\mu}{\mu}$，由式（3-12）可得到：

$$r^* = \frac{1}{K^w} \left\{ \frac{\phi\eta^{-1}(w\theta_L + w^*\theta_L^*)(1-\theta) + \left[(1+\frac{\mu}{\sigma}(\phi^2-1)\theta_K)w^*\theta_L^* + (\phi^2+\frac{\mu}{\sigma}(1-\phi^2)\theta_K^*)w\theta_L\right]\theta}{\phi\eta(1-\theta^*)^2 + \phi\eta^{-1}\theta^{*2} + (\phi^2+1)\theta^*(1-\theta^*)} \right\} \tag{3-14}$$

S地区工业品生产除了产生 $r^* + (a+\lambda^*)w^*x$ 部分的私人成本之外，工业企业污染排放引致的负外部性也给地区带来额外的社会成本，这种额外社会成本的产生取决于每个企业产品生产的污染排放量。考虑到受环境规制的影响，每个企业已经为污染排放投入了额外的劳动力 λ^* 和 λ，因而减少了污染排放量，因此为了简化相关计算和表达式，本书将S地区每个企业的污染排放量 z^* 设定为

产出水平 x^* 的一定比例 $\frac{w^*(a+\lambda^*)}{\sigma-1}$（<1），即 $z^*=\frac{w^*(a+\lambda^*)}{\sigma-1}x^*$，则 S 地区污染排放总量 Z^* 为地区企业数量与单位企业污染排放量之乘积，再结合式（3-9），则：

$$Z^*=n^*z^*=(1-\theta)K^w\cdot\frac{w^*(a+\lambda^*)x^*}{\sigma-1}=(1-\theta)K^w\cdot r^* \tag{3-15}$$

综合式（3-14）和式（3-15），得到 S 地区污染排放总量：

$$Z^*=\frac{\phi\eta^{-1}(w\theta_L+w^*\theta_L^*)(1-\theta)^2+\left\{\left[1+\frac{\mu}{\sigma}(\phi^2-1)\theta_K\right]w^*\theta_L^*+\left[\phi^2+\frac{\mu}{\sigma}(1-\phi^2)\theta_K^*\right]w\theta_L\right\}\theta(1-\theta)}{\phi\eta(1-\theta^*)^2+\phi\eta^{-1}\theta^{*2}+(\phi^2+1)\theta^*(1-\theta^*)} \tag{3-16}$$

由式（3-16）看出，S 地区污染排放量与地区的要素禀赋和工资水平有关。为了排除要素禀赋差异（Heckscher-Ohlin 式比较优势）对污染排放的影响，本书假设 $\theta_K^*=\theta_L^*=\Theta$（$0\leqslant\Theta\leqslant1$），则 S 地区贸易自由化下产业集聚影响污染排放的公式为：

$$Z^*=\frac{\phi\eta^{-1}(w^*\Theta+w(1-\Theta))\theta^{*2}+\left[w^*\Theta+\phi^2w(1-\Theta)+\frac{\mu}{\sigma}(1-\phi^2)\Theta(1-\Theta)(w-w^*)\right]\theta^*(1-\theta^*)}{\phi\eta(1-\theta^*)^2+\phi\eta^{-1}\theta^{*2}+(\phi^2+1)\theta^*(1-\theta^*)} \tag{3-17}$$

三、产业集聚对污染排放的影响理论分析

式（3-17）实际上刻画了贸易自由化下 S 地区污染排放与环境规制、产业集聚的关系。由于环境规制参数 η、贸易自由度参数 ϕ 以及产业集聚参数 θ^*，不仅包含在分子项中，而且也包含在分母项内，污染排放表达式过于复杂，比较静态分析难以给出解析解，因而需要借助数值模拟方法来揭示贸易自由化下产业集聚对污染排放的影响效应。

考虑到以中国为代表的 S 地区相对于以发达国家为代表的 N 地区的环境规制更为宽松，因而本书的数值模拟只考虑 $0<\eta<1$ 的情况。为了更好地展现产业集聚对污染排放的影响差异及其分布规律，本书选取了较多 η 值进行数值模拟，主要

基于以下考虑：面对越来越严重的环境污染问题，尽管近年来中国出台了一系列严厉的环境规制措施，但是我国在环境规制方面还存在较多问题，主要表现为规制机构缺乏独立性，对规制者的监督机制不健全，规制过程缺乏公开性、透明性和公众参与性，规制政策以命令控制为主，缺乏市场激励（张亚伟，2010）。考虑到这些方面，本书认为我国环境规制总体上仍是一种较严厉型环境规制，这种规制类型是图 3－1 中位于 Z^*（θ^*）曲线簇中上部的那些曲线。面对日益严峻的环境污染，中国的环境规制的严厉程度还有很大的提升空间。本书的其他参数设定如下：$\mu=0.4$，$\sigma=5$；$\Theta=1/3$；$w=2.5$[①]。对于贸易自由度 ϕ，本书选取了高贸易自由度 $\phi=0.7$[②]。为此，本书只对高贸易自由度情况进行数值模拟[③]。图 3－1 为高贸易自由度和不同环境规制下 S 地区（$\eta<1$）产业集聚影响污染排放的 Z^*（θ^*）曲线图。

由图 3－1 看出，S 地区产业集聚的环境污染效应曲线具有向左上方凸起的特征。因而，S 地区产业集聚的环境污染效应曲线表现出如下分布特征：一方面，伴随着产业集聚水平的提高，曲线逐渐向右上方倾斜；另一方面，伴随着产业集聚水平的提高，曲线的斜率逐渐由陡峭变为平缓。这表明，一方面，随着地区经济规模的扩大，产业集聚水平的提高，污染型投入品的规模和强度不断加大，污染排放量呈现出单调递增特征，这是区域经济发展到一定阶段所共有的现象；另一方面，随着产业集聚水平的提高，污染的边际排放量具有递减现象，由此形成产业集聚的边际污染排放递减规律，这是区域经济发展过程中追逐集聚正外部性和规避环境负外部性的必然结果。这一规律表明：伴随着产业集聚水平的提高，污染排放物的增量不仅没有增加，反而减少，污染排放总量持续快速增加的趋势得到有效控制。产业集聚犹如地区污染排放的“制动器”，对地区污染排放这辆快速行驶的“车辆”起到“减速”作用。产业集聚过程本身不仅没有继续加重地区的环境污染，反而不断减缓了地区环境污染，避免了地区环境质量的

---

① 其中 μ 和 σ 的取值参见安虎森（2006）。根据《中国统计年鉴（2014）》，2010 年中国居民人均 GDP 与主要的 OECD 国家相比，约占 OECD 国家的 1/5，因此将发达国家 w 取值为 2.5，中国 w^* 取值为 0.5。考虑到发达国家的要素禀赋高于发展中国家，故选取 $\Theta=1/3$。

② 本书之所以立足于中国与世界各国间高水平自由贸易，原因在于：改革开放以来，我国逐步走上了经济市场化和贸易自由化的道路。1995 年 5 月，中国政府宣布，中国将积极推进贸易自由化。自中国 2001 年 12 月正式加入世界贸易组织（WTO）以来，经济全球化促进了世界多边贸易体制的形成，从而加快了国际贸易的增长速度，促进了全球贸易自由化的发展，贸易自由化已经处于高水平。

③ 事实上，本书也做了较高贸易自由度 $\phi=0.4$、0.5、0.6 的数值模拟图，其曲线形状与 $\phi=0.7$ 非常类似。

恶化现象，由此引发产业集聚的环境污染减缓效应。由此得到命题1：

命题1：S地区污染排放受到产业集聚的影响，随着产业集聚水平的提高，污染排放呈现出边际递减现象，产业集聚的边际污染排放递减规律导致产业集聚的环境污染减缓效应。

由图3－1看出，伴随着S地区环境规制严厉程度的提高（η变大），产业集聚的环境污染效应曲线向下移动，曲线簇具有如下分布特点：η值较小的曲线位于图形的上部，而η值较大的曲线则位于图形的下部。这表明，在其他条件相同的情况下，伴随着S地区环境规制严厉程度的增强，在每个产业集聚水平上，污染排放量都会降低，环境污染将得到有效抑制，由此导致环境规制的环境污染抑制效应。曲线簇凸向左上方的曲度特征是：上部曲线（η值较小）的曲度较大，下部曲线（η值较大）的曲度较小。这表明，产业集聚的环境污染减缓效应依赖于环境规制严厉程度的高低，产业集聚的环境污染减缓效应与环境规制的环境污染抑制效应存在联动效应，这种联动效应共同决定了地区环境污染的排放状况：更高的产业集聚水平通过更严厉的环境规制的联动作用将有助于降低污染排放。由此得到命题2：

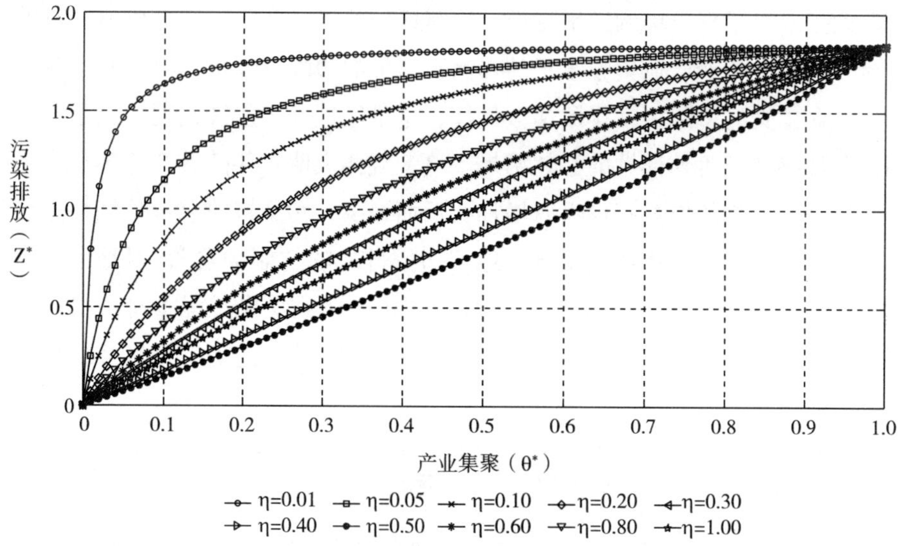

图3－1　中国新战略类型划分的矩阵分类

命题2：S地区污染排放受到环境规制的影响，环境规制导致环境污染抑制效应，产业集聚的环境污染减缓效应与环境规制的环境污染抑制效应存在联动

效应。

由图 3－1 还可以看出，就特定环境规制下的产业集聚的环境污染效应曲线图而言，产业集聚水平不同，则曲线的陡峭程度存在很大差异：在低水平产业集聚阶段，产业集聚的环境污染效应曲线较陡峭（曲线斜率较大）；在中高水平产业集聚阶段，产业集聚的环境污染效应曲线较平缓（曲线斜率较小）。这表明，产业集聚的环境污染减缓效应存在产业集聚门槛值和明显的门槛效应：在低产业集聚门槛水平时，产业集聚的环境污染减缓效应较弱小；在高产业集聚门槛水平时，产业集聚的环境污染减缓效应较强大。由此得到命题 3：

命题 3：S 地区产业集聚的环境污染减缓效应存在产业集聚门槛值和明显的门槛效应，在跨越产业集聚门槛值前后产业集聚的环境污染减缓效应差异较大。

第四章 产业集聚的环境污染减缓效应实证分析*

本章考虑污染排放的跨境污染性及其引致的行业间负外部性这两大污染特征，从地区间环境规制互动视角，基于产业集聚的环境污染减缓效应的理论模型，利用广义矩模型和门槛回归方法检验产业集聚对环境污染的影响效应及其门槛效应，利用敏感性分析方法检测 SO_2 估计的稳健性。研究结果表明：产业集聚的环境污染效应具有边际污染排放递减规律，由此导致产业集聚的环境污染减缓效应；环境规制导致环境污染抑制效应，与产业集聚的环境污染减缓效应存在联动效应；产业集聚的环境污染减缓效应存在明显的门槛效应。具体的对策建议为：加快提升产业集聚发展水平，构建更严厉的环境规制体系。

一、研究背景

经济活动在本质上具有空间集聚的特征，产业集聚是经济活动的普遍现象（朱英明，2003）。正如 1994 年《经济学家》论述的那样，最新的产业也正遵守地理集中的老规则（Malmberg，1996）。作为人类重要经济活动的产业集聚现象，对生态环境产生了广泛而深刻的影响，因为空间上密集的经济活动比空间上分散的经济活动对生态环境的影响更为深刻与复杂。

伴随着中国城镇化和工业化的深入推进，产业集聚及其人口集中引发的环境问题，尤其是城市大气环境问题，仍然令人不容乐观。例如，三大重点产业集聚

---

* 本章内容主要借鉴的研究成果为：朱英明等．产业集聚对环境污染的减缓效应：理论与实证［J］．环境经济研究，2019（1）．

区中，京津冀和珠三角产业集聚区所有城市均未达标，长三角产业集聚区仅舟山六项污染物全部达标（刘鉴强，2015）。燃煤、机动车、扬尘等污染排放是空气质量下降的表面原因，而高速经济增长过程中的产业集聚及其人口集中则是影响城市环境空气质量的“幕后推手”（王兴杰等，2015）。伴随着中国由高速增长阶段转向高质量发展阶段的“新时代”，产业集聚及其引发的环境问题再次成为备受瞩目的重大问题。

在新时代背景下，产业集聚发展不平衡、不协调、不可持续的问题将得到改善，产业的高质量集聚发展格局将逐渐形成。在产业集聚发展格局转变过程中，一方面产业集聚促进地区经济增长和产能扩张，增加对资源和能源的消耗，污染物排放量呈现出刚性增长的态势，产业集聚的环境污染效应可能不断加强；另一方面产业集聚提高地区生产率，减少资源消耗和污染物排放，在严格的环境规制下，增加环保治理投入，生态环境有可能得到改善，产业集聚的环境污染效应可能不断减弱，产业集聚的两种不同的环境污染效应进一步凸显了产业集聚对环境影响的复杂性。那么，产业集聚对污染排放的影响存在何种规律？环境政策对污染排放所起的作用如何？产业集聚的环境效应和环境规制的环境效应又存在何种关系？对此又有什么政策启示？对于污染物排放量大面广，环境污染重，化学需氧量、二氧化硫等主要污染物仍处于高位排放，环境承载能力超过或接近上限的中国而言，所有这些问题的研究，对在新时代下打好污染防治攻坚战、做好中国的环境保护工作、推进经济高质量发展都具有重要的研究价值和现实意义。

二、计量模型、变量选择及描述性分析

1. 计量模型设定

本书旨在检验产业集聚的环境污染减缓效应，考虑到样本期内中国地区工业 SO_2 排放量与产业集聚度间的对数函数关系趋势（见图 4－1），以及环境规制对产业集聚的环境污染减缓效应的重要作用，设定产业集聚对污染排放影响的回归模型如下：

$$pol_{jt} = C + \alpha lnagg_{jt} + \beta lnagg_{jt} \times reg_{jt} + \delta_1 reg_{jt} + \delta_2 tra_{jt} + \sum \rho_m X_{mt} + \varepsilon_{jt} \quad (4-1)$$

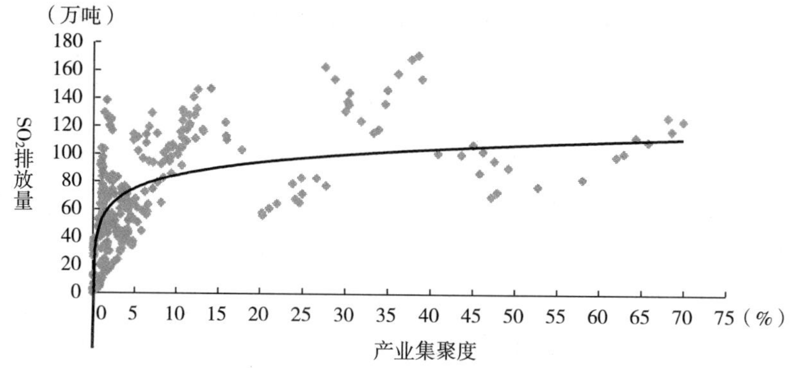

图 4-1　SO_2 排放量与产业集聚度间的对数函数关系趋势

其中，变量的下标 j 和 t 分别表示地区和时间，m 为控制变量。被解释变量为污染排放量（pol_{jt}），解释变量包括三组：第一组为核心变量，即地区产业集聚度（agg_{jt}）；第二组为与理论模型密切相关的解释变量，包括环境规制（reg_{jt}）、贸易自由度（tra_{jt}）；第三组为一系列控制变量（X_{mt}），包括地区工业规模（sca_{jt}）、产业结构（str_{jt}）、技术创新（rd_{jt}）。ε_{jt}为随机误差项。

上文的理论分析表明，产业集聚的环境污染减缓效应存在明显的门槛效应，为了检验是否存在这种门槛效应，本书采用 Hansen（1999）的非动态面板门槛回归技术，对其进一步拓展，建立基于产业集聚度门槛值的“门槛效应”模型如下：

$$pol_{jt} = C + \alpha_1 lnagg_{jt}(q_{jt} \leqslant \gamma) + \alpha_2 lnagg_{jt}(q_{jt} \geqslant \gamma) + \delta_1 reg_{jt} + \delta_2 tra_{jt} + \sum \rho_m X_{mt} + \varepsilon_{it} \quad (4-2)$$

其中，q_{jt}为门槛变量，γ 为未知门槛，I（·）为指标函数。

2. 变量选择及描述性分析

指标选取与数据来源：本书实证研究样本为中国 2004～2014 年度省级行政辖区的面板数据，涉及行业层面数据为 27 个工业行业①的全部国有及规模以上非

① 本书行业层面的数据来自《中国工业经济统计年鉴》，为保持 2004～2014 年所有年份行业统计口径的一致性，本书选取了以下 27 个部门：煤炭采选业，石油和天然气开采业，黑色金属矿采选业，有色金属矿采选业，非金属矿采选业，农副食品加工业，食品制造业，饮料制造业，烟草制品业，纺织、服装、鞋、帽制造业，造纸及纸制品业，石油加工、炼焦及核燃料加工业，化学原料及化学制品制造业，医药制造业，化学纤维制造业，非金属矿物制品业，黑色金属冶炼及压延加工业，有色金属冶炼及压延加工业，金属制品业，通用设备制造业，专用设备制造业，交通运输设备制造业，电气机械及器材制造业，电子及通信设备、计算机及其他电子设备制造业，仪器仪表及文化、办公用机械制造业，电力、热力的生产和供应业。

国有工业企业的数据，相关数据源自历年《中国工业经济统计年鉴》《中国环境年鉴》《中国环境统计年鉴》《中国统计年鉴》等。

（1）被解释变量：污染物排放量（pol），用地区工业 SO_2 排放量表示（盛斌和吕越，2012），反映地区的环境污染状况。

（2）核心解释变量：地区产业集聚度（agg）。用地区从业人数 HHI 指数（Hirschman - Herfindahl Index）表示。若 x_{kj} 是地区 j 行业 k 的从业人数，x_k 是行业 k 的从业人数（$x_k = \sum_{j=1}^{27} x_{kj}$），则地区 j 的产业集聚度计算公式为：$HHI_j = \sum_{k=1}^{27}\left(\frac{x_{kj}}{x_k}\right)^2$（Fan 和 Scott，2003；朱英明等，2012）[①]。

（3）重要解释变量：①环境规制（reg），用地区排污费收入总额与缴纳排污费单位数的比值即单位企业的排污费来表示。结合前文的理论模型分析，它对因变量影响的预期符号为负。②贸易自由度（tra），本书的贸易自由度包括对外贸易自由度和国内区域间的区际贸易自由度两个方面。其中对外贸易自由度用传统的也是国内外学者经常使用的"贸易依存度"即地区进出口总额与 GDP 的比值来表示。区际贸易自由度用区域一体化的实际分布对理论分布的偏离度指数作为区际贸易自由度的替代变量。该偏离度指数是在 Bowen 等（2010）SKLD（Symmetric Version of Kullback - Leibler Divergence）指数计算公式基础上，借鉴黄利秀（2012）的做法，用距离权重乘以 SKLD（$SKLD(\bar{S}:S_t) = \sum_{n=1}^{N}(\bar{S}_n - S_{nt})\ln\left(\frac{\bar{S}_n}{S_{nt}}\right)$ 得到，因而该偏离度与区际贸易自由度呈反向关系，即区域一体化偏离度指数越大，则区际贸易自由度越小。为了更准确地度量中国的贸易自由度，本书采取以下处理方法：对区际贸易自由度取倒数，然后分别对对外贸易自由度和区际贸易自由度的倒数进行标准化。考虑到中国社会主义市场经济这一特殊国情，中国的市场化一体化水平还有待提升，分别给予对外贸易自由度和区际贸易自由度 60% 和 40% 的权重（黄利秀，2012），最后加总得到贸易自由度。根据前文的理论模型分析，它对因变量影响的预期符号为正。

（4）主要的控制变量：对于控制变量的选择，本书借鉴 Antweiler 等（2001）有关影响区域环境质量的规模效应、结构效应和技术效应三大因素，分别选用工

① 各地区分行业从业人数来源于《中国经济普查年鉴（2004）》以及 2006 ~ 2012 年和 2014 ~ 2016 年《中国工业经济统计年鉴》，2012 年该项数据在各类统计年鉴中并没有记录，利用插值法补齐。

业规模、产业结构和技术创新三个变量。其中，①工业规模（sca），本书用工业产出规模作为替代，用各地区工业增加值来表示，以控制不同地区工业规模对污染排放的影响。当地区工业产出规模增加时，由于规模效应而增加污染排放，因此其对因变量影响的预期符号为正。②产业结构（str），本书用地区工业增加值与 GDP 的比值表示，以控制地区产业结构不同对污染排放的影响。由于产业结构水平的提高意味着地区工业产出规模的降低，因而其对因变量影响的预期符号为负。③技术创新（rd），本书用地区研发强度作为替代，用各地区 R&D 经费与工业增加值的比值表示，用以控制各地区创新投入差异的影响。地区研发投入越多，则地区工业的科研创新投入越大，包括增加对环保技术的研发投入、购置更有利于环境清洁的中间设备和原材料等，从而降低污染排放，其对因变量影响的预期符号为负（盛斌和吕越，2012）。

由表 4－1 可以看出，中国地区工业行业在样本期内产业集聚度的最大值与最小值之间差异很大，离散系数高达 1.692。环境规制和工业规模的差异也较为明显，离散系数分别达到 0.889 和 0.781。

表 4－1　主要变量的统计描述

变量	单位	观测值	均值	标准差	最小值	最大值	离散系数
SO_2 排放量（pol）	万吨	341	63.516	40.155	0.079	171.500	0.632
产业集聚度（agg）	%	341	8.068	13.655	0.001	69.897	1.692
环境规制（reg）	/	341	4.494	3.997	0.000	28.017	0.889
贸易自由度（tra）	%	341	33.065	19.362	5.505	94.121	0.586
工业规模（sca）	千亿元	341	3.417	2.668	0.060	11.789	0.781
产业结构（str）	%	341	39.643	9.625	7.026	53.036	0.243
技术创新（rd）	%	341	1.580	1.026	0.000	5.451	0.649

三、估计结果及分析

计量检验首先估计核心变量地区产业集聚度（lnagg）以及地区产业集聚度

与环境规制的交互项（lnagg × reg）对 SO_2 排放影响的回归系数，分析产业集聚的环境污染效应（产业集聚的环境污染减缓效应以及与环境规制的环境污染抑制效应的联动效应）。然后检验产业集聚的环境污染减缓效应的门槛效应是否存在以及影响程度。最后为保证估计结果的稳健性，本书拟对其他污染排放物进行敏感性检验。

1. 产业集聚的环境污染效应分析

（1）产业集聚的环境污染减缓效应。为了考察产业集聚的环境污染减缓效应，本书基于模型（4-1），利用多种计量经济学方法进行分析（见表4-2）。由于污染本身会在一定程度上影响产业集聚发展水平，因此解释变量可能会与随机扰动项存在相关性，从而造成对模型的估计是有偏和无效的。为此，本书在计量检验时首先要考虑解决内生性问题，差分广义矩估计方法（DIFGMM）和系统广义矩估计方法（SYSGMM）能够较好地解决内生性问题。DIFGMM 方法存在自变量滞后项和自变量差分滞后项的相关性不高，从而导致弱工具变量的问题。由于 GMM 估计放松了对经典假设的严格限制，使误差项的异方差问题不会对估计结果造成不利的影响。与普通工具变量法相比，SYSGMM 法还可在 GMM 估计中通过 AR（1）检验剔除模型误差项自相关的影响。此外，与 DIFGMM 法相比，SYSGMM 法能够显著提高模型估计的有效性。因此，本书使用的计量方法是 SYSGMM。

对于模型的内生性检验问题，Sargan 检验和 Hansen 检验的估计结果均表明，SYSGMM 估计的工具变量的选择是有效的。表4-2的估计结果显示，模型（4）DIFGMM 和模型（5）SYSGMM 的估计系数具有更好的收敛性和稳健性。AR（1）检验结果拒绝了扰动项非自相关的原假设，因此采用模型（5）中考虑一阶自相关的 SYSGMM 方法更为科学。同时，模型（5）中核心解释变量产业集聚度的估计系数通过了1%的显著性检验，重要的解释变量即环境规制的估计系数分别通过了1%的显著性检验。对于模型中可能存在的共线性问题，我们也做了多重共线性检验，各个变量的方差膨胀因子（VIF）值均小于5.29。由于 VIF <10，所以本模型不存在多重共线性问题。

由表4-2看出，lnagg 的回归系数 α 为3.532，考虑到 SO_2 排放量与产业集聚水平间对数函数关系，则 $\frac{d^2pol}{dagg^2} = -\frac{3.532}{agg^2}$，这表明，在环境规制既定的情况下，随着产业集聚水平的提高，SO_2 的边际排放量却以 $\frac{3.532}{agg^2}$ 速度降低。随着地区经济规模的扩大，SO_2 排放量将呈现出增加的趋势，这是发展中国家经济发展过程中的必然现象。但是，由于受到 SO_2 的边际排放量递减规律的作用，SO_2 排放量将以递减的速度缓慢增加，这无疑减缓了 SO_2 排放量持续快速增加的趋势，减慢了 SO_2 引致的环境污染恶化状况，环境污染和生态破坏加剧的趋势得到控制，区域环境质量得到明显改善，为本书的命题 1 提供了经验支持。考虑到研究时段中国产业集聚水平还较低（表 4 –2 中研究时段的产业集聚平均水平仅为 8.068%），伴随着中国产业集聚规模的不断扩大和集聚水平的不断提高，产业集聚的边际污染排放递减规律引发的环境污染减缓效应的能级将会不断扩大。因此，从产业集聚发展的观点看，产业集聚水平的提高有利于中国环境质量的改善。从中国 SO_2 排放量的现实情况看，尽管中国 SO_2 排放量仍处于高位排放阶段，但是近年来 SO_2 排放量的持续下降，除了相关的环境规制政策外，可能与中国产业集聚水平的提高导致的边际污染排放量持续降低有关。

（2）环境规制的环境污染抑制效应与产业集聚的环境污染减缓效应的联动效应。由表 4 –2 还可以看出，环境规制对污染排放具有显著的负向影响作用。当对企业的污染排放收费提高 1% 时，SO_2 排放量将减少 0.367%，表明环境规制越严厉，则污染排放量就越低，对环境污染的抑制作用就越大，环境规制的环境污染抑制效应得到检验。此外，产业集聚与环境规制的交互项的回归系数显著为负，这说明环境规制越严厉，更高的产业集聚水平有助于降低更多的 SO_2 排放量。当产业集聚度提高 1% 且对企业的污染排放收费提高 1 个单位时，产业集聚与环境规制的联动作用导致 SO_2 排放量减少 2240 吨，正是产业集聚的环境污染减缓效应与环境规制的环境污染抑制效应的联动作用才导致 SO_2 排放量的降低。这为本书的命题 2 提供了有效的支持。该研究结论实际上也反映了中国环境规制政策和产业集聚战略联动作用的巨大成效，因为研究期间不仅是中国产业集聚发展战略继续实施的阶段，而且也是中国环境规制的深化发展阶段（周宏春和季曦，2009），国家密集制定颁布了一系列环境保护法律、法规、规章和标准。例如，在“十一五”期间，国家环境保护标准以每年 100 项的速度递增，发布了 60 余项重点行业污染物排放标准，开展了 1050 项国家环境保护标准的制订和修订工作。除了以上刚性的环保法律规章制度外，研究期内各部门还密集出台了几百部环境经济政策。例如，2006 ~2013 年国家层面出台的各类环境经济政策数量高达 383 项，涉及环境财政政策、环境税费政策、环境资源定价政策、绿色金融政策、绿色贸易政策、排污权交易政策、生态补偿政策、行业环境经济政策、

综合性政策等（董战峰等，2014）。

表 4-2　产业集聚对污染排放的影响效果

变量	（1）面板最小二乘法（POOL）	（2）固定效应（FE）	（3）随机效应（RE）	（4）差分广义矩（DIFGMM）	（5）系统广义矩（SYSGMM）
lnagg	8.896*** (1.298)	-3.398 (2.537)	9.277*** (1.855)	3.966*** (0.985)	3.532*** (0.627)
reg	1.798*** (0.371)	0.829*** (0.208)	0.521** (0.231)	0.343*** (0.094)	-0.367*** (0.119)
Lnagg*reg	0.340* (0.200)	-0.310** (0.128)	-0.384*** (0.139)	-0.126*** (0.046)	-0.224*** (0.079)
tra	-0.183** (0.084)	0.381*** (0.114)	0.230** (0.101)	0.283*** (0.068)	-0.067** (0.016)
sca	7.030*** (0.860)	-1.975 (1.224)	1.043 (1.173)	-10.558*** (0.463)	0.605* (0.312)
str	-0.054 (0.196)	-0.062 (0.177)	-0.132 (0.192)	0.112** (0.055)	-0.187*** (0.047)
rd	-16.105*** (1.548)	-5.299*** (1.347)	-6.320*** (1.265)	-3.886*** (0.786)	-3.162*** (0.357)
C	56.537*** (8.032)	68.872*** (9.670)	59.842*** (9.572)	—	19.499*** (2.669)
Sargan 检验				108.73 [0.000]	195.30 [0.000]
Hansen 检验				26.200 [0.992]	28.680 [1.000]
AR（1）检验				-1.960 [0.050]	-2.630 [0.008]
AR（2）检验				-1.010 [0.313]	1.110 [0.267]
观测值	341	341	341	279	310

注：①括号中数字是系数的标准差；②方括号中数字是各统计量的 P 值；③***、**、*分别表示在 1%、5%、10% 水平上显著。

2. 产业集聚的环境污染减缓效应的门槛效应分析

为了检验产业集聚的环境污染减缓效应的门槛效应是否存在以及影响程度的大小，下面本书将进行门槛回归分析。对于面板数据门槛回归模型，首先要对各解释变量尤其是门槛变量进行内生性检验。为此，本书采用 Wu－Hausman 统计量对模型（19）中怀疑具有内生性的解释变量逐一进行检验，检验后发现产业集聚度、环境规制、工业规模、技术创新四个变量具有内生性。本书估计时选取了内生解释变量的滞后一期作为工具变量，并运用 Sargan 统计量检验模型中是否存在过度识别问题，以检验所选择的工具变量是否合理。

根据前述的理论模型，本书的门槛变量选定为产业集聚度。门槛变量的个数和门槛值则由门槛回归模型内生确定。根据 Hansen（1999）的面板数据门槛回归理论，若给定门槛回归模型中的门槛值 γ，则可以对模型的参数进行估计得到模型中的系数估计值，从而得到模型的残差平方和 S_1（γ）。而且回归中给定的 γ 越接近真实的门槛水平，那么回归模型的残差平方和 S_1（γ）应该越小。因此，可以通过连续给出模型的候选门槛值 γ，观察模型残差的变化，在模型残差最小处对应的候选门槛值 γ 即为本书待求的真实门槛值，即 $\hat{\gamma} = \text{argmin}S_1(\gamma)$。依次类推，直到得出的门槛值不显著为止。在此基础上，进一步通过“自抽样法”（Bootstrap）模拟 LM 检验 F 统计量的渐进分布临界值对门槛效应进行相关检验。在此基础上，进一步通过“自抽样法”模拟 LM 检验 F 统计量的渐进分布临界值检验门槛效应是否存在，三门槛面板检验结果见表 4－3。

表 4－3 门槛效应检验结果

模型	临界值					
	F 值	P 值	BS 次数	1%	5%	10%
单一门槛	9.993**	0.050	300	16.724	9.959	7.183
双重门槛	100.892***	0.000	300	12.969	7.588	2.354
三重门槛	47.375***	0.000	300	－4.914	－13.648	－17.977

针对该门槛效应检验结果，我们发现，由第一个门槛到第二个门槛，其门槛值从 7.152 下降到 0.167，第二个门槛值如此之低，与现实不符。可能的原因在于，“在检验中，考虑到本书的时间序列长度有限（最长为 11 个观测值），尤其是在确定了一个门槛之后，各时间序列的长度又减少约为一半”。借鉴孔东民

（2007）的做法，出于统计势和门槛值异常变化的双重考虑，虽然进行了三重门槛的回归，但是我们只列出有意义的单门槛回归结果（见表4－4）。

表4－4　产业集聚的环境污染减缓效应的门槛模型系数估计

解释变量	reg	tra	sca	str	rd	lnagg_ 1	lnagg_ 2	Constant	R^2	观测值
被解释变量 SO_2	-0.776***	0.049	2.868***	0.293	-6.197***	8.604***	4.578***	49.840***	0.542	310
	(-2.560)	(0.410)	(2.210)	(1.640)	(-3.670)	(7.900)	(1.790)	(4.790)		

注：①括号内数字为t统计量；②***、**、*分别表示在1%、5%、10%水平上显著。

由表4－3看出，当产业集聚度低于7.152%时，产业集聚对SO_2排放量的影响系数达到8.604；而当产业集聚度高于7.152%时，产业集聚对SO_2排放量的影响系数只有4.578，且产业集聚度对SO_2排放量的影响都通过了1%的显著性检验，这表明产业集聚度对SO_2排放量的影响存在显著的门槛特征。考虑到SO_2排放量与产业集聚度间的对数函数关系，当产业集聚度低于门槛值7.152%时，则$\frac{d^2pol}{dagg^2}=-\frac{8.604}{agg^2}$，$SO_2$的边际排放量却以$\frac{8.604}{agg^2}$速度降低；当产业集聚度高于门槛值7.152%时，则$\frac{d^2pol}{dagg^2}=-\frac{4.578}{agg^2}$，$SO_2$的边际排放量却以$\frac{4.578}{agg^2}$速度降低速度。这表明，与跨越产业集聚门槛值之前相比，当地区跨越产业集聚门槛值之后，伴随着产业集聚度的提高，SO_2排放量的增加幅度更加缓慢，因而产业集聚的环境污染减缓效应更加强大，产业集聚的环境污染减缓效应存在显著的门槛效应，本书的命题3由此得到检验。当产业集聚跨越某一发展门槛之后，产业集聚的环境污染减缓效应更加强大的一个重要原因可能在于，产业集聚过程中存在的各种规模经济：当区域环境规制已经确定后，工业污染排放量主要取决于生产技术、治理污染的努力程度以及公众和政府的监督成本，这三个机制都有可能具有规模经济的性质。首先，如果将污染物质视为一种特殊的生产成本，那么集聚将减少因重复建设所引起的固定污染成本，而且污染物质可能具有边际排放量随工业规模增加而递减的规模经济性质。其次，治理污染需要设备、厂房等固定投资，治理集中的污染源所需要的单位成本可能更低，治理污染的技术也可能具有规模收益递增的性质。最后，公众和政府监督集中的污染源需要花费的单位成本更少（陆铭和冯皓，2014）。

3. 敏感性分析

SO_2 只是重要的污染排放物之一，为了更全面地检验产业集聚的环境污染减缓效应，本书还选取了其他污染指标作为被解释变量进行敏感性分析，以进一步检测 SO_2 估计的稳健性。在国家《“十三五”生态环境保护规划》中，污染排放量的约束性指标包括化学需氧量（COD）、氨氮、二氧化硫和氮氧化物。为此，本书仅选取工业源化学需氧量、工业源氨氮作为敏感性分析的污染物。对于这两种污染排放指标，本书利用 SYSGMM－AR（1）方法，对产业集聚对污染排放影响进行敏感性分析以及门槛效应敏感性分析。

产业集聚影响污染排放的敏感性分析表明，COD 和氨氮的产业集聚度、环境规制以及产业集聚度和环境规制交互项的回归系数与对二氧化硫的检验符号不仅完全一致，而且都通过了 1% 的显著性检验。这表明，本书对产业集聚的环境污染减缓效应的计量分析具有较好的稳健性，从而支持了命题 1 和命题 2 及其实证研究结论的可靠性。

产业集聚的环境污染减缓效应的门槛效应敏感性分析表明，COD 和氨氮的门槛值两侧的产业集聚度和环境规制的回归系数与对二氧化硫的检验符号不仅完全一致，而且都通过了不同水平的显著性检验。这表明，本书对产业集聚的环境污染减缓效应的计量分析具有较好的稳健性，从而支持了命题 3 及其实证研究结论的可靠性。

四、政策建议

本书在 Baldwin 等“自由资本”模型基础上，立足于中国高水平自由贸易的现实，充分考虑污染排放的跨境污染性及其产生的行业间负外部性这两大污染特征，从地区间环境规制互动的视角，构建了解释产业集聚的环境污染减缓效应的理论模型，并基于中国 2004～2014 年 31 个省级行政区 27 个工业行业数据进行了实证检验。数值模拟和回归结果表明，地区污染排放受到产业集聚的影响，随着产业集聚水平的提高，污染排放呈现出边际递减现象，产业集聚的边际污染排放递减规律导致产业集聚的环境污染减缓效应。地区污染排放受到环境规制的影响，环境规制导致环境污染抑制效应，产业集聚的环境污染减缓效应与环境规制

的环境污染抑制效应存在联动效应。地区产业集聚的环境污染减缓效应存在特定产业集聚门槛值和明显的门槛效应，在跨越产业集聚门槛值前后产业集聚的环境污染减缓效应差异较大。本书还进一步选取工业源化学需氧量、工业源氨氮作为敏感性分析的污染物，对产业集聚的环境污染减缓效应进行了稳健性检验。

本书丰富和发展了产业集聚的环境污染效应的理论研究文献，并为该理论提供了一个基于发展中大国的经验证据。本书对于新时代下加快推进高质量发展和美丽中国建设的政策启示在于：

（1）加快提升产业集聚发展水平。早在1972年的联合国《斯德哥尔摩宣言》和1992年的《里约环境与发展宣言》就提出，发展中国家的环境问题大半是由发展不足造成的。对于中国当前的环境问题而言，从某种意义上讲可以归因于产业集聚发展不足造成的，因为从当前产业集聚度门槛值看，中国在较多年份和较多省级行政区尚未跨越产业集聚门槛值（研究时段均值为8.068%）。在产业集聚发展过程中，一旦跨越产业集聚水平门槛值，就会产生更强大的环境污染减缓效应。为此，在加快推进中国产业集聚发展进程中，应以提升产业集聚水平为目标，遵循产业集聚的边际污染排放递减规律，进一步放大产业集聚的环境污染减缓效应，要牢牢把握集聚不足问题导向，坚持顶层设计与基层创新相结合，把产业集聚与要素禀赋有机结合，实行差别化的产业集聚发展战略，着力抓好已出台集聚政策的落地实施，使产业集聚的发展红利转化为环境保护的发展新动力。

（2）构建更严厉的环境规制体系。中国被誉为史上最严的《环保法》已于2015年1月1日起施行，国家也密集制定颁布了一系列更为严厉的法规、规章和标准，环境规制在环境保护中的影响作用日益凸显。但是，与发达国家相比，中国的环境规制的严厉程度还有待进一步提高。在本书的研究中，使用的环境规制 <1，其实就反映了这种现实。为此，在全面推进国家生态环境治理体系和治理能力现代化进程中，环境规制政策的制定与实施要以发达国家为标杆，充分发挥环境规制的环境污染抑制效应，找差距、明方向、添措施，在理念、制度、保障措施等方面进一步突破和创新，加快构建更为严厉的环境规制体系，建立健全环境规章制度体系，大幅度降低污染排放总量，持续改善中国环境质量。

第五章　空间计量视角下工业集聚的环境污染效应研究*

本章从空间经济学视角出发，将 Copeland – Taylor 模型思想与空间杜宾模型相结合，构建 Copeland – Taylor 空间模型，利用 2003 ~ 2014 年中国 30 个省市地区的工业面板数据，分别就工业专业化与多样化集聚对环境污染的直接效应和间接效应进行研究。结果表明：①就全行业而言，工业专业化集聚的直接环境污染效应介于 –0. 0963 ~ –0. 0462，间接环境污染效应介于 –0. 1630 ~ –0. 0237，而多样化集聚的直接环境污染效应介于 –0. 2998 ~ –0. 2227，间接环境污染效应为 –0. 1930，工业多样化集聚的环境污染效应作用效果要强于专业化集聚。②就分行业而言，能源密集型行业专业化与多样化集聚的直接环境污染效应分别介于 –0. 1104 ~ –0. 0933、–0. 1272 ~ –0. 1134，间接环境污染效应分别介于 –0. 3790 ~ –0. 3622、–0. 1825 ~ –0. 1330；而非能源密集型行业专业化与多样化集聚的直接环境污染效应分别介于 0. 0189 ~ 0. 0273、–0. 1668 ~ –0. 1637，间接环境污染效应分别介于 0. 1222 ~ 0. 1329、0. 0111 ~ 0. 0553，能源密集型行业与非能源密集行业两种集聚模式的环境污染效应存在较大差异。③就新、旧常态而言，中国经济新常态前后工业集聚的环境污染效应存在一定差异，进入经济新常态后，两种集聚模式均有改善环境质量的趋势。在此基础上，本书为改善工业集聚引致的环境问题提出了相应的对策建议。

---

* 本章借鉴的主要研究成果为：裴宇，朱英明，郇恒飞．中国工业集聚的环境污染效应研究——基于省级层面的视角［R］．中国环境科学学会 2019 年科学技术年会，2019（8）．

一、问题提出

自从19世纪末马歇尔提出产业集聚的概念以来，产业集聚作为一种区域产业组织形式，对产业创新与发展起到了至关重要的作用。在微观市场经营机制的作用下，我国地区工业要素资源要求被配置到效益最高的地区，生产要素不断向高效地区流动，工业集聚水平不断提高，推动了我国经济的快速发展，已成为支撑我国区域经济发展的重要战略。目前，我国工业集聚是一种粗放型的发展模式，集聚过程引起环境的破坏是不可避免的。随着工业产业集聚水平的提高和规模的扩张，环境污染物排放量呈现刚性增长的态势，当环境污染排放超过地区环境的承载力时，就会引起生态环境的恶化现象。

根据地理学第一定律（临近的地理现象普遍存在空间关联），工业集聚不仅会引起本地区的环境污染，而且可能通过一定的作用机制影响临近地区的工业发展水平与集聚状况，造成邻近地区的环境污染问题。工业集聚区环境污染与周边工业集聚区密切相关，且相邻工业集聚区之间环境污染存在交叉影响，相邻工业集聚区间的环境质量具有“一荣俱荣，一损俱损”的特征。在经济新常态下，我国经济的结构性因素发生了重大变化，为了更好地实施区域产业集聚发展战略，为区域污染联合治理提供依据，实现工业集聚与区域环境的协调发展，迫切需要进行工业集聚的环境污染效应问题研究。

为此，本书构建Copeland－Taylor空间模型，基于2003～2014年中国30个省市的相关工业数据，运用空间计量经济学方法，分析研究工业集聚（专业化集聚和多样化集聚）的环境污染效应（直接环境污染效应和间接环境污染效应）。

二、模型设定、变量说明和数据来源

1．空间计量模型设定

本书借鉴Copeland－Taylor（2003）模型思路，假设工业生产过程中产生污染，政府从社会总福利最大化角度出发，会设定一定的环境规制水平以控制污染排放，企业为了满足环境规制要求将 θ 份额的产出投资于污染治理。因此最终生产函数可以表示为：

$$Y = AK^{\alpha}L^{1-\alpha}(1-\theta) \quad (5-1)$$

其中，Y 代表地区总产出水平，K 代表资本投入量，L 代表劳动投入量。表示企业全要素生产率。α 代表物质资本在生产中所占比例。假设产品 Y 生产过程中产生污染物排放 P，借鉴盛斌和吕越（2012）的方法，将企业排污函数设定为：

$$P = A^{-1}Y(1-\theta)^{\beta-1} \quad (5-2)$$

式中，P 代表污染排放量。$\beta>1$，保证了生产在技术上的有效性，即总产出在扣除生产过程中的污染排放后还有剩余；$P'(\theta)<0$，说明污染排放为企业污染治理投资份额的减函数，即企业污染治理投资份额越大，其污染排放越小。而企业污染治理投资份额 θ 则是社会环境管制程度的增函数，即社会环境管制程度越高，企业污染治理投资份额越大。因此污染排放量是环境管制的减函数，即环境管制水平越高，污染排放越少。A 表示全要素生产率，其与污染排放负相关。全要素生产率 A 的变化主要取决于技术变化率和规模经济的程度，两者都会受到工业集聚的影响。工业集聚一方面通过影响区域经济活动的规模和空间分布来影响区域产业发展的规模经济，另一方面通过技术溢出效应来影响技术变化（朱英明，2009）。除产业集聚技术溢出外，发展中国家的技术进步还通过自主研发（rd）和外资技术溢出（FDI）两种途径获取（盛斌和吕越，2012）。因此，全要素生产率 A 可表述为：

$$A = h(ag, rd, fdi) \quad (5-3)$$

其中，ag 为工业集聚水平；rd 为自主研发；fdi 为外商直接投资。技术研发水平 rd 有利于提高全要素生产率进而减少污染排放，工业集聚水平 ag 和外商直接投资 fdi 对全要素生产率可能有正面和负面两种影响，因此其对污染排放影响不确定。把式（5－3）代入式（5－2）中，可得污染排放的函数表达式为：

$$P = h(ag, rd, fdi)^{-1}Y(1-\theta)^{\beta} \quad (5-4)$$

本书借鉴李筱乐（2014）与谢荣辉和原毅军（2016）做法，将专业化和多样化两种工业集聚模式引入模型。本书的计量模型设定如下：为了避免异方差性，根据 Wooldridge（2012）的做法，对所有变量取对数处理。

$$\ln p_{it} = \alpha + \beta_1 \ln lq_{it} + \ln ag_{it} + \beta_2 \ln rd_{it} + \beta_3 \ln fdi_{it} + \beta_4 \ln pgdp_{it} + \beta_5 \ln envr_{it} + \varepsilon_{it} \tag{5-5}$$

式（5-5）中下标 i 代表地区，下标 t 代表时期。pit 为第 i 个城市在 t 年的工业污染排放；lq 为专业化集聚；ag 为多样化集聚；rd 为工业研发投入；fdi 为外商直接投资；pgdp 为经济发展水平；envr 为环境规制水平；ε 为随机误差项。

考虑到空间因素对回归结果的影响，本书将空间杜宾模型思想引入式（5-5），构建 Copeland - Taylor 空间模型。LeSage 和 Pace（2009）建议运用空间杜宾模型（SDM），首先，可以通过考察估计 SDM 模型所获得的结果来检验其能否简化为空间滞后模型（SAR）、空间误差模型（SEM）或普通最小二乘（OLS）模型；其次，通过比较其他模型所得出的统计检验和系数估计结果，可以发现 SDM 的潜在优点。本书模型可以表示如下：

$$\ln p_{it} = \rho W \ln p_{it} + \beta_1 \ln lq_{it} + \beta_2 \ln ag_{it} + \beta_j \ln X_{it} + \alpha_1 W \ln lq_{it} + \alpha_2 W \ln ag_{it} + \alpha_j W \ln X_{it} + \varepsilon_{it} \tag{5-6}$$

式（5-6）中 W 代表空间权重矩阵，X 代表由 rd、fdi、pgdp 和 envr 组成的其他解释变量组，j=3，4，5，6；参数 ρ、α 和 β 分别代表各个变量的回归系数，其余各个变量的含义与式（5-5）的相同。

2. 变量说明

（1）被解释变量。环境污染水平。目前工业废物排放种类较多，如工业废气、工业废水、工业固体废弃物和工业烟、粉尘等。本书借鉴 Maddison（2006）、王火根和滕玉华（2013）和李筱乐（2004）的做法，将全国 30 个省市工业二氧化硫排放量作为被解释变量，衡量工业污染水平，用符号 pol 表示。

（2）核心解释变量。

1）工业专业化集聚水平：本书借鉴乔海曙等（2015）、谢荣辉和原毅军（2016）的做法，利用工业专业化集聚水平测度各省市地区工业专业化集聚水平。

$$lq_i = \max_j \left(\frac{\left(\frac{p_{ij}}{p_i} \right)}{\left(\frac{p_j}{p} \right)} \right) \tag{5-7}$$

其中，lq_i 为地区 i 工业专业化集聚水平，p_{ij} 为地区 i 行业 j 就业人数，p_i 为地区 i 所有行业就业人数，p_j 为所有地区行业 j 就业人数，p 为所有地区所有行业总就业人数。由式（5-7）计算得到的专业化集聚水平越大，则地区 i 工业专业化集聚水平越高。

2）工业多样化集聚水平：与选取的工业专业化集聚水平相对应，本书拟利用工业多样化集聚水平测度各省市地区工业多样化集聚水平。

$$ag_i = 1 \Big/ \sum_{j=1}^{n} \left| \left(\frac{p_{ij}}{p_i}\right) - \left(\frac{p_j}{p}\right) \right| \tag{5-8}$$

式（5-8）中，ag_i 为地区 i 工业相对多样化集聚指数，其他变量含义与式（5-7）相同。由式（5-8）计算得到的工业多样化集聚水平越大，则为地区 i 工业多样化集聚水平越高。基于数据的可得性，本书选取了《国民经济行业分类与代码》（GB/T 4754—2002）划分的 C13—C43 中的 25 个代表性工业行业①。

（3）其他解释变量。

除相对专业化和多样化集聚指数两个指标外，本书拟引入其他一些社会经济变量作为影响环境污染水平的解释变量。

1）工业研发投入：研发投入能够帮助工业企业采用更加环保高效的生产技术，从而能够减少企业的工业污染排放。本书利用中国各省市地区规模以上工业企业 R&D 项目经费表示工业研发投入水平，用符号 rd 表示。

2）外商直接投资：根据污染天堂假说（Pollution Haven Theory），外商直接投资是一个影响环境污染的重要因素。国外较先进的环境保护理念、经验、技术和设备等对本国的溢出，能够帮助国内企业降低工业污染排放（Dong 等，2012）。本书利用各省市地区实际利用外资总额表示外商直接投资情况，用符号 fdi 表示。

3）经济发展水平：随着各地区经济发展水平的提高，人们越来越富有，其环保意识也逐渐加强，要求政府加大对环境的规制力度，减少工业废物的排放程度。本书利用各省市地区人均地区生产总值表示经济发展水平，用符号 pgdp 表示。

4）工业环境规制：杨仁发（2015）认为，随着人们对生活环境质量的不断重视以及政府考核中环境所占比重的不断增加，政府对环境的规制力度将越来越

① 本书选取的 25 个工业行业分别是：煤炭采选业，石油和天然气开采业，黑色金属矿采选业，有色金属矿采选业，农副食品加工业，食品制造业，饮料制造业，烟草制品业，纺织、服装、鞋、帽制造业，造纸及纸制品业，石油加工、炼焦及核燃料加工业，化学原料及化学制品制造业，医药制造业，化学纤维制造业，非金属矿物制品业，黑色金属冶炼及压延加工业，有色金属冶炼及压延加工业，金属制品业，通用设备制造业，专用设备制造业，交通运输设备制造业，电气机械及器材制造业，电子及通信设备、计算机及其他电子设备制造业，仪器仪表及文化、办公用机械制造业，电力、热力的生产和供应业。

大，促使企业技术创新，从而降低环境污染物的排放。本书利用各省市地区工业污染治理项目本年完成投资表示工业环境规制水平，用符号 envr 表示。

所有变量的描述统计量如表 5－1 所示。

表 5－1　2003～2014 年变量的描述统计量

变量	单位	均值	标准差	最大值	最小值
工业 SO_2 排放	吨	651359	390337	1716000	21000
工业专业化集聚水平	无	4.7570	3.2274	20.2618	1.8017
工业多样化集聚水平	无	1.8176	0.6173	4.0975	0.9452
工业企业 R&D 项目经费	万元	918167	1477491	9639634	1155
实际利用外资总额	万美元	442252	522211	2567360	694
人均生产总值	元	24339	16203	79903	3603
工业污染治理项目本年完成投资	万元	139041	129808	1032264	1820

3. 数据来源

由于西藏地区的数据部分缺失或者难以获得，本书选取 2003～2014 年中国大陆其他 30 个省市的指标数据进行分析研究。其中，工业 SO_2 排放量和工业污染治理项目本年完成投资额数据来源于历年的《中国环境统计年鉴》；各地区工业分行业就业人数来源于历年的《中国工业经济统计年鉴》，其中 2004 年工业分行业就业人数来源于当年的《中国经济普查年鉴》；工业企业 R&D 项目经费数据来源于历年的《中国科技统计年鉴》；实际利用外资总额数据来源于历年的《中国城市统计年鉴》；人均 GDP 数据来源于历年的《中国统计年鉴》。实际利用外资总额用历年汇率中间价折算成人民币值；人均 GDP 以 2003 年为基期，按照历年的居民消费价格指数进行平减调整为可比数额；工业企业 R&D 项目经费、实际利用外资总额和工业污染治理项目本年完成投资额以 2003 年为基期，按照历年的固定资产投资价格指数进行平减调整为可比数额。各地区居民消费价格指数和固定资产投资价格指数来源于历年的《中国统计年鉴》。

三、估计结果与分析

在对建立的空间计量模型进行分析之前，我们需要对被解释变量和核心解释变量进行空间相关性检验。只有在确定研究变量存在空间相关性的基础上，才能够建立空间计量模型进行研究。下面我们对环境污染、工业专业化和多样化集聚等变量进行空间相关性检验。

1. 空间相关性检验

全局空间自相关可以用于描述区域单元变量的整体空间分布情况，判断各个地区之间是否存在空间相关性。本书拟检验的变量指标包括工业 SO_2 排放量（pol）、工业专业化集聚水平（lq）和工业多样化集聚水平（ag）。我们借鉴 Moran（1950）提出的 Moran Ⅰ指数对这三者进行全局空间相关性检验。其计算公式可以表示如下：

$$I = \frac{\sum_{i=1}^{n}\sum_{j=1}^{n} w_{ij}(k_i - \bar{k})(k_j - \bar{k})}{s^2 \sum_{i=1}^{n}\sum_{j=1}^{n} w_{ij}}, s^2 = \frac{1}{n}\sum_{i=1}^{n}(k_i - \bar{k})^2 \tag{5-9}$$

式（5-9）中，k_i 是地区 i 的观测值，w_{ij} 是空间权重矩阵 W 的元素值。这里需要特别说明的是，本书空间权重矩阵的建立是根据空间邻接权重矩阵的方法，即当地区 i 和 j 拥有相同的边界时，w_{ij} 取值为 1；当地区 i 和 j 没有共同边界或 $i=j$ 时，w_{ij} 取值为 0。

Moran Ⅰ指数的取值范围是［-1，1］，若指数为正，说明研究变量在中国各个地区分布具有一定的空间依赖性，即空间正相关性；若指数为负，说明研究变量分布则具有一定的空间异质性，即空间负相关性；若指数为零，说明研究变量呈现空间随机分布的特征，不存在空间相关性。我们分别对 2003～2014 年的中国 30 个省市地区环境污染水平（pol）、工业专业化集聚（lq）和多样化集聚（ag）进行检验，检验结果参见表 5-2。

根据表 5-2 中的全局 Moran Ⅰ指数可以看出，2003～2014 年环境污染、工业专业化和多样化集聚三个变量的 Moran Ⅰ值均为正，三个研究变量的 Moran Ⅰ值除在个别年份不能通过显著性检验外，均能够在 10% 的水平上显著。表明环境

污染、工业专业化和多样化集聚三者均呈现出一定的空间正相关性，即环境污染较严重的地区周围至少也存在着一个污染也较重的地区，工业专业化和多样化集聚也呈现出类似的空间依赖性，同时也表明各个地区间环境污染与工业集聚可能具有空间溢出效应。比较而言，工业多样化集聚体现的空间相关性最大，环境污染和专业化集聚体现的空间相关性则相对较小。2003 年，三个变量的空间依赖程度均较小，甚至没有通过显著性水平，而随着时间的推移，三个变量体现出的空间正相关性均有逐渐增大的趋势。这使空间因素变得更加不可忽略，更加能够证明运用空间计量方法进行工业集聚的环境污染效应研究具有较高的必要性和科学性。

表 5-2 2003~2008 年全局 Moran I 检验

年份/变量	2003	2004	2005	2006	2007	2008
pol	0.1197 (1.3726)	0.1381 (1.5313)	0.1609* (1.7334)	0.1575* (1.6994)	0.1746* (0.0642)	0.1616* (0.0825)
lg	0.1111 (1.4366)	0.1365 (1.5788)	0.1648* (0.0630)	0.1718* (1.9557)	0.1617* (1.8659)	0.1518* (1.7793)
ag	0.1268 (1.4227)	0.1459 (1.5872)	0.1996** (2.0621)	0.2052** (2.1088)	0.2379** (2.4083)	0.2492** (2.5044)
年份/变量	2009	2010	2011	2012	2013	2014
pol	0.1449 (1.5884)	0.1548* (1.6791)	0.2367** (2.4228)	0.2202** (0.0227)	0.2111** (2.1921)	0.1973** (2.0692)
lg	0.1605* (1.8648)	0.1648* (1.9156)	0.1703** (1.9657)	0.1815** (2.0447)	0.1679* (1.8987)	0.0872 (1.2166)
ag	0.2784*** (2.7866)	0.3028*** (3.0225)	0.3123*** (3.0813)	0.2883*** (2.8845)	0.2559*** (2.6098)	0.2313** (2.4225)

注：括号内为 Z 统计量值；*、**、*** 分别表示在 10%、5%、1% 的水平上显著。

当采用普通最小二乘法（OLS）来估计建立的空间计量模型时，得到的 OLS 估计量有偏且非一致，估计量不具有效性（Anselin 和 Bera，1998）。OLS 方法不再适用于空间计量模型的估计，但最大似然估计法（ML）却能够解决上述问题。因此，本书采用 ML 方法实现对模型的估计。SDM 模型相比于 SAR 或 SEM 模型是一种更加一般化的模型，我们通过 LR 检验和 Wald 检验来判断 SDM 模型是否能够简化为 SAR 或 SEM 模型。根据表 5－3、表 5－4 和表 5－5 中各个模型的检验结果，回归结果的 LR 和 Wald 检验值均较大，且均能够通过显著性检验，表明我们必须拒绝 SAR 和 SEM 模型而应该采用 SDM 模型，用 SDM 模型进行实证分析显得更加合理。在对建立的模型进行计量分析前，需要对面板数据模型中隐含的个体效应进行检验。我们可以使用 Hausman 检验来判断应该采用固定效应模型还是随机效应模型。本书使用 Lee 和 Yu（2012）推导出的 Hausman 检验方法，对面板数据模型隐含的固定效应和随机效应加以确定。表 4－2、表 4－3 和表 4－4中各个模型的 Hausman 检验值均较大，均能在 5% 的水平上显著，结果表明我们必须拒绝随机效应模型，而应该采用固定效应模型。根据 Wang 等（2016）的做法，本书同时对个体效应和时间效应加以固定。而 Lee 等（2010）指出，如果 SDM 模型同时包含空间固定效应和时间固定效应，则需要对模型进行偏误修正。这里我们利用 Lee 和 Yu（2012）的方法对 SDM 进行偏误修正回归。

2. 全行业专业化和多样化集聚环境污染效应分析

本书运用 Matlab 软件对 2003～2014 年中国 30 个省市的面板数据进行处理，计量模型估计结果如表 5－3 所示。其中，模型（1）、模型（2）和模型（3）分别表示全行业工业专业化与多样化集聚、只有工业专业化集聚和只有工业多样化集聚的回归结果。

通过观察表 5－3 的估计结果，我们发现除个别解释变量外，大多数变量的系数均较为显著。三个模型的 R^2 值均较高，最高的达到 0.9771，可以看出各个变量总体上对模型拟合的程度较高。根据估计结果，我们基本可以判断本书建立的模型是合理的。埃尔霍斯特（2014）认为，SDM 模型的参数估计不能代表工业集聚水平的变化对环境污染的影响，而应该使用直接效应和间接效应的估计结果。下面我们分别对两种集聚模式对环境污染的直接效应和间接效应进行分析。

表 5－3　工业行业专业化与多样化集聚空间回归结果

	模型（1）	模型（2）	模型（3）
lnlq	－0.0903*	－0.0453*	—
lnag	－0.2949**	—	－0.2213*
lnrd	－0.0207	－0.0367	－0.0173
lnfdi	0.0032	0.0022	0.0051

续表

	模型（1）	模型（2）	模型（3）
lnpr	0. 0889 ***	0. 0930 ***	0. 0865 ***
lnpgdp	0. 1981 **	0. 1895 **	0. 2144 **
w * lnlq	-0. 0754 **	-0. 0040 *	—
w * lnag	-0. 0272 **	—	0. 0769
w * lnrd	-0. 2535 ***	-0. 2730 ***	-0. 2563 ***
w * lnfdi	-0. 0521	-0. 0438	-0. 0552
w * lnpr	0. 0805 **	0. 0900 ***	0. 0802 *
w * lnpgdp	0. 2675 *	0. 2478 **	0. 2057
w * lnpol	0. 3530 ***	0. 3509 ***	0. 3460 ***
R^2	0. 9771	0. 9734	0. 9768
LogL	200. 8959	197. 8163	199. 4212
Hausman	24. 1953 **	22. 6472 **	34. 0132 ***
Wald_ lag	16. 7191 **	19. 5000 ***	17. 3815 ***
LR_ lag	21. 8878 ***	24. 8539 ***	21. 8107 ***
Wald_ error	23. 4478 ***	25. 0332 ***	21. 7469 ***
LR_ error	31. 6925 ***	33. 4197 ***	30. 1756 ***
直接效应			
lnlq	-0. 0963 *	-0. 0462 *	—
lnag	-0. 2998 **	—	-0. 2227 **
间接效应			
lnlq	-0. 1630 **	-0. 0237 *	—
lnag	-0. 1930 **	—	0. 0118

注：*、**、***分别表示在10%、5%、1%的水平上显著。

（1）直接环境污染效应分析。工业集聚对环境污染的直接效应可被视为本地区工业集聚水平的变化对本地区环境污染造成的影响。根据模型（1）和模型（2），专业化集聚的直接环境污染效应介于 -0. 0963 ~ -0. 0462，且在10%的水平上显著，表明专业化集聚能够减轻本地区环境污染，其正环境效应显著。本地区工业专业化集聚水平每提高1%，则能够降低本地区0. 0462% ~0. 0963%的污染物排放。专业化集聚能够减轻本地区环境污染的原因是：首先，随着地区专业化集聚水平的提高，促使资源在地区内不断得到优化配置，知识、人才和技术等生产要素在企业间自由流动，要素的相互交流与合作产生了环保知识与技术的外部性，使本地区企业获得了创新补偿效应。其次，公共性的污染治理设施能够很好地处理产业内部相似企业间产生的污染废物，这极大地发挥了环境污染治理的规模效应。我们再来看多样化集聚对本地区环境污染的影响，根据模型（1）和模型（3），多样化集聚的直接环境污染效应介于 -0.2998 ~ -0.2227，且在5%的水平上显著，这表明工业多样化集聚也能够改善本地区环境污染状况，且作用效果较显著。工业多样化集聚水平每提高1%，则能够降低本地区0.2227% ~ 0.2998%的污染物排放。可能的原因是：首先，知识、技术等生产要素在不同工业行业的企业之间相互流动与交流，促进了本地区清洁生产与污染减排技术的成熟与外溢，促使工业集聚区内环境质量得以提高。其次，工业多样化集聚的不断发展萌生了新兴的环保产业，而不再局限于公共污染治理设施，使地区环境质量得以不断改善。最后，不同行业的企业之间生产密切联系与合作，使工业产物得以重复循环利用，有利于减少工业废物的排放。相比之下，多样化集聚对环境污染的直接效应要强于专业化集聚对环境污染的直接效应，工业多样化集聚发展模式改善本地区环境质量的能力更大。从考虑改善环境质量的角度出发，各地区更加适宜采取多样化集聚发展模式。

（2）间接环境污染效应（空间溢出效应）分析。工业集聚对环境污染的间接效应可被视为本地区工业集聚水平的变化对周边地区环境污染带来的影响，即为本地区工业集聚对环境污染的空间溢出效应。模型（1）和模型（2）中，专业化集聚的间接环境污染效应介于 -0.1630 ~ -0.0237，且在10%的水平上显著，表明专业化集聚不仅能够改善本地区的环境质量，而且能减轻周边地区的环境污染，且作用效果较为显著。地区专业化集聚水平每提高1%，则能够降低周边地区0.0237% ~0.1630%的污染物排放。随着本地区专业化集聚水平的不断提高，使清洁生产技术和公共治污设备在地区之间相互交流并产生外溢，在这种外部性的影响下，周边地区的环境质量也随之改善。模型（1）中，地区多样化集聚的间接环境污染效应为 -0.1930，在5%的水平上显著；而模型（3）中多样化集聚的间接环境污染效应则为正，并未通过显著性检验。根据模型（1）的结果，本地区工业多样化集聚水平每提高1%，则能够降低周边地区0.1930%污染物排放。随着不同地区间不同行业的相关企业交流更加频繁，清洁生产技术跨地区外溢、环保产业跨地区发展以及企业跨地区交流合作，在本地区环境质量得到改善的同时，也降低了周边地区废物的排放。同时，随着地区间竞争加剧，各个

地区企业争相采取环保技术和设施，在市场机制的作用下，环保资源得到有效配置，无论是专业化集聚模式还是多样化集聚模式，均会产生对环境影响的空间溢出效应。相比之下，多样化集聚对环境影响的空间溢出效应大于专业化集聚，两种集聚模式均能够改善周边地区的环境质量。

3. 能源密集行业与非能源密集行业工业集聚的环境污染效应分析

为了探究污染较重与污染较轻两类行业集聚的环境污染效应是否存在差异性，本书在参考孙根年（2008）工业分类的基础上，将上述研究中的25个工业行业划分为能源密集型行业和非能源密集型行业两大类，能源密集型行业具有较高能耗、较高污染的特征，而非能源密集型行业具有较低能耗、较低污染的特征①。在此工业分类的基础上，建立相应的空间计量模型进行分析，估计结果如表5-4所示。其中模型（1）、模型（2）和模型（3）分别表示能源密集型行业和非能源密集型行业、只有能源密集型行业和只有非能源密集型行业两种工业集聚模式的回归结果。

表5-4　能源密集型与非能源密集型行业空间回归结果

	模型（1）	模型（2）	模型（3）
R^2	0.9772	0.9770	0.9769
logL	203.0685	200.5879	199.7847
Hausman	34.5955***	35.8350***	38.7275***
Wald_ lag	18.8676**	20.7966***	17.4378***
LR_ lag	23.5559***	26.3816***	21.8899***
Wald_ error	24.9583***	28.0072***	21.2651***
LR_ error	33.1185***	36.3749***	30.0867***
直接效应			
$\ln lq_{能}$	-0.0933**	-0.1104***	—
$\ln lq_{非}$	0.0273**	—	0.0189**

① 能源密集型行业包括：煤炭采选业，石油和天然气开采业，黑色金属矿采选业，有色金属矿采选业，纺织、服装、鞋、帽制造业，造纸及纸制品业，石油加工、炼焦及核燃料加工业，化学原料及化学制品制造业，化学纤维制造业，非金属矿物制品业，黑色金属冶炼及压延加工业，有色金属冶炼及压延加工业，电力、热力的生产和供应业。非能源密集型行业包括：农副食品加工业，食品制造业，饮料制造业，烟草制品业，医药制造业，金属制品业，通用设备制造业，专用设备制造业，交通运输设备制造业，电气机械及器材制造业，电子及通信设备、计算机及其他电子设备制造业，仪器仪表及文化、办公用机械制造业。

续表

	模型（1）	模型（2）	模型（3）
直接效应			
$lnag_{能}$	-0.1134**	-0.1272**	—
$lnag_{非}$	—0.1668**	—	-0.1637***
间接效应			
$lnlq_{能}$	-0.3790**	-0.3622***	—
$lnlq_{非}$	0.1329**	—	0.1222*
$lnag_{能}$	-0.1825**	-0.1330*	—
$lnag_{非}$	0.0111*	—	0.0553*

注：*、**、***分别表示在10%、5%、1%的水平上显著。表中只列出了部分变量回归结果。

根据模型（1）和模型（2）的估计结果，可以看出能源密集型行业中，专业化集聚对环境污染影响的直接效应介于-0.1104～-0.0933，且在5%的水平上显著，表明能源密集型行业专业化集聚水平每提高1%，则能降低本地区0.0933%～0.1104%污染物排放。多样化集聚的直接环境污染效应介于-0.1272～-0.1134，且通过5%的显著性检验，与专业化集聚类似，表明能源密集型行业多样化集聚水平每提高1%，则能够降低本地区0.1134%～0.1272%的污染物排放。能源密集型行业多样化集聚的直接环境污染效应作用效果强于专业化集聚，这与表5-3中三个模型回归结果得出的结论一致。

能源密集型行业专业化集聚的间接环境污染效应介于-0.3790～-0.3622，多样化集聚的间接环境污染效应介于-0.1825～-0.1330，且均在10%的水平上显著，表明一个地区能源密集型行业两种集聚发展模式不仅能够降低本地区的污染物排放，还能够改善周边地区的环境质量。与表5-3三个模型回归结果不同的是，能源密集型行业多样化集聚的间接环境污染效应作用效果弱于专业化集聚模式，专业化集聚发展模式更利于周边环境质量的改善。

根据模型（1）和模型（3）的估计结果，非能源密集型行业多样化集聚的直接环境污染效应介于-0.1668～-0.1637，且在5%的水平上显著，表明非能源密集型行业同能源密集型行业一样，随着多样化集聚水平的提高，能够减轻本地区的环境污染。与能源密集型行业不同的是，非能源密集型行业专业化集聚的直接环境污染效应介于0.0189～0.0273，且在5%的水平上显著，表明非能源密集型行业专业化集聚水平每提高1%，则会增加本地区0.0189%～0.0273%的污

染物排放，加重本地区环境污染。

非能源密集型行业专业化集聚的间接环境污染效应（空间溢出效应）介于0.1222～0.1329，多样化集聚的间接环境污染效应介于0.0111～0.0553，且在10%的水平上显著，表明一个地区随着非能源密集型行业两种集聚水平的提高，均会增加周边地区污染物排放，从而导致其环境质量的恶化。这可能是由于环境监管部门对非能源密集型行业的监管力度不够，不同地区企业之间并没有形成良性竞争，环保资源得不到有效配置，企业清洁生产技术交流不够且不能形成有效外溢，地区之间企业一味追求GDP指标，忽视了环境保护，从而引致了正间接环境污染效应。

4. 新旧常态工业集聚环境污染效应分析

2009年后，我国经济增速从两位数降到个位数，我国经济开始步入新常态（李扬，2004）。相对于经济旧常态，经济新常态的突出特征是经济的结构性因素发生变化。经济新常态下结构性因素的变化，不仅导致产业集聚规模边界、动力机制、空间布局以及组织结构等将出现新的变化，而且导致区域环境的新特征和环境治理的新要求。在经济新常态的背景下，工业集聚新常态将随之形成，工业集聚发展模式将发生新的变化，工业集聚发展模式将从以规模扩张为主的粗放型集聚转向以结构优化为主的内涵式集聚。工业集聚不仅会加大对资源和能源的消耗，排放更多的污染物（正环境污染效应）；而且还会产生负环境污染效应从而降低污染排放，这两种不同的环境污染效应导致了工业集聚对环境影响的复杂性。为了分析我国新、旧常态下两个阶段工业集聚环境污染效应的差异性，本节利用旧常态（2003～2008年）和新常态（2009～2014年）两阶段面板数据通过空间计量模型进行分析，估计结果如表5－5所示。其中，模型（1）和模型（2）分别表示旧常态和新常态下全行业工业集聚回归结果，模型（3）和模型（4）分别表示旧常态和新常态下分行业工业集聚回归结果。

根据模型（1）的估计结果可以发现，在中国经济旧常态阶段，各地区工业专业化集聚的直接环境污染效应为0.1256，工业多样化集聚的直接环境污染效应为0.2158，且均在5%的水平上显著，表明随着工业专业化与多样化集聚水平的提高，会导致本地区环境质量恶化。经济旧常态阶段中国工业结构没有发生根本性转变，工业发展模式仍然属于粗放型，可能导致过度资源消耗和废物排放，区域内工业集聚发展则会导致本地区的环境恶化。工业专业化与多样化集聚的间接环境污染效应（空间溢出效应）均为正，但并没有通过显著性检验，这表明经济旧常态阶段，地区工业集聚发展对周边地区环境的影响并不明显。

根据模型（2）的估计结果，可以看出中国进入经济新常态后，各个地区两种工业集聚模式的直接环境污染效应发生明显变化，由旧常态的正直接环境污染效应转变为负直接效应，分别为 -0.1191 和 -0.5529，且在5%的水平上显著。这表明经济新常态后，随着工业经济结构的优化调整，由原来的粗放型集聚转变为内涵式集聚发展，相关工业企业逐渐重视能源节约与循环利用，再加上清洁生产技术与治污设施的研发与引进，随着地区工业集聚发展水平的提高，能够不断改善本地区的环境质量。而两种工业集聚的环境污染间接效应并没有发生明显改变，仍然没有通过显著性检验，地区工业集聚发展对周边地区的环境污染影响并不显著。

表5-5 新、旧常态两阶段空间回归结果

	模型（1）	模型（2）		模型（3）	模型（4）
R^2	0.9872	0.9905	R^2	0.9876	0.9906
logL	148.3812	186.5925	LogL	151.5358	188.4048
Hausman	29.0588 ***	32.8855 ***	Hausman	28.2055 ***	42.1845 ***
Wald_ lag	25.1871 ***	13.3691 **	Wald_ lag	26.9892 ***	24.9304 ***
LR_ lag	27.1895 ***	16.6047 **	LR_ lag	29.3786 ***	28.8107 ***
Wald_ error	36.3185 ***	20.9949 ***	Wald_ error	27.6713 ***	23.8286 ***
LR_ error	38.2670 ***	26.7963 ***	LR_ error	29.9879 ***	29.4888 ***
直接效应			直接效应		
lnlq	0.1256 **	-0.1191 **	$lnlq_{能}$	0.1380 *	-0.1036 **
—	—	—	$lnlq_{非}$	0.0933 **	0.0825 **
lnag	0.2158 **	-0.5529 ***	$lnag_{能}$	0.0917 *	-0.5555 ***
—	—	—	$lnag_{非}$	0.1234 **	-0.0607 **
间接效应			间接效应		
lnlq	0.0798	0.3301	$lnlq_{能}$	0.0871 *	0.0342 *
—	—	—	$lnlq_{非}$	-0.0595	0.2257
lnag	0.4006	0.1342	$lnag_{能}$	0.5663 *	-0.6054 **
—	—	—	$lnag_{非}$	-0.2231	0.4350

注：*、**、***分别表示在10%、5%、1%的水平上显著。表中只列出了部分变量回归结果。

四、政策建议

本书将 Copeland - Taylor 模型思想与空间杜宾模型相结合，构建 Copeland - Taylor 空间模型，得到如下结果：①存在工业专业化与多样化集聚的直接环境污染效应与间接环境污染效应，工业专业化集聚的直接环境污染效应介于 -0.0963 ~ -0.0462、间接效应介于 -0.1630 ~ -0.0237，而多样化集聚的直接环境污染效应介于 -0.2998 ~ -0.2227、间接效应为 -0.1930，工业多样化集聚的环境污染效应作用效果要强于专业化集聚。②能源密集型行业专业化与多样化集聚的直接环境污染效应分别介于 -0.1104 ~ -0.0933、-0.1272 ~ -0.1134，两种集聚的间接环境污染效应分别介于 -0.3790 ~ -0.3622、-0.1825 ~ -0.1330；而非能源密集型行业专业化与多样化集聚的直接环境污染效应分别介于 0.0189 ~0.0273、-0.1668 ~ -0.1637，两种集聚的间接环境污染效应分别介于 0.1222 ~0.1329、0.0111 ~0.0553，能源密集型行业与非能源密集行业两种集聚模式的环境污染效应存在较大差异。③进入经济新常态后，工业全行业专业化与多样化集聚的直接环境污染效应由旧常态阶段的正效应（0.1256 和 0.2158）转变为负效应（-0.1191 和 -0.5529），而无论是旧常态还是新常态，两种集聚模式的间接环境污染效应作用效果并不显著。能源密集型行业专业化与多样化集聚的直接环境污染效应由旧常态的正效应（0.1380 和 0.0917）转变为负效应（-0.1036 和 -0.5555），专业化集聚的间接环境污染效应一直为正（0.0871 和 0.0342），而多样化集聚由正效应（0.5663）转变为负效应（-0.6054）。非能源密集型行业专业化集聚的直接环境污染效应仍然为正效应，而多样化集聚由正效应（0.1234）转变为负效应（-0.0607），非能源密集型行业的间接环境污染效应并不显著。中国经济新旧常态两阶段，工业集聚的环境污染效应存在一定差异，进入经济新常态后，两种集聚模式均有改善环境质量的趋势。针对本书得到的结果，拟为改善地区环境质量提出以下对策建议。

第一，继续坚持区域工业集聚发展战略。本书研究结果表明，研究期间内工业专业化与多样化集聚发展均能够改善本地环境质量，这为继续坚持区域工业集聚发展战略提供了现实基础。针对中国各个地区工业发展的阶段性特点和集聚程度的不同，可采取差异化的集聚发展模式。比如在单一行业发展较突出的地区，着力推动专业化集聚发展模式，促进清洁生产技术与公共治污设施在同行业企业间相互交流、合作与外溢，达到废物减排的目的；在多种行业发展规模均较高的地区，大力推动多样化集聚发展模式，促进清洁生产技术外溢，扶植相关环保产业发展。针对各个地区工业发展特点，发挥出两种集聚模式正环境外部性，努力实现地区工业集聚发展的生态化。

第二，健全工业集聚区绿色协调发展机制。本书研究结果表明，各个地区存在工业集聚对环境影响的空间溢出效应（间接效应），且这种空间溢出的作用效果因集聚发展模式、工业行业分类和研究时期阶段的不同而不同，这就要求政府应更加重视邻近省市地区间工业集聚绿色发展的协同与合作。相关部门应该进一步推进区域污染联合防治的步伐，建立区域环境污染防治协调机制，编制区域环境污染防治统一规划，努力确保各地区分阶段达到环境质量目标，确保区域环境质量同步提高。工业集聚区绿色协调发展机制的推进除须制定各地区单独的环境规制措施外，还需包括一些环境联合防控的具体措施，如环境质量跨区联合检测、环境质量信息公开共享、区域联合预警联合应急响应等。

第三，不断完善差异化环境规制措施。本书研究结果表明，能源密集型行业两种集聚的发展能够减轻本地区与周边地区的环境污染，而污染排放相对较少的非能源密集型行业专业化集聚却会加重本地区环境污染，两种集聚同样也会导致周边地区环境污染，这就要求相关部门应不断完善环境规制措施。相关部门不应只对废物排放高的行业进行规制，而忽略废物排放低的行业，避免相关行业企业偷排、减排行为的发生。针对不同工业行业，应采取差异化环境规制手段，制定差别高效激励措施，促进清洁生产技术与治污设施在企业间相互交流、合作。进入经济新常态后，两种集聚模式均有改善环境质量的趋势，相关部门应该针对新常态后凸显的区域环境新特征与环境治理新要求，不断完善差异化环境规制措施。

第六章　新型城镇化下产业集聚的环境污染效应理论分析*

产业集聚对环境污染的影响效应非常复杂，受制于当地经济、社会发展水平等因素，在我国大力推进新型城镇化的背景下，将新型城镇化水平纳入产业集聚对环境污染影响的研究体系中去，对探讨各个省份在不同的城镇化水平下产业集聚对环境质量的影响具有重要意义。本章以经济学、金融学、国际贸易学相关理论为指导，在分析产业集聚水平对环境污染的作用机制的基础上，将城镇化水平纳入研究体系建立拓展模型，研究不同城镇化水平下产业集聚与环境污染之间的关系。

一、研究背景与意义

改革开放以来，我国在区域产业发展领域实际上实施的是非均衡发展战略，即微观经营机制的改革创造出的生产要素从低效地区流向高效地区，产业集聚水平不断提高，有力地促进了我国经济的高速增长。尤其在如今国际间竞争越发激烈的环境中，提高产业在空间区位上的集聚程度将有利于促进该地区产业协调发展与专业化发展，并通过技术溢出与创新发展来获得外部经济与内部经济。与此同时，中国目前所走过的城镇化发展进程，无论是规模还是速度，可以说都是历史上前所未有的。与发达国家的城镇化速度相比，英国经过 120 年使其城镇化率从 20% 提高到 40%，法国经历了 100 年，德国 80 年，而中国仅仅用了 22 年

---

* 本章借鉴的主要研究成果为：夏妍．我国产业集聚对环境污染的影响研究［D］．南京理工大学硕士学位论文，2019.

(1981~2003年)。但是，随着我国城镇化、工业化的深入推进，产业集聚及人口集中引发的生态环境问题，特别是城市空气污染问题，得到各界高度关注。与此同时，我国的环境资源生态效率也低于全球其他大部分国家，由此减少环境污染排放已成为中国目前迫在眉睫的问题之一。

工业化和城镇化相伴而行的发展过程是环境污染问题的客观基础。传统城镇化在推动集聚区经济快速发展的同时，也产生了诸多矛盾及问题。例如，2013年京津冀、长三角、珠三角等重点产业集聚区所涉及的共74个城市中，按照《环境空气质量标准》（GB 3095—2012）对SO_2、NO_2、PM10、PM2.5指标的年均值进行监测，所列城市中只有海口、舟山和拉萨空气质量符合标准，不合格城市占比高达95.9%。全国三大产业集聚区中，京津冀和珠三角产业集聚区的所有城市全部未达标，长三角产业集聚区只有舟山一市污染物排放量全部达标。产业集聚现象对生态环境产生了广泛而深刻的影响，因为空间上密集的经济活动比空间上分散的经济活动对生态环境的影响更为深刻与复杂。产业的无序集聚使产业系统内部物质、能量呈单向流动模式，物质资源与能量不能在产业系统内部循环利用。处于产业集聚快速发展阶段的中国在美国耶鲁大学于2018年公布的《全球环境指数报告》关于180个国家与地区的“2018全球环境指数报告”榜单中位居第120位，反映出经济快速增长给环境带来了巨大压力。我国长期以来依赖粗放型经济发展方式，造成资源和能源的大量消耗和浪费，使我国生态环境面临严峻的挑战。

城市是物质、资本、劳动力、信息以及技术在空间上的集聚体，城镇化的过程也就是各种资源要素不断集聚的过程。在环境资源的硬约束下，需要使城镇化这种具有集聚特征的发展模式从量变的积累实现质变的突破。2017年末，中国常住人口城镇化率达到58.52%，进入发展中国家中等以上水平。《国家新型城镇化规划（2014~2020年）》提出以人为本的新型城镇化，吹响了中国城镇化发展重大转型的号角。与传统城镇化片面强调数量的扩张不同，新型城镇化特别注重经济社会等各个方面发展质量的提升，以民生、可持续发展为基本内涵，旨在通过城乡之间、不同区域间的协调发展，产业结构优化调整以及高效利用能源资源加快生态文明建设走出中国新型城镇化的特色之路，以此来缓解传统城镇化与工业化给环境带来的负面影响。传统城镇化造成大气严重污染、农业用地减少、垃圾问题严峻、水体污染频发，为此我国应该转变发展方式，实现生态环境的可持续发展。国内许多学者对新型城镇化给予厚望，他们认为，工业产业集聚是践

行和体现新型城镇化以人为本要求和特点的有效方法，城镇就其本身而言是一种集聚经济，而不同产业的有序集中使城镇化发展本身拥有了自我“造血”的功能。随着新型城镇化的不断发展，各种优质要素的空间集聚将有利于污染排放的集中处理，有利于技术创新。目前，我国已经进入了以高效率、低成本、低能源消耗、低环境污染、可持续的中高速增长阶段为主要特征的“经济新常态”。在经济新常态及新型城镇化的背景下，产业集聚发展不平衡、不协调、不可持续的问题将会有明显改善，我国产业集聚区发展的结构性因素将发生重大变化，产业集聚的发展将会出现新的格局，在导致区域环境的新特征的同时，也对环境治理提出了新的要求。在产业集聚发展格局转变过程中，产业集聚一方面会增加对资源和能源的消耗，使污染物排放量刚性增长；另一方面又会产生正环境外部性而减少污染排放，正是两种截然相反的环境效应使产业集聚本身产生了十分复杂的环境效应。

产业集聚是区域吸引外商直接投资带动区域经济发展的重要路径，也是增强我国企业核心竞争力的重要方式。通过研究产业集聚与环境质量的关系，可以更好地制定相关政策，从中观产业层面促进产业集聚的广化和深化，并在大力促进产业集聚高端化的同时，不断降低环境污染排放并制定合理的生态环境保护政策。国内外部分学者指出，产业集聚水平对环境污染排放水平的作用方向并不确定，其影响效应受制于当地经济、社会发展水平等多种因素。基于此种思路，产业集聚水平对环境污染排放水平的影响存在一定的门槛效应，即当集聚区经济、社会发展处于不同阶段时，产业集聚与当地环境的关系也存在一定差异。从研究的理论意义方面来看，本书深入研究产业集聚影响环境污染的作用机制，处于初级阶段的产业集聚主要通过规模效应正向作用、摩擦成本效应以及拥挤效应产生负环境效应，而处于高级阶段的产业集聚则主要通过规模效应负向作用、结构效应、溢出效应以及共享效应产生正环境效应。该作用机制的研究对于进一步丰富集聚经济学和环境经济学学科，进而促进其融合发展具有一定的理论价值。从研究的实践意义来看，科学分析产业集聚究竟是减轻还是加剧了区域环境污染和资源生态风险，在此基础上，制定经济新常态下的产业集聚与区域环境协调发展的调控政策，不仅有助于减轻当前频发的环境问题，而且有助于中国经济的转方式调结构，因而本书对于中国经济高质量发展具有一定的现实意义。

二、产业集聚与环境污染的相关理论基础及作用机制

现有文献对产业集聚环境效应的实证研究较多，理论研究较少，特别是有关产业集聚对区域环境的作用机制研究普遍关注较少，本章将在相关理论基础上进一步分析产业集聚对环境污染影响的作用机理并建立理论模型。

（一）产业集聚与环境污染的相关理论基础

1. 产业集聚相关理论研究

产业集聚是指在特定地域的特定产业或产品生产中，多个不同企业及其相关支持机构（包括供应商、生产商、顾客、地方政府、中介组织、知识生产机构等），通过建立稳定完善的组织分工以及有序健全的网络关系，逐渐形成的一个方便产业内部协调的集聚中心。工业化的不断发展必然引起产业的集聚，由此深化了集聚区内部的专业化分工与协作，能以最快的速度聚集各种资源，以独特的特质吸引各类人才，成为产业发展的高地和区域经济的增长极。与国内学者相比，国外许多学者对产业集聚进行了丰富的理论基础研究。

马歇尔（1890）作为研究集聚经济的鼻祖，在经济学巨著《经济学原理》中提出了关于产业聚集和空间外部经济等经济学概念，在此基础上系统解释了在规模经济与外部经济两者作用中催生产业聚集的经济驱动因素。集聚企业通过规模生产获得了内部经济并产生外部经济，外部经济的存在使不同企业进行精细化分工与合作，从而提升了经济生产效率，有助于企业生产和交易成本的不断减少。马歇尔（1890）对工业组织生产要素进行深入研究后提出了引起产业集聚的三大动因：一是劳动力的市场规模效应；二是中间投入产品规模效应；三是信息交换和技术扩散效应。

继马歇尔论述产业集聚后，许多学者把研究方向瞄准产业集聚的发展原因和过程。屠能（1826）首次阐述了区位理论，该理论充分强调了区位运输的重要性。韦伯（1909）所创立的“工业区位论”则从经济区位的角度为工业区位活动空间分布提供了扎实的理论依据，他第一次把集聚这个因素考虑到企业的选址这个决定中来。企业的最佳选址位置是由几个因素共同决定的，这些因素包含了

集聚水平、该地市场的工资水平还有企业平均的运输成本。韦伯进一步将区位因素分为区域和聚集两大因素，其中聚集因素的发展又可进一步划分为两个阶段：第一阶段（初级阶段），各个企业不断扩大生产规模由此逐渐产生了集聚优势；第二阶段（高级阶段），集聚区内的企业不断加强彼此之间的联系进而催生了地方工业化，而这一阶段是至关重要的。

1948 年，区域经济学家胡佛撰写了《经济活动的区位》一书，认为产业集聚是企业选择具体区位的一个重要因素。数量较多的企业集中在一起而将会产生规模经济效用，集聚经济的这种规模经济效用分解为三个方面：内部规模经济、地方化经济以及由于城市化进程带来的规模效应（Hoover，1937）。他的另一大贡献是提出了产业集聚应该具备特定的最佳规模的观点，即产业集聚区包含的最佳企业数量存在一个门限值，企业数量如果超过门限或者低于门限，都将会削弱产业集聚的规模效应。

其后，关于产业集聚的理论研究日趋完善。伦德沃尔发展了新熊彼特主义的观点，他把创新、技术进步与经济发展相结合，以此为基础研究产业集聚的创新体系（Lundvall，2002）。克鲁格曼和波特则从市场竞争中企业提高竞争力的角度探讨工业聚集和不同产业的集中。克鲁格曼通过不完全竞争理论、边际收益递增理论以及累积因果关系等阐述集聚经济（Krugman，1990）。他指出在不同的市场结构里企业共同的规模效应下，企业集聚在一起的动因来自特定区域内共同的人才市场、基础设施建设的共享、技术的创新共享效应以及上下游企业的关联效应。波特则从企业提高市场竞争力的角度，创造性地阐释了衡量区域企业竞争力的“Diamond”模型，并且突出了产业集聚对该区域产业增强国际竞争力的重要作用（Porter，2002）。他认为企业会根据市场结构的不同采取不同的方法增强竞争力，而进行技术创新恰恰是各种市场结构下提高竞争力最有效的手段。

2. 环境质量相关理论研究

Dean Judy（1992）第一次阐述了著名的“污染天堂”理论，认为发达国家污染密集型企业大多数转移往环境规制较宽松的落后地区，将这些地区变为自身重度污染企业的污染排放“避难所”。而污染“晕轮效应”与污染“天堂假说”的研究结论截然相反，根据污染“晕轮效应”，跨国企业为东道国相关企业提供了学习环保型高效率的生产技术的机会，从而带领东道国内资企业实行ISO 14000环境管理体系，促使东道国环境管理水平提高，可持续发展成为可能。

波特假说则强调了环境规制的重要性。1995 年，Porter 和 Linde 在《关于环境一竞争力关系的新观念》一文中更为细致地叙述了环境规制会通过加强企业技术创新能力来提高产业绩效、加强产业竞争力。他认为，尽管在短期内实行较为严格的环境规制标准可能会使企业的生产成本提高，但从中长期来看则有利于激励企业加大技术创新投入，新技术的运用不仅仅会提升生产效率还会加强完善针对污染物的治理。波特假说同时也指出地方政府关于统筹经济发展与环境保护中的重要作用：一方面，政府在收集信息上具有与生俱来的优势，因此政府应及时公开信息，以满足企业进行环境资源相关的技术创新和人才引进所需的信息要求。另一方面，在解决环境问题时，政府应该引导企业在追求自身效用的同时充分强化企业的社会责任意识。这为发展中国家走清洁型发展道路提供了良好的理论依据。

环境库兹涅茨曲线对于我们研究产业集聚与环境质量具有一定的借鉴意义。环境库兹涅茨曲线主要用于衡量一国经济发展水平与环境污染水平的相关关系，地理经济学家研究发现发现两者之间有倒 U 形的长期关系：在一国或地区经济发展初期，工业不发达，生态环境污染程度较小；而随着经济的不断发展，重工业占比越来越大，生态环境污染随之不断恶化。不过，当经济发展到一定程度或某一临界值点后，经济的进一步发展将会降低污染排放水平，进而地区的环境生态状态将会逐步改善。产业集聚处于不同的发展阶段时与环境污染的相互关系与之相类似。

3. 相关理论对本书的适用性

以上理论为本书的研究提供了重要参考，对本书具有较强的适用性。具体来看，本书借鉴韦伯的工业区位理论以及环境库兹涅茨曲线的相关研究思路，把产业集聚的发展分为初级集聚阶段和高级集聚阶段；马歇尔的外部经济理论为集聚的正环境效应提供了重要依据；胡佛关于产业集聚存在一个最佳规模的观点为本书的门槛回归分析奠定了理论基础；“污染天堂”假说以及波特假说也为本书控制变量的选取提供了依据。

（二）产业集聚影响环境污染的作用机制

国内外学者关于产业集聚与环境质量的理论研究重点关注了产业集聚带来的经济增长效应，但却忽略了产业集聚的正环境效应和负环境效应。产业集聚在其不同的发展阶段会通过不同的效应影响环境质量，本书将产业集聚对环境污染影响的作用机理总结如图 6－1 所示。

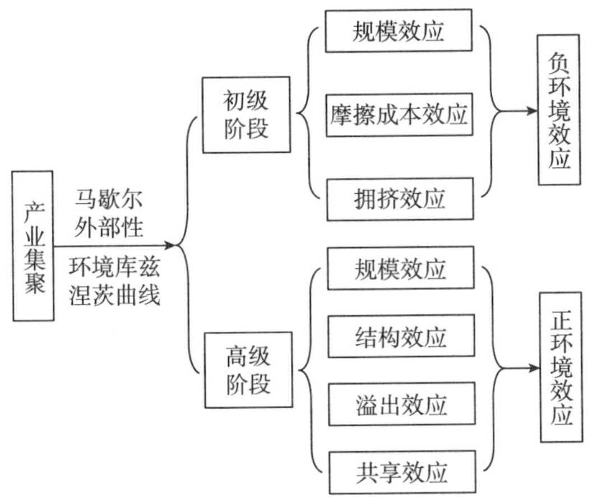

图6-1　产业集聚影响环境质量的作用机理

产业集聚具有正面环境效应和负面环境效应，一方面，产业集聚有利于集聚区企业节约成本，加速地区经济发展，促进地区产业结构优化升级，有利于企业技术创新；另一方面，产业集聚的规模效应加大企业的产出规模，增加能源的消耗化及污染物的排放，从而对生态环境造成负面影响。因此，产业聚集对环境污染的影响是产业结构优化以及技术进步带来的正向效应与摩擦成本以及拥挤效应带来负向效应之间的拉力赛。借鉴韦伯以及环境库兹涅茨曲线的研究思路，把产业集聚分为初级集聚阶段和高级集聚阶段。

1．*初级集聚阶段*

当产业集聚发展处于初级阶段（形成与成长阶段）时，集聚区内的各项基础设施不尽完善，企业间合作分工也不细致，产业核心竞争力主要依赖地理位置、生产要素优势以及政府政策的支持。具体来说，初级阶段的产业集聚主要通过规模效应正向作用、摩擦成本效应和拥挤效应产生负环境效应。

产业集聚初期的无序盲目集聚所产生的规模效应将会加剧环境污染。政府在一定区域范围内建设经济开发集聚区所吸引的企业大规模扩张会消耗和浪费大量资源能源，导致生态环境质量的直接恶化。集聚企业为了获得利润不断扩大生产，由此所需的资源能源增多，但是生产效率与资源利用效率的提升不能满足企业发展的要求，导致污染物排放刚性增长（Leeuw Frank 等，2001）。虽然集聚企业的产出规模越大，产出效率越高，但是当这种产出效率的减排效应较小时，在单位产出增加的同时污染也会同步增加。产出规模扩大时，为了避免污染物排放的增加所带来的城市环境质量的恶化，如果这种产出效率的提高仅仅扩大了产出规模，而环保节能技术并无改进与完善，那么必然导致更多的污染（张可和豆建民，2013）。

在完成预期目标过程中，当生产规模扩大而信息缺乏时企业间会产生摩擦成本：由于上下游企业衔接不顺畅，造成产品生产挤压，生产标准不符，从而降低了资源使用效率，导致要素投入的浪费，最终加剧了对生态环境的破坏和污染排放的增多。从政府角度看，为加快地方经济发展，快速建立集聚网络，地方政府将放宽区域环境监管标准，同时相关的环境污染治理投入也较为缺乏。即使政府部门进行了相应的环境规制和环境治理投入，其治理成本也要远大于由此带来的效益，而且离中心城市越近的城市，受到的临近污染越大，需要的环境治污成本越高（张可和豆建民，2013）。此外，市场参与者在寻找贸易伙伴和建立交易条件的过程中也需要相应的成本。尽管标准竞争理论认为市场不存在摩擦，但是市场摩擦确实非常普遍（丁丰，2010）。在集聚区的劳动力市场中，有两大最基本的搜索和搭配类型：一是劳动者需要找到适合自己的位置；二是雇主需要找到优秀的员工，但是信息不完全将导致双方搜索和组合的时间成本和人工成本有所加大。

产业集聚的拥挤效应表现为随着产业集聚区内部企业密度的不断增加，集聚区经济增长速度降低。倘若资源能源存量是无限的，集聚应以指数形式增长，但是事实上在有限的资源条件下都呈现出逻辑斯蒂形式的增长。与阿利氏规律（郎铁柱，2015）相类似，集聚区内企业数量过度增长将产生拥挤效应，使各个企业生产条件变差，并会导致生产效率下降，这种拥挤效应最终将对整个集聚区带来不利影响，因而每一个集聚区都有自己的最适密度。在产业集聚的初级阶段，粗放式增长使区域产业规模迅速膨胀，生产、管理所需资源不断增加，为了维持发展，企业并不会将主要资本投入技术创新与节能减排。此外，由于环境规制的严格程度与该地区对外国直接投资的吸引力呈现负相关关系（List 和 Co，2000），所以为了获取生产所需的资金，各个地区可能会降低环境标准，不加选择地盲目吸引外商投资，外资的注入又会使更多的企业加入集聚区，最终导致企业数量超过最适密度。根据“逐底竞相”假说，投资流入和产业集聚导致环境恶化，从而使这些地区成为“污染天堂”。

2. 高级集聚阶段

Antweiler 等（2001）以及 Levinson（2007）都把对环境的正面影响分解成三

大效应：规模效应、结构效应以及技术效应。本书参考其思路并进行适当调整与补充，分别从产业集聚的规模效应、结构效应、溢出效应以及共享效应四个方面分析。当产业集聚发展处于高级阶段时，集聚的进一步深化将有助于环境污染的改善。此时产业集聚通过规模效应负向作用、结构效应、溢出效应（知识、技术、人力资本）以及共享效应（劳动力、中间品、基础设施）产生正环境效应。

产业的合理有序集聚所产生的规模效应有助于改善环境质量。产业规模的扩大使生产成本逐渐降低，投资的增加产生乘数—加速数作用使当地居民可支配收入快速提高，生活水平的进步也使人们的生态环境保护意识逐步增强。从经济规模效应角度来讲，企业会通过生产技术及治污技术的改进与创新减少生产产品的单位必要劳动时间以获得超额利润，企业新能源、新技术的不断运用，使环境问题得到遏制。从治污规模效应角度来说，属于同一产业链的企业集中，工业共生和污染减少可能会自动发生。位于产业集聚中的企业可以实现污染物的集中处理，获得污染物处理的规模效应，从而降低总体治污支出，这将有利于增加污染物处理的有效程度（Taylor 和 Copeland，2003）。产业的有序集聚以及高端要素的不断集中给地区发展创造并不断增强索洛剩余递增效应，加大了资源整合力度，从而带动了地区整体的经济社会发展，初步构建了可持续的发展机制（陈建军和胡晨光，2008）。

产业集聚的结构效应表现为相关企业的大量集聚所引致的该地区产业结构优化调整对集聚区乃至周边地区生态环境的影响效应。集聚区有限的资源难以支撑日益增多的企业达到既定生产规模所需的能源资源，进而加剧了同质企业间的竞争，低加工企业相对于高附加值企业来说生存压力加大，渐渐被逐出市场，从而为该地区的产业结构升级提供了条件。随着地区产业结构的不断调整升级，单纯的生产竞争已经难提升企业的异质性，此时企业会把目光转向创新，产业集聚的结构效应由此引发了新一轮技术创新革命。此外，为了充分吸引外商投资以促进当地的发展，东道国会为外资企业提供优惠政策，逐步放开一些行业的壁垒（Nyiwul，2017）。跨国公司进入这些垄断性行业后，能够凭借在资金、技术以及经营管理方式上的优势打破行业原有的垄断状态，从而改变市场结构，提高资源配置效率。

产业集聚的溢出效应可以进一步分解为知识溢出、技术溢出以及人力资源溢出效应。产业集聚的首要益处体现为知识溢出，即产业集聚加强了区域内企业的知识交流、新技术传播及其扩散，而新知识、新技术的研发与扩散，将会改善企业的生产技术与工艺，进而促进节能减排（马歇尔，1991）。新知识、新技术通常表现出一定的地域性，在集聚区内企业间彼此联系的加强有利于促进相互合作，通过员工间的学习效应以及社会网络效应加快新技术和新知识在集聚区内部的扩散。此外，随着该地区企业联系的越发密切以及企业内部外部分工的逐渐系统化与专业化，生产技术和治污的学习与共享使技术溢出效应日益强化。由于集聚经济引发的正环境效应将加剧企业间的竞争，有助于环境友好型技术创新，通过集聚所带来的先进环保理念、优秀管理理念等也有助于生态环境的改善（Baomin 等，2012）。最后，产业集聚的人力资本溢出效应一方面有助于促进集聚区域内部各企业与区域外部环境之间的沟通联系，另一方面有益于协调顺畅集聚区域内部给企业之间的合作分工，集聚区内的劳动者在各种正式与非正式交流中不断提升自身的劳动熟练程度与专业素养，劳动力生产效应的提高为企业达成减排环保目的确立了基本保障。

产业集聚的共享效应可以进一步细分为中间产品共享和公共基础设施共享。共处于同一集聚区或者相邻集聚区的企业之间有纵横交错的网络联系，无论从事何种行业的企业都需要相似或者相同的中间品和公共基础设施，由此地区企业的集聚有助于提升能源资源的循环使用率以及公共设施的利用效率，从而降低环境污染物的排放水平。从中间产品角度来看，中间产品共享为集聚区内核心企业充分发挥前向联系与后向联系提供了必要准备，形成完整的产业链共同降低环境污染水平。此外，不同类型的企业，如工业制造业集聚与服务密集型企业集聚之间存在很强的协同关系和互动关系，前后向关联促进技术、管理和信息技术的流动，同时也会获得技术提升和效率的提高（王硕和郭晓旭，2012），从而减少中间环境的能源消耗。根据新经济地理学，由于基础设施的完善程度决定着企业生产成本的高低，所以其优劣将会直接影响到企业的生存发展。基础设施共享对企业污染减排的影响包括交通、环保以及创新基础设施三方面：交通基础设施的优劣直接影响交通运输成本；环保基础设施的完善有利于实现对污染排放的动态监测；研发创新技术亦需要实验室、孵化园地、研发中心等创新基础设施，而技术创新的成果转化可以导致生产效率质的飞跃。

综上所述，高级阶段的产业集聚使集聚区的竞争力达到最优期。此时的产业集聚网络日益完善，企业间的分工合作也更加协调，技术交流与技术创新空间也得到进一步拓展。所以，高级阶段的集聚区企业可以通过研发新技术、利用新能源以及研发新产品来满足自身发展需求，实现节能减排。

三、产业集聚影响环境污染的理论模型

1. 产业集聚影响环境污染的基本模型

借鉴朱英明等（2012）和许和连等（2016）的研究思路，我们构建一个包含产业集聚、环境污染与影响环境的其他重要因素的基本模型来分析产业集聚对环境污染的影响。

从生产投入的角度看，由于厂商在经济活动中会进行污染排放，所以环境资源可以看作是生产函数的一种组成要素，即厂商需要消耗一定的环境要素以获得产出，因而环境污染（pol）是一种不好的要素投入（Copeland 和 Taylor，1994）。经典的厂商函数并未考虑资本投入的分类，而在开放经济条件下，资本投入（K）包括非同质的外资（tra）和内资（Kd）两部分，因而传统的厂商生产函数可以写成：

$$Q = AL^{\alpha} tra^{\beta_1} K_d^{\beta_2} pol^{\chi}, \alpha, \beta_1, \beta_2, \chi \in (0, 1) \quad (6-1)$$

其中，Q 代表制造商的产出水平，A 代表厂商的全要素生产率，L 代表厂商的劳动力投入，α、β_1、β_2、χ 分别为劳动力、外商投资、国内资本以及环境污染的产出弹性。如果很多公司和厂商集聚在同一个地区，那么这些公司和厂商的生产函数可以表示为：

$$F(L, K, E) = G(agl) \cdot Q \quad (6-2)$$

其中，产业集聚函数 G（agl）将通过规模效应、溢出效应以及拥挤效应作用于制造商。这里假设每个产品的生产成本是恒定的，每个企业单位产量的边际成本相等，则制造商的总成本（TC）可表示为劳动力工资水平（w）、固定成本（F）、产出水平（Q）以及治污成本（f）的函数。我们把制造商的治污成本函数表示为：

$$f = f_0 G(agl)^{\phi} reg^{\delta} rd^{\varepsilon} \quad (6-3)$$

其中，ϕ、δ、ε 分别表示集聚水平、环境规制以及研发水平对治污成本的影响效应，f_0 表示初始治污成本，这里视为常数。

如果厂商治污费率为 μ，冰山运输成本为 τ，则单位产品价格可表示为 $P(1+\mu)(1+\tau)$，用 D 表示消费者需求函数，由此厂商的利润函数可以表示为：

$$\prod = P(1+\phi)(1+\tau) \cdot D - TC \quad (6-4)$$

对式（6-4）求一阶导数可得均衡条件下最优环境污染值：

$$E = \zeta_0 \cdot agl^{\zeta_1} tra^{\zeta_2} K_d^{\zeta_3} w^{\zeta_4} reg^{\zeta_5} rd^{\zeta_6} L^{\zeta_7} \tag{6-5}$$

其中，ξi 为复合参数。根据式（6－5）可知，环境污染主要受七个因素影响，分别为产业集聚水平（agl）、外资（tra）、内资（Kd）、工资水平（w）、环境规制（reg）、技术研发水平（rd）以及劳动力投入（L）。

进一步对等式（6－1）两边取对数可得：

$$\ln pol = \zeta_0 + \zeta_1 \ln agl + \zeta_2 \ln tra + \zeta_3 \ln K_d + \zeta_4 \ln w + \zeta_5 \ln reg + \zeta_6 \ln rd + \zeta_7 \ln L + \varepsilon \tag{6-6}$$

2. 不同城镇化水平下产业集聚对环境污染的影响

城镇化进程是一个复杂的系统工程，其与生态环境之间相互耦合相互制约，绝不仅是农村人口向城镇转移那么简单，城镇化进程的不同阶段对工业集聚及环境质量亦会产生不同的影响。从理论上讲，城镇化通过影响集聚效应不断改变地区的产业结构、资本要素积累、技术水平、制度文化环境等因素进而影响产业集聚的排污水平，一方面城镇化发展所带来的生产规模加快增长以及产业结构的重工业化导致污染物排放水平的提升，而另一方面随之而来的技术进步以及收入水平提高则使环境质量有所改善。正负环境影响作用的孰强孰弱决定了最后环境污染水平的升降。

在城镇化发展的初期，快速工业化进程所带来的拥挤效应占据主导地位。城镇化的进程往往与工业化的发展相伴而行，而工业恰恰是三次产业中污染情况最严重的产业。在此阶段，人口的集中和产业的集聚发展会使生活必需品以及工业品消耗大量增加，对产业集聚内的企业提出了巨大的社会需求，造成大量 SO_2、NO、CO_2 以及其他废水废气固废等排放。同时，公共与私人交通工具的大量增长不仅导致严重的交通堵塞，还排放了大量交通尾气。然而与此同时，集聚企业的垃圾处理能力以及污染排放治理水平却严重滞后于垃圾和各种污染物的产生速度，逐渐对生态环境造成严重的破坏。在此阶段，发展地区经济是各地的第一要务，环境污染治理往往得不到政府的重视，因此对环境治理的资金以及对清洁技术研发的投入较少。经济活动的增长机制对资源能源的无限性需求与资源环境的相对稳定机制对资源能源的有限性供给两者间存在重大矛盾（王磊和龚新蜀，2014），给生态环境带来了巨大压力。

随着城镇化水平的提高，新型城镇化的深入给更高层次上的集聚创造了重要条件，有助于产业集聚生态化发展。首先，产业结构随着城镇化的发展由第二产业向第三产业递进，第二产业所占比例的减少将大大降低排污水平，而越来越多

的产业集聚也有利于污染排放的集中处理。其次，城镇化的重要表现之一就是乡村人口向城镇大量涌入，这便对城镇的人口接纳能力提出了严格的考验，这种情况下城镇必须尽可能加大公共基础配套设施投入，加速社会公共保障体制的健全与完善。由于投资具有乘数作用，当有关于公共基础设施等投资增加时，必然会带动国民收入的倍数增长，居民的收入水平和生活质量也会得到更好的保障（张春梅，2015）。最后，在满足了基本生活需求之后，人们的环保意识会逐渐增强，此时人们不再满足于物质以及文化层面的需求，转而对生态环境及人居环境的要求也会增高。人民日益增长的良好生态环境需求也会倒逼政府部门完善现有的环境保护管理体制机制，加快制定完善落实环境保护政策，同时加大对环境污染治理的投入以及对环境友好型技术研发的支持，由此大大提升资源能源的循环使用效率以及排污清洁指数。此阶段地方政府将会完善产业集聚初期的低门槛环境规制政策，鼓励厂商进行技术创新和产品开发，在企业获得规模经济的同时也产生了范围经济，造就经济效益与生态环境效益的“双赢”局面。此时，城镇化呈现良性发展趋势，促进各类产业有序集聚，不同类型产业的进一步集聚又促进城镇产业体系的逐渐完善，物质资源在集聚区内得以充分使用，由此降低产业集聚对环境质量的破坏。长此以往，这种环境友好型的绿色产业集聚发展模式将鼓励企业为优化能源资源的生产效率而努力，通过缩减个别单位必要劳动时间提升产业的竞争力，为区域可持续发展奠定微观基础。

当前，高质量发展在我国已经逐渐成为共识。创新已成为第一推动力，协调已成为内生特征，绿色已成为一种普遍形式，而开放已成为重要途径，共享已成为首要目标，全要素生产率增长已成为经济发展的中流砥柱。总之，在五大发展概念的指导下，推动产业集聚生态化发展的微观机制可概括如下：通过引导城镇产业结构优化调整升级、能源资源循环累积利用、企业的技术研发创新以及先进管理手段的引入等路径来实现。我们用字母 urb 来表示我国不同省份的新型城镇化水平，由此将式（6－2）拓展为：

$$\ln pol = \zeta_0 + \zeta_1 \ln agl + \zeta_2 \ln tra + \zeta_3 \ln K_d + \zeta_4 \ln w + \zeta_5 \ln reg + \zeta_6 \ln rd + \zeta_7 \ln L + \overline{\zeta_8} urb + \omega \quad (6-7)$$

其中，$\overline{\zeta_8} = \begin{cases} -|\gamma|, & (urb \in L) \\ |\gamma|, & (urb \in H) \end{cases}$，L 和 H 分别表示城镇化水平较低和较高的区域。

第七章 新型城镇化下产业集聚的环境污染效应实证分析*

本章基于 2006~2016 年我国 30 个省（直辖市、自治区）的面板数据，运用 Pearson 相关检验法对衡量环境污染的六大指标进行筛选，从人口城镇化、产业城镇化、可持续发展城镇化的角度构建新型城镇化质量综合评价体系，并采用熵值法对数据进行标准化处理。分别运用五种线性回归模型、面板数据静态门槛回归模型以及动态门槛模型，以产业集聚度为自变量，污染排放水平为因变量，新型城镇化水平为门槛变量，研究不同城镇化水平下产业集聚与环境污染之间的关系。主要结果表明：线性回归模型中，产业集聚与城镇化的发展会加剧环境污染，而国际资本转移和严格的环境规制则有利于改善环境质量。门槛回归模型中，在不同的新型城镇化水平下，产业集聚对环境污染的影响存在显著的门槛特征。产业集聚与环境污染的关系并非简单的单调递增或递减，而是呈倒 U 形非线性关系，即短期内产业集聚会加剧中国环境污染程度，但长期内会改善环境质量。此外，国际资本转移以及环境规制都会发挥正环境效应。然后，基于以上研究结论提出相关政策建议。

一、产业集聚对环境污染影响的实证研究设计

1. 被解释变量——污染排放水平（pol）

影响环境质量的污染排放类型包括空气污染、水污染、固体废物污染等，目前关于选取何种指标来构建衡量环境污染的综合指数还没有形成统一的观点。大

---

* 本章借鉴的主要研究成果为：夏妍．我国产业集聚对环境污染的影响研究［D］．南京理工大学硕士学位论文，2019.

多数学者倾向于采用各城市工业 SO_2 排放量来衡量该地区的环境污染程度，但是这种做法显然不够全面。

为此，我们通过 Stata12.0 运用 Pearson 相关检验法，对工业废水排放量、工业废气排放量、工业固废生产量、工业烟（粉）尘排放量、工业 SO_2 排放总量、废水 COD 排放量六大指标进行筛选，计算出变量之间的相关系数用于衡量变量之间的相关程度。一般来讲，如果变量相关系数 $|r|$ 小于 0.3，则表示变量间的相关性极弱，我们认为这两个变量之间不相关；如果相关系数范围为 $0.3 \leq |r| \leq 0.5$，则说明变量低度相关；若相关系数范围为 $0.5 < |r| < 0.8$，则说明变量中度相关；若相关系数 $|r| \geq 0.8$，则表明变量高度相关。一般情况下，如果两变量的相关度大于中度水平，就可以进行必要的剔除。本书的变量相关分析结果如表 7－1所示。

表 7－1　污染物排放指标相关性分析

	工业废气排放量	工业烟（粉）尘排放量	工业 SO_2 排放量	工业废水排放量	废水 COD 排放量	工业固废生产量
工业废气排放量	1					
工业烟（粉）尘排放量	0.511*** 中度相关	1				
工业 SO_2 排放量	0.756*** 中度相关	0.789** 中度相关	1			
工业废水排放量	0.187*** 不相关	0.256*** 低度相关	0.215*** 低度相关	1		
废水 COD 排放量	0.213** 不相关	0.332*** 低度相关	0.397*** 低度相关	0.457*** 低度相关	1	
工业固废生产量	0.264** 不相关	0.214** 不相关	0.558 中度相关	0.317 低度相关	0.397** 低度相关	1

注：**、*** 分别表示在 5% 和 1% 的显著性水平上显著。

由表 7－1 可知，衡量环境污染水平的六大污染物排放水平之间有一定的相关性。从空气污染物指标来看，工业废气排放量、工业烟尘排放量以及工业 SO_2 排放量三大污染物指标之间呈现中度相关关系，因为工业 SO_2 的变异系数更大，所以其鉴别能力更强，因此我们这里保留工业 SO_2 排放量指标，剔除工业废气排放量以及工业烟尘排放量两个指标。因此，在对衡量环境污染的六种污染物排放指标进行筛选后，我们对工业 SO_2 排放量、工业废水排放量、废水 COD 排放量以及工业固废生产量四大环境污染指标予以保留。

2. 核心解释变量——产业集聚水平（agl）

关于产业集聚的衡量指标较多，如 Gini 系数、Hoover 指数、E－G 指数，这些指数各有优缺点。本书采用国内外较多学者使用而且研究较为成熟的区位熵来衡量产业集聚水平，区位熵的计算公式为：

$$agl_{ij} = \frac{X_{ij} / \sum_{i=1}^{m} X_{ij}}{\sum_{j=1}^{n} X_{ij} / \sum_{i=1}^{m} \sum_{j=1}^{n} X_{ij}} \qquad (7-1)$$

其中 i 表示第 i 个产业（i＝1，2，3，…，m）；j 表示第 j 个地区（j＝1，2，…，n）。其中 X 在不同研究中可以是不同的含义，如就业人数、总产值、增加值、销售收入等，本书中指各地区的产业集聚度。

3. 门槛变量——新型城镇化水平（urb）

产业集聚与环境污染之间的关系十分复杂，两者之间存在多个“中间变量”。在新型城镇化的背景下，各种优质要素的空间集聚将有利于污染排放的集中处理，产业集聚发展不平衡、不协调、不可持续的问题将会有明显改善，产业集聚的发展将会出现新的格局，在同时也对环境治理提出新要求，由此城镇化水平这一中间变量对环境的影响也将越来越大。城镇化对产业集聚存在着溢出效应，城镇化表现为人口的集中和产业的集聚发展，为产业集聚内的企业提出了巨大的社会需求。城镇化水平的提高，为集聚地区提供了良好的物质资本积累、投资吸引能力、基础设施和通畅的信息渠道（崔宇明等，2013），促进产业集聚向更高层次发展，而这种溢出效应的大小也将影响产业集聚对环境污染的作用。此外，我国城镇化进程与产业集聚具有高度的空间耦合性，这一客观现实决定了将两者割裂开来，孤立地研究产业集聚对环境污染的影响有失偏颇。因此，有必要将城镇化纳入产业集聚与环境污染关系的研究体系中去，研究两者的交互作用对行业污染排放的影响。

不同于传统的城市化片面追求城市人口的扩张，新型城镇化更加着眼于城镇化在质量上的本质提升，它不仅体现在城镇人口比重的增加，更体现在城镇综合实力，产业结构调整，社会保障覆盖范围以及生态宜居等多个方面。因此，对于新型城镇化水平的考核应该选取多方面指标进行综合分析，并且选取的角度以及指标应当全面系统准确地体现新型城镇化建设的要求，突出其特点，并将其与传统的城镇化区分开来。本书依据《国家新型城镇化规划（2014～2020）》的要求，结合我国各省的实际发展，借鉴《2014～2018年中国新型城镇化建设路径与投资战略规划分析报告》提出的中国新型城镇化综合指数，从人口城镇化、产业城镇化、可持续发展城镇化的角度确立新型城镇化质量的评估指标体系。如表7－2所示。

表7－2　新型城镇化综合指标体系

一级指标	二级指标	单位	备注
人口城镇化	城镇人口占总人口比重	%	正向指标
	人均GDP	%	正向指标
产业城镇化	第三产业产值占GDP比重	%	正向指标
	城镇职工基本养老保险覆盖率	%	正向指标
可持续发展城镇化	城市建成区绿化覆盖率	%	正向指标
	城镇公共供水普及率	%	正向指标
	环境治理投入占GDP比重	%	正向指标

4. 控制变量

（1）国际资本转移（tra）。当下经济全球化不断深入，国际资本在各国之间的转移越发频繁，而作为国际资本转移主要表现形式的外商直接投资其重要性也越发凸显。中国自改革开放以来凭借独特的优势引致了大量外商投资，外商直接投资为中国经济发展做出了不可忽视的贡献，日益成为我国经济持续发展的重要引擎。但是，这种不加选择的外资引入发展方式也导致中国部分城市逐渐沦为发达国家的“污染天堂”。为了更好地考察国际资本转移对我国环境质量的影响，本书选取各城市历年实际利用外商直接投资额衡量国际资本转移水平，并按照当年的汇率中间价将FDI水平换算成人民币单位。

（2）人均资本存量（kap）。在传统的生产要素中，劳动要素和物质资本要素按照合理比例进行组合将有利于提升企业的劳动生产效率，增加企业净利润。雷布津斯基定理指出：人均资本存量水平的提高将增加资本密集型产业的总产出，使工业污染物排放呈现出刚性增长趋势。在这里，区域工业部门的平均固定资产净值与行业雇员人数的比率用于衡量人均资本存量。

（3）环境规制（reg）。政府部门对生态环境破坏惩罚的严格程度是控制环境质量持续恶化至关重要的因素之一，投入治污中的人力、物力、财力越充足，越有利于生态环境质量的提高。随着生态环境破坏的加剧，如果政府实施了较严格的环境规制政策与准入标准，那么生态环境质量可能会直接得到显著改善。我们采用治理工业污染治理投资额占 GDP 的比重用于衡量治污成本。

（4）技术研发水平（rd）。企业和政府投入的技术研发越多，对该地区技术创新的支持就越大，其中关于污染治理技术以及资源能源节约技术研发的支持，将有利于改善环境污染水平。本书选用区域研究机构的研究和实验开发（R&D）支出在 GDP 中的占比来衡量特定地区的技术研发水平。

具体控制变量设置如表 7－3 所示。

表 7－3　控制变量指标设置

变量名称	变量标识	单位	具体指标
国际资本转移	tra	万元	实际利用外商直接投资额
环境规制	reg	%	治理工业污染投资额/地区 GDP
技术研发水平	rd	%	研究与试验发展经费支出/GDP
人均资本存量	kap	万元	工业行业固定资产净值平均余额/行业从业人数

二、数据说明

1．数据来源

解释变量数据分别来自 2006～2016 年《中国环境年鉴》《中国能源统计年鉴》和《中国统计年鉴》以及《中国经济与社会发展统计数据库》。核心解释变量数据来自相应年份的《中国工业统计年鉴》。门槛变量以及控制变量指标数据主要源自《中国统计年鉴》《中国人口和就业年鉴》以及《中国劳动统计年鉴》。

2．数据处理

上述构建的综合评价指标体系克服了单一指标片面化的弊端，对于综合体系

中的各个具体指标我们需要赋予权重来计算得到污染排放水平和城镇化水平的综合评价值。由于熵值法可以较好地避免人为主观因素产生的赋权偏误，我们选取熵值法来确定综合评价指数。具体计算步骤如下：

（1）分别使用 i 和 j 表示不同地区和不同指标，则其数值比重可以表示为：

$$y_{ij} = \frac{x_{ij}}{\sum_{i=1}^{n} x_{ij}} \tag{7-2}$$

（2）确定第 j 个指标的熵值：

$$e_j = -\frac{1}{\ln n}\sum_{i=1}^{n}(y_{ij} \cdot \ln y_{ij}),(0 \leqslant e_j \leqslant 1) \tag{7-3}$$

（3）确定第 j 个指标的权重：

$$w_j = \frac{1-e_j}{\sum_{j=1}^{m}(1-e_j)} \tag{7-4}$$

（4）计算得出第 i 年的指标体系综合指数：

$$p_i = \sum_{j=i}^{m} w_j f_{ij} \tag{7-5}$$

（5）由式（7－5）计算出的各个地区的新型城镇化综合指数如表 7－4 所示。

表 7－4　2006～2016 年我国 30 个省（市、自治区）新型城镇化综合指数

地区＼年份	2006	2007	2008	2009	2010	2011	2012	2013	2014	2015	2016
北京	79.2	80.5	80.8	81.3	81.9	83.0	83.3	83.4	83.6	83.8	84.6
天津	68.9	69.7	69.8	69.9	70.7	72.1	73.2	74.0	74.4	74.7	75.3
河北	43.2	43.6	45.5	46.8	48.4	49.3	49.9	50.7	51.6	52.6	52.6
山西	44.8	45.8	46.9	47.9	49.3	51.0	52.0	53.4	54.6	55.9	55.8
内蒙古	46.4	48.0	49.2	50.3	52.8	54.2	55.3	56.7	57.6	59.1	59.0
辽宁	57.2	57.6	58.3	58.6	59.3	60.5	62.0	63.2	63.9	64.5	64.8
吉林	51.2	51.8	52.7	52.6	52.9	53.0	53.3	53.4	53.6	54.7	54.7
黑龙江	50.1	51.1	51.7	53.3	54.4	54.7	55.6	56.5	57.1	57.9	58.1
上海	77.7	79.4	79.5	79.7	80.2	80.5	80.6	80.8	81.2	81.4	82.1

续表

地区\年份	2006	2007	2008	2009	2010	2011	2012	2013	2014	2015	2016
江苏	52.3	52.5	55.3	56.1	57.0	60.5	61.4	62.4	63.3	64.2	64.4
浙江	55.6	53.8	57.3	57.8	58.3	60.8	61.3	62.4	63.0	63.8	64.0
安徽	40.3	42.4	44.3	45.4	46.6	47.1	48.5	49.7	50.9	52.2	52.0
福建	51.4	50.6	53.5	54.6	56.5	57.9	58.5	59.6	60.5	61.2	61.5
江西	41.7	43.3	45.1	46.4	48.4	49.2	50.5	51.6	52.4	53.4	53.4
山东	45.9	49.1	49.9	50.8	51.6	52.8	53.8	55.0	56.1	57.1	57.2
河南	36.9	38.0	39.7	40.6	42.2	43.0	44.6	45.9	47.0	48.6	48.3
湖北	45.1	47.7	48.8	49.3	49.7	52.1	53.6	54.8	55.4	56.5	56.5
湖南	42.4	43.9	45.4	46.5	47.6	47.6	48.7	49.9	51.1	52.3	52.2
广东	58.8	59.3	60.3	61.6	62.4	64.4	64.6	65.2	65.6	65.8	66.3
广西	38.4	39.8	42.0	43.1	44.1	44.7	46.1	47.5	48.5	49.5	49.5
海南	46.9	48.3	49.0	50.5	52.3	52.9	53.8	54.7	55.8	56.7	56.8
重庆	45.0	46.9	50.2	51.9	53.2	54.3	55.4	57.5	58.6	59.8	59.8
四川	39.3	39.6	41.0	42.3	43.7	44.8	45.9	47.2	48.1	49.2	49.2
贵州	34.6	34.8	35.4	36.6	37.7	40.8	41.9	42.9	44.0	45.4	45.1
云南	34.8	35.2	38.9	40.0	41.6	42.1	43.7	45.4	46.3	47.3	47.3
西藏	24.6	27.2	32.3	32.2	33.6	33.7	32.9	32.6	33.1	37.6	35.7
陕西	41.7	43.4	45.5	46.6	48.2	49.6	50.1	52.3	53.2	54.2	54.2
甘肃	35.9	37.5	38.0	38.6	40.1	40.8	41.9	43.4	44.8	46.0	45.9
青海	43.0	42.8	44.3	44.7	45.7	47.5	48.5	49.5	50.0	51.4	51.2
宁夏	41.3	45.1	47.0	47.7	50.1	51.5	52.2	52.7	54.0	55.2	55.1
新疆	42.2	42.1	44.0	43.7	45.4	47.1	47.6	48.0	48.4	49.8	49.6

根据表7－4可知，新型城镇化综合指数较高的地区主要是北京市、上海市、天津市、广东省、辽宁省、江苏省、浙江省等东部沿海地区；城镇化综合指数较低的地区主要是广西壮族自治区、四川省、河南省、云南省、甘肃省、贵州省等中西部地区。

3. 产业集聚影响环境污染的模型设定

首先根据第三章的理论模型建立线性回归模型，式（7－5）为不考虑门槛效应的产业集聚影响污染排放的实证模型：

$$\ln pol_{it} = \zeta_0 + \zeta_1 \ln agl_{it} + \zeta_2 \ln urb_{it} + \zeta_3 \ln tra_{it} + \zeta_4 \ln reg_{it} + \zeta_5 \ln kap_{it} + \zeta_6 \ln rd_{it} + \varepsilon \quad (7-6)$$

在进行回归分析之前，通常需要研究系数的估计值是否稳定。许多经济变量都存在结构突变问题，而门槛效应是指当一个经济参数达到一定值时，另一个经济参数突然转变为其他形式的发展（结构突变）的现象，这里作为原因现象的阈值称为门槛值。对于非线性关系的探究，常见的处理方法主要包括赋予平方项或更高次项（可能会有共线性问题）和使用广义模型。在本书中，我们在进行线性分析后进一步采用门槛回归模型（Panel Threshold Model），该模型的基本思路是估计出可能存在的拐点值，然后进行检验，求出对应的置信区间。

Hansen（1999）第一次系统阐述存在个体效应的面板门槛回归模型的估计方法，给出了静态门槛模型的设定、估计和验证方法，同时验证了门槛值的显著性，从而规避了主观设置结构突变点所造成的估计偏差。其中，单一门槛的基本形式为：

$$y_{it} = \alpha_i + \theta x_{it} + \beta_1 d_{it} I(q_{it} \leqslant \lambda) + \beta_2 d_{it} I(q_{it} > \lambda) + \varepsilon_{it} \quad (7-7)$$

双门槛的基本形式为：

$$y_{it} = \alpha_i + \theta x_{it} + \beta_1 d_{it} I(q_{it} \leqslant \lambda_1) + \beta_2 d_{it} I(\lambda_1 < q_{it} \leqslant \lambda_2) + \beta_3 d_{it} I(q_{it} > \lambda_2) + \varepsilon_{it} \quad (7-8)$$

据此建立本书的静态双门槛模型：

$$\ln pol_{it} = \beta_1 \ln agl_{it} \cdot I(q_{it} \leqslant \lambda_1) + \beta_2 \ln agl_{it} \cdot I(\lambda_1 < q_{it} \leqslant \lambda_2) + \beta_3 \ln agl_{it} \cdot I(q_{it} > \lambda_2) + \beta_n X + \alpha_i + \upsilon_i + \varepsilon_{it} \quad (7-9)$$

这里所有的数据采用了对数形式，在不改变数据性质和相关关系的前提下可以消除异方差，削弱模型的共线性。其中，下标 i 和 t 分别表示地区和年份；q_{it} 为门槛变量，文中指我国各个省份的新型城镇化水平；λ 则表示待估门槛值；X 是一组可能会影响污染排放水平的控制变量，这里主要包括国际资本转移、环境规制、人均资本存量以及技术研发水平。α_i 表示个体效应，υ_i 为时间的特定效应。

在 Hansen（1999）设定的模型中，内生解释变量不能被包含在解释变量中，仅针对静态面板模型。它不反映研究样本的动态变化，忽略了内生变量的相关处理，因而不能扩展应用领域。Caner 和 Hansen（2004）解决了这个问题，他们构建了同时含有内生变量和外生变量的面板阈值模型，该模型与静态门槛估计回归模型有很大差别，首先在进行回归之前有必要运用简化型来处理内生变量，接着使用两阶段最小二乘法（2SLS）或者广义矩估计（GMM）来估计参数。考虑到本书的被解释变量环境污染水平可能存在动态效应，如果仅适用静态模型分析可能导致模型设定偏误。为解决以上方法的缺陷，我们进一步建立了动态面板门槛回归模型，如式（7－10）所示。

$$\ln pol_{it} = \theta + \beta_0 \ln pol_{it-1} + \beta_1 \ln agl_{it} \cdot I(q_{it} \leqslant \lambda_1) + \beta_2 \ln agl_{it} \cdot I(\lambda_1 < q_{it} \leqslant \lambda_2) + \beta_3 \ln agl_{it} \cdot I(q_{it} > \lambda_2) + \beta_n X + \alpha_i + \nu_i + \varepsilon_{it} \quad (7-10)$$

其中，pol_{it-1}为环境污染水平的一阶滞后项，用于捕捉环境污染水平的动态特征，其他符号同式（7－9）。

三、实证结果及分析

（一）实证检验分析

1. 描述性统计分析

本书首先对解释变量（产业集聚水平）、被解释变量（污染排放水平）、门槛变量（新型城镇化水平）以及相关的控制变量（国际资本转移、环境规制、人均资本存量、技术研发水平）进行描述性统计分析，统计结果如表7－5所示。

表7－5 描述统计量

变量名称（标识）	最大值	最小值	均值	标准差	方差
产业集聚水平 agl	1.6	0.2	1.1	0.3	0.09
污染排放水平 pol	68.7	4.11	44.8	15.7	247.8
新型城镇化水平 urb	84.6	24.6	52.6	11.2	125.4
国际资本转移 tra	7678987	0	288687	680268	4.6×10^{11}
环境规制 reg	4.7	0.1	1.3	0.7	0.5
人均资本存量 kap	11.3	1.4	3.8	1.8	3.2
技术研发水平 rd	1.6	0	0.4	0.4	0.2

2. 单位根检验

相比于时间序列，面板数据除了反映时间信息外，还包含了截面信息，所以

面板数据也有存在单位根的可能性。我们在此对上述变量做单位根检验来检验序列中是否存在单位根。相同单位根的检验包括 LCC 检验、Hadri 检验和 Breitung 检验；不相同单位根的检验包括 IPS 检验、Fisher – ADF 检验和 Fisher – PP 检验。本书选用 Eviews 8.0 进行单位根检验，具体结果如表 7 –6 所示。

表 7 –6　变量的单位根检验

	Levin，Lin&Chu t*		Im，Pesaran and Shin W – stat		ADF – Fisher Chi – square		PP – Fisher Chi – square	
	Statistic	Prob. **	Statistic	Prob. **	Statistic	Prob. **	Statistic	Prob. **
agl	–19.7328	0.0000	–8.65603	0.0374	332.788	0.0000	372.746	0.0132
pol	–13.3169	0.0000	–5.85419	0.0000	64.1216	0.0000	74.0684	0.0000
urb	0.13821	0.5550	7.69892	1.0000	109.013	0.9993	121.150	0.9903
tra	–1.91494	0.0278	0.30397	0.6194	30.1251	0.2625	33.7876	0.1405
kap	–21.4493	0.0000	–7.42799	0.0000	73.9837	0.0000	92.7312	0.0000
reg	–7.39444	0.0000	–1.67383	0.0471	43.9736	0.0152	42.3778	0.0224
rd	–49.2317	0.0337	–44.0724	0.0529	1008.17	0.0012	1319.98	0.0145

根据表 7 –6 的结果我们可以看出，变量 urb、tra、rd 的部分检验值大于临界值 0.05，所以在 5% 的显著性水平上接受原假设，说明变量 urb、tra、rd 不是平稳序列；其他变量通过了检验。

3. 一阶差分项检验

下面需要判定变量的单整阶数，为此对上述变量一阶差分项的稳定性进行检测，结果如表 7 –7 所示。

表 7 –7　变量的一阶差分项检验

	Levin，Lin&Chu t*		Im，Pesaran and Shin W – stat		ADF – Fisher Chi – square		PP – Fisher Chi – square	
	Statistic	Prob. **	Statistic	Prob. **	Statistic	Prob. **	Statistic	Prob. **
urb	–4.24751	0.0027	–1.16584	0.5249	5.3574	0.0137	6.517	0.0365
tra	–26.2887	0.0000	–18.3697	0.0000	175.364	0.0000	265.244	0.0000
rd	–98.2648	0.0000	–42.5687	0.0000	646.782	0.0015	768.190	0.0000

上述结果表明，在相关变量进行一阶差分后，所有变量的检验值均小于临界值，也就是说 urb、tra、rd 均在 5% 的显著性水平上通过了单位根检验，上述变量的一阶差分值都是平稳的，即 urb、tra、rd 为一阶单整序列。下面在此基础上分别进行线性模型回归分析以及门槛模型回归分析。

（二）实证结果

在本部分的分析中，首先使用线性回归分析模型考察各个地区产业集聚水平对污染排放水平的影响，然后检验产业集聚水平对环境污染门槛效应的存在性及其影响程度大小。

1. 产业集聚影响环境污染的线性模型估计

为了全面考察产业集聚对污染排放的影响效应，基于线性模型公式（7-4），利用多种计量经济学方法进行影响效应的线性回归分析，具体估计结果如表 7-8 所示。我们首先需要考虑如何处理回归测试中的内生性问题，而差分广义矩估计方法（DIFGMM）和系统广义矩估计方法（SYSGMM）能够较好地解决模型中的内生性问题。考虑到差分广义矩估计方法存在的突出问题是解释变量滞后项与差分滞后项的相关性不高从而造成了弱工具变量，我们在本书中将重点关注系统广义矩估计方法的估计结果。与一般的工具变量法相比，SYSGMM 法还可通过 AR（1）检验在 GMM 估计中消除模型误差项自相关的影响。此外，与差分广义矩估计方法相比而言不同的是，系统广义矩估计方法能够显著提高模型估计结果的有效性。

表 7-8 产业集聚影响污染排放的线性估计结果

变量	（1）面板最小二乘法 OLS	（2）固定效应 FE	（3）随机效应 RE	（4）差分广义矩 DIFGMM	（5）系统广义矩 SYSGMM
aggl	0.494**	-2.628*	1.982***	1.021***	0.727***
	0.011	0.074	0.000	0.000	0.000
urb	0.354	1.241*	-1.027*	0.117**	0.029***
	0.143	0.064	0.073	0.041	0.000
tra	-0.095***	0.365	0.324**	-0.074*	-0.034**
	0.000	0.241	0.034	0.073	0.035
reg	0.651**	0.727***	0.347	-0.097***	-0.218***
	0.034	0.000	0.231	0.000	0.000

续表

变量	(1) 面板最小二乘法 OLS	(2) 固定效应 FE	(3) 随机效应 RE	(4) 差分广义矩 DIFGMM	(5) 系统广义矩 SYSGMM
kap	-0.022* 0.012	-0.947 0.214	0.657 0.174	0.417 0.215	0.317 0.131
rd	-0.068** 0.023	-5.658*** 0.000	-4.564** 0.037	-0.621*** 0.001	-1.247*** 0.000
Sargan 检验				115.360 [0.000]	185.250 [0.000]
Hansen 检验				29.250 [0.984]	26.840 [1.000]
AR (1) 检验				-2.270 [0.042]	-2.380 [0.009]
AR (2) 检验				-1.321 [0.392]	-1.073 [0.219]

注：***、**、*分别表示在1%、5%和10%显著性水平上显著。

对于内生性问题，通过 Sargan 检验和 Hansen 检验，我们可以看出广义系统矩估计工具变量的选取是有效的。表 7-8 的估计结果显示，模型（5）系统广义矩估计的估计系数具有更好的收敛性和稳健性。由于 AR（1）检验结果拒绝了扰动项非自相关的初始假设，因此采用估计方法（5）中的广义系统矩估计方法更为严谨。同时，线性回归方法（5）中核心解释变量产业集聚度的估计系数已通过 1% 的显著性检验，重要的解释变量即新型城镇化水平、国际资本转移以及环境规制政策的估计系数分别通过了 1%、5%、1% 的显著性检验。

首先，产业集聚水平的不断提高将导致工业污染排放量的增加，产业集聚水平对污染物排放的影响系数为 0.727。但是，考虑到污染物排放量与产业集聚度间对数函数关系，因而随着产业集聚度的提高，污染物排放量的增加幅度却不断降低，产业集聚对环境的污染效应逐渐减弱。从我国污染物排放量的现实情况看，尽管我国的污染排放量仍处于高位排放阶段，但是近年来污染排放量的持续下降可能与我国产业集聚水平的提高导致排放总量的增量持续降低有关。

其次，新型城镇化水平与污染排放之间存在显著的正相关关系，但是其影响系数较低，仅为 0.029。我国从 2014 年起大力推进新型城镇化，但是过去长期以来片面追求城镇化率的提高，只重数量不顾质量的传统城镇化给环境带来了巨大的破坏，新型城镇化的推进有望改善这一现状但是依然任重道远。

再次，国际资本转移对环境污染改善具有显著的正面效果，估计系数为 -0.034。我们的结果说明“污染天堂”假说在我国并不适用，而引进外资发挥了污染“晕轮效应”。随着我国在引进外资时越来越注重其所属行业的性质以及生产技术的情节性，外省直接投资有望成为我国改善环境质量的重要推动力。

最后，环境规制政策对污染排放具有显著的负向影响作用。影响系数 -0.218 表明环境规制政策越严厉，污染物排放水平就会越低。该研究结论实际上反映了我国环境规制政策对污染减排作用的巨大成效，在本书研究期间国家密集制定颁布了一系列环境保护法律、法规、规章和标准。例如，在“十一五”期间，国家每年新出台 100 余项环境保护标准，同时针对不同行业制定了 60 余项行业污染物排放标准。除了严格出台强制性的生态环境保护法律规章以外，各相关部门还集中出台了几百部环境经济政策，这些政策包罗万象，涉及环境财政政策、环境税费政策、绿色金融政策、绿色贸易政策、排污权交易政策、生态补偿政策、综合性政策等各个方面。

2. 产业集聚影响污染排放的门槛效应检验

为了检验新型城镇化下产业集聚影响污染排放的门槛效应是否存在以及影响程度的大小，下面我们将进行门槛回归分析。门槛回归模型根据其获得的门槛值将研究样本划分为不同的区域，分别考察这些门槛值范围内自变量对因变量的不同影响程度，同时比较这几个门槛区间的门槛回归系数的不同来判定门槛效应的差异。对于面板数据门槛估计模型，首先应对每个自变量进行内生性检验，特别是对于门槛变量。为此，本书采用 Wu - Hausman 统计量对模型（5）中怀疑具有内生性的解释变量逐一进行检验，并运用 Sargan 统计量考察模型中有无过度识别问题。

在 Hansen 建立的门槛分析模型中，如果 γ 是既定门槛模型中的门槛值，那么就能通过模型的参数计算出相应的系数，进一步可以求得门槛回归模型的残差平方和 S1（γ）。由于门槛模型给定的 γ 阈值越接近实际门槛值，门槛模型的 S1（γ）值就越小，所以，我们能够通过不断调整和设定回归模型的候选阈值，检测不同候选值下回归模型残差数值的改变量。最终当门槛回归模型的残差取最小值时，相应的候选门槛值就是所要求的实际门槛值，可以表示为 $\gamma = \text{argmin } S(\gamma)$。依次类推，直到得出的门槛值不显著为止。在此基础上，通过“自采样方

法”进一步测试 LM 检验中 F 统计量的渐进分布的阈值，以检测回归模型的门槛效应。

无论是采用静态还是动态模型，在决定模型形式之前，首先都需要计算出门槛数的数量。一般来讲，存在三种主要情况，即没有门槛值、存在单个门槛效应以及存在双重门槛效应。借鉴 Hansen 的做法，我们以新型城镇水平作为门槛变量，分别假设存在 1、2、3 个门槛值，对静态门槛以及动态门槛回归估计模型分别进行回归分析，静态门槛模型以及动态门槛模型相对应的 F 值和 P 值如表 7－9 所示。

表 7－9　静态与动态门槛面板回归模型估计结果

回归模型		F 值	P 值	门槛估计值（γ）	95% 置信区间
静态回归模型	单一门槛	12.654*	0.081	48.954	[46.650，62.360]
	双重门槛	12.391**	0.035	46.840	[44.300，49.200]
				74.680	[73.380，78.900]
	三重门槛	0.000	0.144		
动态回归模型	单一门槛	9.678	0.120	45.750	[44.390，57.300]
	双重门槛	15.694***	0.000	50.300	[49.100，54.700]
				75.300	[74.500，80.100]
	三重门槛	0.000	0.258		

注：***、**、*分别表示在 1%、5% 和 10% 显著性水平上显著。

结果显示，静态门槛模型中单一门槛模型以及双重门槛模型分别在 10% 与 5% 的显著性水平上存在明显的门槛效应；而动态门槛模型中只有双重门槛模型的 F 值检验为高度显著，对应的 P 值为 0.000，因而本书选用动态门槛模型中的双重门槛模型进行进一步分析。上述研究说明产业集聚水平与环境污染水平之间的关系为非线性关系，利用 GMM 估计可以得到动态双重门槛回归模型各个门槛区间的估计结果，门槛估计值分别为 50.300（γ_1）和 75.300（γ_2），与此相对应的 95% 置信区间分别为［49.100，54.700］以及［74.520，80.100］。根据上述门槛值与门槛区间，可将样本根据新型城镇水平进行分类，结果如表 7－10 所示。

表 7-10　我国 30 个省根据新型城镇化水平的门槛区间分类

新型城镇化水平	省（直辖市、自治区）
新型城镇化水平 $<\gamma_1$	贵州、甘肃、云南、河南、四川、广西、新疆
$\gamma_1<$新型城镇化水平$<\gamma_2$	青海、安徽、湖南、河北、江西、陕西、吉林、宁夏、山西、湖北、海南、山东、黑龙江、内蒙古、重庆、福建、浙江、江苏、辽宁、广东
新型城镇化水平 $>\gamma_2$	天津、上海、北京

由表 7-10 可知，我国大部分省、直辖市、自治区已经跨越了第一个门槛值，新型城镇化水平处于第一个门槛值与第二个门槛值之间，各区间内产业集聚虽然对环境污染的加剧程度减弱，但是仍然会产生负环境效应。全国 30 个省份中只有天津、上海以及北京跨越了第二个门槛值，在这个区间内，产业的高质量集聚会减缓环境污染，促进经济的可持续发展。

3. 产业集聚影响污染排放的门槛模型估计

根据动态门槛模型的双重门槛模型，产业集聚水平对污染排放水平的门槛估计结果如表 7-11 所示。从估计结果看，在不同的新型城镇化水平下，产业集聚水平对污染排放水平的影响存在明显差异，具有显著的门槛特征。当新型城镇化水平低于 50.3% 时，产业集聚对环境污染的影响为正，系数为 0.8113，产业集聚此时会加剧地区环境污染；当新型城镇化水平处于 50.3% ~78.1% 时，产业集聚对环境污染的加剧效应会减弱，影响系数下降为 0.3451；当新型城镇化水平进一步发展到高于 78.1% 时，产业集聚对环境污染的影响发生实质性改变，影响系数变为 -0.1421，此时产业集聚将有助于环境质量的改善。这说明，产业集聚水平对环境污染的影响效应存在多个拐点，即门槛值，并非简单的单调递增或递减，而是呈倒 U 形非线性关系。产业集聚与环境污染水平之间的这种倒 U 形非线性关系提示我们要动态看待两者的关系，而不是以传统的线性角度简单地进行概括分析。

表 7-11　产业集聚影响污染排放的动态面板门槛估计结果

解释变量	动态面板门槛模型	
	系数	Prob.
agl · I（$q\leq\gamma_1$）	0.8113***	0.000
agl · I（$\gamma_1<q<\gamma_2$）	0.3451***	0.000

续表

解释变量	动态面板门槛模型	
	系数	Prob.
agl · I（$q \geq \gamma_2$）	-0.1421**	0.025
lntra	-0.1251***	0.001
lnreg	-0.0657***	0.000
lnkap	0.2145	0.125
lnrd	-0.0954	0.174
_ cons	14.2611***	0.000
R^2	0.6415	

注：***、**、*分别表示在1%、5%和10%显著性水平上显著。

当城镇化水平较低时，产业集聚将加剧环境污染，但这种负面影响将随着城镇化水平的提高而逐渐减弱，这主要是由于产业集聚的知识溢出以及技术溢出效应不明显，工业集聚的拥挤效应高于集聚效应，资源能源的消耗速率超过了资源能源的再生速率和生态环境的承载能力，导致资源能源的存量加速减少。当城镇化水平逐渐提高时，不仅污染处理技术、产品生产链接等硬件条件会有本质上的提升，环境保护的相关法律规章制度等软环境也会得到改善，从而减少产业集聚对生态环境质量的破坏，与此同时随着新城镇化的大力推进，集聚溢出效应将逐渐增强。

本书控制变量回归结果中，结果显示 FDI 对环境污染的影响系数为 -0.1251，可以看出 FDI 的引入有利于缓解生态环境污染。学术界针对环境污染与国际资本转移的关系进行了丰富的探索：一方面，根据“污染天堂”与“逐低竞争”理论，国际资本和产业的转移会加重当地的环境污染；另一方面，“污染晕轮效应”使 FDI 推动东道国企业采用清洁型的生产技术从而缓解东道国环境污染状况。随着中国在引进 FDI 时实施严格的环境管制标准，跨国企业会在环境管制下执行国际通行的环境标准，通过技术扩散带动东道国企业加大环保投入，确保产品生产的清洁性。跨国企业通过知识、技术溢出效应和示范效应，逐渐对国内的生态环境保护产生正面作用。无论是产品的生产环节还是环境污染物的处理环节，FDI 公司都呈现出经济规模效益递增的态势，FDI 的不断涌入也会通过作用于该区域的居民可支配收入水平达到减少环境污染的效果。为此，在环境资源约束日益凸显的当下，有选择地吸引高质量外资不失为缓解生态环境“瓶颈”的有效之法。

此外，环境规制对环境污染的影响系数为 -0.0657，说明加强环境监管也会有效改善我国生态环境质量。我国被誉为有史以来最严厉的《环保法》已于 2015 年 1 月 1 日起施行，国家也密集制定颁布了一系列更严厉的法规、规章和标准，环境规制政策在环境保护中的影响日益突出。尽管如此，中国对于环境规制政策工具的运用与发达国家相比依然比较落后。为此，在全面落实我国生态环境治理方略的实施与促进环境治理能力现代化的进程中，要以发达国家为标杆，构建实施合理的环境保护政绩考核，不断强化环保法制化管理，鼓励公众积极参与对生态环境的保护行动，实施区域差异化的环境规制与监管政策。

在其他控制变量中，人均资本存量与技术研发水平对环境污染水平的影响并不显著，与前文的理论分析有所出入，可能的原因是当下我国企业技术研发投入依然较低，部分企业核心技术长期依赖国外进口创新意识不足，以及科技成果转化率利用率较低等问题。为此，政府部门应加大对技术创新的引导，培养企业的创新意识，同时培育相关人才做到人尽其用。

将线性回归模型与门槛回归模型的实证结果进行对比，从估计结果可以看出，在线性回归模型中产业集聚水平与城镇化水平的提高会导致环境污染的加剧，影响系数分别为 0.727 与 0.029；而在门槛回归模型中，随着新型城镇化水平的不断提高，产业集聚的负环境效应逐渐减弱，产业集聚的正环境效应逐渐增强，最终发生影响方向的根本性变化转而有助于改善环境污染。线性回归分析与门槛回归分析的两种不同的回归结果是由于线性估计并没有区分各省市城镇化水平的差异，很有可能遗漏关于两者的重要解释，从而不能很好地表示出产业集聚与污染排放水平之间的非线性关系。相比之下，门槛回归模型可以更为精确地探究解释变量和被解释变量之间的关系，从而可以为管理者或者政策制定者提供新的重要参考。

（三）产业集聚影响环境污染的敏感性分析

为了更加全面地检验产业集聚水平对污染排放水平的影响，我们分别以文章第四部分筛选出的四大污染物指标作为被解释变量进行敏感性分析，进一步检测实证估计结果的稳健性，包括工业 SO_2 排放量、工业废水排放量、废水 COD 排放量以及工业固废生产量。对于以上四种污染排放指标，我们分别采用 SYSGMM - AR（1）和门槛回归方法，将产业集聚对污染排放水平的影响作用和门槛效应的敏感性分析列于表 7 – 12 和表 7 – 13 中。

表 7 – 12 产业集聚对污染排放影响的敏感性分析（SYSGMM – AR（1））

变量	SO_2	工业废水	COD	工业固废
aggl	0.928***	0.587***	0.691***	0.721***
urb	0.017***	0.037***	−0.029	0.024***
tra	−0.015***	−0.055*	−0.011**	−0.040*
reg	−0.375***	−0.248***	−0.127***	−0.177***
kap	0.412*	0.129	−0.057	0.325
rd	−1.597***	−1.114***	−0.953**	0.347*
Sargan 检验	125.150 [0.000]	135.270 [0.000]	174.290 [0.000]	169.250 [0.000]
Hansen 检验	28.730 [1.000]	23.410 [1.000]	23.950 [0.998]	22.770 [0.999]
AR（1）检验	−2.160 [0.042]	−1.710 [0.010]	−1.230 [0.090]	−2.370 [0.009]
AR（2）检验	−1.321 [0.292]	−0.773 [0.473]	1.147 [0.689]	−1.095 [0.361]

注：***、**、*分别表示在 1%、5%和 10%显著性水平上显著；方括号中数字的是各统计量的 P 值。

表 7 – 13 产业集聚对污染排放影响的门槛效应敏感性分析

变量	SO_2	工业废水	COD	工业固废
lntra	−0.115***	−0.023***	−0.007**	−0.034*
lnreg	−0.075***	−0.025***	−0.074***	−0.173**
lnkap	0.212*	0.329	0.128	0.227*
lnrd	−0.592*	−0.934	−0.971	0.143
agl · I（$q \leq \gamma_1$）	0.983***	1.217***	0.692***	0.793***
agl · I（$\gamma_1 < q < \gamma_2$）	0.337***	0.534**	0.617**	0.324***
agl · I（$q \geq \gamma_2$）	−0.273**	−0.102**	0.321**	−0.119***
_cons	19.710***	13.100***	6.700***	3.920***
R^2	0.543	0.551	0.421	0.617

注：***、**、*分别表示在 1%、5%和 10%显著性水平上显著。

表7－12表明，工业SO_2排放量、工业废水排放量、废水COD排放量以及工业固废生产量的产业集聚度的回归系数布局与先前综合污染水平的指标符号相同，而且都通过了1%的显著性检验。工业SO_2排放量、工业废水排放量以及工业固废生产量的新型城镇化水平回归系数与前文检验符号也完全一致并且通过了显著性检验，只有废水COD排放量指标符号相反且结果不显著。国际资本转移以及环境规制指标的四个回归系数亦与之前的结果一致并且达到了显著性检验的标准。其余控制变量的污染指标的回归系数与之前的实证符号基本相同，其中大部分通过了显著性检验。接下来，我们运用类似思路和方法，进行集聚对污染排放影响的门槛效应敏感性分析。

由表7－13可知，工业SO_2排放量、工业废水排放量以及工业固废生产量的门槛值两侧的产业集聚度的回归系数不仅与前文综合污染排放指标检验符号相同，并且都通过了1%或者5%显著性水平上的显著性检验；只有废水COD排放量指标符号没有发生根本性的转变，但是其排放水平依然随着新型城镇化水平的提高而不断下降。国际资本转移和环境规制回归系数与对综合污染排放指标的检验符号相同并且全部通过了显著性检验。这表明本书产业集聚对污染排放的影响效应研究及其门槛效应模型的计量分析具有较好的稳健性，从而支持了实证研究结论的可靠性。

四、政策建议

1. 结论

（1）产业集聚水平与环境污染水平之间并非呈简单的线性关系，而是存在倒U形的非线性关系。在静态门槛回归模型与动态门槛回归模型两种研究模型中，我们均发现了门槛值的存在，但是动态门槛模型中只有双重门槛模型的F值检验为高度显著，结果较为明确和清晰。利用GMM估计可以得到动态双重门槛回归模型各个门槛区间的估计结果，门槛估计值分别为50.300（γ_1）和75.300（γ_2），与此相对应的95%置信区间分别为［49.100，54.700］以及［74.520，80.100］。

从估计结果看，在不同的新型城镇化水平下，产业集聚水平对污染排放水平

的影响存在显著差异，具有显著的门槛特征。当新型城镇化水平低于50.3%时，产业集聚对环境污染的影响为正，系数为0.8113，产业集聚此时会加剧地区环境污染；当新型城镇化水平处于50.3%～75.3%时，产业集聚对环境污染的加剧效应会减弱，影响系数下降为0.3451；而当新型城镇化水平进一步发展到高于75.3%时，产业集聚对环境污染的影响发生实质性改变，影响系数变为－0.1421，此时产业集聚将有助于环境质量的改善。

（2）为了加强对比和完善研究结论，本书对产业集聚与环境污染关系进行线性模型估计。首先，线性估计结果表明，产业集聚水平的不断提高将导致工污染排放量的增加，产业集聚水平对环境污染的影响系数为0.727。但是，考虑到污染物排放量与产业集聚度间对数函数关系，因而随着产业集聚度的提高，污染物排放量的增加幅度却不断降低，产业集聚对环境的污染效应逐渐减弱。其次，新型城镇化水平与污染排放水平之间存在显著的正相关关系，但是其影响系数较低，仅为0.029。再次，国际资本转移对环境污染改善具有显著的正面效果，估计系数为－0.034。最后，环境规制政策对污染排放具有显著的负向影响作用，影响系数为－0.218表明环境规制政策越严厉，污染物排放水平就会越低。线性结果表明产业集聚会导致环境污染加剧，影响系数亦略高于门槛模型估计结果。这是由于线性估计并没有区分各省市城镇化水平的差异，很有可能遗漏关于两者的重要解释，从而不能很好地表示出产业集聚与污染排放水平之间的非线性关系。相比之下，门槛回归模型可以更为精确地探究解释变量和被解释变量之间的关系，从而可以为管理者或者政策制定者提供新的重要参考。

（3）在其他变量的研究中，FDI水平与环境污染水平之间呈现显著的负相关关系，FDI对环境污染的影响系数为－0.1251，说明FDI的引入有利于缓解环境污染。随着中国在引进FDI时实施严格的环境管制标准，跨国企业会在环境管制下执行国际通行的环境标准，提高产品生产的清洁性。为此，在我国环境资源约束日益凸显的当下，有选择地吸引高质量外资不失为缓解生态环境“瓶颈”的有效方法。

此外，环境规制的严格程度与环境污染水平之间具有显著的负相关关系，环境规制对环境污染的影响系数为－0.0657，说明环境规制的加强也会显著改善我国环境质量。为此，在全面推进国家生态环境治理体系和治理能力现代化进程中，要以发达国家为标杆，构建实施合理的环境保护政绩考核，不断强化环保法制化管理，鼓励公众积极参与对生态环境的保护行动，实施地区差异化的环境规制政策。

在其他控制变量中，技术研发水平对环境污染水平的影响并不显著，与前文理论分析得出的技术研发水平的提高有利于环境污染改善的结果有所出入。可能的原因是当下我国企业技术研发水平依然较低，还未掌握核心技术的研发精要与关键环节，存在科技成果转化利用率不足等问题，由此严重影响了研发投入的环保效率。为此，政府相关部门应加大对技术创新的引导，提高技术成果转化率，培养企业的创新意识，从要素驱动加快转变为创新驱动，同时大力吸引和培育高精尖创新技术人才，做到人尽其用。

2. 政策建议

产业集聚的环境效应是市场机制配置资源以及政府宏观调控综合作用的结果。环境污染对于市场经济的损害体现为资源的错配，因而促使产业集聚与生态环境协调发展的目的是解决市场经济发展过程中的外部性，是一种纠错机制，尤其是随着经济发展进入质量主导的发展阶段。在此阶段，政府不仅要为城市群高质量发展提供良好的市场环境，更重要的是提供有保障的公共产品和有效的公共服务。为此，在结合国内外先进经验的基础上，提出以下保障机制与政策措施。

(1) 打通政策壁垒，实现产业集聚、环境治理与新型城镇化的互动发展。

研究结果表明，产业集聚水平对污染物排放水平的影响具有显著的门槛特征，为此，应动态处理新型城镇化、产业集聚与生态环境质量三者的关系。当新型城镇化水平较低时，产业集聚水平的提升将加剧环境污染程度，工业集聚的拥挤效应以及摩擦成本高于集聚效应，资源消耗速率超过了资源的再生速率和环境承载力。但这种负面影响将随着新型城镇化水平提高而逐渐减弱，此时法律、制度等软环境得到改善，环境污染治理投入增加，治污技术得到普遍发展，从而逐步降低了工业集聚对环境的损害。为此，应努力做到同规划同发展，实现产业集聚、环境治理、城镇化发展互动乘数效应。

要做到动态处理三者的关系，最重要的是打通政策壁垒，将产业集聚发展纳入城镇化及环境保护战略布局中去。我国以往的城镇化发展模式并没有过多地考虑生态环境问题，而如今环境问题已经成为制约新型城镇化进一步推进的重要因素。当前及今后一段时间内，中国将持续处于城镇化以及工业化进程中，以企业为主体的制造业创新体系不完善创新意识和能力较薄弱，生态环境污染更加严重等问题亟待解决。尽管从 2007 年我国 COD 以及工业 SO_2 排放量实现双下降以来，主要污染物排放量持续呈现下降态势，但是我国仍处于污染排放高位叠加

期。分析可知，伴随着产业集聚高端要素水平的提高，虽然污染排放量在一定时期内依然会随之增加，但污染排放量的增加幅度将持续降低。为此，在加快推进我国新型城镇化进程中，应积极探索在产业集聚发展中保护、在保护中促进产业集聚发展的新道路，把产业高质量集聚发展的目标纳入新型城镇化战略以及环境保护战略布局中来。优化产业结构，把有限的能源资源用于支持生态效益好、可持续性高的企业，拓展发展空间，借助供给侧结构性改革，推动生态环境保护。只有做好政策上的对接，使城镇化、工业化进程和生态社会发展同频共振，才能充分发挥以新型城镇化、现代工业化促进生态保护的乘数效用。加快制定落实绿色化产业集聚的发展战略，创新企业集聚政策，进一步放大产业集聚对污染排放的负向弱化效应，不断改善生态环境质量。

（2）着力推进新型城镇化，催生高质量产业集聚生态化模式。

实证结果表明，我国许多省份依然没有跨过城新型镇化发展水平的门槛值，污染排放还处于刚性增长阶段，而未来的城镇化建设依然有大量的基础设施建设任务需要完善，所以亟须在城镇化发展与环境保护之间寻求一个平衡点。由于城镇化水平较低时，产业集聚度的提高将加剧环境污染，所以此时应采取有效措施提高新型城镇化水平至门槛值，同时选择引进外商直接投资和更加严厉的环境规制等政策组合；一旦城镇化水平提高到门槛值，则可以通过产业集聚的门槛效应降低污染物排放量。与此同时，政府应当大力倡导环保技术创新，引导产业集聚不断朝着高端研发与设计等高附加值领域深化发展。因此，促进新型城镇化水平的提高是改善我国环境污染的重要途径之一，促进新型城镇化发展是生态环境高质量发展的重要推动力。

针对我国大部分省市新型城镇化水平仍然较低的现状，在推进新型城镇化进程中着力倡导产业生态化发展，可以成为突破环境资源束缚从而实现经济可持续发展的有效方法。英国伦敦等城市的做法对于我国有一定的借鉴意义：从城镇化的角度出发，通过推进产业合作共生来提高能源与资源综合使用效率。建立产业园区被认为是集聚的一种有效发展方式，产业园区建设应以生态文明建设为导向，制定城镇产业生态化政策导向，加快城镇产业生态园区建设，促进城镇化和产业生态园区互动发展，引导关联产业向园区合理集聚。为实现传统产业集聚向优质生态产业集聚的转变，对于能源消耗高和耗水量大的污染密集型工业，如有色金属、钢铁、汽车、石油化工、建材等要积极探索利用各种形式的共生发展方式，依靠现代技术改造和升级传统产业。与此同时，围绕优势产业，发展高科技、高质量、高效率、低污染的产业园区。通过产业急救的生态化基础设施建设促进能源资源在不同产业园区之间的循环利用水平的提高，达到“节能、降耗、减污、增效”的效果，开创集聚效益和环境效益的双赢局面。

（3）充分发挥地区禀赋优势，兼顾因地制宜与统筹协调。

由实证结果可以看出，目前我国各个省份新型城镇化发展水平处于不同阶段，产业集聚对环境污染的门槛效应也不尽相同，东部沿海地区城市与中西部内陆城市、直辖市与副省级城市和地级市之间不仅在城镇化发展水平上，在所面临的生态环境挑战上也有很大的区别。因此，地方政府应趋利避害，发挥当地资源的比较优势，严格控制不同功能空间的集聚开发强度，制定由于实施差异化的政策。

欧盟“精明专业化政策”是欧盟提出的较高层次的政策纲领，我国应借鉴学习这种先进的创新发展政策理念。“精明专业化政策”的“专业化”，并非指“产业专业化”，而是重点突出基于地方特有的、专门的自然社会属性和经济结构特点，通过制定适合的发展政策促进“依赖地方特有情景”的、能推动知识要素驱动以及技术创新要素驱动的产业多元化发展，可以概括为推行“专门的多元化”。自下而上的政策制定方法在一定程度上可以让该地区的创新发展战略规划者趋于理性，有利于防止地方政府进行盲目跟风，在考虑自身禀赋优势以及发展需要的基础上制定专业化政策。由于自然地理位置和历史发展的影响，中国各个省份的发展除了具有较为突出的地域差异外，还存在显著的层次差异。因此，在制定区域政策时，各政府必须综合考虑区域所处的发展环境，并将周边联系密切城市的发展政策纳入本市制定发展规划的综合分析框架。根据当地情况实施差异性的政策，发挥本地区的自然禀赋优势和地理交通位置优势，对于城市不同功能区的开发强度做到严格控制。同时做到根据本地区经济优势提升区域特色产业的知名度，着力支持地区龙头产业的不断发展壮大，加快形成现代化一体化智能化产业链条。

在国家层面，必须持续完善城镇规模、优化产业调整布局，合理安排空间结构，扩大中心城市和一线发达城市的辐射功能，支持有潜力的中小城市高质量快速发展，使之成为优化城镇规模和产业结构的中流砥柱。为此，各城市要不断增强集聚元素的吸引力，在充分发挥核心城市带动和示范作用的同时，引导发展潜力大、有自身独特优势的中小城市合理有序地布局产业园区。此外，由于环境污染具有溢出效应，各个省市针对环境污染的治理不能仅局限于本省市内部，还要加强不同省份之间的协同统筹规划和治理，通过设立环境治理共同基金和横向转移支付制度实现区域间协作共同治污。在探索城镇化、产业集聚与生态环境协调发展的过程中，还应当鼓励跨省市多方参与，有效的区域政策也并非局限于地方政府做出，而是注重知识互动和合作，鼓励本土企业家、学者、市民及其他社会机构人员广泛参与，广泛征求高校教授、专家以及相关人才的意见，充分利用人力资源的流动性，制定有利于区域发展的政策，在一定程度上弥补人才不足的缺陷，最大限度地释放社会能量。

（4）对外引进高质量外商投资，对内制定严格环境规制。

根据我们的实证研究结果，无论是线性回归估计结论还是门槛回归估计结论，我们发现外商直接投资水平与环境规制的严格程度都与环境污染水平呈现负相关关系，为此，对外引进高质量外商投资，对内制定严格环境规制，对我国环境质量的改善可以起到重要作用。在此基础上有效对接新型城镇化发展指标体系，切实把产业发展和经济生态化发展融会贯通起来，促进各类资源在助推产业转型升级中发挥最大效益。

跨国公司进驻东道国带来的不仅是新硬件、新产品以及新技术，而且还会给本地企业及后续外来投资者在产品选择、销售策略、管理方式、人力资本等方面带来全新的公司管理理念，帮助东道国降低产品生产链环节的成本、优化各项生产技术衔接。此外，这些优势对于内资公司提高竞争力起到某种程度的示范作用。需要注意的是，必须大力整治园区对于热门产业和污染密集型产业以及投资的盲目引入，从片面注重招商引资转变为有目的的招商选资，提高园区准入门槛以及外来投资的绿色清洁性，从源头上遏制环境污染的扩大。聚力支柱性产业、特色产业的转型升级，最终形成地区企业良性互动、产业良性成长、经济良性循环的局面，从而有助于城镇化、产业集聚与环境保护的统筹发展。此外，人才构成了发展的第一资源，创新是发展的第一推动力，FDI 进入也促进了劳动力资本的流入，一方面增强了聚集区内部厂商同外部环境的联系，另一方面还优化了区域的内部分工与合作，最终强化该地区的产业竞争力。东道国地方政府部门也应做到有针对性地根据区域和集聚的发展需要，吸引专门的优秀人才。

在不断提高引入外资质量的同时，国内也应当制定和实施更加严格的环境规制。政府部门需要重点建立科学的环境绩效考核体系，加强环境制度化管理和公众参与环境保护的积极性。大力推行环境税制度，实施地区差异化的环境规制政策。在东部产业不断向中西部进行转移的过程中产生的污染物转移所带来的诸多问题，本质上是由于中西部地区环境规制较弱造成的。虽然产业转移在一定程度上有助于中西部地区的经济发展，但如果该转移产业并适合中西部的长期发展规划，那么这种经济活动不仅难以缩小地区间的发展差距，反而将破坏中西部地区相对良好自然环境质量。为此，在加快推进新型城镇化建设过程中，必须严格避免环境质量恶化的情况由东部沿海城市扩展到中西部地区城市，更需要认真思考转移什么产业以及产业承接地既有的产业结构问题，守住生态红线，实施严格的环境规制与监管措施。此外，环境规制的制定与实施除了注重能否带来生态环保效益以外，还应当重点着眼于当地企业对于此项环境规制政策的反应，因为微观主体的经济活动才是决定是否可以实现环境监管目标的关键。以往的研究大多指出环境规制不利于释放企业的生产经营活力，但是近年来随着相关研究的深入，学者发现环境规制虽然会导致企业生产经营费用的增加，但是一定程度上也会引导厂商重视和从事生产技术创新，由此可以部分或完全抵消由于污染排放所增加的排污费用（黄德春和刘志彪，2006）。为此，针对环境规制的相关研究应当更加强化其微观作用机理的探讨，只有如此，才能更好地为制定具有针对性、创新性的环境规制政策提供坚实的理论与实证基础。

污染防治是中央经济局明确指出的三大攻坚战之一，其重要性可见一斑。早在 1972 年联合国的《斯德哥尔摩宣言》和 1992 年的《里约环境与发展宣言》就提出，发展中国家出现的环境问题基本上是由于发展不充分。对于我国当前的环境问题而言，从某种意义上讲可以归因于城镇化以及产业集聚发展不足造成的。政府获取集聚经济增长红利的同时，坚决不能以扩大生态资源成本、牺牲群众健康为代价。为此，在加快推进我国产业集聚高质量发展进程中，在协调新型城镇化发展与环境治理的过程中，要把产业集聚与要素禀赋有机结合，实行差别化的城镇化以及产业集聚发展战略，使各类污染排放量降到最优水平，更加注重营造绿色韧性包容的氛围，打造优越的宜居宜业环境，使产业集聚的发展红利转化为生态环境高质量的发展动力。既要给经济社会发展做好“加法”，又要给资源浪费以及生态环境破坏做好“减法”，以最小的资源环境代价实现最大的经济社会效益。

未来在进一步细分工业类型、丰富相关数据的情况下，对产业集聚、环境污染与城镇化的理解将更加充分，相关研究也有待今后继续深入探索。

第八章　城市产业集聚的环境污染效应研究*

本章以工业集聚的环境负外部性为切入点，从理论上分析了工业集聚的直接、间接环境效应机制，以 Copeland – Taylor 模型为基础，构建工业集聚影响工业污染排放的实证模型，利用中国 285 个地级市以上城市 2003 ~ 2014 年面板数据对工业集聚的环境效应和经济新常态前后两阶段工业集聚的环境效应进行实证研究。研究表明：①工业集聚加剧了工业污染排放。经济新常态前工业集聚的环境负效应（1.237）大于新常态后工业集聚的环境负效应（0.502）。②全样本期间外商直接投资和环境管制水平与工业集聚的交叉项系数均为负，即外商直接投资和环境管制水平通过工业集聚间接减少了污染排放，改善了环境。但是新常态前，环境管制与工业集聚的交叉项没有通过显著性检验，说明新常态前我国环境管制政策执行力度有待改善；新常态后外商直接投资和工业集聚的交叉项没有通过显著性检验，可能的解释为新常态后我国工业集聚区的本国技术与引进国外技术的差距已不明显。

一、问题提出

改革开放以来，随着中国工业集聚战略的推进，中国制造业空间集聚现象越来越突出，已形成了以东部沿海为中心，以其他地区为外围的“中心—外围”

---

* 本章借鉴的主要研究成果为：Suxia Liu，Yingming Zhu，Kuanqi Du. The Impact of Industrial Agglomeration on Industrial Pollutant Emission：Evidence from China Under New Normal［J］. Clean Technologies and Environmental Policy，2017，19（9）.

结构（范剑勇，2004；刘修岩等，2007）。东部沿海地区的集聚又通过规模报酬递增和“累积循环”因果效应实现了自我强化，成为推动我国经济高速增长的重要引擎。在工业集聚程度不断提高的同时，中国面临的环境压力越来越大。2013 年亚洲开发银行发布的《迈向环境可持续的未来——中华人民共和国国家环境分析报告》显示，在中国 500 个大型城市中，只有不到 1% 的城市达到了世界卫生组织的空气质量标准。近年来，生物多样性遭到破坏，水体污染以及雾霾现象的大范围出现，环境问题已经影响到国民健康和生命安全，污染减排成为关系到我国现代化进程和生态文明建设的当务之急。准确定位是影响环境质量的因素，是环境污染治理的重要前提。

与工业集聚快速发展同时出现的环境质量不断恶化，似乎说明工业集聚是加剧污染的重要因素。近年来，已有国内外学者开始关注工业集聚与环境污染之间的关系，但鉴于研究对象、研究方法、研究时间维度选择的不同，现有研究结果存在较大分歧，对工业集聚的环境效应并没有一致认识。说明工业集聚的环境效应是一个复杂命题，在不同的背景下，工业集聚的环境效应也不同。

自 2009 年以来，中国已经进入了以高效率、低成本、低能源消耗、低环境污染、可持续和符合市场经济发展规律的中高速增长阶段为主要特征的经济新常态（李扬，2014）。在经济新常态背景下，产业集聚新常态将随之形成，产业集聚的环境效应将出现新的特征。新常态背景下工业集聚发展究竟是加剧了环境污染还是缓解了环境污染，需要进一步的理论探讨和实证验证。如果工业集聚加剧了环境污染，在环境压力日益加强的背景下，我国改革开放以来推进的工业集聚战略亟待调整，工业集聚水平的降低乃至分散可能是区域发展战略的优选方向；如果工业集聚能够改善环境污染，那么工业集聚战略不仅是促进经济发展的有效战略，同时也是顺应新时期我国“绿色”发展理念、解决环境污染这一系统工程的一个重要举措。鉴于此，本书运用中国 285 个地级市城市 2003～2014 年的面板数据，通过对比旧常态（2003～2008 年）与新常态（2009～2014 年）背景下的实证结果，分析我国工业集聚环境效应的变动趋势，为进一步的工业空间布局战略提供理论支撑。

二、工业集聚对环境影响的作用机制分析

1. 工业集聚对环境影响的直接效应

工业集聚对环境影响的直接效应主要体现在规模效应、结构效应和技术创新效应方面（Grossman 和 Krueger，1991）。第一，工业在特定区域集聚的一个重要特征就是产业规模扩张。伴随着产业规模扩张，能源耗费和污染物的排放总量就有可能相应增加。但同时同一类型工业集聚会出现污染治理的规模效应，降低单个企业的平均治污成本，提高污染物治理水平，进而减少污染排放（周文，1999；谢荣辉、原毅军，2016）。产业链上下游工业企业在特定区域的集聚，企业之间的物质交换更有利于废物回收利用、形成循环经济，产生集聚共生效应，减少污染物排放（Cheng，2016）。第二，工业在特定区域的集聚会使本地区将更多要素投入工业部门中。根据罗伯津斯基定理，工业部门扩张将伴随着农业、服务业部门的萎缩，因此工业集聚会改变地区产业结构构成，提高第二产业占比。由于第二产业相对第一产业和第三产业污染强度更高，因此工业集聚的结构效应导致污染强度提高。第三，工业集聚会产生知识技术溢出效应和竞争学习效应，这两者均会促进制造业集聚区内技术进步、企业采取更加环境友好型的生产技术，进而减少环境污染强度（Dong 等，2012）。

2. 工业集聚对环境影响的间接效应分析

工业集聚不仅能够直接影响环境，还会通过影响环境规制水平、FDI 规模进而间接影响环境。工业集聚水平通过环境规制水平影响环境体现在两个方面：一方面，特定区域特别是经济发展水平相对落后的地区为了吸引资金流入、促进工业集聚，根据“向底线赛跑”（Race to the Bottom）假说，会降低其环境规制强度进而沦为“污染天堂”（Pollution Haven）（List 和 Co，2000；Levinson，1996；He，2006）。Hettige、Lucas 和 Wheeler（1992）实证研究结果表明，发展中国家相对宽松的环境管制水平使大量污染活动转移到了发展中国家，在发展中国家集聚并导致其环境污染程度加剧。另一方面，工业在特定区域的集聚会提高该区域的人口密度。Selden 和 Song（1994）研究表明，在其他条件相同的情况下，人口密度越大的地区，环境污染造成的损失越大，政府因受到来自社会的压力会提高其环境规制强度，而环境规制强度的提高将降低特定区域的污染排放量。因此，工业集聚水平通过影响环境规制水平对环境产生正、负两个方面的影响。

众多研究发现工业集聚过程伴随着 FDI 流入（Birkinshaw，2000；梁琦，2003；邓玉萍和许和连，2012）。关于 FDI 的环境效应研究同样存在“污染晕轮效应”和“污染避难所”两种对立假说。由 Kevin Grey 和 Duncan Brank（2002）提出的“污染晕轮效应”认为，FDI 可以带来大量清洁技术和先进环保管理体系，跨国公司技术扩散和外溢效应将促使东道国采用新的环保标准，降低污染物排放量，提高环境质量。Eskeland 和 Harrison（2004）在对墨西哥等国家的研究中表明，FDI 能够使东道国降低能耗和使用清洁能源。在能源行业，节能型技术扩散提高了东道国能源利用效率。然而，Copeland 和 Taylor（1994）提出的“污染避难所”假说认为，发达国家的环境管制水平高于发展中国家，跨国公司为了规避发达国家高昂的环境治理成本，通过 FDI 把高污染产业生产转移到发展中国家。Cole（2004）和蒋殿春（2014）的研究均说明 FDI 会增加一个国家的污染物排放，降低环境质量。

图 8－1 描述了工业集聚对污染排放强度影响的作用机制框架。图中每一种作用机制后面括号中的符号表示工业集聚对污染排放强度的影响方向。＋号表示产业集聚提高污染排放强度，即产业集聚的负环境效应；－号表示产业集聚降低污染排放强度，即产业集聚的正环境效应。

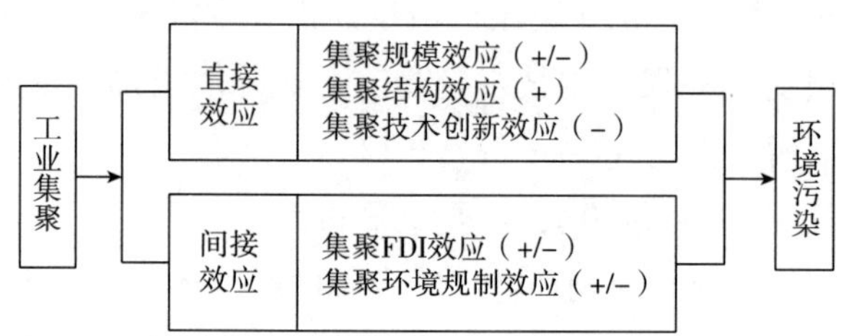

图 8－1 产业集聚对污染排放影响的作用机制框架

三、模型设定与变量选取

1. 模型设定

本书借鉴 Copeland－Taylor（2003）模型思路，假设工业生产过程中产生污

染进而环境负外部性，政府从社会总福利最大化角度出发会设定一定的环境规制水平以控制污染排放，企业为了满足环境规制要求将 θ 份额的产出投资于污染治理。因此，最终生产函数可以表示为：

$$Y = AK^{\alpha}L^{1-\alpha}(1-\theta) \tag{8-1}$$

式（8-1）中 Y 代表总产出，K、L 分别代表物质资本和劳动资本投入量。A >0 表示企业全要素生产率。α 代表物质资本在生产中所占比例。假设产品 Y 生产过程中产生污染物排放 P，借鉴谢荣辉和原毅军（2016）的方法，将企业排污函数设定为：

$$P = A^{-1}Y(1-\theta)^{\beta-1} \tag{8-2}$$

式（8-2）中 P 代表污染排放量。β >1，保证了生产在技术上的有效性，即总产出在扣除生产过程中污染排放后还有剩余；P′（θ）<0，说明污染排放为企业污染治理投资份额的减函数，即企业污染治理投资份额越大，其污染排放越小。而企业污染治理投资份额 θ 则是社会环境管制程度的增函数，即社会环境管制程度越高，企业污染治理投资份额越大。因此污染排放量是环境管制的减函数，即环境管制水平越高，污染排放越少。A 表示全要素生产率，其与污染排放负相关。全要素生产率 A 的变化主要取决于技术变化率和规模经济的程度，两者均受到产业集聚的影响。产业集聚一方面通过影响区域经济活动的规模和空间分布来影响区域产业的规模经济，另一方面通过技术溢出效应来影响技术变化（朱英明，2009）。除产业集聚技术溢出外，发展中国家的技术进步还通过自主研发（rd）和外资技术溢出（FDI）两种途径获取（谢荣辉和原毅军，2016）。因此，全要素生产率 A 可表述为：

$$A = h(ag, rd, fdi) \tag{8-3}$$

式（8-3）中，ag 代表工业集聚水平；rd 和 fdi 分别代表自主研发和外商直接投资。技术研发水平 rd 有利于提高全要素生产率进而减少污染排放，工业集聚水平 ag 和外商直接投资 fdi 对全要素生产率既有正面影响也有负面影响，因此其对污染排放影响不确定。把式（8-3）代入式（8-2）中，可得污染排放的函数表达式为：

$$P = h(ag, rd, fdi)^{-1}Y(1-\theta)^{\beta} \tag{8-4}$$

根据产业集聚对环境影响的作用机制分析和式（8-4），本书的计量模型设定如下。为了避免异方差性，对所有变量取对数处理。

$$\ln p_{it} = \alpha + \beta_1 \ln ag_{it} + \beta_2 \ln rd_{it} + \beta_3 \ln fdi_{it} + \beta_4 \ln pgdp_{it} + \beta_5 \ln envr_{it} + \varepsilon_{it} \tag{8-5}$$

式（8－5）中下标i代表地区，下标t代表不同的时期。P_{it}表示第i个城市在t年的工业污染排放；ag表示工业集聚水平；rd表示研发投入；fdi表示外商直接投资；pgdp表示经济发展水平；envr表示环境规制水平；ε_{it}表示随机误差项。

一个地区的工业集聚和经济发展对环境污染强度的影响与其经济发展阶段密切相关。不同的经济发展阶段，工业集聚和经济发展对环境污染排放的影响方向也不同。根据环境库兹涅茨假说（EKC），环境污染排放与经济增长之间存在倒U形关系。因此，本书为了检验是否存在EKC效应以及产业集聚的环境污染效应是否呈现非线性关系，在模型（8－5）的基础上，进一步构建包含工业集聚水平平方项和人均GDP平方项的模型：

$$\ln p_{it} = \alpha + \beta_{11}\ln ag_{it} + \beta_{12}\ln ags + \beta_2\ln rd_{it} + \beta_3\ln fdi + \beta_{41}\ln pgdp_{it} + \beta_{42}\ln pgdps_{it} + \beta_5\ln envr_{it} + \varepsilon_{it} \quad (8-6)$$

根据工业集聚的间接环境效应机制分析，地区外商直接投资和环境管制水平会影响其工业集聚水平和产业结构，进而影响其污染排放强度，说明地区外商直接投资和环境管制水平与工业集聚之间具有交互作用。因此，本书在模型（8－6）的基础上加入产业集聚与外商直接投资的交叉项和产业集聚与环境管制水平的交叉项，构建如下模型：

$$\ln p_{it} = \alpha + \beta_{11}\ln ag_{it} + \beta_{12}\ln ags + \beta_2\ln rd_{it} + \beta_3\ln fdi + \beta_{41}\ln pgdp_{it} + \beta_{42}\ln pgdps_{it} + \beta_5\ln envr_{it} + \beta_7\ln ag_{it}\cdot\ln envr_{it} + \ln ag_{it}\cdot\ln fdi_{it} + \varepsilon_{it} \quad (8-7)$$

2. 变量选取与数据说明

（1）被解释变量。污染排放（p）：由于目前缺少统一的指标来衡量综合污染排放程度，基于二氧化硫是工业污染排放中最典型的污染物（原毅军、谢荣辉，2014；李筱乐，2014），本书选取城市工业二氧化硫排放量作为工业污染的代理指标，并用各地级市单位工业产值工业二氧化硫排放作为污染排放强度的衡量指标。

（2）核心解释变量。工业集聚程度（ag）：衡量工业集聚程度的指标通常有空间基尼系数、区位熵指数、经济活动分布密度等指标。由于空间基尼系数和区位熵指数均为间接比例指标，数值较小，在模型中与人均GDP、工业SO_2排放等指标存在量级差，影响模型估计的有效性。经济活动分布密度，即单位面积土地上的经济活动量能够有效衡量经济活动的集聚程度（Ciccone和Hall，1996），并且与模型中其他变量处于同一量级。因此，本书采用单位面积工业产出规模测度工业集聚程度。

（3）控制变量。经济发展水平（pgdp）：选用人均 GDP 测度；外商直接投资（fdi）：选用当年实际使用外资额来衡量；研发投入（rd）：基于数据可获得性，选取科学技术支出占地方财政预算支出比重来衡量；环境规制强度（envr）：由于没有直接指标反映环境规制强度，本书借鉴 Levinson（1996）的做法，采用各城市环境相关部门就业人数作为代理变量来测度其环境管制强度。

本书选取 2003 ~2014 年中国 285 个地级市的面板数据，原始数据主要来自历年《中国城市统计年鉴》、各城市环境统计公报。所有货币量均以 2003 年为基期，按照历年 GDP 平减指数进行平减调整为可比价格。对于个别缺失数据，本书采用统计学方法对缺失数据进行补充。表 8 –1 报告了 2003 ~2014 年样本变量处理后描述统计量。

表 8 –1　2003 ~2014 年样本变量的描述统计量

变量	单位	均值	标准差	最小值	最大值
工业 SO_2 排放	吨	61874	60982. 77	0. 47	683162
工业集聚度	万元/平方公里	1939	4824. 30	2. 406	75783
人均 GDP	元/人	20992	18894	73. 84	294213
科技投入	万元	22014	95585	29. 46	1713539
实际利用外资额	万元	288628	680175. 9	0	7078742
环境部门就业人数	人	6948	8226	100	99202

四、模型设定与变量选取

面板数据变截距模型的估计通常包括固定效应模型和随机效应模型两种估计方法，由于本书研究所用数据截面样本大而时间相对较短，因此适用固定效应模型。本书通过 Hausman 检验，在 1% 的显著性水平上拒绝运用随机效应模型，因此选择固定效应模型。

分别将上文中构建的计量模型式（8 –5）、式（8 –6）和式（8 –7）记为模型 1、模型 2 和模型 3。为了检验经济新常态背景下产业集聚的环境效应，本书首先对2003～2014年全样本数据进行估计，又进一步把样本数据分为2003～2008年和2009～2014年两个阶段，以对比中国进入经济新常态前后工业集聚的环境效应是否有差异及主要差异，以便于为当前解决我国紧迫的环境问题提供理论依据。本书借助于Stata 14软件分别对全样本数据及分阶段数据进行实证检验。

1. 2003～2014年全样本检验结果

表8－2报告了基于2003～2014年全样本数据的三个模型实证检验结果。

表8－2　2003～2014年面板数据模型估计结果

变量	被解释变量 $lnSo_2$		
	模型1	模型2	模型3
lnag	0.105*** (5.09)	0.077*** (3.48)	0.910*** (8.33)
lnpgdp	0.013 (0.28)	1.260*** (5.37)	0.651*** (2.65)
lnfdi	0.023* (1.95)	0.020* (1.72)	0.069** (2.06)
lntech	－0.041*** (－3.92)	－0.042*** (－3.67)	－0.039*** (－3.51)
lnenvr	－0.027 (－0.63)	0.007 (0.16)	0.548*** (5.22)
lnags		0.008*** (3.06)	0.012*** (4.13)
lnpgdps		－0.072*** (－5.69)	－0.042*** (－3.18)
lnagenvr			－0.087*** (－5.87)
lnagfdi			－0.011* (－1.84)
_ cons	10.14*** (26.47)	4.384*** (3.71)	2.371* (1.89)

注：表中括号内为P值；***、**、*分别表示在1%、5%和10%的水平上显著。

模型3检验结果显示，所有解释变量均通过显著性检验，证明模型设定比较

合理。工业集聚的一次性系数和二次项系数均为正，说明工业集聚与工业 SO_2 排放之间呈"U"形关系，说明工业集聚水平过低或者过高均会增加工业污染排放，即存在最佳工业集聚水平使工业网污染排放量达到最低。而U形关系的拐点位置，最佳工业集聚水平受经济发展水平、技术水平、环境管制水平和外商直接投资水平等控制变量的影响。人均GDP与工业 SO_2 排放之间的关系符合"环境库兹涅茨"曲线，呈现倒U形关系。即经济发展初期，经济发展水平提高会增加工业污染排放量，而当经济发展到一定阶段之后，经济发展水平的进一步提高会降低工业污染排放量。外商直接投资和环境管制水平直接对工业 SO_2 排放的影响系数为正，即外商直接投资的增加和环境管制水平的提高均带来工业 SO_2 排放的增加。说明我国在引进外资的过程中更多重视考察外商直接投资的经济发展效应，而忽略了环境效应，存在"污染避难所"效应。环境管制水平的提升带来工业污染排放增加的原因是我国在设定了较高的环境管制水平后，其实施监控方面较弱，导致企业偷排行为较显著。但是，外商直接投资和环境管制水平通过工业集聚对工业 SO_2 排放的间接影响均为负，即有利于工业 SO_2 减排。说明在工业集聚度相对高的地区，其对外商直接投资的环境效应更加重视，环境管制水平起到了保护环境的作用。而在工业集聚度相对低的地区，其更加重视经济效应，对环境问题重视度相对不够，导致引进外商直接投资的环保效应要求不高、环境管制政策执行力度弱；而工业集聚度较高的地区更加重视经济发展背后的环境效应，环境管制政策执行力度强。技术创新与工业 SO_2 排放之间呈负相关关系，进一步说明技术创新可以降低工业污染排放，有利于环境改善，与理论分析一致。

2. 分阶段样本检验结果

为了进一步分析我国经济进入新常态后各解释变量与工业 SO_2 排放之间的关系，本书进一步把样本数据分为2003～2008年（新常态前）和2009～2014年（新常态后）两个阶段分别进行检验。由于分阶段后数据年份较少，因此不再估计工业集聚和人均GDP的平方项与工业 SO_2 排放之间的关系。只在模型1的基础上加入工业集聚与FDI和工业集聚与环境管制水平的交叉项，构建模型4：

$$lnp_{it} = \alpha + \beta_{11} lnag_{it} + \beta_2 lnrd_{it} + \beta_3 lnfdi + \beta_{41} lnpgdp_{it} + \beta_5 lnenvr_{it} + \beta_7 lnag_{it} \cdot lnenvr_{it} + lnag_{it} \cdot lnfdi_{it} + \varepsilon_{it} \quad (8-8)$$

运用分阶段数据对模型1和模型4进行检验，其检验结果如表8－3所示。检验结果表明2003～2008年与2009～2014年各变量对工业 SO_2 排放的影响有显著差异。

表 8-3　分阶段面板数据模型估计结果

变量	被解释变量 $lnSO_2$			
	2003～2008 年		2009～2014 年	
	模型 1	模型 4	模型 1	模型 4
lnag	0.562*** (10.04)	1.237*** (6.56)	-0.0432** (-2.16)	0.502** (2.26)
lnpgdp	-0.289*** (-2.69)	-0.336*** (-3.16)	-0.1000* (-1.92)	-0.097* (-1.86)
lnfdi	0.0287** (2.10)	0.202*** (5.62)	0.0135 (0.67)	-0.011 (-0.16)
lntech	-0.0621*** (-4.77)	-0.043*** (-3.29)	-0.0263 (-1.55)	-0.024 (-1.41)
lnenvr	0.0789 (1.12)	0.235 (1.46)	0.0501 (0.91)	0.524*** (2.74)
lnagenvr		-0.033 (-1.36)		-0.068** (-2.58)
lnagfdi		-0.038*** (-5.36)		0.004 (0.32)
_cons	9.536*** (11.08)	6.801*** (5.09)	11.57*** (21.04)	7.745*** (4.79)

注：表中括号内为 P 值；***、**、* 分别表示在 1%、5% 和 10% 的水平上显著。

模型 4 的检验结果表明，两阶段工业集聚均加大了工业污染排放，但是 2009～2014 年的工业污染效应（0.502）明显小于 2003～2008 年的工业污染效应（1.237）。说明进入经济新常态后，工业集聚对环境的负效应在逐步减小。人均 GDP 的系数为负，说明工业污染排放与经济发展水平呈负相关关系。2003～2008 年，外商直接投资与工业集聚的交互性系数为负，说明外商直接投资通过工业集聚间接减少了污染排放。而环境管制与工业集聚的交互性没有通过显著性检验。2009～2014 年，环境管制与工业集聚的交互性系数为负，说明环境管制水平通过工业集聚间接减少了工业污染排放。而外商直接投资与工业集聚的交互性没有通过显著性检验。中国经济进入新常态前后各个变量对工业污染排放影响差异体现出：中国经济进入新常态后，工业集聚区内的知识溢出效应和环境治理规模效应逐步体现出来，工业集聚成为我国解决环境问题的有效措施之一。

五、政策建议

本书以工业集聚的环境外部性为切入点，在工业集聚的环境效应作用机制分析基础上，借鉴 Copeland – Taylor 模型思路，构建工业集聚影响工业污染排放的模型，利用中国 285 个地级以上城市 2003 ~ 2014 年的面板数据，实证分析了工业集聚水平、工业集聚与环境管制和工业集聚与外商直接投资的交互效应对工业污染排放的影响。并进一步将样本数据分为经济新常态前（2003 ~ 2008 年）和经济新常态后（2008 ~ 2014 年）两个阶段，比较分析了不同阶段下工业集聚对工业污染排放的影响差异。与以往的文献相比，本书有针对性地分析了经济新常态背景下工业集聚对工业污染排放的影响，为相关政策的制定提供了合理参考。本书的结论如下：

（1）总体来看，工业集聚加剧了工业污染排放。但是全样本实证结果说明工业集聚与工业污染排放之间呈现 U 形关系，即工业集聚程度过高、过低均会造成工业污染排放增加，而最佳工业集聚水平与各地经济发展水平、外商直接投资、环境管制水平、技术水平等控制变量相关。因此，各地区应根据其经济发展情况确定其最佳工业集聚水平。从不同时间阶段来看，经济新常态前工业集聚的环境负效应远大于中国经济进入新常态以来的工业污染负效应。说明随着中国经济进入新常态，各项结构调整和各方对环境问题的日益重视，工业集聚的环境负效应日趋减弱。但当前工业集聚仍然加剧了工业污染排放，因此为了实现我国“绿色”发展理念，需要进一步提高集聚区内的产业质量，充分发挥工业集聚区内知识溢出效应和污染治理规模效应，降低集聚区内污染治理的边际成本，同时需要加强环保法律法规约束，促使企业加强环境防范、减少污染排放。

（2）全样本检验结果。工业集聚与外商直接投资的交互性系数和工业集聚与环境管制水平的交互项系数均为负；而分阶段的检验结果显示：2003 ~ 2008 年，外商直接投资与工业集聚的交互性系数为负，而环境管制与工业集聚的交互性没有通过显著性检验；2009 ~ 2014 年，环境管制与工业集聚的交互性系数为负，而外商直接投资与工业集聚的交互性没有通过显著性检验。全样本数据和分阶段样本数据检验结果差异说明：总体来看，工业集聚区内的外商直接投资和环境管制水平均有助于减少工业污染排放。但是2003～2008年，集聚区内政府环境管制政策效应不显著，进入新常态后，工业集聚区内环境问题日益突出，导致环境政策执行力度加强，环境政策的环境改善效应显著。而外商直接投资则刚好相反，2003～2008年，我国与国外技术差异较大，外商直接投资的技术水平高于我国固有技术，其污染减排效应显著。而中国经济进入新常态后，我国的工业技术水平有了较大发展，与发达国家的差距日益减少，因此外商直接投资的技术水平与本国固有水平差异较小，其污染减排效应不显著。因此当前产业集聚区需要进一步加强环境管制水平，提高外商直接投资质量，方能达到工业集聚与环境保护的“双赢”效应。

（3）其他控制变量对工业污染排放的影响。全样本数据检验结果显示：人均GDP与工业污染排放之间呈现倒U形关系；而分阶段样本数据检验结果表明人均GDP与工业污染排放之间负相关。说明我国目前处于拐点的右侧，即处于工业污染排放随人均GDP增加而减少阶段。因此，当前大力发展经济是解决我国环境问题的关键所在。技术创新对污染排放的影响系数为负，与理论机制分析一致，因此解决我国环境问题，要不断推进工业技术创新。环境管制水平的污染排放效应在全样本数据分析中和新常态后（2009～2014年）通过显著性检验，且系数为正，即环境管制水平加剧了工业污染排放。环境管制严格地区污染排放成本高，在环境管制政策执行力不够的情况下，企业为了降低成本会选择偷排污染物。

因此需要进一步加强环境管制政策的执行力度，对工业污染偷排现象加大监督和处罚力度。外商直接投资与工业污染排放之间的关系在全样本区间和在2003～2008年均为正，2009～2014年为负，说明经济新常态前，由于我国总体上以经济发展水平为主导的地方考核机制，各个地区为了促进本地区经济发展，对外商直接投资竞争激烈，导致引进一些污染密集型产业，加剧了污染排放。2009年中国经济进入新常态以来，我国的环境问题日益严重，环境指标被纳入地方政府考核体系之中。因此，外商直接投资的环境效应成为政府考虑的主要问题之一，外商直接投资的环境减排效应日益体现出来。

第九章　产业集聚影响资源错配的污染中介效应*

本章利用中国工业企业数据库2010～2013年数据，对将污染排放作为中介变量时，产业集聚与资源错配之间的关系进行研究。研究发现：当资本和劳动力配置均过度或均不足时，产业集聚能够改善资源错配，但此时污染排放量的提高会削弱产业集聚的改善效果。当资本和劳动力配置不平衡时，产业集聚会加剧资源错配，此时污染形成的环境负效应会扩大劳动力缺口，但集聚可能有益于区域内资源循环利用。污染排放作为中介变量，能够在产业集聚影响资源错配的过程中形成三个门槛点，将不同行业划分为轻度污染、中度污染和重度污染，污染排放的整体控制对产业的可持续发展至关重要，一旦形成重度污染将难以扭转，加重行业资源错配。结合本书分析结论，本章从地方政府角度对如何在控制污染排放从而取得产业高效发展，提出了若干政策建议。

一、研究背景

集聚作为经济发展的一部分，能够通过前后向关联产生的累积效应形成相关行业的区域集聚，从而影响资源错配。但经济发展会带来环境污染是毋庸置疑的（Marrewijk，2005），产业集聚与污染排放的非线性关系也得到诸多学者的证实，由于中介变量对核心自变量和因变量均有影响，因此，在产业集聚与资源错配的影响关系中，污染作为中介变量可能产生的作用需考察以下三个方面：

---

* 本章借鉴的主要研究成果为：季书涵，朱英明．产业集聚、环境污染与资源错配研究［J］．经济学家，2019（6）．

1. 产业集聚影响污染排放

环境污染就是产业集聚的负面产物之一，环境污染是阻碍经济集聚的力量（Van Marrewijk，2005；Lange 和 Quaas，2007），产业集聚与污染排放之间存在复杂的非线性关系。王晓硕、宇超逸（2017）认为，经济活动的空间集聚有利于减少单位 GDP 和工业 COD、工业 SO_2、工业烟尘粉尘污染的排放强度；内部集聚对工业 COD 排放强度差距的贡献为负，是缩小工业 COD 排放强度差距的重要因素；而外部集聚度对工业区工业污染排放强度的影响存在显著门限效应。杨仁发（2015）研究发现，产业集聚对环境污染的影响具有显著的门槛特征，产业集聚低于门槛值时会加剧环境污染，而高于门槛值时有利于改善环境污染。李筱乐（2014）认为，集聚与环境污染的关系与市场化水平较低相关，市场化水平较低时，工业集聚会导致环境污染，但当市场化水平跨越更高门限值时，工业集聚会改善环境。刘习平等（2017）从碳生产的角度探讨集聚的经济效应，集聚对碳生产率产生了先促进后抑制的作用，两者呈现倒 U 形关系。张可（2018）的研究也证明了经济集聚与污染排放强度呈倒 U 形关系，经济集聚超过一定的临界水平后将呈现出减排效应，但不同污染物的减排临界点存在差异。

2. 污染排放影响资源错配

污染排放有可能来源于资源不合理配置造成的浪费，而资源错配所带来的效率损失又会影响经济发展，因此污染与经济发展关系的研究可能成为产业集聚的环境效应与资源错配之间关系研究的突破口。关于污染与经济发展的关系研究，其中一条重要的分支是环境库兹涅茨曲线，即 EKC 曲线的发现和验证。Grossman 和 Krueger（1992）、Shafik 和 Bandyopadhyay（1992）等对许多国家的地区性污染物排放变化与人均收入之间关系进行实证分析后发现，环境质量或污染物的排放水平与人均收入之间呈现一种倒 U 形曲线关系，被称为“环境库兹涅茨曲线”，国内关于 EKC 的研究也是近年来的热点，赵细康等（2005）研究认为，中国污染物排放与人均 GDP 的关系或许正处于 EKC 的上升段，离转折点尚有一段距离。袁鹏和程施（2011）则认为，环境效率与经济增长之间存在倒 U 形曲线关系，即随着经济增长环境效率先提高，但在人均 GDP 超过转折点后开始下降，与 EKC 方向相反。刘华军和裴延峰（2017）研究发现，我国城市雾霾污染呈现明显的空间集聚特征，但雾霾污染与经济发展之间不支持倒 U 形的 EKC 假说，而是呈现线性递减关系。虽然对 EKC 的研究结论不一，但环境污染与经济发展存在必然影响已被众多学者证实。

3. 产业集聚影响资源错配

资源错配问题来源于 Hsieh 和 Klenow（2009）的研究，根据估算若改善资源错配，则可将中国的 TFP 提升 25% ~40%。陈永伟和胡伟民（2009）的研究结果显示，我国制造业的增长一直都是依靠大量廉价要素的投入拉动的，要素价格扭曲导致的行业间资源错配，造成了制造业实际产出要低 15% ~20%。张庆君（2015）指出，我国工业企业的确存在比较明显的资源错配行为，从某种意义上来说，如果达到最优的资源配置条件，我国工业企业的总产出将上升 24.3% ~58.8%。资源错配会造成效率损失，而由 Krugman（1991）开创的新经济地理学理论及其后续研究成果可知，集聚效应能够影响集聚区内资本和劳动力配置，从而对资源错配产生影响。众多学者从外部性和集聚经济的视角对经济活动空间集聚经济绩效的作用机理进行了解释（Romer，1986；Robert，1999），但 Williamson（1965）指出，集聚在发展的早期阶段非常重要，这是由于发展初期的交通、通信等基础设施比较落后，资本市场不成熟，此时，生产活动的空间集聚会显著提高效率水平。随着经济发展，因拥挤而导致的负外部性逐步显现，在达到一定临界发展水平后，集聚的影响由正变负，会促使经济活动产生空间分散，季书涵等（2016）的研究也指出，产业集聚的资源错配效应主要通过产业集聚形成的降低资本门槛和优化劳动力结构来获得，能够在资本配置过度和劳动力配置不足时改善资源错配，但在资本配置不足和劳动力配置过度时加剧资源错配。产业集聚能够对资源配置产生影响，但随着产业集聚发展，因拥挤而导致的负外部性逐步显现，从而加剧资源错配。

由此看来，污染并不一定与经济规模正相关，空间集聚可能是控制污染物排放总量或排放强度的重要机制，治理污染、减低排放的动因也可能成为空间集聚的向心力。新经济地理学认为，产业集聚所带来的协同创新能够促使区域内环保技术提升，规模经济与专业分工能够优化资源配置减少资源浪费从而降低污染排放，集聚内部也可以资源循环利用减少污染排放。产业集聚所具有的环境正、负外部性，可能会对资源错配产生不同影响，但现有的文献在研究产业集聚对资源错配对的影响时，尚未对环境污染的中介作用影响进行探究探讨，为解析产业集聚通过影响污染排放，并进而影响资源错配的机制，本书运用 2010 ~2013 年中国工业企业数据库和《中国环境统计年鉴》的面板数据，通过对污染排放中介效应的验证，分析产业集聚的污染效应对资源错配的影响，并通过面板回归模型和面板门槛模型进行检验。

二、资源错配指数计算

1．资源错配理论模型

为解析产业集聚的污染中介效应对资源错配的影响，需先计算分行业资源错配指数。根据 Hsieh 和 Klenow（2009）以及季书涵和朱英明（2016）的内涵型资源错配框架，假设同一行业的生产函数相同，不同行业的生产函数不同，所有行业均使用资本 K，劳动力 L 作为生产要素进行生产，行业中的企业均为价格接受者。此时企业面临的价格是扭曲的，且扭曲以从价税的方式体现：τ_K、τ_L 表示行业 i 中两种生产要素的扭曲“税”。在经济社会中，根据市场均衡原理，若$\tau>0$，则市场上该资源短缺而造成价格高估；$\tau<0$ 时，则为价格低估，资源配置过剩。则行业 i 中的企业面临资本 K 和劳动力 L 的扭曲价格分别为（$1+\tau_{ki}$）p_K、（$1+\tau_{li}$）p_L。其中，p_K、p_L 是竞争性条件下的两种要素价格水平，假设行业 i 中企业的生产函数为 y_i，为简化分析，假设该生产函数为规模报酬不变，即 $\beta_{ki}+\beta_{li}=1$：

$$y_i = TFP_i K_i^{\beta_{ki}} L_i^{\beta_{Li}} = TFP_i K_i^{\beta_{ki}} L_i^{1-\beta_{Ki}} \tag{9-1}$$

此时利润函数：

$$\pi = p_i y_i - p_k(h)(1+\tau_{Ki})K_i - p_L(h)(1+\tau_{Li})L_i \tag{9-2}$$

则利润最大化时：

$$\frac{\partial \pi}{\partial K_i} = TFP_i \beta_{Ki} p_i K^{\beta_{Ki}-1} L^{1-\beta_{Ki}} - (1+\tau_{ki})p_K = 0 \tag{9-3}$$

$$\frac{\partial \pi}{\partial L_i} = TFP_i(1-\beta_{Ki}) p_i K_i^{\beta_{Ki}} L_i^{-\beta_{Ki}} - (1+\tau_{Li})p_L = 0 \tag{9-4}$$

加总 N 个行业的生产函数，则将整个经济体总产值记为 Y，总资本为 K，总劳动力为 L，记行业 i 的产值在整个经济中所占的产值份额为 $s_i=\frac{p_i Y_i}{Y}$，则绝对扭曲系数为：

$$\gamma_K = \frac{1}{1+\tau_K},\quad \gamma_L = \frac{1}{1+\tau_L} \tag{9-5}$$

以资本为例，相对扭曲系数在竞争均衡下用产出加权的资本贡献值表示为

$\beta_K = \sum_{i=1}^{N} s_i\beta_{Ki}$；结合 $K_i = \frac{s_i\beta_{Ki}}{\beta_{Ki}}K$，可将资本相对扭曲系数定义为 $\hat{\gamma}_{Ki} = \frac{\gamma_{Ki}}{\sum_{i=1}^{N}\left[\frac{s_i\beta_{Kj}}{\beta_K}\tau_{Ki}\right]}$，进一步变换为：

$$\hat{\gamma}_{Ki} = \left(\frac{K_i}{K}\right) \Big/ \left(\frac{s_i\beta_{Ki}}{\beta_K}\right) \tag{9-6}$$

与此类似，可求出劳动力相对扭曲指数：

$$\hat{\gamma}_{Li} = \left(\frac{L_i}{L}\right) \Big/ \left(\frac{s_i\beta_{Li}}{\beta_L}\right) \tag{9-7}$$

进而根据式（9－5）计算错配指数。沿用季书涵（2017）的做法，将资本错配指数和劳动力错配指数取绝对值，联合得到行业内涵型错配程度，值越趋近于0则代表错配程度越小：

$$\tau = |\tau_K| + |\tau_L| \tag{9-8}$$

由式（9－6）、式（9－7）可知，要计算资本错配指数 τ_K 与劳动力错配指数 τ_L，必须先对各行业以及全行业的生产函数进行估计，得到 β_K 与 β_L。

2. 资本与劳动产出弹性计算

为应用以上分析框架，必须先估计生产函数得到 β_K 与 β_L，从而计算出各行业错配指数。以往的生产函数估计一般使用行业层面的数据，但由于中国的统计资料中没有关于资本存量的信息，因此需要先对资本存量进行估算。而采用不同的方法时，资本存量的估算结果差异巨大，这就极大地影响了生产函数估计的可靠性。为了克服行业层面数据资本存量估算不准确的问题，本书应用企业层面的微观数据。本书选取《中国工业企业数据库》进行研究，由于该数据库2008年、2009年数据存疑且更新至2013年，因此本书选择2010～2013年数据作为研究样本，同时通过数据库中的企业总产出、固定资本投资、劳动力和中间投入数据，运用Levinsohn和Petrin（2003）（以下简称LP）的半参数估计方法，对样本企业进行反复抽样，利用样本估计参数的方差平方根计算标准差，进而通过Stata软件估算得到 β_K 与 β_L，如表9－1所示。同时，根据式（9－6）、式（9－7），计算得到二位数行业对资本和劳动力相对扭曲系数以及资本和劳动力错配指数，以2013年为例报告计算结果。

表 9－1　生产函数估算及其资源错配指数计算结果

二位数产业	β_K	β_L	资本相对扭曲系数	劳动力相对扭曲系数	资本错配指数	劳动力错配指数	观察值
13	0.0358	0.0176	0.6307	1.6698	－0.3693	0.6698	72462
14	0.0937	0.0263	0.3547	1.5301	－0.6453	0.5301	24906
15	0.0866	0.0384	0.4214	0.9076	－0.5786	－0.0924	18112
16	0.102	0.0484	0.3733	0.1869	－0.6267	－0.8131	510
17	0.0271	0.0299	1.1442	1.9103	0.1442	0.9103	86377
18	0.0597	0.0470	0.3351	1.7693	－0.6649	0.7693	49482
19	0.0247	0.0458	0.7132	1.7544	－0.2868	0.7544	25771
20	0.0296	0.0263	0.8596	2.2637	－0.1404	1.2637	28248
21	0.0325	0.0356	0.7841	1.8277	－0.2159	0.8277	15859
22	0.0338	0.0299	1.5222	1.4102	0.5222	0.4102	25543
23	0.0853	0.0480	0.7100	1.3808	－0.2900	0.3808	16321
24	0.0438	0.0605	0.3869	0.9634	－0.6131	－0.0366	16856
25	0.0620	0.0003	0.5054	30.2441	－0.4947	29.2441	7813
26	0.0292	0.0201	1.4868	1.2804	0.4868	0.2804	81273
27	0.0768	0.0305	0.5622	1.3383	－0.4378	0.3383	22765
28	0.0277	0.0113	0.8556	1.6038	－0.1444	0.6038	6712
29	0.0286	0.0382	0.9488	1.3546	－0.0512	0.3546	77489
30	0.0191	0.0309	2.9399	1.9018	1.9399	0.9018	70202
31	0.0604	0.0303	0.8165	0.5393	－0.1835	－0.4607	35853
32	0.0657	0.0179	0.5364	0.9915	－0.4636	－0.0085	36489
33	0.0280	0.0220	0.6934	1.9827	－0.3066	0.9827	56257
34	0.0802	0.0245	0.2618	1.6467	－0.7382	0.6467	77252
35	0.0716	0.0265	0.4225	1.6832	－0.5775	0.6832	61798
37	0.0342	0.0333	0.8848	0.7656	－0.1152	－0.2344	58024
39	0.0273	0.0379	0.7963	0.9314	－0.2037	－0.0686	67253
40	0.0228	0.0603	0.9119	0.5279	－0.0881	－0.4721	36042
41	0.0325	0.0427	0.6155	1.0902	－0.3845	0.0902	12972
42	0.0699	0.0498	0.7397	1.0753	－0.2603	0.0753	16342
全行业	0.0307	0.0335					1212881

资料来源：Stata 计算。

由计算结果来看，二位数行业仍然有相当一部分资本配置过度且劳动力配置不足，资源配置情况随着时间推移非但没有好转反而愈演愈烈。与季书涵（2016）的计算结果相比，资本过度配置、劳动力存在缺口的问题正在逐步加深。虽然随着“十一五”计划的圆满完成，“十二五”计划的逐步实施，中国发展已经成为世界第二大经济体、世界第一制造大国，但经济的持续发展并没有从根源上改变行业间资源配置不合理、效率低的问题。资本的浪费、劳动力的缺口以及效率的损失仍然可能成为未来中国经济发展的“瓶颈”。同时，不合理的资源配置方式以及依靠资本拉动的粗放增长模式，还有可能产生污染排放量急剧增加，近年开始逐步席卷我国的雾霾形势，已成为工业生产过程中不得不重视的问题。

三、中介模型设定与变量选取

1. 中介效应模型简介

产业集聚对资源错配的改善效果有可能与产业集聚的环境正、负效应相关，因此本书选用中介变量法，将随着产业集聚程度的加深而可能出现的污染问题作为中介变量，解析产业集聚与污染、污染与资源错配和产业集聚与资源错配之间的相关关系。中介效应模型来源于心理学研究，近年来其适用范围不断扩大。根据温忠麟等（2004）的分析范式，若自变量 X 对因变量 Y 的影响，是通过影响变量 M 而对 Y 产生影响，则称 M 为中介变量。则有：

$$Y = cX + e_1, \ Y = aX + e_2, \ Y = c'X + bM + e_3 \tag{9-9}$$

其中，方程 c 是自变量 X 对因变量 Y 的总效应，a 是自变量 X 对中介变量 M 的效应，b 是在控制自变量 X 的影响后，中介变量 M 对 Y 的效应，而 c′则是在控制了中介变量 M 的影响后，自变量 X 对 Y 的直接效应。则根据 MacKinnon 等（2002）的定义，中介效应等于间接效应之商即 a × b，记为 Indirect effect，间接效应与总效应的关系为：

$$c = c' + ab \tag{9-10}$$

实际检验一般通过逐步回归来实现：第一步需检验系数 c、系数 a、系数 b 的显著性进而检验 a × b 的显著性，来判断中介效应是否存在。本书为检验产业集聚通过影响环境质量，进而对资源配置形成影响，将产业集聚作为自变量，将污染排放作为中介变量，将资源错配作为因变量，回归模型如式（9-11）所示。

$$\tau = \alpha_0 + \alpha_1 S_{irt} + \alpha_2 X_{irt} + d_t + \varepsilon_{irt} \quad (9-11)$$

其中，S_{irt}表示 t 时期内 r 地区的核心自变量；X_{irt}表示地区 r 特征和行业 i 特征的其他控制变量；d_t 表示时间哑变量；ε_{irt}表示随机误差项。

2. 变量选取

为研究产业集聚过程中污染排放的抑制作用，本书需计算产业集聚度与污染参数两个核心自变量。

（1）污染熵（Entropy of Pollution）。在综合指标体系的测度中，确定权重可以通过主观赋权法和客观赋权法来进行，其中，客观赋权法的原始信息来源于客观环境，根据各项指标所提供的信息来决定指标权重，排除主观赋权法的人为因素，更适宜于本书研究。因此，根据陈明星等（2009）的做法，首先计算污染的信息熵。

首先，对三项污染指标进行无量纲化处理，减弱极端值对综合评价的影响，同时向右平移 1 个单位，消除负值：

$$x_{ij}^* = (x_{ij} - \bar{x}_j)/s_j + 1 \quad (9-12)$$

其中，x_{ij}^* 为标准化后的赋值，i 为行业，j 为污染指标，x_{ij}为指标的原始值，$\bar{x}_j$ 和 s_j 分别为指标 j 的均值和标准差。

其次，计算指标 x_{ij}^* 的比重 p_{ij}，指标的信息熵值 e_j 和差异系数 g_j 并进一步计算得到指标 x_j 的权重 a_j（$0 \leqslant a_j \leqslant 1$）。

指标信息熵计算：

$$e_j = -\frac{1}{\ln m}\sum_{i=1}^{n} p_{ij}\ln p_{ij} \quad g_{ij} = 1 - e_j \quad p_{ij} = x_{ij}^* \Big/ \sum_{i=1}^{n} x_{ij}^* \quad (9-13)$$

信息熵是系统状态不确定性的度量，一般来说，信息熵值越大，系统结构越平衡；反之，则系统变化越快。继续通过信息熵计算污染指标的权重值：

$$a_j = g_i \Big/ \sum_{j=1}^{m} a_j p_{ij} \quad (9-14)$$

最后，将各项指标标准化后的值 x_{ij}^* 与权重 a_j 的乘积加合，得到行业 i 的污染熵值：

$$ep_i = \sum_{j=1}^{m} a_j p_{ij} \quad (9-15)$$

以 2013 年为例，表 9-2 展示了二位数产业废水、废气和固体废弃物数据，并计算得到污染熵。

表 9-2　2013 年二位数产业污染熵计算结果

行业名称	行业代码	废水（万吨）	废气（亿立方米）	固体废弃物（万吨）	污染熵
农副食品加工业	13	116727	5069	3. 8	3. 2004
食品制造业	14	52208	2498	0. 28	1. 5447
酒、饮料和精致茶制造业	15	66049	2032	0. 15	1. 4920
烟草制品业	16	3112	554	0. 28	1. 4921
纺织业	17	202896	2875	0. 28	1. 6568
纺织服装、服饰业	18	17129	196	0. 03	1. 3864
皮革、毛皮、羽毛及其制品和制鞋业	19	20885	327	0. 06	1. 4037
木材加工及木、竹、藤、棕、草制品业	20	2992	2811	0. 23	1. 4895
家具制造业	21	526	620	0. 01	1. 3691
造纸及纸制品业	22	400696	6721	0. 6	1. 9779
印刷和记录媒介复制业	23	1102	246	0	1. 3617
文教、工美、体育和娱乐用品制造业	24	1573	202	0. 02	1. 3707
石油加工、炼焦和核燃料加工业	25	76047	21345	0	1. 6027
化学原料和化学制品制造业	26	409677	31536	7. 87	5. 4805
医药制造业	27	47396	1741	0. 33	1. 5571
化学纤维制造业	28	35018	2234	0. 05	1. 4263
橡胶和塑料制品业	29	16544	3762	0. 04	1. 4220
非金属矿物制品业	30	82626	120337	1. 23	3. 0386
黑色金属冶炼及压延加工业	31	2186335	173002	8. 71	8. 3944
有色金属冶炼及压延加工业	32	98189	32636	0. 79	2. 0747
金属制品业	33	56602	5479	0. 06	1. 4752
通用设备制造业	34	8589	1259	0. 05	1. 3986
专用设备制造业	35	6311	1272	0. 01	1. 3791
交通运输设备制造业	37	15303	6481	0	1. 4272
计算机、通信和其他电子设备制造业	39	53437	6438	0. 04	1. 4724
仪器仪表制造业	40	1586	129	0	1. 3610
其他制造业	41	4739	693	0. 02	1. 3773
废弃资源综合利用业	42	2457	340	0. 01	1. 3680

资料来源：《中国环境统计年鉴》（2010～2013 年）。

由计算数值可知，随着产业的不断发展，污染排放量也在逐年增加，且各行业排放量差异巨大，污染熵原始数据记为 EP。为统一回归系数方向，将污染熵取相反数后进行坐标平移，数值越大则污染排放量越小，若回归系数为负值，则表明资源错配会随着排放量的减小而改善，污染熵处理后记为 Pol。

（2）产业集聚度（HHI）。本书采用赫芬达尔—赫希曼指数（Herfindahl - Hirschman Index，HHI）作为产业集聚度指标，计算公式为：

$$HHI_{ij} = \sum_{i=1}^{n} (y_{ij}/y_j)^2 \tag{9-16}$$

其中，y_{ij}是区域 j 内行业 i 的生产总值，y_j 是整个 i 行业的生产总值，HHI_{ij}越大，则该行业在该地区内集聚越高，并做对数处理。与以往的研究相比，本书产业集聚度的计算包含地区因素，对产业集聚与污染以及资源错配的关系研究将更为具体。

（3）其他控制变量。

1）产业结构（Industrial Structure）。根据许和连和邓玉萍（2012）的做法，将各省份第二产业产值占地区生产总值的比重用以衡量地区能源结构，这是由于在经济发展阶段中，工业产值的提高往往伴随着能源的消耗与废弃物的排放，污染加剧，第二产业产值占比开始提高。但当经济开始寻求转型，经济发展方式由粗放型增长向集约型增长转时，第二产业产值占比开始逐步下降，环境压力也开始逐步减缓，记为 IS。

2）能源结构（Energy - Resource Structure）。能源使用是大气产生污染的直接原因，其中煤炭由于加工使用方式原始，资源利用率低，使用污染大，而成为大气污染的最主要来源之一。我国能源结构不合理，煤炭消费占比过大是环境问题日益加剧等主要原因之一，因此根据马丽梅和张晓（2014）对能源结构与雾霾关系的研究，将煤炭在不同行业中的能源消耗占比作为能源结构的代理变量，加入回归模型，记为 ES。

3）全要素生产率（TFP）。全要素生产率提高就是产业升级与生产力的发展。会促使企业选择更加先进的生产设备和更加高效的能源利用方式，从而减少污染排放，因此本书通过 LP 方法估算各行业生产函数，进而计算得到单个企业的 TFP，该值反映了有关物质生产的知识水平、管理技能、制度环境以及计算误差等因素，进行对数处理后纳入回归，能够控制个体因素对回归结果的影响，本书将其进行对数处理，加入回归方程，记为 lnTFP。除此以外，还加入“省份

GDP”和“省份人口数量”作为地区发展程度和发展规模的控制变量，均作对数处理，分别记为lnGDP和lnPOP。

表9-3　变量统计性描述

变量定义		观察值	均值	方差	最小值	最大值
因变量	错配程度（τ）	112	1.7664	4.3802	0.2440	29.7388
核心自变量	污染熵（EP）	112	2.0000	1.4000	1.0845	8.3944
	污染排放（Pol）	112	7.0000	1.4000	0.6056	7.9155
	产业集聚度（lnHHI）	3372	7.1068	0.7873	3.1217	9.2103
控制变量	能源结构（ES）	112	0.4371	0.4232	0.0056	2.4746
	省份GDP（lnGDP）	124	9.4023	0.9915	6.2294	11.0375
	省份人口数量（lnPOP）	124	8.1022	0.8511	5.7045	9.2728
	产业结构（IS）	124	0.4837	0.0811	0.2230	0.5900
	lnTFP	1041196	1.9038	1.7902	-11.1915	10.3932

资料来源：《中国环境统计年鉴》《中国统计年鉴》《中国工业企业数据库》。

四、中介效应模型实证结果

沿用季书涵等（2017）的思路，将企业的不同内涵型错配情况分为：资本配置不足且劳动力配置不足（$\tau_{Ki}>0$，$\tau_{Li}>0$）、资本配置不足且劳动力配置过度（$\tau_{Ki}>0$，$\tau_{Li}<0$）、资本配置过度且劳动力配置过度（$\tau_{Ki}<0$，$\tau_{Li}<0$）、资本配置过度且劳动力配置不足（$\tau_{Ki}<0$，$\tau_{Li}>0$）四类，根据式（9-8），将资本和劳动力错配情况进行整合，并取资本错配指数和劳动力错配指数的绝对值之和作为错配程度，当错配程度与产业集聚度呈反方向变动时，则认为产业集聚能够改善资源错配。

由第一种配置情况的回归结果可看出，在方程（1）中，去除中介变量，核心解释变量对被解释变量仍然具有显著影响，且模型（2）的回归结果表明，核心解释变量对中介变量也具有显著性影响。且模型（3）中加入所有变量后，中介变量、核心解释变量对被解释变量仍然具有显著影响，但产业集聚度对资源错配的改善作用由负转正，表明产业集聚提高的过程中，虽然伴随着污染排放量的增多，但对资本和劳动力配置不足的情况仍有明显的改善作用。第二种错配情况则有所不同，污染排放作为中介效应的作用仍然显著，但产业集聚本身会在资本配置不足时，带来更加严重的劳动力配置过度，但此时若减少污染排放，则能显著改善资源错配，弹性系数高达 -1.008。

表 9-4　中介模型回归结果

配置情况	$\tau_{Ki}>0$，$\tau_{Li}>0$			$\tau_{Ki}>0$，$\tau_{Li}<0$		
因变量	τ (1)	Pol (2)	τ (3)	τ (4)	Pol (5)	τ (6)
Pol			-0.0839*** (0.000789)			-1.008*** (0.0146)
lnHHI	0.0541*** (0.00313)	-1.249*** (0.00760)	-0.0507*** (0.00322)	-0.122*** (0.00192)	0.0212*** (0.000872)	0.101*** (0.00173)
ES	0.885*** (0.00457)	1.595*** (0.0111)	0.751*** (0.00465)	-3.287*** (0.0424)	0.173*** (0.0193)	-3.461*** (0.0377)
lnGDP	-0.257*** (0.00310)	-0.877*** (0.00751)	-0.183*** (0.00311)	0.00248 (0.00226)	0.00947*** (0.00103)	-0.00706*** (0.00201)
lnPOP	0.206*** (0.00398)	0.592*** (0.00964)	0.157*** (0.00392)	0.00122 (0.00271)	-0.00649*** (0.00123)	0.00777*** (0.00241)
IS	-0.130*** (0.0268)	-1.431*** (0.0650)	-0.0101 (0.0263)	0.164*** (0.0165)	-0.0442*** (0.00750)	0.209*** (0.0147)
lnTFP	-0.213*** (0.00201)	-0.541*** (0.00487)	-0.168*** (0.00201)	0.0735*** (0.00231)	-0.0390*** (0.00105)	0.113*** (0.00213)
Constant	1.147*** (0.0321)	-2.123*** (0.0778)	1.325*** (0.0314)	-0.196*** (0.0235)	1.203*** (0.0107)	-1.409*** (0.0273)
Observations	261977	261977	261977	17805	17805	17805
R-Squared	0.267	0.268	0.297	0.695	0.278	0.759

注：***、**、*表示1%、5%、10%的显著性水平，括号内为回归系数的稳健性标准差。

表 9-5 报告了第三种和第四种配置情况的回归结果，其中当资本和劳动力配置均过度时，产业集聚能够获得较好的错配改善效果，与此同时污染排放量虽然有所上升但回归系数仅为 0.0071，危害尚且较小。但若资本配置较为充沛，但劳动力配置不足时，集聚原本对资源错配的改善效果，会因为污染排放量的增多而形成反作用，不仅污染排放系数增大至 0.531，形成较大环境压力，同时集聚

对错配的加剧作用也能达到0.243。

根据表9－4、表9－5的回归结果结合中介效应模型理论，可以得到表9－6的污染排放中介效应指数和直接效应指数，继续对其进行显著性检验。在中介效应模型分析中，运用较多的检验方法是Sobel法和Bootstrap法。Sobel法的检验统计量为 $z=\hat{a}\hat{b}/s_{ab}$，其中 $\hat{a}$、$\hat{b}$ 分别为系数a和b的估计值，根据一阶Taylor展式得到的近似公式：$s_{ab}=\sqrt{\hat{a}^2s_b^2+\hat{b}^2s_a^2}$ 是 $\hat{a}\hat{b}$ 标准差，s_a、s_b 是 $\hat{a}$ 和 $\hat{b}$ 的标准差。而非参数百分位Bootstrap法则是通过重复抽样的方式得到Bootstrap样本，再对样本的系数乘积值进行估计，由低到高取2.5%～95%置信区间进行检验，如果区间内不包含0值，则表明系数乘积显著。

表9－5 中介模型回归结果

配置情况	$\tau_{Ki}<0$，$\tau_{Li}<0$			$\tau_{Ki}<0$，$\tau_{Li}>0$		
因变量	τ (1)	Pol (2)	τ (3)	τ (4)	Pol (5)	τ (6)
Pol			0.00714*** (0.000287)			0.531*** (0.00187)
lnHHI	−0.851*** (0.00569)	−0.0906*** (0.000814)	−0.0845*** (0.000849)	−0.242*** (0.00654)	−0.913*** (0.00434)	0.243*** (0.00636)
ES	−1.116*** (0.0161)	−0.106*** (0.00230)	−0.0978*** (0.00232)	6.036*** (0.0101)	1.464*** (0.00671)	6.813*** (0.00985)
lnGDP	−0.0526*** (0.00704)	−0.00133 (0.00101)	−0.000951 (0.00101)	0.453*** (0.00873)	−0.289*** (0.00579)	0.300*** (0.00819)
lnPOP	0.0792*** (0.00830)	0.0119*** (0.00119)	0.0113*** (0.00119)	−0.471*** (0.0106)	0.282*** (0.00707)	−0.321*** (0.00998)
IS	−0.533*** (0.0516)	−0.407*** (0.00737)	−0.403*** (0.00736)	0.619*** (0.0660)	0.215*** (0.0438)	0.733*** (0.0618)
lnTFP	−0.560*** (0.00187)	0.0650*** (0.000267)	0.0690*** (0.000311)	0.223*** (0.00162)	0.128*** (0.00107)	0.291*** (0.00153)
Constant	15.10*** (0.0680)	1.234*** (0.00972)	1.126*** (0.0106)	−0.456*** (0.0714)	−5.282*** (0.0474)	−3.261*** (0.0675)
Observations	247098	247098	247098	569119	569119	569119
R－Squared	0.433	0.326	0.327	0.396	0.196	0.471

注：***、**、*表示1%、5%、10%的显著性水平，括号内为回归系数的稳健性标准差。

表 9-6 Sobel 检验计算结果

配置情况	$\tau_{Ki}>0$，$\tau_{Li}>0$	$\tau_{Ki}>0$，$\tau_{Li}<0$	$\tau_{Ki}<0$，$\tau_{Li}<0$	$\tau_{Ki}<0$，$\tau_{Li}>0$
a 值	-1.249	0.021	-0.851	-0.913
b 值	-0.084	-1.008	0.007	0.531
中介效应 a * b	0.105	0.021	-0.006	-0.485
直接效应 c′	-0.051	0.101	-0.085	0.243
总效应 c′+b	0.054	0.122	-0.091	-0.242
a * b/(c′+b)	1.937	0.176	0.067	2.002
a * b/c′	-2.067	0.213	0.072	-1.998
c′/(c′+b)	-1.067	1.213	1.072	-0.998
Sobel 检验	0.105*** (0.012)	0.021*** (0.001)	-0.006*** (0.0002)	-0.485*** (0.003)

注：***、**、*表示 1%、5%、10% 的显著性水平，括号内为回归系数的稳健性标准差。

资料来源：Stata 计算。

表 9-6 中，四种错配的中介效应值均通过 Sobel 检验，在 1% 水平上显著。由于 Sobel 检验通常假设 a×b 服从正态分布，而使中介效应是否显著的检验结果可能存在误差（Preacher 和 Hayes，2008），因此本书继续通过 Bootrasp 检验，验证污染排放的中介效应。结果如表 9-7 所示。检验结果可以看出，四种错配情况时，Bootrasp 检验的 95% 置信区间均不为 0，满足中介效应显著的条件。Soble 与 Bootrasp 检验结果均表明，污染排放在中介作用产业集聚影响资源错配的过程中起到重要作用：①当资本和劳动力均不足时，污染排放的直接效应与 C′中介效应 a×b 异号，则表明污染排放的中介效应具有遮掩性，即由产业集聚带来的环境污染会削弱产业集聚对资源错配的改善效果，但总体来看仍然是利大于弊的。②当资本配置不足而劳动力配置过度时，产业集聚会加剧资源错配，此时污染排放变量的中介效应和直接效应均大于零，资源错配现状的改善必须通过大幅减少污染排放才能实现。③当资本和劳动力配置均过度时，产业集聚会形成较为有效的资源错配改善效果，虽然集聚过程伴随着污染排放的提高，但中介效应和直接效应值均小于零，产业集聚度提高总体来看是对改善资源错配有益的。④当资本配置过度而劳动力配置不足时，污染排放总体表现为遮掩效应，大幅削弱了此时产业集聚对资源错配的改善作用，呈现出非常不利的资源错配加剧效果。

表 9-7　Bootrasp 检验计算结果

	$\tau_{Ki}>0,\tau_{Li}>0$	$\tau_{Ki}>0,\tau_{Li}<0$	$\tau_{Ki}<0,\tau_{Li}<0$	$\tau_{Ki}<0,\tau_{Li}>0$
中介效应	0.1541***	0.0320***	-0.0001***	-0.1850***
_bs_1	(0.0013)	(0.0007)	(0.0002)	(0.0018)
直接效应	-0.2734***	0.1995***	-0.1555***	0.8435***
_bs_2	(-0.0020)	(0.0012)	(0.0010)	(0.0124)
(Normal-based)	[0.1515,0.1568]	[0.0306,0.335]	[-0.0003,0.0004]	[-0.1884,-0.1815]
[95% Conf. Interval]	[-0.2787,-0.2683]	[0.1971,0.2019]	[-0.1575,-0.1534]	[0.8192,0.8679]

注：***、**、*表示 1%、5%、10% 的显著性水平，括号内为回归系数的稳健性标准差。

资料来源：Stata 计算。

从计算结果可以看出，污染作为中介变量的效果是非常显著的。无论是 Soble 检验还是 Bootstrap 检验都清晰地显示，污染排放作为中介变量，在产业集聚与资源错配的影响关系中起到重要作用。为进一步验证污染排放作为中介效应在产业集聚影响资源错配过程中所起到的作用，本书选用包含交互项的面板模型对三者关系进行分析，将污染排放和产业集聚资进行中心化后相乘，得到交互项加入回归。在回归前先进行 Hausman 检验，原假设随机影响模型中个体影响与解释变量不相关，检验与回归结果如表 9-8 所示：

表 9-8　中介模型验证回归

配置情况	错配程度（τ_i）							
	$\tau_{Ki}>0$，$\tau_{Li}>0$		$\tau_{Ki}>0$，$\tau_{Li}<0$		$\tau_{Ki}<0$，$\tau_{Li}<0$		$\tau_{Ki}<0$，$\tau_{Li}>0$	
	(1)	(2)	(3)	(4)	(5)	(6)	(7)	(8)
Pol	-0.130***	-0.131***	-0.693***	-0.696***	0.00417***	-0.0164***	0.0968***	0.105***
	(0.000509)	(0.000508)	(0.00790)	(0.00792)	(0.000197)	(0.000240)	(0.00178)	(0.00180)
lnHHI	-0.181***	-0.138***	0.0260***	0.0270***	-0.108***	-0.181***	0.426***	0.485***
	(0.00394)	(0.00424)	(0.00214)	(0.00215)	(0.000876)	(0.00207)	(0.00688)	(0.00715)
Pol*lnHHI		-0.210***		-0.0159***		0.319***		-0.745***
		(0.00774)		(0.00390)		(0.00499)		(0.0253)
ES	0.974***	0.993***	-1.197***	-1.196***	-0.235***	-0.522***	1.744***	1.779***
	(0.00529)	(0.00532)	(0.0568)	(0.0567)	(0.00223)	(0.00351)	(0.00907)	(0.00911)

续表

配置情况	错配程度（τ_i）							
	$\tau_{Ki}>0$，$\tau_{Li}>0$		$\tau_{Ki}>0$，$\tau_{Li}<0$		$\tau_{Ki}<0$，$\tau_{Li}<0$		$\tau_{Ki}<0$，$\tau_{Li}>0$	
	(1)	(2)	(3)	(4)	(5)	(6)	(7)	(8)
lnGDP	-0.0618***	-0.105***	-0.0390***	-0.0442***	0.00824***	0.240***	-0.252***	-0.234***
	(0.0204)	(0.0204)	(0.00391)	(0.00410)	(0.00118)	(0.0107)	(0.0120)	(0.0120)
lnPOP	0.0712	0.0345	-0.00286	0.00979	-0.00369***	-0.0552***	-0.0109	-0.0232*
	(0.0465)	(0.0463)	(0.0137)	(0.0141)	(0.00136)	(0.0179)	(0.0141)	(0.0140)
IS	-0.921***	-0.750***	0.0958***	0.0910***	-0.151***	-0.0210	0.831***	0.737***
	(0.0585)	(0.0587)	(0.0124)	(0.0124)	(0.00827)	(0.0322)	(0.0759)	(0.0759)
lnTFP	0.0905***	0.0869***	0.000503**	0.000515**	0.0568***	0.0174***	0.0998***	0.105***
	(0.00136)	(0.00136)	(0.000253)	(0.000253)	(0.000284)	(0.000590)	(0.00109)	(0.00111)
Constant	3.261***	3.590***	6.112***	6.074***	1.392***	0.309*	-0.981***	-1.566***
	(0.415)	(0.414)	(0.151)	(0.151)	(0.0110)	(0.158)	(0.0938)	(0.0956)
Hausman 检验	0.000	0.000	0.000	0.000	-1.32E+04	0.000	-4.32E+06	-4.71E+06
Observations	261977	261977	17805	17805	247098	247098	569119	569119
Number of id	134608	134608	12758	12758	129871	129871	307157	307157
R-squared	0.816	0.817	0.990	0.990	0.599	0.612	0.378	0.381

注：***、**、*表示1%、5%、10%的显著性水平，括号内为回归系数的稳健性标准差，回归对年份固定效应进行控制。

由回归结果可以看出，虽然中介效应与交互项的内涵不尽相同，但都表达因变量本身存在相关关系，而产业集聚度与污染排放变量的交互项系数仍然在各种配置情况下显著，表明污染排放作为中介变量的作用仍然非常明显。对比模型（1），模型（2）中虽然交互项的加入削弱了产业集聚的改善效果，但交互项系数显著且为负，表明产业集聚度提高的过程中若能同时减少污染排放，则资源错配能够很大程度地得到改善。模型（4）的回归结果与中介效应模型相同，产业集聚此时会加剧资源错配，且交互项的加入也会使系数增大，但污染排放量的减小则能大幅降低资源错配程度。模型（6）中两项核心自变量的系数均为负，此时交互项系数为正则表明核心自变量之间的相互作用提高改善效果，与中介效应计算结果中中介效应、直接效应和总效应均为负的结论一致。在模型（8）中，交互项的加入加剧了产业集聚的资源错配效应，但交互项系数呈现负值，也表明

在产业集聚度提高的同时控制污染排放量，才有可能平衡资源错配的加剧效果。由分析可知，交互项作为中介效应的替代变量加入面板模型回归后，核心自变量系数的变化方向与前文分析基本保持一致，中介效应得以验证。

从中介效应及其面板回归结果来看，当行业资本和劳动力配置均不足时，产业集聚度的提高能够显著改善资源错配，产业集聚的扩散效应不断吸引外来资本和劳动力对产业资源进行补充，也伴随着污染排放量的增大，污染排放的中介效应为正，抑制产业集聚度的过度提高，使资源配置不断向最佳配置靠近。若产业集聚程度不断加深则有可能出现资本和劳动力配置不平衡，在这两种情况下产业集聚会加剧资源错配，由于劳动力对环境污染更加敏感，因此当资本配置过度劳动力配置不足时，此时污染的中介效应也为正，会加重劳动力的背离，加剧资源错配，反作用于产业集聚。与此相比，当资本配置不足而劳动配置过度时，产业集聚度的提高反而会降低污染排放，这可能是由于集聚使本来不足的资本得到共享，形成资源循环利用，并且集聚区内污染处理设备能够得到共享，在一定程度上避免了重复污染排放，其中介作用也中和了产业集聚的资源错配效应。当资源配置跨越不足，呈现资源配置过度时，产业集聚则能通过资源共享使资本和劳动力产生更高的生产率，虽然集聚会带来污染排放量的增加，但环境污染的中介效应为负，是产业发展的正常结果，并不会因集聚度提高而使资源配置不当，造成过度污染。

五、中介门槛效应

由以上研究结论可知，随着产业集聚度的增高，污染排放值在不同错配情况下并非同方向变动，但总体而言污染排放会随集聚度的提高而增大。但污染排放作为中介变量，在产业集聚改善资源错配的过程中影响不一，产业集聚带来的污染排放量增大究竟是行业良性发展带来的正常增长，还是资源错配造成的低效生产带来的浪费，资源错配和污染排放之间是否存在门槛点是污染中介效应研究的核心。换言之，当集聚带来的污染排放达到一定程度时，是否会显现产业集聚的环境负效应，形成拐点使产业集聚进一步有碍于资源错配的改善，需通过考察污染排放的临界点，解析产业集聚在污染临界点前后的产业集聚效应来验证。

1. 门槛值估计

根据 Hansen（2000）的门槛模型，将污染排放作为门槛变量，选取不同的产业集聚度逐一对模型进行估计并计算残差，残差平方和最小时所对应的污染排放值即为门槛值。在此基础上，进一步通过“自抽样法”（Bootstrap）模拟 LM 检验 F 统计量的渐进分布临界值检验门槛效应是否存在。为避免数值平移对抽样结果的影响，同时为表达得更加直观，在设定门槛值时应选用污染熵原始数据。三门槛面板检验结果如表 9－9 所示。

表 9－9　门槛效应检验结果

模型	临界值					
	F 值	P 值	BS 次数	1%	5%	10%
单一门槛	0.6E+04***	0.000	300	12.435	8.561	6.514
双重门槛	1.5E+04***	0.000	300	−132.839	−152.829	−168.694
三重门槛	0.000***	0.040	300	0	0	0

资料来源：Stata 计算。

由门槛效应检验结果可以看出，搜索到第一个门槛值 EP_ 1 为 2.720，P 值为 0.000 因此拒绝无门槛效应的假设。接下来固定第一个门槛值进一步检验模型，得到第二个门槛值为 EP_ 2 为 1.489，并更新第一个门槛值为 2.672，仍然在 1% 的显著水平上拒绝无门槛效应假设，但搜索第三个门槛值 EP_ 3 为 1.555 时，F 值为 0.000，因此不存在第三个门槛值，且两个门槛值均通过 1% 的显著性检验。门槛估计值如表 9－10 所示。

表 9－10　门槛值估计

	门槛估计值	95% 置信区间
单一门槛模型（g_1）	2.720	[1.939，1.943]
双重门槛模型：		
Ito_1（g_1）	1.489	[1.489，1.489]
Ito_2（g_2）	2.672	[2.672，2.672]
三重门槛模型（g_3）	1.555	[1.554，1.557]

资料来源：Stata 计算。

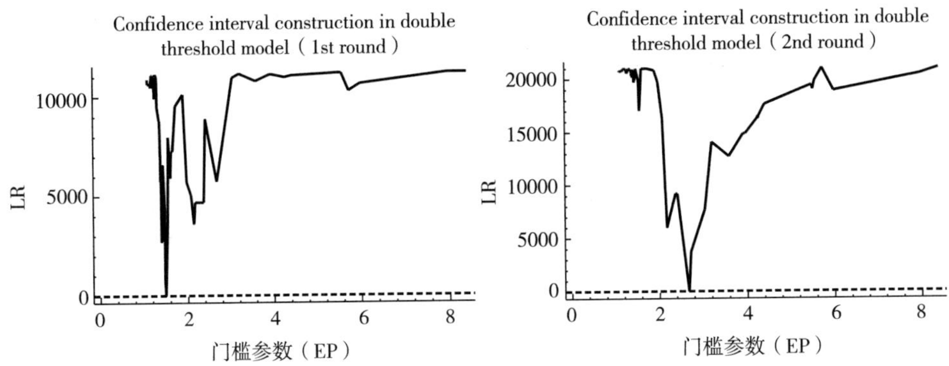

图9-1 门槛变量似然比曲线

2. 中介门槛实证分析

由门槛值估算得到的两个污染排放门槛点，将企业由低到高分成三类，本书继续沿用面板回归模型，对产业集聚、污染排放与资源错配的关系进行研究。由表9-11可以看出，当污染熵 EP<1.489 时，行业处于轻度污染区，产业集聚度的提高能够有效改善资源错配，系数为-0.238。与此同时，交互项加入也能提高产业集聚的改善程度，并且削弱污染的负面影响，且回归结果中能源结构的改善能够显著降低资源错配，弹性系数达到-0.496。当1.489<EP<2.762来到第二阶段中度污染区时，产业集聚呈现出非常严重的错配情况，弹性系数高达0.660，此时产业集聚过程中伴随着污染排放量的提高，但污染排放量的降低则能明显改善资源错配，污染的门槛效应得到显著体现，此时改善能源结构仍然能够改善资源错配，且地区发展程度的提高和人口密集度的增加，也有利于使资源向更高效的产业流动。但当 EP>2.762，达到重度污染时，由模型（7）可以看出，产业集聚度提高会带来污染排放量的下降，换言之污染程度过高的地区，产业集聚度难以继续提高，只有当污染水平降到门槛值以下，产业集聚才能持续健康发展。模型（8）则表明，除污染排放量下降能够改善资源错配外，其余自变量当回归系数均大于零，资源错配情况愈演愈烈，无论是地区发展程度提高还是能源结构的改变均不能改善资源错配，由此可见，控制污染排放量对于工业整体持续健康发展是至关重要的。一旦形成不可逆的污染排放和不可持续发展的产业结构，高能耗低效率的发展模式将被锁定，很难将其扭转。盲目集聚而造成的更严重的资源错配问题不但会造成资源的浪费和效率的损失，还会形成环境压力，进一步恶化资源错配情况。

表 9－11 不同污染程度资源错配中介效应结果分析

污染程度	EP < 1.489			1.489 < EP < 2.762			EP > 2.762		
因变量	EP	τ		EP	τ		EP	τ	
	(1)	(2)	(3)	(4)	(5)	(6)	(7)	(8)	(9)
Pol		0.565 *** (0.00548)	0.556 *** (0.00550)		−0.158 *** (0.0125)	−0.141 *** (0.0126)		−0.110 *** (0.000631)	−0.101 *** (0.000675)
lnHHI	−0.0396 *** (0.000515)	−0.238 *** (0.00148)	−0.266 *** (0.00217)	−0.543 *** (0.00636)	0.622 *** (0.0245)	0.575 *** (0.0248)	4.894 *** (0.0482)	0.319 *** (0.0116)	−0.158 *** (0.0175)
Pol * lnHHI			0.127 *** (0.00714)			−0.926 *** (0.0775)			−1.397 *** (0.0385)
ES	0.0522 *** (0.00156)	−0.479 *** (0.00444)	−0.500 *** (0.00458)	0.122 *** (0.00414)	−1.200 *** (0.0154)	−1.210 *** (0.0154)	3.523 *** (0.0654)	7.758 *** (0.0153)	7.797 *** (0.0153)
lnGDP	0.187 *** (0.00512)	0.0670 *** (0.0146)	0.0586 *** (0.0146)	−0.0945 *** (0.0305)	−0.691 *** (0.113)	−0.736 *** (0.113)	−3.548 *** (0.161)	0.0957 ** (0.0374)	0.124 *** (0.0372)
lnPOP	−0.132 *** (0.00962)	0.274 *** (0.0274)	0.286 *** (0.0273)	0.0708 (0.0798)	−2.406 *** (0.295)	−2.437 *** (0.295)	2.356 *** (0.351)	1.210 *** (0.0814)	0.926 *** (0.0814)
IS	−0.221 *** (0.0148)	−0.113 *** (0.0421)	−0.118 *** (0.0421)	0.468 *** (0.0829)	3.103 *** (0.307)	3.002 *** (0.307)	10.06 *** (0.448)	0.575 *** (0.104)	0.887 *** (0.104)
lnTFP	0.0146 *** (8.76e−05)	0.114 *** (0.000262)	0.114 *** (0.000262)	0.0293 *** (0.00169)	0.0793 *** (0.00626)	0.0747 *** (0.00627)	−0.564 *** (0.00438)	0.0891 *** (0.00108)	0.0892 *** (0.00107)
Con－stant	7.327 *** (0.0909)	−4.654 *** (0.262)	−4.383 *** (0.262)	11.18 *** (0.739)	24.85 *** (2.739)	25.85 *** (2.738)	−25.75 *** (3.100)	−17.66 *** (0.720)	−12.06 *** (0.733)
观察值	569338	569338	569338	242482	242482	242482	284179	284179	284179
企业数量	300027	300027	300027	155106	155106	155106	149089	149089	149089
R^2	0.788	0.674	0.674	0.629	0.159	0.161	0.528	0.837	0.839

注：***、**、*表示1%、5%、10%的显著性水平，括号内为回归系数的稳健性标准差，回归对年份固定效应进行控制。

六、政策建议

1. 研究结论

运用2010～2013年中国工业企业数据库结合《中国环境统计年鉴》的面板

数据，本书通过对污染排放中介效应的验证，解析了产业集聚的污染效应对资源错配的影响。研究发现：污染排放作为中介变量，对产业集聚的资源错配改善效果有显著影响，其中介效应在不同资源错配情况下影响也不相同：①当资本和劳动力总体不足或总体过度时，随着集聚度的提高，污染排放的增加会对产业集聚的资源错配改善效果形成牵制，由此可以看出，在产业集聚作用下，资源配置效率提高，产业集聚向良性方向发展时，污染排放会成为产业集聚发展的阻力，需对其进行控制。②当资本和劳动力配置存在不平衡时，产业集聚度的提高不利于改善资源错配，污染排放作为中介变量会加重错配情况的发生，尤其是对环境敏感度更高的劳动力配置极为不利。但集聚度的提高可能使资本不足的行业共享污染处理设备，因而使污染排放作为中介变量中和了产业集聚的资源错配加剧作用。污染排放的中介作用也将产业集聚对资源错配的改善效果划分成三个阶段，污染排放会形成门槛与产业集聚交互影响，产业集聚在控制污染排放不超过临界值的情况下，才能得到高效、健康的持续发展，发挥产业集聚的资源配置效应。

2. 政策建议

本书的研究结论为产业集聚的发展提供了启示：第一，权衡污染排放的集聚发展政策。当资源配置存在偏差时，产业集聚能够通过集聚优势，吸引资源流入补足缺口，消化吸收冗余资源，从而改善资源错配，但污染排放的增长会削弱集聚带来的正效应，因此在制定集聚政策时，必须同时兼顾污染排放的环境规制方案，共享区域内污染治理成果，尽可能降低污染对集聚发展的负面影响。第二，平衡资源配置的发展调控政策。当资本和劳动力配置不平衡时，产业集聚程度的提高会加剧资源错配，因此地方政府在引导产业集聚发展时，需考察当地资源配置情况，避免因资源缺口造成的制造业生产效率低下和环境污染造成的人力资源流动背离。第三，重视环境控制的持续发展战略；当环境污染超过第一个门槛值后，产业集聚已经无法改善资源错配，超过第二个门槛值后，产业恶性循环会难以逆转，因此政府在产业发展的过程中，应当重视污染排放的整体控制，将地区整体污染控制在门槛值范围内，与地区发展形成良性作用，不断吸引资源加入，使产业集聚程度得到不断提高，地区发展得到不断完善。

第十章　环境规制的产业集聚效应理论分析*

环境问题是如今学界研究的热点问题，但是大部分文献集中在研究环境与经济的关系上。而事实上，环境规制导致产业区域重新分布现象在现实中已大量存在。因此，研究环境规制对产业集聚的影响具有一定的必要性。本章在自由企业家模型的基础上进行修改，构建环境规制影响产业集聚的理论模型，以图进一步阐述环境规制对产业集聚的影响机理。

一、产业集聚的相关理论

1. 外部经济理论

关于产业集聚相关理论的研究滥觞于19世纪，著名经济学家Marshall是最早研究产业集聚的学者之一。他在其著作《经济学原理》（1890）中首次提出"外部经济"这一概念，并指出这种经济往往能因许多性质相似的小型企业集中在特定的地方即通常所说的工业地区分布而获得。Marshall将这些集中于某些地方的工业称为"地方性工业"，这便是产业集聚最原始的形态。促成这类地方性工业的原因很多，但Marshall认为最主要的原因包括两种：一是自然条件，如气候条件、土壤条件、矿产资源、水陆交通条件等；二是工业发展需求而导致的专门工业的发展、技术工人的聚集。

Marshall提出这类地方性工业的形成可以为产业发展、经济发展带来诸多助

* 本章借鉴的主要研究成果为：张笛．环境规制对产业集聚的影响研究［D］．南京理工大学硕士学位论文，2019.

益，包括以下几方面：

(1) 加快知识的共享与传播、提供良好的创新环境。在地方性工业内部，行业中的那些秘密被公开，工人在不知不觉中可以学到很多专业技巧；机械改进、制造方法改良以及其他的发明创造能够被迅速地研究；一个人的新思想能够被其他人吸收，并且与他人的思想结合，发挥创新优势。

(2) 培育辅助性工业。辅助性工业往往从事于生产过程中的一些小的部门，为地方性工业供给各种原料以及工具或者运输各种产品，相较于地方性工业自行生产中间产品、组织运输更为高效、经济。

(3) 形成专门劳动力市场。Marshall 在《经济学原理》中写道："在一切经济发展的阶段中，地方性工业因不断地对技能提供市场而得到很大的利益。雇主们往往到会找到他们所需要的有专业技能的优良工人的地方去，同时寻找职业的人自然到有许多雇主需要他们那样的技能的地方去，因而在那里技能就会有良好的市场。"这些劳动力市场可以为具有专门技能的劳动力的供给与需求扫清障碍。

(4) 培育互补性工业，提供多样化职业。"在地方性工业中所做的工作，如果主要只有一种，例如只有强壮男子才能做的工作，则它在作为劳动的市场方面就有一些不利之处了。在没有纺织厂或其他可以雇用女工、童工工作的工厂的炼铁业区域，炼铁业工人的工资是高的，对于雇主来说劳动成本是贵的，但是家庭的平均货币收入却是低的……因此纺织业常常聚集在矿山或者机械工业附近……以使原来对女工和童工没有什么需要的地方具有职业的多样化。"地方性工业形成之后，在附近地区具有互补性质的其他工业也会逐渐发展起来，这能提供更为多样化的职业，降低雇主的雇佣成本、提高家庭的实际收入。

(5) 保障经济持续健康发展。地方性工业能够带动一个区域几种工业的发展。仅仅依靠一种工业发展的地区是非常脆弱的，当这种工业的原料供给或市场需求出现萎缩时，这些地区的经济发展极易陷入停滞、萧条。一个区域几种工业共同发展，可以互相支持、互相补充，保障经济持续、稳定、健康发展。

2. 产业区位理论

在 Marshall 的外部经济理论之后，关于产业集聚的研究出现了多个流派，产业区位理论便是其中一种，杜能、韦伯是产业区位理论研究中具有代表性的学者。

杜能（1826）在其著作《孤立国同农业和国民经济的关系》中首次通过构建模型，系统地阐释了农业区位理论，为农业区位理论的发展奠定了坚实的基础。杜能的农业区位理论认为，农业生产布局的决定性因素是成本与价格，并强调运输成本的重要作用。他假设存在一个完全孤立的经济系统，只有一个城市位于这个经济系统中央，在这种情况下，孤立国全境的生产布局应以城市为中心，在农民的互相竞争下不同农业的生产布局会自发形成由内向外、有规则的同心圆结构，每个圈境都有自身特有的农业产品、耕作制度。杜能以六个圈境为例将农业生产的配置原则归纳如下：

第一圈境：自由农业圈。主要生产新鲜的果蔬以及鲜奶等。这是离中心城市最近的农业地带，从城市获取肥料、运送产品的费用最低。但是，这个圈境的地租也非常高，因此要投入足够的劳动力，在有限的土地面积上最大化农业产品的产量。杜能建议在这一圈境内实行自由农作制，“作物的种植将轮流交替进行，以术种植每种作物在土地上获利相等……这种情况也就是所谓自由农作，自由农作就是作物的更换种植不按预定的计划进行。”

第二圈境：林业圈。主要生产薪材、燃料等。这些产品重量、体积较大，如果将它们的产地安排在离城市较远的区域，会导致产品的运输费用超过价格。因此，应当将林业配置在距离城市较近的第二圈境。

第三、第四、第五圈境：农业圈。主要生产各类谷物。这些圈境离城市越远，向城市运输产品的费用越高，当谷物价格一定时，利润越低。因此，这三个圈境应该分别选用三种不同的耕作制度：第三圈境选用轮栽作物制，使用耕地的50%种植谷物；第四圈境选用轮作休闲制，使用耕地的43%种植谷物；第五圈境选用三区轮作制，使用耕地的24%种植谷物。

第六圈境：畜牧业圈。主要生产畜产品，如肉类、黄油、奶酪等。畜牧业圈主要分布在城市的郊外，地租便宜、人口稀少、面积广阔。这一圈境是杜能圈的最外围，种植的谷物仅仅用于自给，大片土地种植牧草用于畜牧业，为城市供给畜产品。

在对农业区位理论进行分析的基础上，杜能还进一步考虑了工业的布局，并提出不应该把所有的工厂都集中在中心城市，而是应该将大部分工厂配置在原料价格最低的地区。在杜能的区位理论中，他将销售价格最低、生产费用最小视作生产布局的最高原则，“如果工场和工厂在它们的所在地，能够以最低廉的费用进行生产，以最便宜的价格向消费者提供产品，这就算符合这一原则。”

杜能的农业区位理论对之后韦伯的区位理论研究也有很大的启发。韦伯（1929）是工业区位理论研究的先驱，他最早提出了“集聚经济”这一概念，并致力于寻找影响工业区位分布的规律。他在《工业区位论》中将影响工业区位分布的可变因素分为两类：一类是最先引起工业区位分布的区域因素，韦伯重点关注了两种区域因素，即运输成本与劳动成本；另一类是第二次引发工业区位再分布的集聚与分散因素。因此，韦伯的工业区位论的核心主要包括运费指向论、劳动费指向论、集聚指向论。

运费指向论是指不考虑运费以外的地区间的差异，即只考虑运费这个可能会影响工业区位的因素。韦伯引入了“原料指数”这一概念，用以衡量工业受运费影响的程度，原料指数等于局地原料重量与产品重量之比。在运费指向论中，原料指数大小决定工厂的区位。依据最小运费原理，假设只存在一个消费地与一个局地原料地、生产过程不能分割，那么存在以下工业区位原则：①原料指数大于1，工厂区位位于原料地。②原料指数小于1，工厂区位位于消费地。③原料指数等于1，工业区位为自由区位（位于原料地或消费地均可）。当其他条件不变，原料地不止1个时，可运用“范力农构架”求解运费最小点，确定工厂的最佳区位。

劳动费指向论是指增加劳动费用作为考察对象，研究劳动费用对于运费决定的工业区位格局的影响，考虑使劳动费与运费合计最小化的区位。也就是说，劳动费指向论会使运费指向论所决定的基本工业区位格局发生第一次偏移。韦伯在劳动指向论中引入“劳动费指数”这一概念，用以衡量工业区位受劳动费用的影响程度，劳动费指数等于每单位重量产品的平均劳动费。若劳动费指数很大，那么工业区位由最小运费区位转移至廉价劳动力区位的可能性大；反之，则可能性小。此外，韦伯还引入了“劳动系数”这一概念，用以衡量劳动费的吸引力，劳动系数等于劳动费与区位重量的比值。若劳动系数大，那么工业区位离开运费最小区位的可能性大；反之，则可能性小。同时，劳动费指向论还受到现实中诸多条件的影响，譬如说作用程度较强的运费率条件、人口密度条件，韦伯将之称为环境条件。综合来看，劳动费指向论主要由两方面因素决定：①特定的工业性质因素，可用劳动费指数与劳动系数衡量。②运费率、人口密度等环境条件。

集聚指向论是指增加集聚与分散因子作为考察对象，研究集聚与分散因子对于劳动费、运费决定的工业区位格局的影响。也就是说，集聚与分散因子会使基本格局在发生第一次偏移的基础上产生第二次偏移。韦伯分析了集聚利益对运费指向论、劳动费指向论所决定的工业区位的影响。他认为，当集聚节约额比运费指向（或劳动费指向）带来的费用节约额大时，就会产生集聚。他引入了“加工系数”的概念，用以衡量集聚的可能性，加工系数等于单位区位重量的加工价值。如果加工系数大，那么产业集聚的可能性大；反之，则可能性小。

3. 竞争优势理论

波特是竞争优势理论的代表人物，他从产业集群的角度出发分析了产业集聚对国家竞争优势的影响。在20世纪80年代，波特对多个国家进行调查研究，并在这些研究基础上提出了著名的国家竞争优势理论，他认为产业集聚对于国家获得竞争优势有着关键作用。波特（1991）在《国家竞争优势》构建了著名的“钻石模型”，从微观层面上分析产业集聚对企业的竞争力的加强作用、对产业竞争优势的提高作用。国家竞争优势的钻石模型包括以下六个要素：生产要素，需求条件，相关与支持性产业，企业的战略、结构和竞争对手，机遇，政府。其中，前四个为基本影响因素。产业集聚所带来的企业在地理上的集中，能够使这四个原先互相分离的因素产生相互作用，互相增强，从而使整个钻石模型更富活力。例如，企业在地理上的集中使它们更容易进行互相模仿、互相竞争，推动技术创新和技术升级；产业集聚使集聚区内的支持性产业成长迅速，以构建更高效、经济的产业链。产业集聚能有助于提升一个产业的国家竞争力；同样，出于强化国家竞争力的迫切需求，产业集聚也是产业发展的必然选择。这主要是因为产业集聚能够为钻石模型中的每个关键因素都带来效益的提升。总体来看，波特的竞争优势理论中，产业集聚只是用来分析国家竞争优势的工具，而产业集聚如何形成并不是波特研究的重点内容。

4. 新经济地理学

当讨论新经济地理学时，不可绕过的话题就是Dixit和Stiglitz（1977）构建的D－S模型，这个模型将不完全竞争和规模收益递增纳入其中，是新经济地理学得以创立并被主流经济学界接受的关键工具。Krugman在《收益递增、垄断竞争与国际贸易》（1979）中对D－S模型进行了拓展，应用于国际贸易领域，构建了一个新贸易理论模型，阐释了规模经济是贸易产生的原因之一。这篇论文不仅囊括了新贸易理论的相关内容，还在一般均衡模型的框架内细致地分析了生产要素与经济活动区位的联系，这就是新经济地理学理论的雏形。而后Krugman又进一步引入运输成本因素，对模型进行了拓展。他引入了Samuelson（1954）的“冰山运输成本”，即假设商品在运输过程中会像冰山一样融化掉一部分，这就是商品的运输成本。在这个假定下，Krugman可以使用数理方法解释本地市场效应。Krugman的研究在《经济地理与收益递增》（1991）中取得了突破性进展，

在文中他构建的中心—外围模型（CP 模型），堪称新经济地理学的奠基石。

在中心—外围模型之后，不断有学者在此基础上构建其他新经济地理学模型，安虎森（2009）在其著作中总结了以下模型：Martin 和 Rogers（1995）的自由资本模型（FC 模型）、Ottoviano 和 Forslid（2002）的自由企业家模型（FE 模型）、Baldwin（1999）的资本创造模型（CC 模型）、Martin 和 Ottaviano（1999）的全域溢出模型（GS 模型）、Baldwin 等（2001）的局部溢出模型（LS 模型）、Krugmanand 和 Venables（1995）的核心—边缘垂直联系模型（CPVL 模型）、Robert（2002）的自由资本垂直联系模型（FCVL 模型）、Ottaviano（1999）的自由企业家垂直联系模型（FEVL 模型）等。在这些模型中，不断考虑其他新因素对产业集聚可能的影响，如企业间的投入产出联系、农业的用地需求、对外开放程度、工业规模经济的相互作用、知识溢出程度递减、政府税收竞争等因素对产业集聚的影响。

本节梳理了关于产业集聚的重要理论：外部经济理论、产业区位理论、竞争优势理论、新经济地理学。从 Marshall 通过外部经济理论对产业集聚作系统的概括，到 Krugman 等构建新经济地理学模型对产业集聚进行细致的演绎推理，学者对产业集聚研究的深度与广度都不断加强。产业集聚的相关理论，可以帮助我们更加透彻地理解环境规制影响产业集聚的作用过程，并为第四章中控制变量的选择提供了理论依据。基于这些理论，在第四章中选择了四个具有代表性的产业集聚影响因素作控制变量，它们包括对外开放、交通基础、知识溢出和工资成本。

二、环境规制影响产业集聚的传导机制

1. 环境规制对生产成本的影响

20 世纪 70 年代，工业化国家粗放型生产方式所引致的严重环境污染开始引起世界范围内的重视。1972 年 6 月，第一届人类环境大会在瑞典的斯德哥尔摩召开，通过了《人类环境宣言》——世界上首个关于环保的国际性文件，这次会议被视为国际环保活动的奠基石。在国际环保活动兴起的同时，关于环境政策的理论研究也开始萌芽。在这一阶段，经济学家主要是在新古典经济学的框架下分析环境规制对企业生产、产业发展的影响，他们主要认为环境规制政策需要企业

额外付出成本治理环境污染，这增加了企业的生产成本、降低了企业的生产效率、减弱了产业的竞争力，即所谓的“成本假说”。美国在 20 世纪 70～80 年代经济增长率出现了显著的下降，遵循“成本假说”的相关认知，大部分经济学家认为同期实行的环境规制政策应该对此负责。Haveman 和 Christainsen（1981）认为，导致美国 20 世纪 70 年代产业生产率增长率下降的一个主要原因就是环境规制政策。Gray（1987）研究了职业安全与卫生管理局（OSHA）和环境保护署（EPA）所颁布的规制政策对产业全要素生产率增长率的影响，基于美国 1958～1978 年 450 个制造业的数据，他发现这两所机构的政策导致美国制造业的全要素生产率增长率平均每年降低 44%；其中，环境保护署的环境规制政策对全要素生产率的负面影响相对较弱。Barbera 和 Mcconnell（1991）研究了在五种对环境规制政策比较敏感的污染型产业中环境规制对产业生产率的影响，研究结果表明，环境规制能够解释 20 世纪 70 年代这些产业 10%～30% 的生产率下降，考虑到考察对象都是重污染产业，这一数值并不算大。

环境规制对生产成本的影响主要通过以下两条路径实现：①环境规制导致企业环境治理成本增加。环境规制对生产成本最直接的影响就是会使企业额外付出更多的成本用于环境治理。当面对政府严厉的环境规制政策时，企业只有两种应对方法：增加环境治理投资或者减少生产规模。部分重污染型企业可能会因为没有能力支付庞大的环境治理成本而选择减少生产规模；但是，对大部分企业而言，出于企业逐利的本性，它们不会选择减少生产规模这类有损企业长期效益的措施，而是会增加环境治理投资。②环境规制导致部分生产要素价格上升。环境规制对生产成本的间接影响就是会提高部分生产要素的价格。在现代产业格局中，每个产业都不是孤立的个体，所谓“牵一发而动全身”，每个产业生产的变化都会传导到上下游产业。在环境规制政策下，污染型企业或增加环境治理投资，或减少生产规模，或直接停产，这些都会作用于污染型企业的上游、下游企业。例如，污染型企业减少生产规模，会导致它的产出品供给减少、价格上升。以这些产品作为投入品的下游企业，它们所面临的问题就是生产要素价格上升和生产成本相应提高。

2. 环境规制对技术创新的影响

在很长一段时间里，主流经济学界对于环境规制政策的认知都是消极的，这一状况一直延续到 20 世纪 90 年代初——Porter 提出了著名的“波特假说”。Porter（1991）首次提出环境规制并不会减弱产业竞争力、降低国家的经济增速，

反而能够提高产业竞争力。而后，Porter 和 Linde 在《关于环境—竞争力关系的新观念》（1995）一文中更细致地叙述了环境规制会通过加强企业技术创新能力来提高产业绩效、加强产业竞争力。为了使自己的论证更有说服力，Porter 采用了大量的案例分析。例如，他用环境规制强度较高的德国与日本和环境规制较弱的美国相比，说明环境规制并不会一味地对经济增长有负面影响，尽管德国与日本的环境规制强度高于美国，但这两个国家的经济增长速度并不弱于美国，这得益于德国、日本世界领先的技术水平、创新能力。Porter 认为，“环境规制会增加生产成本、降低产业绩效”的“成本假说”是有所偏颇的，主要原因在于相关研究都是基于新古典经济学的静态分析框架展开的。从长期的、动态的角度来看，这一观点会有所改变。环境规制政策在初期确实需要企业加大环境治理投资，这会增加企业的生产成本，降低企业的竞争力。但是从长期来看，环保政策的相关要求会不断激励企业进行技术创新。技术创新所带来的“创新补偿效应”能够抵减环境规制导致的成本增加，不仅能降低污染水平，还能提高产业竞争力。“波特假说”提出后引发了广泛的争论，有些学者也对这一假说表示了质疑。Jaffel（1995）认为，波特采用案例分析来支撑自己的假说，但这更多的是推测而非系统的分析，“波特假说”缺乏实证研究的支持，因此下一个清晰的结论还言之过早。不过很快，“波特假说”就迎来了大量的实证分析。

Lanjouw 和 Mody（1996）研究了 20 世纪 70 ~ 80 年代多个国家中污染治理支出与环境创新之间的关系，发现在美国、日本与德国，污染治理支出对环境创新有正向作用，在巴西污染治理支出也显著促进了环境创新。Brunnermeier 和 Cohen（2003）以 1983 ~ 1992 年美国制造业的数据为基础，运用面板模型分析环境创新的决定因素，发现环境创新是对污染治理投资增加的响应。Vries（2005）使用 1970 ~ 2000 年多个国家的数据验证了“波特假说”：环境政策会给创新提供正向激励。

3. 环境规制对产业布局的影响

“污染天堂假说”在“成本假说”的基础上进一步分析，提出环境规制不仅会提高企业的生产成本，还会导致企业在区域间进行转移。Copeland 和 Taylor（1994）提出了“污染天堂假说”，他们认为在贸易自由化的前提下，经济发展水平高的地区实行高强度的环境规制政策会造成区域内企业生产成本高企，所以污染型企业会选择搬迁到环境规制强度较弱的落后国家，以降低生产成本。这些落后国家为了实现经济增长的目标，甚至会主动降低环境规制标准，吸引污染型企业涌入，成为污染型产业的“污染天堂”。林伯强和邹楚沅（2014）认为，现在中国不仅存在“世界—中国”的污染产业转移，还存在“东部—西部”的污染产业转移；前者的强度已经减弱，后者不仅存在，而且对西部而言，其强度已经超过前者。从“污染天堂假说”来看，加强环境规制会导致污染型产业扩散；但是对清洁型产业而言，由于要付出的环境治理成本较少，环境规制加强并不会对清洁型产业集聚有显著的负面影响。

环境规制加强可能会增加企业生产成本，导致产业扩散。但是从前文的分析中可以得知，在“波特假说”中，环境规制加强对企业并不是只有消极影响，环境规制同样还能产生“创新补偿效应”，这不仅能有效降低污染水平，还可能抵减生产成本增加的不利影响。环境规制的创新激励作用，可能会导致产业更趋向于集聚，因为产业集聚能够加快知识的共享与传播、提供更好的创新环境。张平等（2016）发现，投资型环境规制能激励企业进行创新，而费用型环境规制对企业技术创新没有显著影响。这说明在不同的环境规制类型下，环境规制对技术创新的激励作用是不确定的，从而对产业集聚的促进作用也是不确定的。同时，严厉的环境规制政策能够提供更为干净、舒适的生活环境，这可以吸引人才集聚，并促进高技术型产业集聚。此外，产业集聚度较高的地区往往拥有其他地区难以媲美的优势条件，如专门的劳动力市场、完善的交通设施、完备的产业链等，可以为企业提供诸多正向的外部效应。受这些正外部性的影响，即使企业面对严厉的环境规制政策，也不会选择转移到环境规制较弱的地区，而是选择扩大规模、进一步集聚，以产业集聚的正外部性抵消环境规制带来的负面作用。Pashigan（1984）研究了环境规制对最优工厂规模的影响，发现环境规制会导致工厂规模扩大。

总体而言，环境规制加强并不一定会导致产业扩散，也有可能导致产业进一步集聚。环境规制会对产业布局产生两类效应：一类效应会通过增加生产成本、降低产业绩效，导致产业扩散；另一类效应会通过激励创新、改善环境，导致产业集聚。两类效应的相互博弈结果决定了产业是趋于分散还是趋于集聚。从上文分析来看，这一博弈过程同时还会受到产业自身类型、环境规制类型、产业所处地区特质的影响，因此在第五章分别分析了环境规制对不同类型产业集聚的影响，不同类型环境规制对产业集聚的影响，在不同经济发展水平、不同产业结构状况下环境规制对产业集聚的影响。

三、环境规制影响产业集聚的理论模型

1．模型的基本假设

本书在安虎森（2009）所构建的自由企业家模型中加入环境规制变量，建立环境规制影响产业集聚的理论模型。假设存在一个包含两个地区——北部地区（N）与南部地区（S）的经济系统，两个地区均包括两个部门——农业部门（A）与工业部门（M）、两种要素——企业家要素（H）与工人要素（L）。两个地区在技术、偏好、禀赋、交易水平方面都相同。

农业部门以规模报酬不变、完全竞争为特征，生产的产品为同质产品。农业部门的投入要素仅需要工人要素，生产一单位的农业产品需要 a_A 单位工人要素，工人的工资为 w_L，那么生产单位农业产品的成本为 a_Aw_L。交易农业产品不需要交易成本。也就是说，农业产品的价格在两个地区不存在差异。工业部门的特征是规模收益递增与垄断竞争，生产工业产品不仅需要投入工人要素，还需要投入企业家要素。每个企业只生产一类工业产品，固定投入一单位的企业家要素，生产一单位工业产品需要投入 a_M 单位工人要素。那么，每个企业的生产成本为 w_La_Mx+w，其中 w_L 为工人的工资，x 为工业产品产出量，w 为企业家的报酬。工业产品的地区内交易不存在交易成本；工业产品的地区间交易存在冰山运输成本，即商品在运输过程中会像冰山一样融化掉一部分。如果要在本地区之外的市场销售一单位的产品，那么需要运输 τ 单位的产品（$\tau\geqslant1$），因为在运输过程中会有（$\tau-1$）单位的产品融化。

受国家环境规制政策的影响，每个企业必须付出一定的环境污染成本进行污染治理。为了使模型更易处理，我们假设在环境政策的影响下每个企业会将经营收入的一部分用于环境治理，这一份额为 t，t 可以用来衡量环境规制的强度。假设这一环境治理费用由企业直接给付给政府，因此无须在消费者预算、产品量决定、价格决定等函数中考虑。环境规制政策能够改善环境，假设环境的改善程度为 G，其中 $G=g(t)$，$g(t)$ 是关于 t 的增函数。

两个地区的消费者效用函数分为两层：总效用函数与子效用函数。总效用是指消费农业产品与多样化工业产品时的效用函数 U，用 C－D 效用函数表示；子效用函数是指消费多样化工业产品时的效用函数 C_M，用 CES 函数表示。具体形式如下：

$$U = G^{\gamma} C_M^{\mu} C_A^{1-\mu}, \quad C_M = \left(\int_{i=0}^{n^w} c_i^{(\sigma-1)/\sigma} di \right)^{\sigma/(\sigma-1)}, \quad 0 < \mu < 1 < \sigma, \ \gamma > 0 \qquad (10-1)$$

其中，G 表示环境改善程度，G^{γ} 表示环境改善对消费者效用的影响，μ 表示在工业产品上的支出份额，n^w 表示两个地区工业产品种类总和，c_i 表示消费者对第 i 类工业产品的消费量，σ 表示不同工业产品的消费替代弹性。

$$\omega = wP, \quad \omega_L = w_L P, \quad P = p_A^{-(1-\mu)} P_M^{-\mu}, \quad P_M = \left(\int_{i=0}^{n^w} p_i^{1-\sigma} di \right)^{1/(1-\sigma)} \qquad (10-2)$$

其中，ω 表示企业家的间接效用，w 表示企业家的报酬，ω_L 表示工人的间接效用，w_L 表示工人的工资，$P = p_A^{-(1-\mu)} P_M^{-\mu}$ 表示消费者的生活成本指数，$P_M = \left(\int_{i=0}^{n^w} p_i^{1-\sigma} di \right)^{1/(1-\sigma)}$ 表示多样化工业产品的价格指数，p_i 表示第 i 类工业产品的价格。为了分析更加简便，用 $\Delta = \left(\int_{i=0}^{n^w} p_i^{1-\sigma} di \right) / n^w$ 表示多样化工业产品价格的某个幂指数平均值，则：

$$P_M = (\Delta n^w)^{1/(1-\sigma)}$$

因此，式（10-2）可以转化为：

$$\omega = w p_A^{-(1-\mu)} (\Delta n^w)^a, \quad \omega_L = w_L p_A^{-(1-\mu)} (\Delta n^w)^a, \quad a = \mu/(\sigma-1)$$

工人要素在地区之间不流动，在对称自由企业家模型中，两个地区的工人数量相同。企业家要素可以在地区之间流动，企业家的流动由两个地区企业家间接效用差异决定，企业家要素的流动方程为：

$$v_H = (\omega - \omega^*) s_H (1 - s_H), \quad s_H = H/H^w$$

其中，ω 为本地地区的企业家间接效用，ω^* 为外地地区的企业家间接效用。H 为本地地区的企业家数量，H^w 为整个经济系统的企业家数量，s_H 表示本地地区企业家数量比例，由于每个企业只占用一个企业家、只生产一种工业产品，所以 $s_H = s_n$。当 $\omega < \omega^*$，本地企业家流出，产业扩散；当 $\omega > \omega^*$，外地企业家流入，产业集聚。

为简便分析，本书将北部地区视为本地地区，那么南部地区就为外地地区。为了显示区别，北部地区所有变量无上标，南部地区的上标为 *，整个经济系统的上标为 w。

2. 模型的短期均衡

（1）农业部门。在模型的假设中，农业部门具备完全竞争的市场结构，农

业产品的定价应该按照边际成本定价，即 $p_A = a_A w_L$，$p_A^* = a_A w_A^*$。因为农业产品的交易不存在交易成本，所以在两个地区农业产品的定价相同，即 $p_A = p_A^*$，所以 $w_A = w_A^*$。只要两个地区都生产农业产品，那么以上的关系就能成立，在讨论中，本书默认这一关系一直存在。为了使消费者效用最大化，由式（10－1）可知，消费者对农业产品的需求应该为 $C_A = (1-\mu)E/p_A$，$C_A^* = (1-\mu)E^*/p_A^*$，$C_A^w = (1-\mu)E^w/p_A^w$。

（2）工业部门。

1）产出量。模型假设不存在储蓄，消费者会将所有收入用于消费，所以消费者消费工业产品的预算约束为 μE，其中 E 既为收入水平，也为支出水平。在预算约束下，最大化子效用 C_M，建立拉格朗日函数求解消费者对某一工业产品的最佳需求量 c_j 如下：

$$c_j = \mu E \frac{p_j^{-\sigma}}{\sum_{i=1}^{N} p_i^{1-\sigma}}$$

将工业产品的种类视为连续变量，则可以将公式中分母部分的离散变量求和变为连续变量求和（$\sum_{i=1}^{N} p_i^{1-\sigma} \approx \int_0^{n^w} p_i^{1-\sigma} di$），公式变为：

$$c_j = \mu E \frac{p_j^{-\sigma}}{P_M^{1-\sigma}} = \mu E \frac{p_j^{-\sigma}}{\Delta n^w}, \Delta n^w \approx \int_0^{n^w} p_i^{1-\sigma} di, E = wH + w_L L \qquad (10-3)$$

其中，p_j 表示工业产品 j 的价格，E 既表示总支出也表示总收入，w 表示企业家工资水平，w_L 表示工人的工资水平。对于生产工业产品 j 的企业来说，它所面对的市场需求包括两部分，分别是北方地区的本地市场需求和南方地区的外地市场需求，为了满足这些需求，工业产品 j 的产出量应该为：$x_j = c_j + \tau c_j^*$。

2）产品价格。自由企业家模型是由 D－S 模型拓展而来的，在 D－S 模型中，企业的进入与退出是自由的，因此在均衡状态下企业的净利润应该为零。工业产品按照边际成本加成定价法定价。在均衡状态下，每个企业都能达到均衡价格与均衡产量。因此，在式（10－3）的基础上，运用拉格朗日函数得到北部产品在北部区域本地市场与南部区域外地市场的售价分别为：

$$p = \frac{w_L a_M}{1-1/\sigma}, \ p^* = \frac{\tau w_L a_M}{1-1/\sigma} \qquad (10-4)$$

3）企业利润。以北部地区的一家企业为例，该企业生产工业产品 j，在北部地区本地市场的销量为 c_j，售价为 p_j；在南部地区外地市场的销量为 c_j^*，售价

为 p_j^*，则该企业的收入 y_j 为：

$$y_i = c_j p_j + c_j^* p_j^* = c_j p_j + \tau c_j^* p_j = p_j\ (c_j + \tau c_j^*) = p_j x_j$$

那么，北部企业的收入 $y = px$。工业部门的特征是垄断竞争的市场结构，企业的超额利润为零，经营收入等于经营成本，即 $px = \pi + pxt + w_L a_m x$，注意式中的 pxt 为环境治理费用。由式（10－4）可知，$p = w_L a_M/(1-1/\sigma)$，所以企业利润 $\pi = (1/\sigma - t)\ px$。

又由于：

$$c = \mu E p^{-\sigma} P_M^{-(1-\sigma)},\ c^* = \mu E(p^*)^{-\sigma}(P_M^*)^{-(1-\sigma)}$$

因此，可得：

$$px = \mu p^{1-\sigma}(EP_M^{-(1-\sigma)} + E^* \tau^{1-\sigma}(P_M^*)^{-(1-\sigma)})$$

因此，如果知道 P_M 与 P_M^*，将它们代入 $\pi = (1/\sigma - t)px$，就可得企业利润。首先，需要计算 P_M 与 P_M^*：

$$P_M^{1-\sigma} = \int_0^{n^w} p^{1-\sigma} di = np^{1-\sigma} + n^*(\tau p)^{1-\sigma} = n^w p^{1-\sigma}[s_n + \phi(1-s_n)] \tag{10-5}$$

$$(P_M^*)^{1-\sigma} = n(\tau p)^{1-\sigma} + n^* p^{1-\sigma} = n^w p^{1-\sigma}[\phi s_n + (1-s_n)] \tag{10-6}$$

其中，$\phi = \tau^{1-\sigma}$，$s_n = n/n^w$ 表示北部企业生产所占比例，$1 - s_n = n^*/n^w$ 表示南部企业生产所占比例。将式(10－5)、式(10－6)代入 $\pi = (1/\sigma - t)px$，可得 π。在自由企业家模型中，企业家要素充当了资本要素的角色，因此在该模型中净利润就是企业家报酬，即 $\pi = w$。企业净利润也可以写成：

$$w = \left(\frac{1}{\sigma} - t\right)px = \mu\left(\frac{1}{\sigma} - t\right)\frac{E^w}{n^w}\left[\frac{s_E}{s_n + \phi(1-s_n)} + \phi\frac{1-s_E}{\phi s_n + (1-s_n)}\right]$$

将本地生产本地销售的产品的价格标准化为 1，则 $p = 1$，由式（10－4）及 Δ 的定义可知：

$$\Delta = P_M/n^w = p^{1-\sigma}[s_n + \phi(1-s_n)] = s_n + \phi(1-s_n)$$

$$\Delta^* = P_M^*/n^w = p^{1-\sigma}[\phi s_n + (1-s_n)] = \phi s_n + (1-s_n)$$

且在自由企业家模型中 $H^w = n^w$，这样北部企业利润(企业家报酬)可写成：

$$w = \mu\left(\frac{1}{\sigma} - t\right)B\frac{E^w}{H^w},\ B = \frac{s_E}{\Delta} + \phi\frac{1-s_E}{\Delta^*} \tag{10-7}$$

南部企业利润(企业家报酬)可写成：

$$w^* = \mu\left(\frac{1}{\sigma} - t^*\right)B^*\frac{E^w}{H^w},\ B^* = \phi\frac{s_E}{\Delta} + \frac{1-s_E}{\Delta^*} \tag{10-8}$$

4）市场份额。支出份额的空间分布受工业企业空间分布（企业家要素的空间分布）的影响，因此可以由企业家要素的空间分布模式 s_H 得出市场份额的空间分布模式。

由市场出清条件可知，总收入应该等于总支出，即：

$$E^w = w_L L^w + wH^w = w_L L^w + H^w[s_n w + (1-s_n)w^*] = w_L L^w + E^w \mu\left(\frac{1}{\sigma}-t\right)[s_n B + (1-s_n)B^*]$$

又 $s_n B + (1-s_n)B^* = 1$，所以：

$$E^w = \frac{w_L L^w}{1-\mu(1/\sigma-1)}$$

北部地区的支出为：

$$E = s_L w_L L^w + s_n H^w w = s_L w_L L^w + \mu\left(\frac{1}{\sigma}-t\right)s_n BE^w$$

又 $s_n = s_H$，即：

$$s_E = \left[1-\mu\left(\frac{1}{\sigma}-t\right)\right]s_L + \mu\left(\frac{1}{\sigma}-t\right)Bs_H，\quad s_E = \frac{E}{E^w}，\quad s_L = \frac{L}{L^w}，\quad s_H = \frac{H}{H^w}$$

可以看出，市场份额的空间分布依赖于工人的空间分布与企业家的空间分布。

3. *产业布局变动趋势*

在自由企业家模型中，不同地区间只有企业家要素是可以流动的，所以企业的空间分布由企业家间接效用比 $\frac{\omega}{\omega^*}$ 决定，当 $\frac{\omega}{\omega^*}>1$ 时，南部地区企业流入北部地区，北部地区产业有集聚趋势，南部地区企产业有扩散趋势；当 $\frac{\omega}{\omega^*}<1$ 时，北部地区企业流入南部地区，北部地区产业有扩散趋势，南部地区产业有集聚趋势；当 $\frac{\omega}{\omega^*}=1$ 时，整个经济系统处于均衡状态。由式（10－6）、式（10－7）、式（10－8）可知：

$$\frac{\omega}{\omega^*} = \frac{G^\gamma wP}{G^{*\gamma}w^*P^*} = \frac{g(t)^\gamma\left(\frac{1}{\sigma}-t\right)BP}{g(t^*)^\gamma\left(\frac{1}{\sigma}-t^*\right)B^*P^*}$$

$$=\frac{g(t)^{\gamma}\left(\frac{1}{\sigma}-t\right)Bp_A^{-(1-\mu)}P_M^{-\mu}}{g(t^*)^{\gamma}\left(\frac{1}{\sigma}-t^*\right)B^*p_A^{-(1-\mu)}(P_M^*)^{-\mu}}$$

$$\frac{\omega}{\omega^*}=\frac{g(t)^{\gamma}\left(\frac{1}{\sigma}-t\right)B}{g(t^*)^{\gamma}\left(\frac{1}{\sigma}-t^*\right)B^*}\left(\frac{\Delta}{\Delta^*}\right)^{-\mu/(1-\sigma)} \tag{10-9}$$

4. 小结

假设经济系统原处于均衡状态，此时除了 t 之外所有变量均不改变，当 t 变化时，由式（10－9）可知，企业家间接效用比$\frac{\omega}{\omega^*}$由 $g(t)^{\gamma}(1/\sigma-t)$决定，这个函数显然是一个非线性函数，其中 t 用以衡量环境规制强度，g(t)是关于 t 的增函数，σ 一定。由此可知，此时企业空间分布的变动趋势与环境规制强度有关，而且企业空间分布的变动趋势与环境规制强度之间的关系是非线性的，即环境规制强度与产业集聚之间的关系是非线性的。本书发现，环境规制会对产业布局产生两类效应：一类效应会通过增加生产成本、降低产业绩效，导致产业扩散；另一类效应会通过激励创新、改善环境，导致产业集聚。两类效应博弈过程中此消彼长，可能会导致环境规制强度与产业集聚之间呈现非线性的关系。

第十一章　环境规制的产业集聚效应实证分析*

本章在对环境规制影响产业集聚进行理论分析的基础上，选取 2004～2016 年 30 个省份的相关数据建立面板门槛模型，分析环境规制对不同类型产业集聚的影响，不同类型环境规制、不同经济发展水平、不同产业结构状况下环境规制对产业集聚的影响。结果如下：①环境规制对不同类型产业集聚的影响：环境规制对重污染型产业集聚有负面影响，对高技术型产业集聚、工业产业集聚的影响则随规制强度提高表现为先促进后抑制。②不同类型环境规制对产业集聚的影响：命令型环境规制对工业产业集聚在整体上有负面影响。经济激励型环境规制、自愿型环境规制对工业产业集聚有促进作用，但作用强度随规制强度提高而减弱。③不同经济发展水平下环境规制对产业集聚的影响：经济发展水平处于较低水平及中等水平时，环境规制不利于工业产业集聚。经济发展水平处于较高水平时，环境规制对工业产业集聚有微弱的负面影响，且影响系数并不显著。④不同产业结构状况下环境规制对产业集聚的影响：第二产业比例较低时，环境规制对工业产业集聚有负面影响，第二产业比例处于中等水平及较高水平时，环境规制对工业产业集聚有积极影响。基于以上实证结果，本章提出以下对策建议：①合理设定环境规制强度；②综合运用各类环境规制措施；③推行政策支持企业技术创新。

一、研究背景

中国改革开放 40 多年以来，在经济增长与产业发展方面取得了举世瞩目的

* 本章借鉴的主要研究成果为：张笛．环境规制对产业集聚的影响研究［D］．南京理工大学硕士学位论文，2019.

成就。2014 年，按购买力平价计算，中国已超越美国成为世界第一大经济体。2016 年，中国 GDP 首破 70 万亿元，稳固了世界实体经济大国地位。但是，伴随着骄人成绩而来的还有政府与公众对资源环境的担忧，过去的高速增长依靠的是粗放式的经济增长模式，带来的是不可忽视的资源浪费与环境污染，而今环境污染甚至已经严重危及公众的健康。针对我国 38 个特大城市粗颗粒污染物（PM10）的研究发现，PM10 的平均浓度每升高 10 微克/立方米，将使居民总死亡率升高 0. 44%，中国的严重雾霾显著提高了心肺疾病的死亡率。《2017 中国生态环境状况公报》中，全国 338 个地级以上城市有 239 个城市环境空气质量超标，这一数字触目惊心。

在我国工业基础较为薄弱的时期，地方政府出于对经济增长的追求，往往会选择较为宽松的环境规制政策，以降低产品的生产成本，提高企业在国际上的竞争力。长期以来，由于发展战略的短视、环保意识的淡薄，高耗能与高污染的产业在我国一直有着宽松的生存空间。随着我国经济不断增长，“雾霾”问题愈加凸显，环境治理被摆在了越来越重要的位置。近来，虽然我国政府在环境保护方面做出了诸多努力，但是成效并不乐观。可见，我国在环境治理方面还是存在着不少缺陷的，如环境规制不足与环境规制过度两种情况并存的问题。环境规制不足表现为某些地区政府在治理上纸上谈兵、浮于表面、做面子工程，没有将环保措施落到实处。污染企业“突击环保”，应付检查时处处合规，检查一过便故态复萌，乱排乱放。关于环境规制过度，自环保部“2 + 26”专项督察实施以来，相关的讨论便不绝于耳。很多污染密集型的企业往往也是劳动力密集型的企业，这些企业吸纳了大量的低层次劳动力。对于大部分低层次劳动力来说学习高层次技能存在困难，可能这些高污染的劳动力密集型企业是他们唯一的就业选择，取缔、关停这些企业，将导致他们失去就业岗位。因而，可以预见环保部“一刀切”取缔、关停“散乱污”企业的高压措施，可能会造成生产下降、失业增加的负面影响。环境保护、经济增长、产业发展三者对国家来讲都至关重要，如能齐头并进、共同发展固然很好，但若其中出现矛盾，又该如何协调呢?

环境保护与经济发展不应是对立的，但从如今的现状来看，中国实现低碳发展的压力不小。地方政府应该认识到环保要落到实处，但这也不代表要牺牲经济，而是应该恰当地把握好环境规制的力度，采取因地制宜的环保措施。研究环境规制对产业集聚的影响，既有利于促进产业合理集聚，也有利于帮助我国顺利完成低碳发展转型之路，达成环保与经济齐头并进的目标。环境问题是如今学界

研究的热点问题，但是大部分文献集中在研究环境与经济的关系。而事实上，环境规制导致产业区域重新分布的现象在现实中已大量存在，因此研究环境规制对产业集聚的影响具有一定的必要性。现有的关于环境规制对我国产业集聚的影响的研究不够全面，没有充分考虑不同背景下环境规制对产业集聚的影响。本章研究了不同产业集聚类型下、不同环境规制类型下、不同经济发展水平下、不同产业结构下环境规制对产业集聚的影响，多角度分析能够更好地为政策制定者因地制宜制定环境政策提供参考，在确保环境质量的前提下通过产业集聚调整和升级来实现经济发展与环境保护的协调发展。

二、变量选取及模型选择

1. 变量选取

（1）产业集聚。由于产业集聚研究已存在多年，在国内外学者的共同努力下，现已形成了一系列已达成共识的产业集聚测度方法，包括：①产业集中度：某一行业中排名前列的企业的相关指标占同行业的份额。②区位熵：测度特定区域内某一产业的专业化程度的指标。③赫芬达尔指数：测量产业集中程度的综合指数。④空间基尼系数：测度某产业空间分布均衡程度的指标。⑤EG 指数：综合了空间基尼系数与赫芬达尔指数的产业集聚测度指标。本书选取区位熵来计算产业集聚度，具体计算方法为：

$$LQ_{ij}=\frac{q_{ij}/q_j}{q_i/q}$$

其中，LQ_{ij}表示 j 地区 i 产业在全国的专业化程度；q_{ij}表示 j 地区 i 产业的某一指标；q_i 表示产业全国的某一指标；q 表示所有产业的全国某一指标。

考虑到工业是对环境规制极为敏感的产业，本书采用工业产业的区位熵来衡量产业集聚度（LQ）。此外，本书还需研究环境规制对不同类型产业集聚的影响，为实现这一目标，本书重点考察重污染型产业集聚（LQ_a）与高技术型产业集聚（LQ_b）两类产业集聚。重污染型产业对环境危害大，是环境规制工具的重点规制对象，本书采用石油加工及炼焦业的区位熵来代表重污染型产业集聚度（LQ_a）。高技术产业一般是知识密集型产业，对环境危害较小，本书采用通信设备、计算机及其他电子设备制造业的区位熵来代表高技术产业集聚度（LQ_b）。

（2）环境规制。对于环境规制，不同学者偏好的衡量方式不同。有的从环境规制的结果入手评价环境规制强度，采用各类污染物排放强度等相关指标。譬如，郝寿义等（2016）选用单位生产总值二氧化硫的排放量来衡量环境规制强度。有的从环境规制的过程入手评价环境规制强度，采用污染治理投资、排污费等指标。譬如，Yang 等（2012）通过计算污染治理投资与单位地方生产总值的比值来衡量环境规制强度。Lund 和 Salamon（1989）指出，以环境规制结果衡量环境规制强度是更全面、更合理的方式。基于此，本书采用单位 GDP 二氧化硫排放量的倒数来衡量整体环境规制强度（ER）。此外，本书还需研究不同类型环境规制对产业集聚的影响，为实现这一目标，本书参考赵玉民等提出的分类方式，将环境规制工具分类为命令控制型环境规制（ER_a）、经济激励型环境规制（ER_b）与自愿型环境规制（ER_c）。命令控制型环境规制是如今运用最为广泛的环境规制类型，一般是指政府部门或者环保机构制定的环境保护方面的法律、法规和政策，本书采用受理环境行政处罚案件数来衡量命令控制型环境规制强度（ERa，单位：千件）。经济激励型环境规制是以市场调节为基础的环境规制工具，指的是政府等主管部门采用征收排污费、提供污染治理补贴等市场化手段，利用市场机制激励企业改善排污行为、降低排污强度，本书采用单位 GDP 排污费来衡量经济激励型环境规制强度（ERb）。自愿型环境规制不具有强制性，指的是企业或个人提出、参与的旨在减少污染和保护环境的活动、协议与计划，本书采用电话、网络、信件等方式进行的信访总数来衡量自愿型环境规制强度（ER_c，单位：十万件）。

（3）经济发展水平。经济发展水平在本书的实证中主要是作为门槛变量，在不同经济发展水平下环境规制对产业集聚的影响并不相同。在前人的研究中，衡量经济发展水平的变量主要包括地区生产总值、人均地区生产水平、人均可支配收入等。本书采用地区人均生产总值与全国人均生产总值的比值来衡量经济发展水平（EL）。

（4）产业结构状况。产业结构状况在本书的实证中主要是作为门槛变量，在不同产业结构状况下环境规制对产业集聚的影响有差异。考虑到本书研究的产业集聚主要是工业产业集聚，所以采取地区第二产业产值占地区生产总值的比例来衡量产业结构状况（IS）。

（5）控制变量。本书的控制变量包括对外开放（OPEN）、交通基础

（TRANS）、知识溢出（KS）和工资成本（WAGE）。其中，用进出口总额与GDP的比值来衡量对外开放程度（OPEN）；用地区货运量衡量交通基础状况（TRANS，单位：亿吨）；用人均专利授权数衡量知识溢出效应（KS，单位：件/万人）；用城镇居民平均工资衡量工资成本（WAGE，单位：万元）。

2. 数据来源

本书选取2004~2016年30个省（市、自治区）的相关数据进行实证分析，数据主要来自《中国统计年鉴》《中国环境年鉴》《中国环境统计年鉴》《中国工业统计年鉴》。表11-1展示了对相关变量进行的描述性统计分析。

表11-1 变量的描述性统计分析

变量	Mean	Sd	Min	P25	P50	P75	Max
LQ	0.941	0.187	0.326	0.838	0.99	1.08	1.402
LQa	1.136	1.021	0.004	0.422	0.733	1.579	4.283
LQb	0.597	0.855	0.000	0.044	0.187	0.674	3.374
ER	0.341	0.584	0.013	0.088	0.175	0.358	7.729
ERa	3.494	5.066	0.000	0.924	1.645	3.795	38.434
ERb	0.565	0.471	0.016	0.241	0.408	0.79	2.769
ERc	0.334	0.402	0.001	0.104	0.214	0.399	3.535
OPEN	0.316	0.364	0.013	0.096	0.152	0.408	1.711
TRANS	1.04	0.777	0.062	0.433	0.844	1.513	4.343
KS	1.215	1.933	0.086	0.299	0.503	1.219	14.427
WAGE	0.974	0.26	0.713	0.827	0.891	0.986	1.932

3. 模型选择

由前文的分析可以看出，环境规制对产业集聚的影响是非线性的，对这一影响进行计量分析时，应该采用非线性模型。通过各方面考量，本书决定采用面板门槛模型进行分析。面板门槛模型是美国学者Hansen（1999）完善发展而来，与传统的主观分组不同，门槛回归对样本数据进行内生分组，这就排除了主观性，并且在估计样本数据的门槛值之后能够对其进行显著性检验，使模型的设定更为合理。近年来，这种模型越来越受到研究者的青睐，在各类研究中的应用非常广泛。本书参照连玉君（2006）的研究对门槛模型作简要介绍。

Hansen 将门槛模型的基本形式设定为：

$$y_i = \theta_1 x_i + e_i,\ q_i \leqslant \lambda \tag{11-1}$$

$$y_i = \theta_1' x_i + e_i,\ q_i > \lambda \tag{11-2}$$

其中，自变量 X_i 是一个 m 维的列向量。q_i 表示门槛变量，λ 表示门槛值。Hansen 在其论文中还指出门槛变量不仅可同时作为模型中的一个自变量，还可以单独作为一个门槛变量。根据模型中相应的门槛值 γ，可将样本数据划分为两组。为了使模型看起来更加美观，可以利用虚拟变量将模型(11－1)和模型(11－2)合并改写成一个方程，令虚拟变量 $d_i = \{q_i \leqslant \lambda\}$，其中{·}为示性函数，设 $x_i(\lambda) = x_i d_i(\lambda)$。这样，模型(11－1)和模型(11－2)可合写为：

$$y_i = \theta_1' x_i + \delta_n x_i(\lambda) + e_i \tag{11-3}$$

模型还可进一步改写为矩阵形式：

$$Y = X\theta + X_\lambda \delta_n + e \tag{11-4}$$

给定门槛值 λ，可以对模型参数进行估计得到模型的残差平方和 SSR（λ）。根据 Hansen 的门槛回归理论，回归中给定的门槛值越接近真实的门槛值，则相应的回归残差平方和越小，我们选择残差平方和最小时对应的门槛值作为真实的门槛值，即 $\hat{\lambda} = \text{argminSSR}(\lambda)$。得到参数的估计值 $\hat{\lambda}$ 之后，需要进行两方面的检验：一是门槛效应的显著性检验，即检验模型（11－1）的回归结果中 θ1 与 θ1’是否有显著差异。该检验的原假设 H0：模型不存在门槛值。构造统计量：

$$F = [SSR^* - SSR(\hat{\lambda})]/\hat{\sigma}^2$$

其中，SSR^* 是原假设成立条件下的残差平方和，$SSR(\hat{\lambda})$ 是存在门槛效应的情况下的残差平方和，$\hat{\sigma}^2 = SSR(\lambda)/T$。然而在原假设 H0 下，门槛值是无法识别的，这就造成了统计量的分布是非标准的，为了克服这一问题，本书采用 Hansen 提出的自抽样法(Bootstrap)获得其渐进分布，继而构造其 P 值，对门槛效应的显著性进行检验。二是对门槛估计值的真实性进行检验。原假设 H0：$\lambda - \lambda_0$，Hansen 提出使用极大似然估计量检验门槛的估计值是否等于其真实值，相应的统计量 $LR(\lambda) = [SSR(\lambda) - SSR(\hat{\lambda})]/\hat{\sigma}^2$，其中 $SSR(\hat{\lambda})$ 是原假设成立条件下得到的残差平方和，$\hat{\sigma}^2$ 为原假设成立条件下相应的残差方差。该统计量 LR(λ)的分布同样是非标准的，但 Hansen 提供了一个简单的公式，可以计算出其非拒绝域，即当 $LR(\lambda) \leqslant -2\log[1-(1-\alpha)^{1/2}]$ 时，不能拒绝原假设，其中，α 表示显著水平。

以上是针对单一门槛模型的检验过程，对双重门槛模型、三重门槛模型的检验过程类似，但是门槛效应的显著性检验中原假设变为：模型只存在单一门槛（双重门槛模型）、模型只存在双重门槛（三重门槛模型）。具体内容不再详细叙述。

三、环境规制影响产业集聚的门槛效应分析

1. 环境规制对不同类型产业集聚的影响

（1）模型设定。

1）环境规制对重污染型产业集聚的影响。为研究环境规制对重污染型产业集聚的影响，可参照前文的 Hansen 面板门槛的模型介绍，将模型设定为：

$$LQa_{ij}=\alpha+\beta_1 ER_{ij}d(ER_{ij},\ \gamma)+\beta_2 OPEN_{ij}+\beta_3 TRANS_{ij}+\beta_4 KS_{ij}+\beta_5 Wage_{ij}+\varepsilon_{ij}$$

其中，i 表示省份，j 表示年份，d（·）表示示性函数，ERa 表示门槛变量，γ 表示门槛值。

为进一步修正模型，确定模型的具体形式，本书分别在假设模型存在单个门槛、双重门槛、三重门槛的前提下对模型进行估计，得到的相关结果如表 11－2 所示。结果显示，单一门槛模型的 F 值与 P 值均在 5% 的显著性水平上显著，而双重门槛模型与三重门槛模型的 P 值与 F 值均不显著。

表 11－2 门槛变量的显著性检验结果

	临界值					
	F 值	P 值	BS 次数	1%	5%	10%
单一门槛	21.951**	0.023	300	31.048	14.464	9.548
双重门槛	3.442	0.463	300	43.161	24.100	19.239
三重门槛	0.000	0.087	300	0.000	0.000	0.000

门槛的估计值和相应的 95% 的置信区间列示于表 11－3。门槛参数的估计值是指似然比检验统计量 LR 为 0 时 γ 的取值，在我们的单一门槛模型中为 0.438。

表 11－3 门槛估计值

	门槛估计值	95%置信区间
Th_ 1	0.438	[0.358，0.490]

基于此，将原模型修正为单一门槛模型，即：

$$LQa_{ij} = \alpha + \beta_{11}ER_{ij}d(ER_{ij} \leqslant 0.438) + \beta_{12}ER_{ij}d(ER_{ij} > 0.438) + \beta_2 OPEN_{ij} + \beta_3 TRANS_{ij} + \beta_4 KS_{ij} + \beta_5 Wage_{ij} + \varepsilon_{ij} \quad (11-5)$$

选取相应样本数据，对模型（11－5）进行回归分析，得到的结果见表 11－8。

2）环境规制对高技术型产业集聚的影响。为研究环境规制对高技术型产业集聚的影响，可参照前文的 Hansen 面板门槛的模型介绍，将模型设定为：

$$LQb_{ij} = \alpha + \beta_1 ER_{ij}d(ER_{ij}, \gamma) + \beta_2 OPEN_{ij} + \beta_3 TRANS_{ij} + \beta_4 KS_{ij} + \beta_5 Wage_{ij} + \varepsilon_{ij}$$

其中，i 表示省份，j 表示年份，d（·）表示示性函数，ERb 表示门槛变量，γ 表示门槛值。

为进一步修正模型，确定模型的具体形式，本书分别在假设模型存在单个门槛、双重门槛、三重门槛的前提下对模型进行估计，得到的相关结果如表 11－4 所示。结果显示，单一门槛模型的 F 值与 P 值均在 5% 的显著性水平上显著，而双重门槛的 P 值与 F 值均不显著。

表 11－4 门槛变量的显著性检验结果

	临界值					
	F 值	P 值	BS 次数	1%	5%	10%
单一门槛	28.249**	0.013	300	29.394	16.612	12.438
双重门槛	3.019	0.627	300	40.229	24.373	18.501
三重门槛	0	0.14	300	0	0	0

门槛的估计值和相应的 95% 的置信区间列示于表 11－5。门槛参数的估计值是指似然比检验统计量 LR 为 0 时 γ 的取值，在我们的单一门槛模型中为 0.676。

表 11－5 门槛估计值

	门槛估计值	95%置信区间
Th_ 1	0.676	[0.666，0.751]

基于此，将原模型修正为单一门槛模型，即：

$$LQb_{ij} = \alpha + \beta_{11}ER_{ij}d(ER_{ij} \leqslant 0.676) + \beta_{12}ER_{ij}d(ER_{ij} > 0.676) + \beta_2 OPEN_{ij} + \beta_3 TRANS_{ij} + \beta_4 KS_{ij} + \beta_5 Wage_{ij} + \varepsilon_{ij} \quad (11-6)$$

选取相应样本数据，对模型（11－6）进行回归分析，得到的结果见表11－8。

3）环境规制对工业产业集聚的影响。为研究环境规制对工业产业集聚的影响，可参照前文的Hansen面板门槛的模型介绍，将模型设定为：

$$LQ_{ij} = \alpha + \beta_1 ER_{ij}d(ER_{ij}, \gamma) + \beta_2 OPEN_{ij} + \beta_3 TRANS_{ij} + \beta_4 KS_{ij} + \beta_5 Wage_{ij} + \varepsilon_{ij}$$

其中，i表示省份，j表示年份，d（·）表示示性函数，ERb表示门槛变量，γ表示门槛值。

为进一步修正模型，确定模型的具体形式，本书分别在假设模型存在单个门槛、双重门槛、三重门槛的前提下对模型进行估计，得到的相关结果如表11－6所示。结果显示，单一门槛模型的F值与P值在10%的显著性水平上显著，双重门槛模型的F值与P值在5%的显著性水平上显著，而三重门槛的P值与F值均不显著。

表11－6　门槛变量的显著性检验结果

				临界值		
	F值	P值	BS次数	1%	5%	10%
单一门槛	9.833*	0.07	300	17.268	10.856	7.388
双重门槛	24.190**	0.02	300	32.402	19.481	14.83
三重门槛	0	0.913	300	0	0	0

门槛的估计值和相应的95%的置信区间列示于表11－7。门槛参数的估计值是指似然比检验统计量LR为0时γ的取值，在我们的双重门槛模型中分别为0.175和0.399。

表11－7　门槛估计值

	门槛估计值	95%置信区间
Th_21	0.175	[0.127，0.247]
Th_22	0.399	[0.089，0.438]

基于此，将原模型修正为双重门槛模型，即：

$$LQ_{ij} = \alpha + \beta_{11}ER_{ij}d(ER_{ij} \leqslant 0.175) + \beta_{12}ER_{ij}d(0.175 < ER_{ij} \leqslant 0.399) + \beta_{13}ER_{ij}d(ER_{ij} > 0.399) + \beta_2 OPEN_{ij} + \beta_3 TRANS_{ij} + \beta_4 KS_{ij} + \beta_5 Wage_{ij} + \varepsilon_{ij} \quad (11-7)$$

选取相应样本数据，对模型（11 -7）进行回归分析，具体结果见表 11 -8。

（2）回归结果分析。表 11 -8 从左至右分别列示了环境规制对重污染型产业集聚、高技术型产业集聚与工业产业集聚影响的回归结果。

表 11 -8　环境规制对不同类型产业集聚影响的回归结果

解释变量	重污染型产业集聚		解释变量	高技术型产业集聚		解释变量	工业产业集聚	
	系数	t 值		系数	t 值		系数	t 值
ER1	-1.092***	-3.74	ER1	0.317***	3.40	ER1	0.629***	4.21
ER2	-0.0898	-1.05	ER2	-0.135***	-4.10	ER2	0.0876	1.36
						ER3	-0.0741***	-4.53
OPEN	0.507**	2.14	OPEN	1.877***	26.87	OPEN	0.221***	5.38
TRANS	0.179***	3.27	TRANS	0.167***	6.86	TRANS	0.116***	7.16
KS	-0.00684	-0.24	KS	0.0765***	6.72	KS	0.0128**	2.30
WAGE	-0.343	-0.94	WAGE	0.520**	2.43	WAGE	-0.415***	-6.34
Cons	1.294***	4.55	cons	-0.628***	-5.16	Cons	1.119***	18.99

1）环境规制影响重污染型产业集聚的回归结果。关于环境规制对重污染型产业集聚的影响，从表 11 -8 的回归结果来看：当环境规制强度低于 0.438 时，环境规制强度增加会导致重污染型产业集聚显著降低，系数为 -1.092，且在 1% 的显著性水平下显著。重污染型产业集聚是对环境规制最为敏感的产业，在环境规制较弱的时期发展并壮大的重污染型企业，惯于利用低环境规制的红利，可能不会选择挤压利润空间投资于技术创新、污染治理。重污染型产业也非知识密集型产业，高层次人才的缺乏使产业内公司在实现技术创新时存在困难。这些原因都导致高污染型企业在面对逐渐加强的环境规制时，会选择搬迁厂址、减少生产甚至直接关停，高污染型产业集聚会出现明显下降。当环境规制高于 0.438 时，环境规制对重污染型产业集聚的影响系数为 -0.0898，虽然这一系数并不显著，但这一数据所揭示的趋势是环境规制仍然对重污染型产业集聚有着负面影响，但

这一影响的强度大大减弱。这可能是源于在环境规制低于0.438的阶段，大量重污染企业已经随着环境规制的加强选择搬迁、减产或者关停，重污染型产业集聚减少的空间已经大大降低。除了核心变量环境规制之外，对外开放对重污染型产业集聚的影响系数为0.507，且在5%的显著性水平上显著。对外开放程度的加强能够扩大企业产品的市场及增加企业获得的投资，提高重污染型产业的集聚度。交通设施对高技术型产业集聚的影响系数为0.179，且在1%的显著性水平下显著。完善的交通设施能够降低企业获得原材料、开拓市场的难度、减少企业在生产过程及销售过程中付出的成本，在这些因素影响下重污染型产业会趋于在交通设施水平较高的地区集聚。知识溢出效应对重污染型产业集聚的影响并不显著，但-0.00684的系数所呈现出的趋势是知识溢出抑制了重污染型产业集聚，这可能是因为重污染型企业对高层次人才需求较少，而人才集聚区域往往意味着更高的生产成本，出于提高利润的考虑，重污染型企业不会选择在这些地区集聚。工资水平对重污染型产业集聚的影响亦不显著，-0.343的系数同样显示工资水平提高对重污染型产业集聚有抑制作用。地区工资水平高说明企业要付出更多的生产成本，获得更少的利润，重污染型企业不会倾向于在这些工资较高的地区集聚。

表11-9　2004~2016年各年度省份分类情况

分类标准＼年份	2004	2005	2006	2007	2008	2009	2010
ER≤0.438	30	30	29	28	28	28	27
ER>0.438	0	0	1	2	2	2	3
分类标准＼年份	2011	2012	2013	2014	2015	2016	
ER≤0.438	22	22	22	21	19	9	
ER>0.438	8	8	8	9	11	21	

根据面板门槛模型（11-1）的门槛值对各年度的样本进行分类，相关结果列示于表11-9。在研究重污染型产业集聚状况时，可将历年样本按环境规制强度分为两类：弱环境规制省份（ER≤0.438）与强环境规制省份（ER>0.438）。从表11-9中可以看出，在2004年所考察的30个省（市、自治区）都属于弱环

境规制省份，在这一类别中的省份，环境规制强度加强对重污染型产业集聚有非常明显的抑制作用。随着时间的推移，逐渐有越来越多的省份变为强环境规制省份，在2016年这一数字已达21个。

2）环境规制影响高技术型产业集聚的回归结果。关于环境规制对高技术型产业集聚的影响，从表11－9的回归结果来看：当环境规制强度低于0.676时，环境规制强度增加会促进高技术型产业集聚，其影响系数为0.317，且在1%的显著性水平上显著。高技术型产业一般不会产生大量污染，相较于重污染型产业，它并不会受到环境规制加强的显著负面影响。此外，随着环境规制加强，污染企业转出，区域环境改善，高质量的居住环境可以吸引高层次人才、促进区域人才集聚，这对于高技术产业集聚是个利好信息。区域内高水平的人力资本积累能够激励企业进行技术创新、生产技术含量高的产品，扩大产品的市场份额，在当地形成规模经济，吸引更多的企业集聚。当环境规制高于0.676时，环境规制对高技术型产业集聚的影响系数为－0.135，且在1%的显著性水平上显著。环境规制在初期并不会对高技术型产业有抑制作用反而是有促进作用。但是，高技术型产业内部毕竟还存在着大量缺乏创新能力的中小型企业，环境规制过强不可避免地会对它们的发展有负面影响，并最终导致高技术型产业集聚度降低。除核心变量环境规制之外，对外开放对高技术型产业集聚的影响系数为1.877，且在1%的显著性水平上显著。可以看出对外开放对高技术型产业集聚有着非常明显的促进作用。这是因为与国外同行业企业相比，我国高技术型产业内部分公司在研发水平、创新水平上还比较落后。与国外交流频繁能够为这些公司提供更多学习的机会，提高公司自身的研发创新能力，增强在国内市场甚至国外市场的竞争力。这决定了高技术型产业更倾向于在对外开放程度高的地区集聚。交通设施对高技术型产业集聚的影响系数为0.167，且在1%的显著性水平上显著。交通设施对任何类型的产业集聚都至关重要。完善的交通设施无论对重污染型产业集聚还是对高技术型产业集聚都有着正面影响。知识溢出效应对高技术型产业集聚的影响系数为0.0765，且在1%的显著性水平上显著。这是异于环境规制对重污染型产业集聚影响的地方。高技术型产业对技术创新有较高需求，知识溢出效应可以降低高技术型产业的创新成本，促进高技术产业集聚。工资水平对高技术型产业集聚的影响系数为0.520，且在5%的显著性水平上显著。这也是异于环境规制对重污染型产业集聚影响的地方。工资水平高的地区对人才吸引力强，人才集聚能促进高技术型产业集聚。

表 11-10　2004～2016 年各年度省份分类情况

分类标准＼年份	2004	2005	2006	2007	2008	2009	2010
ER≤0.676	30	30	30	30	28	28	28
ER>0.676	0	0	0	0	2	2	2
分类标准＼年份	2011	2012	2013	2014	2015	2016	
ER≤0.676	27	26	26	23	22	16	
ER>0.676	3	4	4	7	8	14	

根据面板门槛模型（11-2）的门槛值对各年度的样本进行分类，相关结果列示于表 11-10。在研究高技术产业集聚状况时，可将历年样本按环境规制强度分为弱环境规制省份（ER≤0.676）与强环境规制省份（ER>0.676）两类。弱环境规制省份加强环境规制强度有益于高技术型产业集聚，而强环境规制省份加强环境规制强度会抑制高技术型产业集聚。在 2004～2015 年，强环境规制省份数目只是缓慢增加，但在 2016 年这个数目迅猛增加至 14 个。这可能是因为 2016 年"土十条"、新版《国家危险废物名录》、排污权改革、环保税等环保措施同时推出，给各个省份都带来了很大的环保压力。这也说明，现在确实有不少省份在环境保护与产业发展之间有困难的抉择问题。

3）环境规制影响工业产业集聚的回归结果。关于环境规制对工业产业集聚的影响，从表 11-9 回归结果看，当环境规制强度低于 0.175 时，环境规制对工业产业集聚的影响系数为 0.629，且在 1% 的显著性水平上显著。环境规制对工业产业集聚有较为明显的积极影响。当环境规制在 0.175～0.399 时，环境规制对工业产业集聚的影响系数为 0.0876，但这一系数并不显著。当环境规制大于 0.399 时，环境规制对工业产业集聚不再有促进作用，其系数为 -0.0741，环境规制强度增加抑制工业产业集聚。环境规制和产业集聚的关系较为复杂，会因产业类别不同、实施阶段不同而出现差异，由于工业包括各种不同类型的产业，环境规制对工业集聚的影响更为复杂。在环境规制初期，环境规制强度提升并不会导致工业产业集聚出现扩散；相反，由于居民及企业对优质环境的偏好逐步增强，反而是促进集聚的一个因素，但其效应会随着越来越多的地区实施"跟随战略"而趋于弱化。环境规制逐渐加强，对工业产业集聚的促进作用逐渐减弱，并在突破0.399的环境规制强度后，开始抑制工业产业集聚。除了环境规制这一核心变量外，对外开放对工业产业集聚的影响系数为0.221，且在1%的显著性水平上显著。交通设施对工业产业集聚的影响系数为0.116，且在1%的显著性水平上显著。与前文的分析类似，对外开放扩大了产品的销售市场、增加了企业所获投资、提高了企业的创新水平，能促进产业进一步集聚。而交通设施的改善能够降低企业的运输成本，提高利润，促进集聚。知识溢出效应对工业产业集聚的影响系数为0.0128，且在1%的显著性水平上显著。知识溢出可以促进工业产业集聚，这是因为知识溢出效应能够降低企业的创新成本，利于集聚发生。工资水平对工业产业集聚的影响系数为-0.415，且在1%的显著性水平上显著。工资水平提高往往意味着企业生产成本增加，这是不利于集聚的因素。

表11-11　2004~2016年各年度分类情况

分类标准＼年份	2004	2005	2006	2007	2008	2009	2010
ER≤0.175	27	27	24	22	21	17	15
0.175<ER≤0.399	3	2	4	6	7	11	10
ER>0.399	0	1	2	2	2	2	5
分类标准＼年份	2011	2012	2013	2014	2015	2016	
ER≤0.175	11	9	7	7	7	1	
0.175<ER≤0.399	11	13	14	12	10	7	
ER>0.399	8	8	9	11	13	22	

根据面板门槛模型（11-3）的门槛值对各年度的样本进行分类，相关结果列示于表11-11。在研究工业产业集聚状况时，可将历年样本按环境规制强度分为弱环境规制省份（ER≤0.175）、中环境规制省份（0.175<ER≤0.399）与强环境规制省份（ER>0.399）三类。弱环境规制省份与中环境规制省份加强环境规制强度可促进工业产业集聚，而强环境规制强度省份加强环境规制强度会导致工业产业集聚扩散。2016年，强环境规制省份数目已达22个，但在这些省份中，加强环境规制强度未必会危害经济发展，虽然工业产业集聚度受环境政策影响降低，但这可以激励这些省份投入更多精力发展低污染、低能耗的第三产业。

2. 不同类型环境规制对产业集聚的影响

（1）模型设定。

1）命令控制型环境规制对产业集聚的影响。为研究命令型环境规制对产业集聚的影响，可参照前文的 Hansen 面板门槛的模型介绍，将模型设定为：

$$LQ_{ij} = \alpha + \beta_1 ERa_{ij} d(ERa_{ij}, \gamma) + \beta_2 OPEN_{ij} + \beta_3 TRANS_{ij} + \beta_4 KS_{ij} + \beta_5 Wage_{ij} + \varepsilon_{ij}$$

其中，i 表示省份，j 表示年份，d（·）表示示性函数，ERa 表示门槛变量，γ 表示门槛值。

为进一步修正模型，确定模型的具体形式，本书分别在假设模型存在单个门槛、双重门槛、三重门槛的前提下对模型进行估计，得到的相关结果如表 11-12 所示。结果显示，单一门槛模型的 F 值与 P 值在 1% 的显著性水平上显著，双重门槛的 P 值与 F 值在 5% 的显著性水平上显著，而三重门槛的 P 值与 F 值不显著。

表 11-12　门槛变量的显著性检验结果

				临界值		
	F 值	P 值	BS 次数	1%	5%	10%
单一门槛	17.544***	0.010	300	16.395	9.836	7.160
双重门槛	21.466**	0.013	300	22.335	12.525	8.466
三重门槛	-9.555	0.350	300	2.340	0.269	-1.743

通过以上检验，本书确定该模型应该采用双重门槛模型，具体门槛估计值以及 95% 的置信区间，如表 11-13 所示。

表 11-13　门槛估计值

	门槛估计值	95% 置信区间
Th_ 21	0.637	[0.499, 0.685]
Th_ 22	1.432	[1.349, 1.543]

基于此，将原模型修正为双重门槛模型，即：

$$LQ_{ij} = \alpha + \beta_{11} ERa_{ij} d(ERa_{ij} \leq 0.637) + \beta_{12} ERa_{ij} d(0.637 < ERa_{ij} \leq 1.432) + \beta_{13}$$

$$ERa_{ij}d(ERa_{ij}>1.432)+\beta_2 OPEN_{ij}+\beta_3 TRANS_{ij}+\beta_4 KS_{ij}+\beta_5 Wage_{ij}+\varepsilon_{ij} \quad (11-8)$$

选取相应样本数据，对模型（11－8）进行回归分析，具体结果见表11－18。

2）经济激励型环境规制对产业集聚的影响。为研究经济激励型环境规制对产业集聚的影响，可参照前文的 Hansen 面板门槛的模型介绍，将模型设定为：

$$LQ_{ij}=\alpha+\beta_1 ERb_{ij}d(ERb_{ij},\ \gamma)+\beta_2 OPEN_{ij}+\beta_3 TRANS_{ij}+\beta_4 KS_{ij}+\beta_5 Wage_{ij}+\varepsilon_{ij}$$

其中，i 表示省份，j 表示年份，d（·）表示示性函数，ERb 表示门槛变量，γ 表示门槛值。

为进一步修正模型，确定模型的具体形式，本书分别在假设模型存在单个门槛、双重门槛、三重门槛的前提下对模型进行估计，得到的相关结果如表 11－14 所示。结果显示，单一门槛模型的 F 值与 P 值在 1% 的显著性水平上显著，双重门槛的 P 值与 F 值在 1% 的显著性水平上显著，三重门槛的 P 值与 F 值不显著。

表 11－14　门槛变量的显著性检验结果

	临界值					
	F 值	P 值	BS 次数	1%	5%	10%
单一门槛	14.703**	0.023	300	16.407	9.813	6.805
双重门槛	26.440***	0.000	300	6.158	3.186	2.341
三重门槛	0.000	0.107	300	0.000	0.000	0.000

通过以上检验，本书确定该模型应该采用双重门槛模型，具体门槛估计值以及 95% 的置信区间，如表 11－15 所示。

表 11－15　门槛估计值

	门槛估计值	95% 置信区间
Th_ 21	0.410	[0.392，0.428]
Th_ 22	1.029	[0.906，1.036]

基于此，将原模型修正为双重门槛模型，即：

$$LQ_{ij}=\alpha+\beta_{11}ERb_{ij}d(ERb_{ij}\leqslant 0.410)+\beta_{12}ERb_{ij}d(0.410<ERb_{ij}\leqslant 1.029)+\beta_{13}$$

$$ERb_{ij}d(ERb_{ij}>1.029)+\beta_2 OPEN_{ij}+\beta_3 TRANS_{ij}+\beta_4 KS_{ij}+\beta_5 Wage_{ij}+\varepsilon_{ij} \quad (11-9)$$

选取相应样本数据，对模型（11－9）进行回归分析，具体结果见表11－18。

3）自愿型环境规制对产业集聚的影响。为研究自愿型环境规制对产业集聚的影响，可参照前文的 Hansen 面板门槛的模型介绍，将模型设定为：

$$LQ_{ij}=\alpha+\beta_1 ERc_{ij}d(ERc_{ij},\ \gamma)+\beta_2 OPEN_{ij}+\beta_3 TRANS_{ij}+\beta_4 KS_{ij}+\beta_5 Wage_{ij}+\varepsilon_{ij}$$

其中，i 表示省份，j 表示年份，d（·）表示示性函数，ERc 表示门槛变量，γ 表示门槛值。

为进一步修正模型，确定模型的具体形式，本书分别在假设模型存在单个门槛、双重门槛、三重门槛的前提下对模型进行估计，得到的相关结果如表11－16所示。结果显示，单一门槛模型的 F 值与 P 值在1%的显著性水平上显著，双重门槛的 P 值与 F 值在1%的显著性水平上显著，三重门槛的 P 值与 F 值不显著。

表11－16 门槛变量的显著性检验结果

	临界值					
	F 值	P 值	BS 次数	1%	5%	10%
单一门槛	10.272**	0.020	300	13.117	7.408	5.771
双重门槛	47.132***	0.003	300	26.157	8.901	6.917
三重门槛	0.000	0.117	300	0.000	0.000	0.000

通过以上检验，本书确定该模型应该采用双重门槛模型，具体门槛估计值以及95%的置信区间，如表11－17所示。

表11－17 门槛估计值

	门槛估计值	95%置信区间
Th_ 21	0.474	[0.023，0.498]
Th_ 22	1.120	[0.023，1.148]

基于此，将原模型修正为双重门槛模型，即：

$$LQ_{ij}=\alpha+\beta_{11}ERc_{ij}d(ERc_{ij}\leqslant 0.474)+\beta_{12}ERc_{ij}d(0.474<ERc_{ij}\leqslant 1.120)+\beta_{13}$$

$$ERc_{ij}d(ERc_{ij}>1.120)+\beta_2 OPEN_{ij}+\beta_3 TRANS_{ij}+\beta_4 KS_{ij}+\beta_5 Wage_{ij}+\varepsilon_{ij} \quad (11-10)$$

选取相应样本数据，对模型（11－10）进行回归分析，具体结果见表11－18。

（2）回归结果分析。表11－18从左至右分别列示了命令控制型环境规制、经济激励型环境规制、自愿型环境规制对工业产业集聚影响的回归结果。

表11－18 不同类型环境规制影响产业集聚的回归结果

解释变量	命令控制型环境规制		解释变量	经济激励型环境规制		解释变量	自愿型环境规制	
	系数	t值		系数	t值		系数	t值
ERa1	－0.257***	－4.88	ERb1	0.640***	8.50	ERc1	0.469***	6.83
ERa2	－0.0516***	－3.71	ERb2	0.358***	8.62	ERc2	0.236***	6.18
ERa3	0.000297	0.23	ERb3	0.172***	5.82	ERc3	0.0941***	3.60
OPEN	－0.0304	－0.64	OPEN	0.185***	6.14	OPEN	0.168***	5.96
TRANS	0.0868***	8.64	TRANS	0.0885***	6.74	TRANS	0.0413***	3.11
KS	－0.0153***	－3.93	KS	－0.0185***	－4.47	KS	－0.0151***	－3.24
WAGE	0.128*	1.89	WAGE	－0.363***	－5.67	WAGE	－0.444***	－7.36
Cons	0.778***	13.70	cons	0.971***	15.73	cons	1.221***	22.39

注：***表示在1%显著水平上显著；*表示在10%显著水平上显著。

1）命令控制型环境规制影响产业集聚的回归结果。关于命令控制型环境规制对工业产业集聚的影响，从表11－18回归结果来看：当命令控制型环境规制强度低于0.637时，环境规制对工业产业集聚的影响系数为－0.257，且在1%的显著性水平上显著，环境规制强度增加对工业产业集聚有抑制作用。当命令控制型环境规制强度在0.637～1.432时，环境规制对工业产业集聚的影响系数为－0.0516，且在1%的显著性水平上显著，环境规制强度增加对工业产业集聚的抑制作用仍然存在，但作用强度减弱。当命令型环境规制强度大于1.432时，环境规制对工业产业集聚的影响系数为0.000297，但这一系数并不显著。总体来看，命令控制型环境规制在初期对工业产业集聚有着明显的负面影响。这是由命令型环境规制的性质决定的。在命令型环境规制下，污染企业几乎没有选择权，只能被迫机械地遵守规章制度，否则将面临严厉的处罚。命令控制型环境规制能使环境污染得到迅速的改善，但是对企业来说，过于刚性和“一刀切”的做法，

可能会损害企业的效率，抑制企业技术创新的积极性，降低环境规制的正面效应。此外，并不是所有企业都具备足够的技术能力，很多中小型工业企业难以在短时间内通过生产技术更新、清洁技术升级达到行政部门、管理部门所要求的标准。在严厉的命令控制型环境规制的要求下，这些企业不得不搬迁到环境约束较弱的地区、缩小生产规模或者直接选择关停。在命令型环境规制达到一定标准后，环境规制可能会逐渐对工业产业集聚有积极影响。这是因为此时仍然选择在强环境约束地区生产的工业企业一般都有较高的科研能力、创新能力应付日益提高的环境规制强度。此时命令型环境规制反而能激发这些企业的创新潜力，有益于集聚产生。命令控制型环境规制对地区生态环境也有明显的改善作用，高质量的生活环境能够吸引人才，也能促进知识密集型工业产业的集聚。

根据面板门槛模型（11－4）的门槛值对各年度的样本进行分类，相关结果列示于表11－19。在研究命令控制型环境规制的影响时，可将历年样本按命令控制型环境规制强度分为：弱命令控制型环境规制省份（ERa≤0.637）、中命令控制型环境规制省份（0.637＜ERa≤1.432）与强命令控制型环境规制省份（ERa＞1.432）三类。从表11－19中可以看出，命令控制型环境规制是我国应用最广泛、最深入的环境规制手段，2004～2016年大部分省份都属于强命令控制型环境规制省份。

表11－19　2004～2016年各年度分类情况

分类标准＼年份	2004	2005	2006	2007	2008	2009	2010
ERa≤0.637	4	5	5	5	6	10	5
0.637＜ERa≤1.432	9	7	6	5	10	7	10
ERa＞1.432	17	18	19	20	14	13	15
分类标准＼年份	2011	2012	2013	2014	2015	2016	
ERa≤0.637	6	5	5	4	3	3	
0.637＜ERa≤1.432	5	10	6	8	7	4	
ERa＞1.432	19	15	19	18	20	23	

2）经济激励型环境规制影响产业集聚的回归结果。关于经济激励型环境规

制对工业产业集聚的影响，从表 11 - 18 回归结果来看，当环境规制强度低于 0.410 时，经济激励型环境规制对工业产业集聚的影响系数为 0.640，且在 1% 的显著性水平上显著，经济激励型环境规制强度增加会促进工业产业集聚。当经济激励型环境规制强度处于 0.410 ~ 1.029 时，经济激励型环境规制强度的增加仍然能促进工业产业集聚，但作用强度减弱。当经济激励型环境规制大于 1.029 时，经济激励型环境规制对工业产业集聚的促进作用进一步减弱。总体来看，经济激励型环境规制对工业产业集聚有正面影响，但其作用强度随环境规制加强而逐渐减弱。这是因为相比于命令控制型环境规制，经济激励型环境规制赋予了企业更高的自主权，使其能够根据自身情况在利润和治污目标之间做出最合理的选择。经济激励型环境规制是以市场机制为基础的，政府会采取提供治污补贴、征收排污费等多种激励措施来激励企业降低污染排放，治污效果好则政府补贴高、少排污则征收费用少，这些激励措施对于高污染型工业企业来说可能是一种惩罚措施，而对于低污染型工业企业来说这却相当于是一种变相的补贴。这样能够更好地激励企业进行技术创新，降低自己的排污量来赢取这种补贴。随着地区规制强度的不断深化，当地企业会逐渐意识到要想在实现环境保护的同时提高利润，就要提升自身的清洁生产能力和治污技术，技术的进步会促进企业生产的发展、提升企业的竞争力，有益于加强集聚。

根据面板门槛模型（11 - 10）的门槛值对各年度的样本进行分类，相关结果列示于表 11 - 20。在研究经济激励型环境规制的影响时，也可将历年样本按经济激励型环境规制强度分为：弱经济激励型环境规制省份（$ERb \leqslant 0.410$）、中经济激励型环境规制省份（$0.410 < ERb \leqslant 1.029$）与强经济激励型环境规制省份（$ERb > 1.029$）三类。在这三个类别中，经济激励型环境规制加强都有助于工业产业集聚，但作用强度随经济激励型环境规制强度增加而减弱。对企业创新效率激励程度较高的经济激励型环境规制，在大部分省份中其强度都在相对较低的水平。直到 2016 年属于强经济激励型环境规制省份也只有 5 个。为了实现环境保护、经济增长协调发展，我国应该合理运用各种环境规制手段，不可忽略经济激励型环境规制的重要作用。

3）自愿型环境规制影响产业集聚的回归结果。关于自愿型环境规制对工业产业集聚的影响，从表 11 - 18 的回归结果看，当自愿型环境规制强度低于 0.474 时，自愿型环境规制对工业集聚的影响系数为 0.469，且在 1% 的显著性水平上显著。自愿型环境规制对工业产业集聚有积极影响。当自愿型环境规制在 0.474 ~

表 11-20 2004~2016 年各年度分类情况

分类标准 \ 年份	2004	2005	2006	2007	2008	2009	2010
ERb≤0.410	22	22	19	16	16	15	11
0.410<ERb≤1.029	8	6	6	9	10	11	13
ERb>1.029	0	2	5	5	4	4	6
分类标准 \ 年份	2011	2012	2013	2014	2015	2016	
ERb≤0.410	14	13	13	14	13	9	
0.410<ERb≤1.029	11	11	12	12	14	16	
ERb>1.029	5	6	5	4	3	5	

1.120 时，自愿型环境规制对工业产业集聚的影响系数为 0.236。自愿型环境规制对工业产业集聚的积极作用减弱。当自愿型环境规制大于 1.120 时，自愿型环境规制对工业产业集聚仍有促进作用，但作用强度进一步减弱。自愿型环境规制，主要是通过企业及公众自发产生的一系列环境规制行为，这些行为通常不具有强制性，而是通过内化的环境意识来实现规制的。其主要特征是通过提高教育水平和人民生活水平等方式，将环境意识、环保责任内化到企业的决策制定中去，从而激发企业更强的治污动力。自愿型环境规制下企业有充分的主观能动性，自愿型环境规制加强并不会对企业效率有较大损害。与经济激励型环境规制相似，自愿型环境规制对工业企业技术创新有较高的激励作用，可强化工业产业集聚。

根据面板门槛模型（11-10）的门槛值对各年度的样本进行分类，相关结果列示于表 11-21。在研究自愿型环境规制的影响时，可将历年样本按环境规制强度分为：弱自愿型环境规制省份（ERc≤0.474）、中环境自愿型规制省份（0.474<ERc≤1.120）与强自愿型环境规制省份（ERc>1.120）三类。与经济激励型环境规制类似，在自愿型环境规制的三个类别中，自愿型环境规制加强也都有助于工业产业集聚，但作用强度随自愿型环境规制强度增加而减弱。对企业创新效率激励程度也比较高的自愿型环境规制，在大部分省份中的强度都在相对较低。2016 年，大部分省份仍然还是弱自愿型环境规制省份。运用好自愿型环境规制，对我国同时实现环境保护、经济发展有着重要意义。

表 11－21　2004～2016 年各年度分类情况

分类标准＼年份	2004	2005	2006	2007	2008	2009	2010
ERc≤0.474	26	28	27	26	27	27	27
1.029＜ERc≤1.120	4	2	3	4	3	3	2
ERc＞1.120	0	0	0	0	0	0	1
分类标准＼年份	2011	2012	2013	2014	2015	2016	
ERc≤0.474	24	25	21	21	17	17	
0.474＜ERc≤1.120	4	3	7	5	9	7	
ERc＞1.120	2	2	2	4	4	6	

3. 不同经济发展水平下环境规制对产业集聚的影响

（1）模型设定。为研究不同经济发展水平下环境规制对产业集聚的影响，可参照前文的 Hansen 面板门槛的模型介绍，将模型设定为：

$$LQ_{ij}=\alpha+\beta_1 ER_{ij} d(EL_{ij},\gamma)+\beta_2 OPEN_{ij}+\beta_3 TRANS_{ij}+\beta_4 KS_{ij}+\beta_5 Wage_{ij}+\varepsilon_{ij}$$

其中，i 表示省份，j 表示年份，d（·）表示示性函数，EL 表示门槛变量，γ 表示门槛值。

为进一步修正模型，确定模型的具体形式，本书分别在假设模型存在单个门槛、双重门槛、三重门槛的前提下对模型进行估计，得到的相关结果如表 11－22 所示。结果显示，单一门槛模型的 F 值与 P 值在 1% 的显著性水平上显著，双重门槛的 P 值与 F 值在 1% 的显著性水平上显著，三重门槛的 P 值与 F 值虽然在 10% 的显著性水平上显著，但通过观察其似然比函数图，发现第三重门槛的置信区间为无穷大，可见这个门槛值为无效的门槛值。

表 11－22　门槛变量的显著性检验结果

	F 值	P 值	BS 次数	临界值 1%	临界值 5%	临界值 10%
单一门槛	32.650***	0.000	300	20.407	12.713	8.650
双重门槛	121.431***	0.000	300	15.616	4.894	－0.481
三重门槛	0.000*	0.060	300	0.000	0.000	0.000

注：*** 表示在 1% 显著水平上显著；* 表示在 10% 显著水平上显著。

通过以上检验，本书确定该模型应该采用双重门槛模型，具体门槛估计值以及95%的置信区间，见表11－23。

表11－23 门槛估计值

	门槛估计值	95%置信区间
Th_ 21	0.677	[0.669，0.701]
Th_ 22	0.831	[0.825，0.856]

基于此，将原模型修正为双重门槛模型，即：

$$LQ_{ij} = \alpha + \beta_{11} ER_{ij} d(EL_{ij} \leqslant 0.677) + \beta_{12} ER_{ij} d(0.677 < EL_{ij} \leqslant 0.831) + \beta_{13} ER_{ij} d(EL_{ij} > 0.831) + \beta_2 OPEN_{ij} + \beta_3 TRANS_{ij} + \beta_4 KS_{ij} + \beta_5 Wage_{ij} + \varepsilon_{ij} \quad (11-11)$$

选取相应样本数据，对模型（11－11）进行回归分析，具体结果见表11－24。

表11－24 不同经济发展水平下环境规制影响产业集聚的回归结果

解释变量	系数	t值
ER1	－1.168***	－11.14
ER2	－0.317***	－10.95
ER3	－0.0232	－1.47
OPEN	0.216***	7.90
TRANS	0.100***	9.50
KS	－0.00843*	－1.69
WAGE	－0.509***	－8.57
Cons	－0.628***	－5.16

（2）回归结果分析。关于不同经济发展水平下环境规制对工业产业集聚的影响，从表11－24的回归结果来看，当经济发展水平小于0.677时，环境规制对工业产业集聚的影响系数为－1.168，且在1%的显著性水平上显著，环境规制强度增加对工业产业集聚有抑制作用。当环境规制强度在0.677～0.831时，环境规制对工业产业集聚的影响系数为－0.317，且在1%的显著性水平上显著，环境规制强度增加对工业产业集聚的抑制作用仍然存在，但作用强度减弱。当环境规制强度大于0.831时，环境规制对工业产业集聚的影响系数为－0.0232，但这

一系数并不显著。总体来看，随着经济发展水平提高，环境规制对工业产业集聚的负面影响逐渐减弱。这是因为在经济发展水平较低的区域聚集着大量高污染、高能耗的工业企业，这些企业对于环境规制政策非常敏感，环境规制加强会导致这些产业出现扩散，显著降低其产业集聚度。而经济发展水平较高的区域往往有着深厚的人力资本积累，这决定了在这些地区低污染、低能耗的知识密集型工业企业占据优势，环境规制并不会对这些类型的产业集聚有显著的负面影响。

表 11－25　2004～2016 年各年度省份分类情况

分类标准＼年份	2004	2005	2006	2007	2008	2009	2010
EL≤0.677	15	15	13	15	7	7	5
0.677＜EL≤0.831	4	4	5	5	9	8	7
EL＞0.831	11	11	12	10	14	15	18
分类标准＼年份	2011	2012	2013	2014	2015	2016	
EL≤0.677	3	3	3	3	3	4	
0.677＜EL≤0.831	9	7	7	7	11	10	
EL＞0.831	18	20	20	20	16	16	

根据面板门槛模型（11－11）的门槛值对各年度的样本进行分类，相关结果列示于表 11－25。研究在不同经济发展水平下环境规制对产业集聚的影响时，可将历年样本按经济发展水平分为低经济发展水平省份（EL≤0.677）、中经济发展水平省份（0.677＜EL≤0.831）与高经济发展水平省份（EL＞0.831）三类。随着经济发展水平的提高，环境规制对工业产业集聚的负面效应逐渐减弱。随着时间的推移，各个省份的经济不断发展，隶属于高经济发展水平省份这一类别的省份越来越多。在这些地区加强环境规制强度，并不会对工业产业集聚产生显著的负面影响。

4. 不同产业结构状况下环境规制对产业集聚的影响

（1）模型设定。为研究不同产业结构下环境规制对产业集聚的影响，可参照前文的 Hansen 面板门槛的模型介绍，将模型设定为：

$$LQ_{ij} = \alpha + \beta_1 ER_{ij} d(IS_{ij}, \gamma) + \beta_2 OPEN_{ij} + \beta_3 TRANS_{ij} + \beta_4 KS_{ij} + \beta_5 Wage_{ij} + \varepsilon_{ij}$$

其中，i 表示省份，j 表示年份，d（·）表示示性函数，EL 表示门槛变量，γ 表示门槛值。

为进一步修正模型，确定模型的具体形式，本书分别在假设模型存在单个门槛、双重门槛、三重门槛的前提下对模型进行估计，得到的相关结果如表 11－26 所示。结果显示，单一门槛模型的 F 值与 P 值在 1% 的显著性水平上显著，双重门槛的 P 值与 F 值在 1% 的显著性水平上显著，三重门槛的 P 值与 F 值不显著。

表 11－26　门槛变量的显著性检验结果

				临界值		
	F 值	P 值	BS 次数	1%	5%	10%
单一门槛	47.507***	0.010	300	44.074	19.347	15.043
双重门槛	92.619***	0.000	300	10.214	－1.900	－3.734
三重门槛	0.000	0.103	300	0.000	0.000	0.000

通过以上检验，本书确定该模型应该采用双重门槛模型，具体门槛估计值以及 95% 的置信区间，如表 11－27 所示。

表 11－27　门槛估计值

	门槛估计值	95% 置信区间
Th_ 21	0.423	[0.415，0.423]
Th_ 22	0.521	[0.517，0.525]

基于此，将原模型修正为双重门槛模型，即：

$$LQ_{ij} = \alpha + \beta_{11} ER_{ij} d(IS_{ij} \leqslant 0.423) + \beta_{12} ER_{ij} d(0.423 < IS_{ij} \leqslant 0.521) + \beta_{13} ER_{ij} d(IS_{ij} > 0.521) + \beta_2 OPEN_{ij} + \beta_3 TRANS_{ij} + \beta_4 KS_{ij} + \beta_5 Wage_{ij} + \varepsilon_{ij} \quad (11-12)$$

选取相应样本数据，对模型（11－12）进行回归分析，具体结果如表 11－28 所示。

（2）回归结果分析。关于不同产业结构状况下环境规制对工业产业集聚的影响，从表 11－28 的回归结果看，当第二产业比例低于 0.423 时，环境规制对工业产业集聚的影响系数为－0.0918，且在 1% 的显著性水平上显著，环境规制强度增加会抑制工业产业集聚。当第二产业比例处于 0.423～0.521 时，环境规制对工业产业集聚的影响系数为0.159，且在1%的显著性水平上显著，环境规制开始促进工业产业集聚。当第二产业比例大于0.521时，环境规制对工业产业集聚的影响系数为0.724，且在1%的显著性水平上显著，环境规制对工业产业集聚的促进作用显著提高。总体来看，当地区经济并非主要依赖于第二产业时，环境规制加强对工业产业集聚有消极影响；当地区经济主要依赖于第二产业时，环境规制对工业产业集聚有积极影响，且依赖于第二产业的强度越强，环境规制对工业产业集聚的促进作用越大。对第二产业依存度较低的地区，大部分经济发展水平较高，环境规制往往处于高水平位置，环境规制进一步加强对工业产业集聚的负面影响较大。而对第二产业依存度较高的地区，政府在制定相关环境规制政策时出于促进经济发展的考虑，往往会留有余地。虽然环境规制强度增加，但相较于其他地区的高水平环境规制，这些地区的环境规制强度还是处在较低层次。这导致这些地区极易受“污染天堂”效应的影响，促进区域内污染型工业产业集聚。

表11-28 不同产业结构状况下环境规制影响产业集聚的回归结果

解释变量	系数	t值
ER1	-0.0918***	-6.46
ER2	0.159***	5.34
ER3	0.724***	9.47
OPEN	0.144***	5.14
TRANS	0.0377***	3.12
KS	-0.000417	-0.08
WAGE	-0.103*	-1.67
Cons	0.911	16.28

根据面板门槛模型（11-9）的门槛值对各年度的样本进行分类，相关结果列示于表11-29。在研究不同产业结构状况下环境规制对产业集聚的影响时，可将历年样本按经济激励型环境规制强度分为低二产依存度省份（IS≤0.423）、中二产依存度省份（0.423<IS≤0.521）与高二产依存度省份（IS>0.521）三类。2016年有12个省份属于低二产依存度省份，在这些省份中环境规制强度增加会导致工业产业集聚扩散；18个省份属于中二产依存度省份，在这些省份中环境

规制强度加强会导致工业产业集聚加强。

表 11－29　2004～2016 年各年度分类情况

分类标准＼年份	2004	2005	2006	2007	2008	2009	2010
IS≤0. 423	5	9	6	6	4	5	4
0. 423＜IS≤0. 521	19	14	16	15	16	17	14
IS＞0. 521	6	7	8	9	10	8	12
分类标准＼年份	2011	2012	2013	2014	2015	2016	
IS≤0. 423	4	4	6	6	9	12	
0. 423＜IS≤0. 521	12	15	15	19	21	18	
IS＞0. 521	14	11	9	5	0	0	

四、政策建议

本书在对环境规制影响产业集聚进行理论分析的基础上，选取 2004～2016 年 30 个省份的相关数据，建立面板门槛模型，分析了环境规制对不同类型产业集聚的影响，不同类型环境规制对产业集聚的影响，不同经济发展水平、不同产业结构状况下环境规制对产业集聚的影响。结果如下：①环境规制对不同类型产业集聚的影响：环境规制对重污染型产业集聚有负面影响，对高技术型产业集聚、工业产业集聚的影响则随规制强度提高表现为先促进后抑制。②不同类型环境规制对产业集聚的影响：命令型环境规制对工业产业集聚在整体上有负面影响。经济激励型环境规制、自愿型环境规制对工业产业集聚有促进作用，但作用强度随规制强度提高而减弱。③不同经济发展水平下环境规制对产业集聚的影响：经济发展水平处于较低水平及中等水平时，环境规制不利于工业产业集聚。经济发展水平处于较高水平时，环境规制对工业产业集聚有微弱的负面影响，且影响系数并不显著。④不同产业结构状况下环境规制对产业集聚的影响：第二产业比例较低时，环境规制对工业产业集聚有负面影响。第二产业比例处于中等水平及较高水平时，环境规制对工业产业集聚有积极影响。基于以上实证结果，本书提出以下对策建议：①合理设定环境规制强度；②综合运用各类环境规制措施；③推行政策支持企业技术创新。本书在研究环境规制对不同类型产业集聚的影响时，仅采用石油加工及炼焦业的区位熵来代表重污染型产业集聚、采用通信设备、计算机及其他电子设备制造业的区位熵来代表高技术产业集聚，研究对象不够丰富。这是本书的不足之处，也是未来研究可进一步拓展的地方。

1. 合理设定环境规制强度

本章回归结果显示：环境规制对不同类型产业集聚的影响并不相同，在合理的环境规制强度内（环境规制强度小于0.676），环境规制强度提高会导致重污染型产业扩散，但同时能促进高技术型产业集聚；当环境规制强度过强（环境规制强度大于0.676），环境规制强度提高会导致重污染型产业、高技术型产业都出现扩散。本章回归结果显示：不同经济发展水平下、不同产业结构状况下环境规制对产业集聚的影响存在差异。在经济发展水平比较低或者第二产业比例比较低的地区，环境规制强度提高对工业产业集聚的负面影响更大；在经济发展水平比较高或者第二产业比例比较高的地区，环境规制强度提高对工业产业集聚的负面影响不显著，甚至环境规制强度提高会促进工业产业集聚。因此，政府要因地制宜、合理设定环境规制强度，以改善环境污染、优化产业结构、促进经济发展。

一方面，不应盲目提高环境规制强度，环境规制过高会加重企业负担，即使是低污染型产业，其企业效率也有可能被损害，这无益于经济发展，因此环境规制强度应该保持适度稳定。政府实行环境规制政策的主要目的是降低环境污染，主要约束是维持经济持续发展。从这点出发，环境规制政策实行的理想状态应该为高污染、高能耗、低附加值产业扩散，而低污染、低能耗、高附加值产业集聚。但如今的现实状况是，我国已有部分省份环境规制强度跨过了开始对高技术产业集聚有负面影响的门槛值，即在这些地区，加强环境规制将会抑制高技术产业集聚显然是不利于经济发展一个因素。对环境规制强度已经越过该门槛值的地区来说，继续加强环境规制并不可取，它们应继续保持现有的环境规制强度。另一方面，环境规制强度不应太过保守。环境规制强度过低的地区，极易受“污染天堂”效应影响，涌入大量重污染型企业，破坏当地的生态环境。这些地区应该及时提高环境规制强度，避免因片面地追求经济增长而造成环境严重污染。综合

来讲，政府及有关部门应该利用环境规制对不同类型产业集聚的差异化影响，设定合理的环境规制强度，降低重污染型产业的产业集聚度、提高高技术型产业的产业集聚度，在改善环境污染的同时优化产业结构。

此外，对不同地区应该实行差异化的环境规制强度。政府及管理部门在采取环境规制措施时，应该切实考虑当地的经济发展状况，选择与当地经济发展水平相适应的环境规制强度。随着经济发展水平的逐渐提高，环境规制对产业集聚的抑制作用逐渐减弱，在经济较为发达的地区加强环境规制对产业集聚并没有很大的负面影响。因此，在经济较发达的东部地区，应该选用较强的环境规制强度，激励企业进行技术创新，充分发挥技术创新的补偿效应，实现经济增长和环境改善的“双赢”。而在经济发展水平较低的地区，环境规制对产业集聚的抑制作用非常显著。一方面是因为在经济落后地区集聚着大量的污染型企业，对环境规制非常敏感；另一方面是因为经济落后地区的企业一般没有足够的创新能力，环境规制的生产成本效应大于技术创新补偿效应。在这些地区实施较高强度的环境规制，超过成本承受能力之后企业只能选择关停或是转移，这对当地本就落后的经济来讲无疑是雪上加霜。因此，在经济较为落后的地区，应该采用相对宽松的环境规制政策，以保证环境规制对当地的产业发展、经济发展不会造成难以挽回的影响。但同时一定要铭记环境规制不能过于宽松，防范重污染型产业涌入，保持经济增长与环境保护协调发展。

2. 综合运用各类环境规制措施

本章的回归结果显示：不同类型环境规制对产业集聚的影响存在较大差异，命令控制型环境规制整体上抑制产业集聚，而经济激励型环境规制、自愿型环境规制可以促进工业产业集聚。我国目前应用最广泛的环境规制措施还是命令控制型环境规制，大部分地区的命令控制型环境规制强度都处于较高水平；与之相反，大部分地区的经济激励型环境规制强度、自愿型环境规制强度都处于低水平。因此，政府要综合运用各类环境规制措施，充分发挥各类环境规制措施各具特色的优势。

命令控制型环境规制是强制性最高的环境规制措施。在命令控制型环境规制下，企业没有自主权，虽然对环境污染有显著的改善作用，但规制成本高，且对企业的技术研发缺乏足够的激励效应。经济激励型环境规制，能够给予企业一定的自主权，对企业技术创新有较好的激励作用，这类环境规制措施的创新补偿效应为企业的技术升级提供了源源不断的动力。自愿型环境规制可以充分发挥市场主体的能动性，同样对企业技术创新有较强的激励作用。为了使我国的环境规制政策更有成效，一方面要逐步实现不同类型环境规制间的合理转变。在已经具备条件的经济发达地区加大经济激励型、自愿型环境规制的使用比例，取长补短降低环境规制成本、提高企业技术创新效率。另一方面要因地制宜选择不同类型的环境规制政策。经济激励型环境规制强度、自愿型环境规制强度虽然有更高的创新补偿效应，但是对一些经济基础薄弱、环境污染严重的地区而言，还是命令控制型环境规制最为必要。

3. 推行政策支持企业技术创新

本章回归结果显示：经济发展水平较低的地区创新能力差，在这些地区环境强度提高抑制产业集聚；经济发展水平较高的地区创新能力强，在这些地区环境强度提高对产业集聚没有显著的负面影响。这验证了本章所论述的环境规制影响产业集聚的过程中技术创新的正向传导作用。因此，政府要推行政策支持企业技术创新，帮助落后地区实现环境保护与经济增长协同发展。

在经济发展水平落后的地区，环境规制对产业集聚有非常显著的负面影响，这主要是由于资本实力、技术条件、人力资本等条件限制，当地企业不具有研发技术的能力或者无法负担技术引进成本，难以实现生产技术创新、生产技术升级。为改变这一现状，可以采取下列措施：第一，通过财政补贴等手段，对研发、引进绿色技术或生产设备的企业给予资金支持；同时通过绿色金融服务，向符合条件企业的融资。第二，通过设立专项技术基金，委托具有研发能力的机构进行技术研发，并以成本价格进行技术转让，为企业提供技术支持。第三，加大对落后地区教育投资的力度，增强当地高校人才培养的能力。充裕的人力资本是提高企业技术创新能力的基础。第四，鼓励欠发达地区引进高水平人才，为落后地区的人才引进提供财政支持。落后地区受工资水平、生活条件等限制，对于人才的引进也存在诸多困难，需要政府提供专项资金支持落后地区引进人才。第五，建立产学研基地，为企业、高校及科研机构之间的技术合作搭建平台，不仅能充分利用高校、研究机构的研发资源，还能为企业的技术升级提供持续、有效渠道。

第十二章　环境规制的行业区位选择效应研究*

本书基于2005~2015年30个省份的工业数据，将环境规制按生产流程的前中后期划分为事前环境规制、事中环境规制和事后环境规制，首先研究三种环境规制工具对工业区位选择的影响有何差异；其次按污染密集型产业转出和转入区域将30个省份划分为两个样本，验证环境规制对区位选择的影响是否存在空间异质性；最后利用门槛回归模型探究不同环境规制对区位选择的影响是否存在门槛效应。研究结论如下：①整体样本回归显示：不同类型的环境规制工具对工业企业区位选择的作用存在明显的差异。事前环境规制和事后环境规制都能够吸引工业企业进入，事中环境规制没有显著的作用。②空间异质性的研究结果表明：在污染产业转入区域，事前环境规制和事中环境规制会显著地抑制工业企业进入，事后环境规制的作用不显著；在污染产业转出区域，三种环境规制对工业区位选择的影响系数均为正数，但是仅事前环境规制是显著的。③门槛回归结果显示：三种环境规制与工业企业区位选择间的关系均存在单个门槛，具有显著的门槛效应，在门槛值前环境规制的影响系数为负值，跨过门槛值后环境规制的影响系数为正数。

一、研究背景

1. 中国工业空间布局变化

优化工业空间布局是调整产业发展结构、加强地区资源开发、实现经济协调

* 本章借鉴的主要研究成果为：杨金娇．环境规制对中国工业行业区位选择的影响研究［D］．南京理工大学硕士学位论文，2018.

发展的有效手段，新中国成立以来，中国工业空间布局主要经历了“公平优先的均衡产业布局—效率优先的非均衡产业布局—公平与效率相统一的区域协调产业布局”三个阶段。

新中国成立之初，由于天然的区位优势和历史原因，沿海地区的工业发展水平远远高于内陆地区。为了改变中国工业布局不均、整体生产水平低下、发展结构不平衡的问题，从20世纪50年代初期到70年代后期，政府将实现工业均衡布局和缩小地区间差距作为主要目标，加大对内陆地区的支持力度，在该地区部署了系列重大工程项目，促进工业企业数量迅速增加，带动一批工业城市的出现，这种优先发展内陆的战略奠定了我国从第一个五年计划开始到改革开放前的工业布局雏形。

改革开放以后，国家调整了产业发展战略，充分利用东部沿海地区的地理优势，积极参与国际经济合作，努力适应全球化发展要求，大力承接国际产业转移，通过设立沿海经济特区、沿海开放城市、经济技术开发区等不同形式的政策优惠区域，为东部沿海地区的飞速发展注入政策活力。这种以效率优先的非均衡发展模式能够充分发挥东部地区的比较优势、规模效应和集聚经济，推动珠三角、长三角和京津冀等城市群的崛起，但也造成沿海和内陆地区间巨大的发展差距，形成了东中西部工业发展水平依次递减的梯度布局。

21世纪以来，工业企业在东部沿海地区空间上的高度集中，造成了环境污染加剧、生态系统破坏、要素成本上升、土地供应不足等诸多问题，而收入水平的提高使当地居民和政府对环境保护愈加重视，对环境提出的要求也越来越高，两者间的矛盾迫使政府重新思考发展模式，工业在地理空间的布局呈现出一些新趋势。受益于国家政策的大力倾斜、要素资源的绝对优势、基础设施的逐渐完善，东部沿海地区的工业企业大量向中西部地区转移，经济水平较高的东部沿海区域加快“腾笼换鸟”速度，经济相对落后的中西部地区则是纷纷承接东部地区的产业转移，“东企西进”已成为我国工业化经济发展的重要趋势。

2. 中国环境规制历史进程

我国在根据国内实际情况出台相应环境规制政策的同时，还积极参与国际环境保护领域的合作，有序推进环境保护发展进程，我国环境规制的历程具体可划分为以下五个阶段。

第一阶段（1972~1978年）：环境问题得到深刻认识。中国在开展“大跃进”运动后，短时间内出现了大量技术水平低、污染程度重的小型企业，对环境造成巨大的压力。1972 年我国派出代表团参加联合国第一次全球环境大会，初步意识到中国环境现状的严峻性，国务院在 1973 年 8 月召开中国历史上第一次全国环境保护会议，提出了“全面规划、合理布局，综合利用、化害为利，依靠群众、大家动手，保护环境、造福人民”的环境保护工作方针。

第二阶段（1978～1992 年）：环境保护逐渐步入正轨。环境保护在 1983 年召开的第二次全国环境保护会议上被正式确立为基本国策，并在 1984 年 5 月发布的《关于环境保护工作的决定》中被纳入国民经济和社会发展计划。1988 年还设立了国家环境保护局，是专门对环境保护进行综合管理的职能部门，各级地方政府也相继成立环保机构开展环境保护。国务院于 1989 年召开第三次全国环境保护会议，提出了新的五项制度，要求加强制度建设，深化环境监管。同时，伴随着 1989 年《环境保护法》的正式实施，以该法律为代表的环境规制体系开始建立。

第三阶段（1992～2002 年）：治污攻坚开始初见成效。1992 年 6 月我国在联合国环境与发展大会上，签署了《里约环境与发展宣言》等一系列纲领性文件和公约，同年 8 月，中共中央、国务院印发的《中国关于环境与发展问题的十大对策》中，实施可持续发展被确立为国家战略。1994 年 3 月，《中国 21 世纪议程》经审议通过，表明中国坚决履行《21 世纪议程》的决心和责任。1996 年 7 月，第四次全国环境保护会议正式召开，提出保护环境就是保护生产力，并确定未来要坚持污染防治和生态保护两大方针，严格实施《跨世纪绿色工程规划》和《污染物排放总量控制计划》两大规划。

第四阶段（2002～2012 年）：系列政策实施全面部署。2002 年 1 月国务院召开第五次全国环境保护会议，要求深入贯彻《国家环境保护“十五”计划》。2006 年 4 月，时任国务院总理温家宝在第六次全国环境保护会议上发表讲话，环境保护事关现代化建设的全局发展，是造福当代、惠及子孙的长远事业，要放在更重要的战略位置上。2011 年 12 月，李克强出席第七次环境保护会议，他强调良好的环境是重要的稀缺资源，要坚持在发展中重保护、在保护中谋发展，提供水清天蓝地干净的宜居安康环境。

第五阶段（2012 年至今）：生态文明加强顶层设计。党的十八大将生态文明建设纳入中国特色社会主义事业总体布局，从“五位一体”总布局的战略高度，强力推进生态文明建设。2015 年 5 月中央发布《关于加快推进生态文明建设的意见》，首次将绿色化与新型工业化、信息化、城镇化、农业现代化并列，绿色发展的内涵得到进一步丰富。《生态文明体制改革总体方案》在2015年9月审议通过，明确提出，到2020年要构建起完善健全的生态文明制度体系，增强生态文明体制改革的协同性，加快推进生态文明建设，努力走向社会主义生态文明新时代。

在此背景下中国各级政府通过制定一系列的环境规制政策，达到保护环境的目的，作为污染排放主体的工业行业，是否受到环境规制对生产行为的约束，进而影响企业迁出或迁入的区位选择呢？环境规制工具众多，不同类型的环境规制工具对区位选择的作用会有何不同？中国幅员辽阔，行政区域众多，不同地区环境规制的影响作用是否存在明显的空间差异？这些均是本章需要深入研究和回答的问题。

二、环境规制对区位选择的内在机理分析

1. 环境规制对区位选择影响的作用机制

环境规制一方面通过增加技术创新的可能性、提供良好的技术创新环境来影响“创新补偿效应”，促进企业利润的提高，对区位选择产生正向影响；另一方面通过增加企业生产成本、挤占生产性投资影响“成本增加效应”，造成企业利润的下降，对区位选择造成负向影响。

（1）环境规制促进“创新补偿效应”。

1）宏观传导路径分析。环境规制能够刺激技术创新可能性。当政府发布环境规制政策，通过对环境资源收取费用的方式，限制企业生产的污染排放时，势必造成生产成本上升，市场竞争力减弱。为了确保在市场竞争中不被淘汰，通常会刺激企业发生治污性技术创新和生产性技术创新，以降低生产成本，维持企业利润不变甚至增加。第一，通过治污性技术创新对末端产生的污染物进行治理，促进废物排放减量化、废物处理无害化、废物利用资源化，绿色技术进步有效促进循环经济的可持续发展。第二，通过生产性技术创新，采用低废、少废、无废的生产工艺，使用低毒低害、无毒无害的生产原料，开发出新的产品或工艺，以减少环境污染水平达到环境监管要求。治污性技术创新和生产性技术创新之间既存在相互挤占又有相互促进的可能，由环境规制所引致的创新水平提高在降低企

业治污成本、加快企业治污速度的同时，还能够显著促进企业生产效率和生产利润的提高，整体能对产业绩效产生明显的促进作用，这也即诸多学者提倡通过加强环境规制来促进技术创新提高的原因。

环境规制为企业提供良好的创新环境。首先，环境规制能够促进资源的有效配置。由于资金不足和同行竞争等原因，企业往往会忽视潜在的绿色创新机会，环境规制提供了良好的导向作用，引导并支持企业从事有利于环境保护的创新研发，为产品研发设计指引明确的改进方向，对创新资源要素的有效配置产生积极的作用。其次，环境规制能够形成企业进入壁垒。当政府对环境使用进行规制，形成交易和补偿的约束机制时，相应地对本地区企业的创新行为、污染排放、治污设备提出更高的要求，随着环境规制的逐渐加强，高能耗、高污染的企业渐渐退出市场，留下来的是重视技术创新、注重环境保护的企业，于是自然而然对进入该地区的企业形成了进入壁垒，进入壁垒的形成有利于产生良好的竞争和创新环境。最后，重视环境保护的地区可能会对企业在治理环境、降低污染排放、改善加工工艺方面进行绿色补贴，不但能够减少环境资源使用费用，还能提高企业进行研发投资的主动性，加快企业技术水平的提高。

2）微观作用机制分析。以一个典型工业企业为研究对象，该企业具有规模报酬递增的特征，利用成本—收益模型分析企业最终的区位选择决定。

首先考虑企业在不受环境规制约束时的原始生产状态，在不完全竞争市场上，企业的长期均衡如图 12 -1 所示。企业需求曲线为 d（AR），边际收益曲线为 MR，两者均向下倾斜，且 MR 在 d（AR）的下方。企业存在规模报酬递增，平均成本会随着产出的增加而逐渐下降，所以平均成本曲线如 AC 所示，呈现出

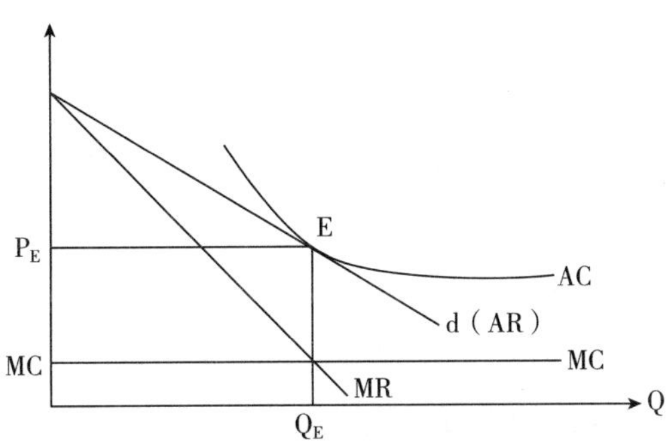

图 12 -1　存在规模报酬时，不完全竞争厂商的长期均衡

向下倾斜的趋势，而边际成本是常数，且边际成本低于平均成本，边际成本曲线如图中水平线 MC 所示。边际成本 MC 与边际收益曲线 MR 的相交点为企业实现利润最大化时的产量，此时价格为 PE，产量为 QE，企业实现长期均衡。

其次考虑对企业施加环境规制约束，且环境规制促进企业技术创新水平提升的情况。此时只关注环境规制的“创新补偿效应”，其他条件不变，环境规制强度的提高刺激了被规制企业的创新力度，通过创新补偿使企业生产出更优质、更安全、更绿色、性价比更高产品的概率增加，且会有效提高企业生产资源的配置效率，推动部分有创新行为的被规制企业抢先占领市场，阻止竞争对手的进入。如图 12 -2 所示，由于严格的环境规制会使被规制企业获得创新补偿以及市场竞争优势，因此企业的需求曲线上移，由 d（AR）移动至 d′（AR），而与其对应的边际收益曲线由 MR 向上移动到 MR′，企业的均衡产量从 Q_E 上升到 Q_E'，均衡价格由 P_E 上升到 P_E'，平均成本则下降到 AC′，由于平均成本 AC′小于均衡价格 P_E'，企业获得超额利润。在这种情况下，提升环境规制水平有可能吸引外地企业进入或者本地企业新建，瓜分市场上由环境规制产生的超额利润。

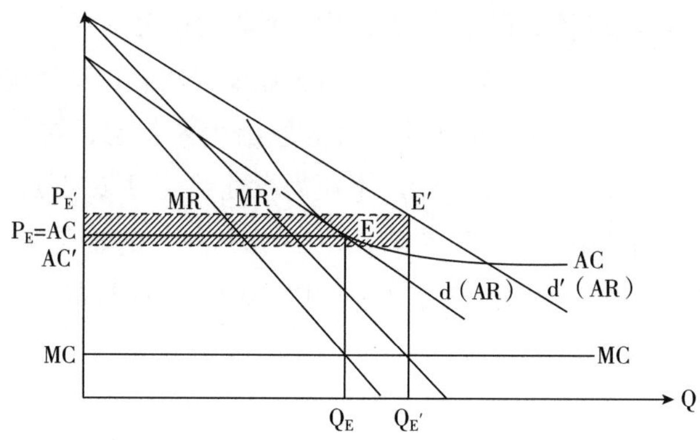

图 12 -2　技术创新提高造成企业获得超额利润

（2）环境规制引起“成本增加效应”。

1）宏观传导路径分析。环境规制导致企业生产成本上升。环境规制的实质是政府对环境资源定价，使环境资源成为生产要素的一种，环境同其他生产要素一样，具备经济物品的特征属性，企业缴纳排污费、购买污染许可证、进行污染治理投资等支出均可视为消耗环境要素所支付的价格。从企业角度分析，环境资

源与资本投入、劳动力投入等相似，都是企业生产时需要使用的生产要素，所以环境规制的存在明显提高了企业生产成本。该部分的成本包括环境污染治理设备的投入、达到规制标准生产工艺的调整、购买高价格低污染的替代性投入要素等行为。“污染避难所假说”认为，如果某地区实施较为严格的环境政策时，会对部分企业带来严重的环境保护负担，这部分企业为了规避环境保护带来的成本，维持其在市场中的竞争优势，会倾向于选择环境规制较低的地区重新布置生产和投资，进行产业的转移。

环境规制挤占企业生产性投资。企业的生产过程或生产出的产品为了达到环境规制标准，需要追加额外的环境投资。在资源有限和投入一定的前提下，企业的生产性投资会被环境投资挤占。对大部分企业来说，企业为了保护环境或治理污染而进行的投资，不能直接为企业带来现金流入，短期内获得的经济效益不明显，所以企业缺乏环境投资的积极性，环境投资成为大多数企业为了达到环境规制标准，而被动迎合政府管制做出的选择。当企业进行环境投资时，需要从原本用于生产的资本中抽出部分资金预防和治理环境污染，而生产资本减少将会导致产出下降，在其他条件不变的前提下，引致企业利润降低。

2）微观作用机制分析。结合图 12－1，现在考虑对企业施加环境规制约束，且环境规制会增加企业生产成本的情况。当企业实现长期均衡时，仅增加环境规制强度，其他条件都不变，企业为了达到环境规制标准，治污成本和排污费用增加，导致生产成本提高。如图 12－3 所示，平均成本曲线 AC 上移至 AC^*，边际成本曲线 MC 也向上移动至 MC^*，此时出现的新的长期均衡点，企业的均衡产量由 Q_E 下降到 Q_E^*，均衡价格由 P_E 上升到 P_E^*，平均成本从 AC 上升到 AC^*。由于平均成本 AC^* 大于均衡价格 P^*，图中阴影部分所表示的就是该企业在环境规制强度提升后出现的亏损情况。在这种情况下，提升环境规制水平易造成企业生产出现亏损，若亏损严重可能会导致该企业倒闭，或推动企业迁到其他环境力度更小的地区重新投资生产。

（3）环境规制对区位选择影响的综合作用。将上文中的研究从企业进一步扩展到行业层面，若是产生污染较轻、技术较为先进的清洁行业或是以资金雄厚的大型企业为主的行业，政府不断趋紧的环境规制政策将刺激研发资金的投入，有利于开发更先进的清洁技术，实现“创新补偿效应”，针对这种行业，环境规制强度的提高反而能吸引大量物质资本和人力资本向该区域流动。若是由污染较重的污染型行业或以中小企业为主的行业，将难以承受加强环境规制所引起的“成

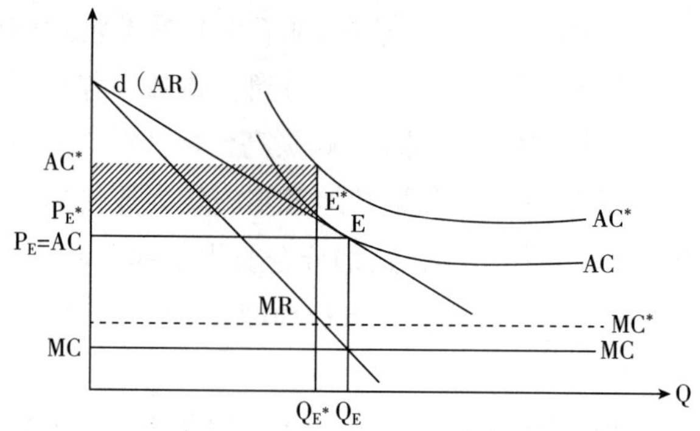

图 12－3　生产成本上升造成企业利润损失

本增加效应”，最终迫使努力减排但仍难以达到环境保护标准的企业退出市场，造成行业规模逐渐萎缩，污染密集型产能大幅被淘汰或转移。

提高环境规制强度，既可能通过“成本增加效应”使本地企业的生产成本上升，阻碍企业在本地选址；也可能通过“创新补偿效应”，增加本地企业的竞争优势，吸引企业在本地选址。因此，环境规制对企业区位决策的影响是不确定的，取决于因环境规制增加的“成本增加效应”和因环境规制提升的“创新补偿效应”两者间的大小比较。综上所述，从环境规制的“创新补偿效应”和“成本增加效应”两个方面，结合宏观知识和微观知识，梳理出环境规制对区位选择影响的综合作用，如图 12－4 所示。

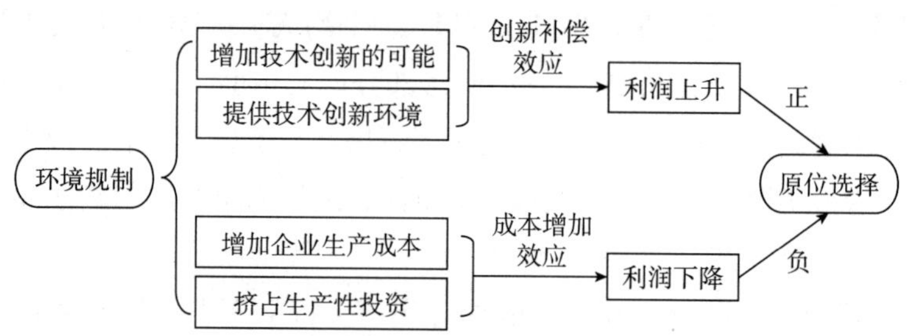

图 12－4　环境规制影响区位选择的传导机理

2. 环境规制对区位选择影响的理论模型

上文已经从微观和宏观两个方面阐述了环境规制确实会对企业区位选择产生

影响，所以本部分在迪克西特和斯蒂格利茨建立的 D - S 模型的基础上，参考 Kheder 和 Zugravu（2012）的方法，将环境作为除劳动力和资本以外的第三种生产要素，而环境规制则作为消耗环境所需支付的成本纳入该模型，并运用扩展后的理论模型进行实证研究，探索环境规制对企业区位选择的影响究竟如何。

（1）模型假设。第一，考虑两部门的经济，部门 1 为目标选址企业，生产单一的同质产品；除此企业以外的所有企业为部门 2，生产大量差异化的异质产品。第二，存在大量潜在且为人们所需要的产品，因此可以将整个生产空间看成是连续生产过程的，解决产品数量必须是整数的限制。第三，消费者在消费产品时均具有相同的 Cobb - Douglas 效用函数。第四，生产产品成本包括固定成本和边际生产成本。第五，假定企业追求利润最大化，可以自由进入和退出市场，企业从多个地址中选择地址的依据是位于该地时所获得的利润，企业倾向于定址于利润最大的地方。第六，一个地区的企业数量与在该地区获得的利润有关，期望利润越高，则企业数量会越多。

（2）消费者行为。消费者效用函数如下：

$$U = \left(\int_0^n q(w)^\rho dw\right)^{\frac{1}{\rho}} \qquad 0 < \rho < 1 \tag{12-1}$$

其中，q（w）表示消费 w 品种产品的数量，n 表示消费者消费的所有产品的品种数，ρ 表示可替代性的测量指标。预算约束条件为：

$$\int_0^n p(w)q(w)dw = I \tag{12-2}$$

构建拉格朗日方程：

$$L = U^\rho - \lambda\left(\int_0^n p(w)q(w)dw - I\right) \tag{12-3}$$

进行一阶求导，求出预算约束条件下利润最大化时的 w 产品的需求量：

$$\frac{\partial L}{\partial q(w)} = \rho q(w)^{\rho-1} - \lambda p(w) = 0 \tag{12-4}$$

$$q(w) = \left(\frac{\lambda p(w)}{\rho}\right)^{\frac{1}{\rho-1}} \tag{12-5}$$

目标选址企业 h 生产产品的品种为 w_0，其他企业生产品种为 w_j，$j \in (0, n]$，对产品 w_0 和产品 w_j 的需求量之比如下：

$$\frac{q(w_j)}{q(w_0)} = \left(\frac{p(w_j)}{p(w_0)}\right)^{\frac{1}{\rho-1}} \tag{12-6}$$

令 $\sigma=\frac{1}{1-\rho}$，由式（12－6）可知，$\sigma=\frac{-\mathrm{dln}q(w_j)/q(w_0)}{\mathrm{dln}p(w_j)/p(w_0)}$ 为替代弹性。式(12－6)两边同乘 $q(w_0)$ 得到：

$$q(w_j)=q(w_0)\left(\frac{p(w_j)}{p(w_0)}\right)^{-\sigma} \tag{12－7}$$

两边同乘 $p(w_j)$ 并进行积分：

$$\int_0^n p(w_j)q(w_j)dw_j=\int_0^n q(w_0)p(w_j)^{1-\sigma}p(w_0)^{\sigma}dw_j \tag{12－8}$$

左边为消费所有种类产品的支出 I，用 I 替换左式，得到：

$$I=\int_0^n q(w_0)p(w_1)^{1-\sigma}p(w_0)^{\sigma}dw_1 \tag{12－9}$$

求解均衡时 w_0 产品的需求函数：

$$q(w_0)=\frac{Ip(w_0)^{-\sigma}}{\int_0^n p(w_1)^{1-\sigma}dw_1} \tag{12－10}$$

（3）生产者行为。假设目标企业 h 选址为 i，i 地消费者的收入 Y_i，用于消费的部分占收入比例为 α，也即消费支出：$I_i=\alpha Y_i$。式（12－10）改写成式（12－11）所示：

$$q_i(w_0)=\frac{p_i(w_0)^{-\sigma}}{\int_0^n p_i(w_j)^{1-\sigma}dw_j}\alpha Y_i \tag{12－11}$$

目标企业 h 选址于 i 地，获得利润：

$$\pi_i(w_0)=(p_i(w_0)-c_i(w_0))q_i(w_0)-F \tag{12－12}$$

$c_i(w_0)$ 为企业定址于 i 地后的边际生产成本，F 是固定生产成本。出厂价格 $p_i(w_0)$ 可以由边际生产成本表示如下：

$$p_i(w_0)=\frac{\sigma}{\sigma-1}c_i(w_0) \tag{12－13}$$

将式（12－13）代入式（12－11），得到：

$$q_i(w_0)=\frac{\sigma-1}{\sigma}\frac{c_i(w_0)^{-\sigma}}{S_i}\alpha Y_i \tag{12－14}$$

进一步将式（12－13）代入式（12－12），得到均衡时的利润：

$$\pi_i(w_0)=\frac{c_i(w_0)^{1-\sigma}}{\sigma S_i}\alpha Y_i-F \tag{12－15}$$

其中，

$$S_i \equiv \int_0^n c_i(w_j)^{1-\sigma} dw_j \tag{12-16}$$

对式（12－15）中的利润函数进行单调变化，加上 F 后再乘以$\frac{\sigma}{\alpha}$，并取对数，不改变各地址的利润大小顺序，单调变化后得出式（12－17）：

$$V_i \equiv \ln[(\sigma/\alpha)(\pi_i(w_0)+F)] = \ln M_i(w_0) - (\sigma-1)\ln c_i(w_0) \tag{12-17}$$

其中：

$$M_i(w_0) \equiv \frac{Y_i}{S_i} \tag{12-18}$$

$M_i(w_0)$是克鲁格曼于 1992 年第一次提出的市场潜力指标。

（4）模型扩展：加入环境。根据式（12－17）可知，企业区位选择取决于所在地点的市场潜力与产品边际生产成本之间的大小。将环境作为除劳动力和资本以外的第三种生产要素纳入边际生产成本函数，使用 Cobb－Douglas 的生产函数形式来表示生产成本：

$$c = (1/A)w^{\alpha}r^{\beta}t^{\theta} \qquad \alpha+\beta+\theta=1 \tag{12-19}$$

其中，w、r、t 分别表示劳动力、资本和环境成本，A 为技术进步，劳动力、资本和环境在生产中所占比例分别为 α、β 和 θ。除此之外，一些外部因素如交易成本、政治腐败、信息不对称等市场失灵因素会影响到边际成本，加入表示市场失灵的变量 Ω，边际生产成本函数改写如下：

$$c = (1/A)w^{\alpha}r^{\beta}t^{\theta}\Omega \qquad \Omega \geqslant 1 \tag{12-20}$$

若 $\Omega>1$，意味着市场失灵导致的外部成本增加企业内部边际生产成本；若 $\Omega=1$，表示企业没有遭遇任何外部因素影响内部边际生产成本。

考虑到所有因素后，将式（12－20）代入式（12－17），并取对数，得到最终的企业区位选择的决定方程：

$$V_i \equiv \ln MP_i + (\sigma-1)\ln A_i - \alpha(\sigma-1)\ln w_i - \beta(\sigma-1)\ln r_i - \theta(\sigma-1)\ln t_i - (\sigma-1)\ln\Omega_i \tag{12-21}$$

基于本书假设，某地区的企业数量与该地区企业所能获得的利润存在正相关关系，因此，某地的企业数量可以由式（12－22）表示，其中 N_i 表示 i 地的企业数量。

$$N_i = \eta V_i \tag{12-22}$$

将式（12－21）代入式（12－22）：

$$N_i \equiv \eta\ln MP_i + \eta(\sigma-1)\ln A_i - \eta\alpha(\sigma-1)\ln w_i - \eta\beta(\sigma-1)\ln r_i - \eta\theta(\sigma-1)$$

$$\ln t_i - \eta(\sigma-1)\ln\Omega_i \quad (12-23)$$

式（12－23）是接下来进行实证检验的理论模型。

三、环境规制对中国工业行业区位选择的整体效应

1. *方程设定及变量描述*

（1）方程设定。实证检验采用式（12－23）作为回归的计量模型。

$$N_i \equiv \eta\ln MP_i + \eta(\sigma-1)\ln A_i - \eta\alpha(\sigma-1)\ln w_i - \eta\beta(\sigma-1)\ln r_i - \eta\theta(\sigma-1)\ln t_i - \eta(\sigma-1)\ln\Omega_i + \varepsilon_i$$

如上式所示，企业的区位决策取决于所在位置的市场潜力 MP，技术进步 A，投入的劳动力成本 w，投入的资本成本 r，环境成本即环境规制 t，市场失灵 Ω，ε 是误差项，被解释变量和解释变量的选取基本和理论模型中一致。

（2）变量描述。

1）被解释变量。本书选择 i 地区的工业企业数量作为衡量区位选择的主要被解释变量，为了保证回归结果的稳健性，还使用各地区的工业产值占比作为区位选择的替代指标回归进行稳健性检验，该指标的选取与金煜等（2006）研究中所使用的指标相同。

2）解释变量。如推导的理论模型所示，工业企业的最终选址，受环境规制、劳动力、资本、技术进步、市场失灵以及市场潜力等因素的影响，而市场潜力一般是由所在位置的人口数量和人均富裕程度决定，因此计量模型中选择的解释变量具体如下：

第一，环境规制。将环境看作与劳动力、资本等同的生产要素，与企业使用劳动者需要支付工资，获得可用资本需要支付利息相似，企业污染环境的行为可视为使用环境要素，需要向政府支付一定的环境治理费用，这即是环境规制。现有文献中一般使用单一指标来衡量环境规制，较难全面反映出环境规制的作用效果。中国工业企业面临的环境成本通常可视为污染治理投资额、设备运行当年费用和缴纳的排污费三者之和，按照环境规制发生作用的阶段不同，将环境规制按照企业生产流程的前中后三个阶段具体分为事前规制、事中规制、事后规制三类。其中，事前规制表示在企业生产之前“以预防为主”的环境保护措施，用

“三同时”项目环保投资[①]表示，该变量选取与钟茂初等（2015）的选择相似；事中规制表示在企业生产过程中，直接对企业排污行为进行处理的措施，用工业污染治理设备运行费用[②]表示，张娟（2017）的研究中也使用了这一指标；事后规制表示在企业生产后，污染已经产生再对污染物处理的措施，用排污费收入[③]表示，董敏杰等（2011）使用该指标展开了相关研究。

第二，劳动力。劳动力是衡量比较优势的重要指标，劳动力数量越多，劳动力成本相对较低，对工业行业或企业选址的吸引力越大，本书使用各地区工业平均用工人数衡量劳动力投入，使用分地区工业平均工资衡量劳动力成本。

第三，资本。资本是进行生产活动的基础，正常的生产离不开资本投入的支持，本书使用固定资产净值近似代替资本投入。

第四，技术进步。技术进步对经济发展以及工业利润的增长有重要的作用。目前，最常用的是使用全要素生产率衡量技术进步，由于全要素生产率没有直接可用数据，本书估计 TFP 增速作为代理变量，采用基于 DEA 所构建的 Malmquist 模型进行测算。

第五，市场失灵。市场失灵的存在可能影响边际生产成本，如司法腐败行为、高交易成本、信息不对称等均会加重企业生产成本，而这些通常与一个国家或地区的市场化程度有关，本书用工业行业国有经济的产值比重衡量市场失灵情况。

第六，市场潜力。选择各地区 GDP 和人口数量作为代理变量。GDP 在一定程度上代表了当地居民的富裕程度以及区域经济发展情况，刻画出不同地区居民的购买潜力，居民的购买潜力越强，则该地市场潜力越大。而人口数量则刻画出当地市场规模的大小，产业的发展离不开市场规模的扩充，人口数量越多代表当地市场规模越大，市场潜力也就越大。

（3）数据来源及处理。国民经济行业分类标准于 1984 年首次发布，分别于 1994 年、2002 年和 2011 年进行过三次修订。为保证统计数据的连续性和准确性，本书剔除了存在数据缺失的省份，最终选择 30 个省份（除西藏、中国香港、台湾、澳门地区）的工业行业为研究对象，样本期间为 2005～2015 年，环境规

---

① “三同时”制度是指新建项目、改建项目、扩建项目、技术改造项目和区域性开发建设项目的污染治理设施必须与项目的主体工程同时设计、同时施工及同时投产的制度。

② 设备运行当年费用由废水治理设施当年运行费用与废气治理设施当年运行费用相加所得。

③ 直接向环境排放污染物的单位和个体工商户应当按规定缴纳排污费。

制相关数据来源于2006～2016年的《中国环境统计年鉴》和《中国环境年鉴》，工业行业相关数据来源于2006～2016年的《中国工业经济统计年鉴》和《中国统计年鉴》。

以货币计量的相关数据均以2005年为基期，使用相应的价格指数进行平减处理，其中利润总额以2005年为基期的工业品出厂价格指数平减，资本投入以2005年为基期的固定资产投资价格指数平减，GDP以2005年为基期的GDP指数平减，三种环境规制以2005年为基期的分地区商品零售价格指数平减。

2. 中国环境规制和工业区位的变化情况

（1）中国环境规制变化情况。首先，事前环境规制由三同时环保投资表征。观察图12－5可发现，三同时环保投资呈现出稳步增长态势。从2005～2011年，全国“三同时”环保投资连年增长，从2005年的277亿元增长至2011年的676亿元，但在2012年和2013年连续两年回落，2013年的投资额下降至629亿元，之后又开始缓慢上升，2015年达到最高值692亿元。

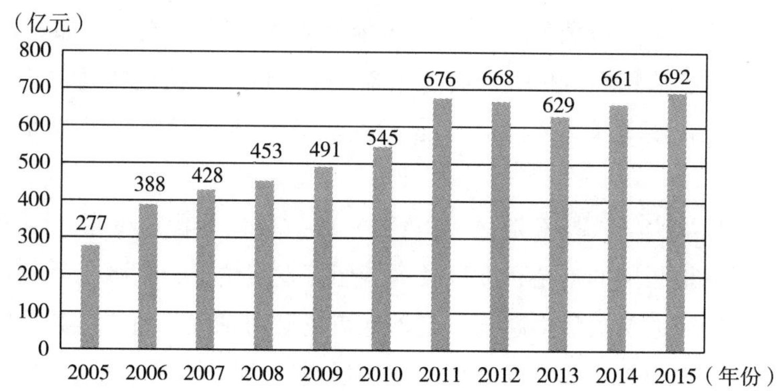

图12－5　2005～2015年全国“三同时”环保投资总额变化情况

其次，事中环境规制由工业污染治理设备运行费用表示。观察图12－6可发现，污染治理设施费用呈现出较明显的上升趋势。在2011年前，全国污染治理设施费用呈现增长态势，其中在2010～2011年，增长速度最快。较之2010年，2011年同比增长高达41%，2012年出现短暂下滑之后，又重新保持稳步上升趋势，2015年全国污染治理设施投资额为2551亿元，达到最高水平。

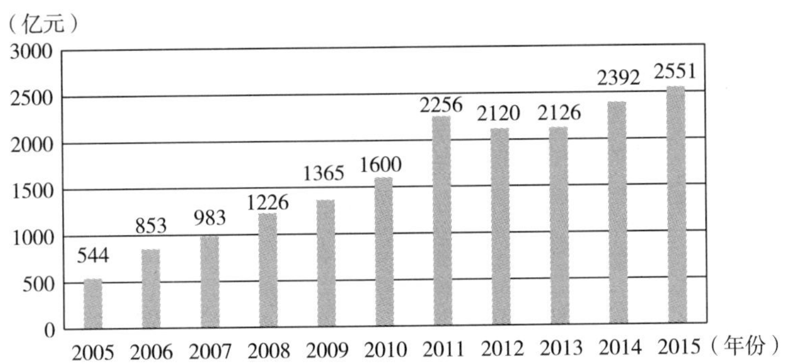

图 12－6　2005～2015 年全国污染治理设施费用总额变化情况

再次，事后环境规制由排污费收入表征。观察图 12－7 可发现，排污费收入的趋势较为平缓，上下波动幅度较小。排污费收入在 2009 年、2012 年、2014 年三年出现轻微下降，其他年份均在缓慢上升，2011 年排污费收入达到 2005～2015 年的最高水平，收入总额为 202 亿元。

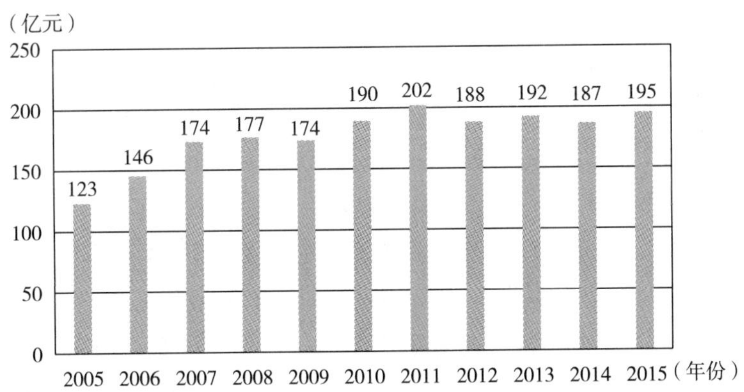

图 12－7　2005～2015 年全国排污费收入总额变化情况

最后，对三种环境规制的强度及变化情况进行对比。观察图 12－8 发现，污染治理设施费用大大高于“三同时”环保投资金额及排污费收入，而“三同时”环保投资略高于排污费收入，从侧面反映出我国关注事中环境规制最多，规制力度最大，而事前环境规制力度最小。三种环境规制在 2011 年均有一个显著提升，可能是第七次全国环境保护会议的刺激作用。

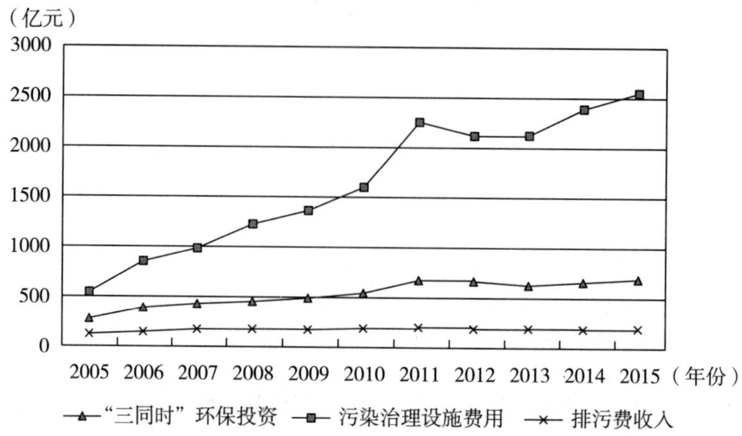

图 12－8　2005～2015 年三种环境规制全国费用对比

(2) 中国工业区位变化情况。中国的工业地理格局呈现出先分散多元化发展再地理集中专业化发展的趋势。参照周沂等(2015)的方法,绘制出 2005 年、2010 年和 2015 年中国 30 个省份工业企业数量的时空变化情况,如图 12－9 所示。

中国工业经历了 20 世纪 90 年代以来的地理集中的专业化趋势,2005 年工业企业主要集中在浙江、广东、江苏、山东、上海等地理位置优越、资源禀赋丰富的省份,促进这些地区的经济蓬勃发展。而甘肃、新疆、宁夏、海南和青海等省份由于地理位置不具优势,产业基础较为薄弱,工业企业在这些区域分布较少。到 2010 年,浙江、广东、江苏和山东的工业企业数量仍然居于前列,江苏超越广东成为第二名,上海、福建、北京、河北、山西等地区的工业企业数量急剧下降。到 2015 年,工业企业转移趋势更为明显,江苏、广东、山东和浙江依然占据前四名,江苏跃升为工业企业数量最多的省份,浙江从第一位下降至第四位,上海、北京、天津和辽宁则出现了较明显的下滑趋势。

观察 2005～2015 年各省份工业企业数量变化情况,北京、上海、山西、浙江等地区的产业转移步伐正在加快。北京工业企业数量排名降低了十二位,从 2005 年的第十三名下降至 2015 年的第二十五名。上海降低了九位,从 2005 年的第五名下跌至 2015 年的第十四名。山西降低了八位,从 2005 年的第十六名下跌至 2015 年的第二十四名。浙江降低了三位,从 2005 年的第一名下降至 2015 年的第四名。与此同时,安徽、吉林、湖北、江西等欠发达地区的工业企业数量增长

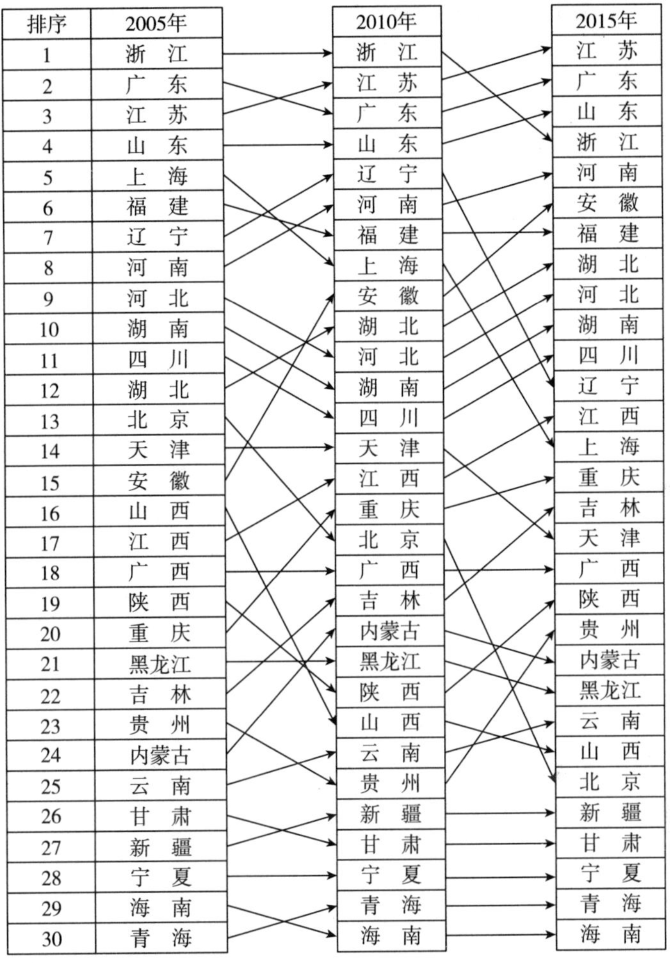

排序	2005年	2010年	2015年
1	浙江	浙江	江苏
2	广东	江苏	广东
3	江苏	广东	山东
4	山东	山东	浙江
5	上海	辽宁	河南
6	福建	河南	安徽
7	辽宁	福建	福建
8	河南	上海	湖北
9	河北	安徽	河北
10	湖南	湖北	湖南
11	四川	河北	四川
12	湖北	湖南	辽宁
13	北京	四川	江西
14	天津	天津	上海
15	安徽	江西	重庆
16	山西	重庆	吉林
17	江西	北京	天津
18	广西	广西	广西
19	陕西	吉林	陕西
20	重庆	内蒙古	贵州
21	黑龙江	黑龙江	内蒙古
22	吉林	陕西	黑龙江
23	贵州	山西	云南
24	内蒙古	云南	山西
25	云南	贵州	北京
26	甘肃	新疆	新疆
27	新疆	甘肃	甘肃
28	宁夏	宁夏	宁夏
29	海南	青海	青海
30	青海	海南	海南

图 12-9 2005 年、2010 年和 2015 年中国工业企业数量变化

较快，呈现出积极承接发达省份产业转移的趋势。安徽工业企业数量排名提高了九位，从 2005 年的第十五名飙升至 2005 年的第六名。吉林提高了六位，从 2005 年的第二十三名提升至 2015 年的第十七名。重庆上升了五位，从 2005 年的第二十名提高至 2015 年的第十五名。湖北和江西均提高了四个名次，其中湖北从 2005 年的第十二名上升至 2015 年的第八名，江西则是从第十七位提升至第十三位。

3. 环境规制对中国工业行业区位选择的整体回归

（1）描述性统计。表 12-1 报告了所有变量原始数据的描述性统计值。

表 12－1　2005～2015 年所有变量的描述性统计值

	变量	均值	标准差	最小值	最大值
被解释变量	工业企业数量（个）	12202.78	14079.43	358.00	65495.00
	工业产值地区占比（%）	3.32	3.50	0.00	14.20
核心解释变量	事前环境规制（亿元）	14.95	13.66	0.36	79.48
	事中环境规制（亿元）	44.88	40.94	1.33	263.96
	事后环境规制（亿元）	4.96	4.16	0.17	25.43
其他控制变量	劳动力投入（万人）	295.49	322.65	11.64	1568.00
	资本投入（亿元）	7094.16	6342.89	400.12	40836.70
	平均工资成本（元）	14406.83	3869.02	9145.02	27388.68
	全要素生产率	1.73	0.79	0.69	5.02
	市场失灵	0.39	0.19	0.10	0.83
	GDP（亿元）	6082.48	4693.77	431.20	22315.92
	人口数量（万人）	4424.72	2655.95	543.20	10849

（2）平稳性检验。为了避免出现伪回归的情况，确保估计结果的有效性，在正式回归前，先使用 ADF－Fisher 检验进行单位根检验，以确保数据的平稳性。检验结果如表 12－2 所示，统计量相应的 p 值为 0.000，均强烈拒绝面板单位根的原假设，因此所有变量序列均为平稳性序列，可以构造回归模型。

表 12－2　单位根检验结果

变量	Fisher 检验	结论
企业数量	10.4744（0.0000）	平稳
工业产值占比	6.7533（0.0000）	平稳
事前环境规制	7.1214（0.0000）	平稳
事中环境规制	4.9380（0.0000）	平稳
事后环境规制	6.1134（0.0000）	平稳
劳动力投入	12.0846（0.0000）	平稳
资本投入	4.1359（0.0000）	平稳
平均工资成本	4.0388（0.0000）	平稳
全要素生产率	6.0341（0.0000）	平稳
市场失灵	7.1503（0.0000）	平稳
GDP	5.0312（0.0000）	平稳
人口数量	5.5548（0.0000）	平稳

注：括号内为 p 值。

（3）豪斯曼检验。在处理面板数据时，应该使用固定效应模型还是随机效应模型是需要解决的基本问题，在实证研究中，一般根据豪斯曼检验的结果判断选用哪个模型。豪斯曼检验的原假设是“随机效应模型为正确模型”，检验结果如表 12－3 所示，统计量均在 1% 的统计水平下拒绝随机效应模型为正确模型的原假设，表明固定效应模型比随机效应模型更有效，因此采用固定效应模型来检验环境规制对区位选择的整体影响。

表 12－3 固定效应和随机效应模型的选择

豪斯曼检验	模型（1）	模型（2）	模型（3）	模型（4）
Chi^2	50. 2179	41. 1235	42. 7328	46. 6917
Prob	0. 0000	0. 0000	0. 0000	0. 0000
模型选择	固定效应	固定效应	固定效应	固定效应

注：模型（1）、模型（2）和模型（3）是将事前环境规制、事中环境规制和事后环境规制单独作为解释变量纳入模型；模型（4）是将三种环境规制一起纳入模型。

另外，考虑环境规制变量可能具有内生性，再使用豪斯曼检验来判断三个环境规制变量是否具有内生性。豪斯曼内生性检验的原假设为“所有解释变量均为外生变量”，也即不存在内生变量。豪斯曼检验结果表明，三种环境规制不具有内生性，其中事前环境规制的内生性检验 p 值为 0. 9864、事中环境规制的 p 值为 0. 9745、事后环境规制的 p 值为 0. 9946，均不能拒绝解释变量为外生变量的原假设。

表 12－4 环境规制变量的内生性检验

内生性检验	事前环境规制	事中环境规制	事后环境规制
Chi^2	2. 7749	3. 2698	2. 1913
Prob	0. 9864	0. 9745	0. 9946
是否内生变量	否	否	否

（4）整体回归结果。本书所考察的环境规制是按照企业生产流程的前中后期三个阶段，划分为事前、事中和事后三类，这三种环境规制均是针对企业生产所征收的环境费用，三者间存在较高的相关性，同时纳入同一个模型中回归可能会出现多重共线性的问题。为了避免多重共线导致的回归偏误，参照张平等

（2016）的处理方法，分别将事前环境规制、事中环境规制和事后环境规制单独作为解释变量进行回归，所得结果如表 12－5 的模型（1）、模型（2）和模型（3）所示。为了得到更全面的结果，将三种环境规制纳入同一模型回归得到（4）。对比回归结果发现，这三种类型的环境规制一起作为解释变量和单独作为解释变量回归所得到的结果基本一致，系数的正负号相同，但显著性稍有差异。由于模型（4）中三种环境规制存在相关性问题，故模型（4）的结果仅作为对比参考所用，对事前规制、事中规制和事后规制影响作用的解读仍以模型（1）、模型（2）、模型（3）单独回归的为准。

表 12－5 环境规制对区位选择的整体回归结果

变量	模型（1）	模型（2）	模型（3）	模型（4）
事前环境规制	0.1519*** （0.0428）			0.3142*** （0.0598）
事中环境规制		－0.0120 （0.0391）		－0.2396*** （0.0545）
事后环境规制			0.0574** （0.0291）	0.0534*** （0.0306）
劳动力投入	0.7003*** （0.0712）	0.6723*** （0.0729）	0.6914*** （0.0722）	0.6818*** （0.0697）
资本投入	－0.0434 （0.0376）	0.0118 （0.0451）	－0.0177 （0.0373）	0.0531 （0.0438）
工资成本	－0.0680*** （0.0281）	－0.0944*** （0.0280）	－0.0614** （0.0320）	－0.0355 （0.0311）
全要素生产率	－0.0582*** （0.0195）	－0.0550*** （0.0200）	－0.0539*** （0.0197）	－0.0485*** （0.0191）
市场失灵	－0.0967*** （0.0247）	－0.1018*** （0.0253）	－0.1007*** （0.0250）	－0.1094*** （0.0242）
人口数量	0.1952*** （0.0438）	0.2316*** （0.0435）	0.2073*** （0.0449）	0.1480*** （0.0448）
GDP	0.2400** （0.1052）	0.3973*** （0.0997）	0.3299*** （0.1023）	0.1347 （0.1058）
Adjust－R^2	0.8936	0.8895	0.8908	0.8999

注：表中括号内是 t 值，***、**、*分别表示在 1%、5%、10% 的显著性水平上显著。

上述回归结果显示：在三类环境规制中，事前环境规制的系数显著为正，说明某地区提高事前环境规制强度，能够吸引工业企业进入选址；事中环境规制与工业企业区位选择间的系数为负，但不显著，表明在现阶段事中环境规制对区位选择的影响作用不明显；事后环境规制的系数显著为正，但系数值要小于事前环境规制的系数，反映出提高事后环境规制力度，虽然也能吸引工业企业进入，但对工业企业的影响力度弱于事前环境规制。三种环境规制的作用出现明显的差异，验证了 Yarime（2010）的观点，当采用不同的环境规制政策时，行业或企业做出的选择会出现较大差异。

进一步分析上述结果的原因：第一，提高某地区事前环境规制力度，企业并不会转移出去，反而会引起该地区的企业数量增加。可能是因为事前环境规制保护环境的方式是从源头预防污染，政府通过严格的环保生产标准规范企业生产行为，强制性要求工业企业达到一定的规制要求才允许开工。所以，环境保护费用或绿色环保投资在企业正式生产前就已支出，早期产生的沉没成本让企业有更大的动力进行技术创新，事前环境规制的实施能大幅度提升环境规制的“创新补偿效应”，从而抵消环境规制的“成本增加效应”，使本地区的企业更有竞争力，进而刺激本地企业数量的增加。第二，事中环境规制的影响系数为 -0.0120，但没有通过显著性检验。可能是使用“边污染边治理”的事中环境规制方式管制企业的排污行为，对工业企业造成的“成本增加效应”和“创新补偿效应”不相上下，难以衡量两者孰大孰小，不能判断环境规制对区位选择的作用如何。第三，事后环境规制的实施同样会吸引企业进入，影响系数为0.0574，远小于事前环境规制的系数0.1519。事后环境规制的吸引力度之所以不如事前环境规制的效果，可能是事后规制这种“先污染后治理”的末端监管与治理方式，部分工业企业在污染已成事实后，或许会存在一定的侥幸心理，为了实现预期收益最大，选择被动治污这一方式，在生产排污过程中与政府进行博弈，做出违排、偷排的策略选择，导致事后环境规制对该地区企业竞争力提升的促进作用不及事前环境规制，故对企业的吸引力强度也相对较弱。

（5）稳健性检验。为了保证估计结果的稳健性，以“工业产值地区占比”为被解释变量再次进行回归，得到的结果如表 12 -6 所示。同样，表 12 -6 的模型（1）、模型（2）、模型（3）是分别将事前环境规制、事中环境规制和事后环境规制单独作为解释变量进行的回归，模型（4）是将三种环境规制纳入同一模型回归得到的结果，以“工业产值地区占比”为被解释变量回归得到的结果和以“工业企业数量”为被解释变量的回归结果非常接近，表明得到的回归结果是稳健的。

表 12－6　被解释变量为“工业产值地区占比”的整体回归结果

变量	模型（1）	模型（2）	模型（3）	模型（4）
事前环境规制	0.1644*** (0.0415)			0.3039** (0.0586)
事中环境规制		-0.0103 (0.0380)		-0.2353*** (0.0531)
事后环境规制			0.0740*** (0.0282)	0.0733*** (0.0290)
劳动力投入	0.5616*** (0.0689)	0.5318*** (0.0708)	0.5554*** (0.0699)	0.5424*** (0.0662)
资本投入	-0.1589*** (0.0364)	-0.1003** (0.4383)	-0.1355*** (0.0361)	-0.0385 (0.0409)
工资成本	-0.0924*** (0.0272)	-0.1208*** (0.0272)	-0.0787** (0.0309)	-0.0378 (0.0297)
全要素生产率	-0.0179 (0.0188)	-0.0146 (0.0194)	-0.1290 (0.0191)	-0.0180 (0.0186)
市场失灵	-0.1082*** (0.0239)	-0.1136*** (0.0246)	-0.1124*** (0.0242)	-0.1341*** (0.0233)
人口数量	0.2223*** (0.0424)	0.2616*** (0.0423)	0.2304*** (0.0434)	0.1666*** (0.0419)
GDP	0.4985*** (0.1018)	0.6683*** (0.9691)	0.5832*** (0.0990)	0.3413*** (0.1002)
Adjust－R^2	0.9004	0.8955	0.8977	0.9265

注：表中括号内是 t 值，***、**、* 分别表示在 1%、5%、10% 的显著性水平上显著。

上文验证了不同类型环境规制工具对工业企业区位选择的作用是存在明显差异的，考虑到环境规制对区位选择的作用存在较强的滞后效应，为进一步分析环境规制的准确作用，将三种环境规制滞后一期再进行回归，回归结果如表 12－7

所示。从表 12 -7 可以看出，滞后一期的三类环境规制对工业区位选择的影响作用与表 12 -5 中当年环境规制对区位选择的影响一致，进一步验证了环境规制强度确实会对工业企业区位选择产生影响，且不同类型的环境规制工具产生的影响存在明显的差异。

表 12 -7　滞后一期环境规制对区位选择的影响

变量	模型（1）	模型（2）	模型（3）	模型（4）
事前环境规制（-1）	0.1195***			0.3315***
	(0.0448)			(0.0659)
事中环境规制（-1）		-0.0363		-0.2815***
		(0.0397)		(0.0585)
事后环境规制（-1）			0.0475*	0.0512*
			(0.0308)	(0.0327)
劳动力投入	0.6792***	0.6578***	0.6753***	0.6543***
	(0.0756)	(0.0767)	(0.0763)	(0.0733)
资本投入	-0.0334	0.0168	-0.0221	0.0586
	(0.0400)	(0.0452)	(0.0405)	(0.0442)
工资成本	-0.0887***	-0.1047***	-0.0775**	-0.0495*
	(0.0301)	(0.0300)	(0.0341)	(0.0333)
全要素生产率	-0.0640***	-0.0588***	-0.0593***	-0.0568***
	(0.0205)	(0.0207)	(0.0206)	(0.0199)
市场失灵	-0.0994***	-0.1050***	-0.1035***	-0.1138***
	(0.0270)	(0.0274)	(0.0272)	(0.0263)
人口数量	0.2185***	0.2439***	-0.2231***	0.1611***
	(0.0476)	(0.0473)	(0.0489)	(0.0482)
GDP	0.3114***	0.4405***	0.3760***	0.1876*
	(0.1130)	(0.1075)	(0.1102)	(0.1127)
Adjust - R^2	0.8907	0.8884	0.8890	0.8954

注：表中括号内是 t 值，***、**、* 分别表示在 1%、5%、10% 的显著性水平上显著。

四、环境规制影响中国工业行业区位选择的空间异质性

中国地域辽阔，各省份的自然环境、资源禀赋、历史文化差异悬殊，是一个典型的地区间经济发展水平差异较大的国家，不同地区会根据其经济发展目标及环境状况制定有差异的环境规制政策。欠发达地区为了招商引资，或许会不惜以环境为代价引进高污染产业，甚至以零规制为手段吸引企业落地；发达地区为了重获蓝天白云，或许会严格实施环境准入政策，对污染程度高的行业或企业加大惩罚力度。环境规制在不同地区的作用效果可能会出现明显的不同。因此，基于地区差异，本章根据污染密集型产业集中度在30个省份的变化情况，将中国30个省市划分为污染密集型产业集中度上升（污染产业转入）区域和污染密集型产业集中度下降（污染产业转出）区域，分别回归探索环境规制的作用效果是否存在空间异质性。

1. 污染密集型产业划分

（1）环境污染综合评价指数公式。不同行业的污染程度不同，应对环境规制时做出的选择也存在明显的差异。环境污染较重的行业对环境规制更加敏感，而环境污染较轻的行业受环境规制影响较小。基于此，借鉴孙学敏和王杰（2014）的方法根据各产业的废气、废水及固体废弃物排放量将工业行业划分为重度污染产业、中度污染产业和轻度污染产业。本书按照以下步骤计算出环境污染综合评价指标判断各产业的污染密度。

首先，分别对各指标标准化处理，X_{kj}表示k行业j（j=1，2，3）污染物的排放原值，j污染物包括废气、废水和固体废弃物三种，P_{kj}为污染排放量标准化后的数值。

$$P_{kj}=\frac{X_{kj}-\min(X_{kj})}{\max(X_{kj})-\min(X_{kj})} \tag{12-24}$$

其次，计算污染排放指标的权重，Q_k表示行业k的工业销售产值，W_j为j污染物的权重。

$$W_j = \frac{X_{kj} / \sum_k X_{kj}}{Q_k / \sum_k Q_i} \tag{12-25}$$

最后，将污染排放指标的标准化值和权重相乘并求和，计算出环境污染综合评价指数。

$$S_k = \sum_{j=1}^{3} W_j \times P_{kj} \tag{12-26}$$

（2）污染密集型产业划分结果。根据环境污染综合评价指数对选取的 26 个工业行业分类标准如下：$S_k \leq 0.0667$ 为轻度污染产业，$0.0667 < S_k < 2.0102$ 为中度污染产业，$S_k \geq 2.0102$ 为重度污染产业。

如表 12－8 所示，轻度污染产业主要是传统的生活产品制造业和高新技术制造业，这一类产业对环境的负担较小，具有低能耗、低污染、低排放的特点。中度污染产业由食品、饮料加工业和部分重化工行业构成，其污染程度明显高于轻度污染产业。重度污染产业主要是由污染密集型的重化工业构成，这些产业普遍呈现出高能耗、高污染、高排放的特点。本书中将划分出的重度污染产业视为污染密集型产业，主要包括纺织业、造纸及纸制品业、化学原料及化学制品制造业、非金属矿物制品业、黑色金属冶炼及压延加工业、煤炭开采和洗选业、黑色金属矿采选业、有色金属矿采选业 8 个行业。

表 12－8　不同污染强度工业行业分类

污染程度	行业	污染综合指数
轻度污染	烟草制品业	0.0005
	专用设备制造业	0.0030
	通用设备制造业	0.0041
	仪器仪表制造业	0.0183
	交通运输设备制造业	0.0242
	电气机械及器材制造业	0.0257
	纺织服装服饰	0.0525
	通信设备制造业	0.0666
	金属制品业	0.0667
中度污染	非金属矿采选业	0.0867
	医药制造业	0.2596

续表

污染程度	行业	污染综合指数
中度污染	石油和天然气开采业	0.2756
	食品制造业	0.3172
	石油加工、炼焦业	0.4778
	有色金属冶炼及压延加工业	0.5395
	饮料制造业	0.5649
	农副食品加工业	0.5968
	化学纤维制造业	0.9985
重度污染	纺织业	2.0120
	化学原料及化学制品制造业	2.5334
	非金属矿物制品业	3.1819
	煤炭开采和洗选业	4.9489
	黑色金属冶炼及压延加工业	6.9615
	造纸及纸制品业	10.9399
	有色金属矿采选业	13.7606
	黑色金属矿采选业	31.0564

资料来源：笔者整理计算所得。

2. 污染密集型产业区位熵变化

（1）区位熵计算公式。区位熵能够衡量某一区域要素的空间分布情况，是反映某一产业部门的专业化程度的指标，本书基于《中国工业统计年鉴》的数据，利用污染密集型产业的区位熵来刻画污染密集型产业的空间集聚程度，区位熵值越大，说明污染密集型产业在该地区的产业集聚水平越高，计算公式如下：

$$loc_{ki} = \frac{Tva_{ki} / \sum_{k} Tva_{ki}}{\sum_{i} Tva_{ki} / \sum_{j} \sum_{k} Tva_{ki}} \tag{12-27}$$

其中，k 代表行业，i 代表地区，Tva_{ki}表示 i 城市 k 行业就业人数，该指数为 i 城市 k 行业就业人数与 i 城市工业总就业人数的比值除以全国 k 行业就业人数与全国工业总就业人数的比值，该指数越大表明行业 k 在城市 i 越集聚。

（2）污染产业区位熵变化。首先，分别求出 30 个省（市）8 个污染密集型产业的区位熵，再对这 8 个产业求平均值，根据得到的均值绘出 30 个省（市）在 2005 年和 2015 年的污染密集型产业的区位集中度变化情况，如表 12－9 所示。

表 12－9　2005 年、2015 年各省污染产业区位熵及变化情况

地区	2005 年区位熵	2015 年区位熵	区位熵变化值
北京	0.56	0.68	0.12
天津	0.66	0.61	-0.05
河北	1.76	1.87	0.11
辽宁	1.40	1.41	0.01
上海	0.40	0.37	-0.03
江苏	0.66	0.62	-0.04
浙江	0.58	0.68	0.10
福建	0.74	0.91	0.17
山东	1.06	1.09	0.03
广东	0.41	0.44	0.04
海南	2.16	1.70	-0.46
山西	1.54	1.83	0.29
吉林	1.04	1.14	0.09
黑龙江	0.95	0.96	0.01
安徽	1.40	1.08	-0.33
江西	1.53	1.21	-0.32
河南	1.28	1.21	-0.06
湖北	1.03	0.88	-0.15
湖南	1.53	1.48	-0.05
内蒙古	2.04	2.38	0.34
广西	1.52	1.42	-0.10
重庆	0.76	0.68	-0.07
四川	1.19	1.18	-0.01
贵州	1.49	1.39	-0.10
云南	2.09	2.24	0.15
陕西	1.20	1.18	-0.02
甘肃	1.28	1.61	0.33
青海	2.42	1.52	-0.90
宁夏	1.38	1.40	0.02
新疆	1.31	1.64	0.33

与2005年相比，2015年污染密集型产业集中度上升的省份有15个，包括东部地区的北京、河北、辽宁、浙江、福建、山东、广东；中部地区的陕西、吉林、黑龙江，西部地区的内蒙古、云南、甘肃、宁夏、新疆，其中内蒙古污染密集型产业集中度提升较多，区位熵上升了0.34，由2005年的2.04上升至2015年的2.25。

污染密集型产业集中度下降的省份同样也有15个，分别为东部地区的上海、江苏、海南；中部地区的安徽、江西、河南、湖北、湖南；西部地区的广西、重庆、四川、贵州、陕西、青海，其中青海污染密集型产业集中度下降最多，其区位熵由2005年的2.42下降至2015年的1.52。

3. 环境规制对区位选择的空间异质性研究

现有国内文献在研究环境规制的空间异质性时，通常将中国简单地分为东部、中部、西部三个区域进行研究，这种区域划分方式是按照地理区位的划分比较笼统，存在明显的局限性。本部分在研究环境规制的空间异质性时，为了更具针对性，将污染密集型产业集中度上升的地区（污染密集型产业转入区域）划分为样本1，包括北京、河北、辽宁、浙江、福建、山东、广东、陕西、吉林、黑龙江、内蒙古、云南、甘肃、宁夏、新疆共15个省份；污染密集型产业集中度下降的地区（污染密集型产业转出区域）划分为样本2，包括上海、江苏、海南、安徽、江西、河南、湖北、湖南、广西、重庆、四川、贵州、陕西、青海共14个省份。再分区域进行面板回归。

（1）污染产业转入区域回归结果。将污染密集型产业集中度上升的区域视为污染产业转入区域，将具有该特征的15个省份划分为样本1，实证结果如表12－10所示。同前，表12－10中的模型（1）、模型（2）、模型（3）是分别将事前环境规制、事中环境规制和事后环境规制单独作为解释变量进行的回归，而模型（4）是将三种环境规制纳入同一模型回归得到的结果。

表12－10　污染产业转入区域回归结果

变量	参数估计值			
	模型（1）	模型（2）	模型（3）	模型（4）
事前环境规制	−0.1049*** (0.0386)			0.0775 (0.0558)
事中环境规制		−0.0673* (0.0375)		−0.1526*** (0.0531)

续表

变量	参数估计值			
	模型（1）	模型（2）	模型（3）	模型（4）
事后环境规制			0.0784 (0.0519)	0.0862* (0.0512)
劳动力投入	1.4158*** (0.1124)	1.4178*** (0.1140)	1.2929*** (0.1160)	1.0254*** (0.1176)
资本投入	-0.0037 (0.0403)	-0.0040 (0.0409)	-0.0043 (0.0396)	-0.0069 (0.0420)
工资成本	-0.2124*** (0.0492)	-0.2110*** (0.0500)	-0.1943*** (0.0488)	-0.0438* (0.0269)
全要素生产率	-0.0340** (0.0138)	-0.0359** (0.0139)	-0.0389*** (0.0135)	-0.0486*** (0.0169)
市场失灵	-0.1086*** (0.0401)	-0.1136*** (0.0415)	-0.0972** (0.0406)	-0.0973** (0.0404)
人口数量	0.1445 (0.3845)	0.1789 (0.3896)	0.2716 (0.3781)	0.1560*** (0.0364)
GDP	0.4773** (0.2129)	0.4798** (0.2306)	0.6275*** (0.1968)	0.2099** (0.1078)
Adjust - R^2	0.7660	0.7910	0.7034	0.9499

注：表中括号内是t值，***、**、*分别表示在1%、5%、10%的显著性水平上显著。

在污染产业转入区域（样本1），事前环境规制和事中环境规制对工业区位选择均是抑制作用，其中事前环境规制的系数为-0.1049，在1%的显著性水平上成立，事中环境规制的系数为-0.0673，在10%的显著性水平上成立；事后环境规制对工业企业区位选择的影响不显著。出现这种结果的原因可能是因为样本1区域内欠发达省份较多，区域内产业更多属于加工制造行业，处于价值链中端，赚取的利润较低，一旦事前或事中环境规制提高，其生产成本大幅度上升造成利润大幅下降，增加的治污成本易使企业面临亏损，这对于以低成本优势占领市场的产业是一个巨大的冲击，极易失去市场竞争力，而促使企业向环境规制更弱的地区转移。而且，污染产业转入区域内的工业企业，在资本实力、技术条件、人才支持等方面可能存在一定的限制，当面临环境规制时，企业进行技术升级的现实基础薄弱，自主研发技术能力弱，又难以负担技术引进的成本，极易面临生产经营困境。

（2）污染产业转出区域回归结果。将污染密集型产业集中度下降的区域视为污染产业转出区域，具有该特征的15个省市为样本2，表12－11为实证结果，模型（1）、模型（2）、模型（3）、模型（4）的含义与上文相同。

表12－11　污染产业转出区域回归结果

变量	参数估计值			
	模型（1）	模型（2）	模型（3）	模型（4）
事前环境规制	0.3317*** (0.0704)			0.5538*** (0.0969)
事中环境规制		0.0496 (0.0657)		0.3013 (0.0861)
事后环境规制			0.0239 (0.0440)	0.0020 (0.0447)
劳动力投入	0.7271*** (0.0971)	0.6843*** (0.1046)	0.6773*** (0.1039)	0.5333*** (0.0968)
资本投入	−0.0665 (0.0575)	−0.0046 (0.0739)	0.0211 (0.0599)	−0.0556 (0.0695)
工资成本	−0.0210 (0.0497)	−0.0792 (0.0513)	−0.0650 (0.0584)	−0.0222 (0.0562)
全要素生产率	−0.0551* (0.0304)	−0.0613* (0.0325)	−0.0596* (0.0325)	−0.0021 (0.0302)
市场失灵	−0.1382*** (0.0429)	−0.1372*** (0.0469)	−0.1428*** (0.0459)	−0.2015*** (0.0438)
人口数量	0.4052*** (0.1046)	0.3931*** (0.1160)	0.3634*** (0.1118)	0.2827*** (0.1104)
GDP	0.1741 (0.1718)	0.4124** (0.1754)	0.3918** (0.1787)	0.2671 (0.1786)
Adjust－R^2	0.8897	0.8745	0.8743	0.8960

注：表中括号内是t值，***、**、*分别表示在1%、5%、10%的显著性水平上显著。

在污染产业转出区域（样本2），三种环境规制对工业行业区位选择的影响

系数均为正数，事前环境规制的系数为0.3317，在1%的显著性水平上显著，事中环境规制和事后环境规制的系数分别为0.0496和0.0239，但两者都不显著。样本2为污染密集型产业转出的省份，这些区域的环境规制强度较高，社会公众的环保意识较强，当地产业的生产及经营面临来自公众和政府的共同监管，环境要素禀赋相对稀缺，在这些区域留下来的产业一般是对环境要素依赖较低、重视技术创新的产业。在较严格的环境规制下，被规制企业并不倾向于逃避环境规制责任，而是将环境规制视为投资决策的重要因素，促使企业不是简单地支付环境规制费用，而是创造性地制定适合本企业的环境策略，实现生产技术平的快速提升，努力实现环境保护和经济增长的"双赢"。而且，该样本区域内消费者的环保意识较强，会自发地偏好环境友好的、清洁的、绿色的产品，这种市场需求导向激励企业进行环保技术创新和环境管理创新，使企业更倾向于以积极的态度应对环境规制。

（3）回归结果比较。污染产业转入和转出区域的实证回归结果呈现出较为明显的差异，结合第五章的整体样本回归结果，将三种环境规制在整体样本回归下（见表12－8）、转入区域样本回归下（见表12－10）、转出区域样本回归下（见表12－11）的系数值及显著性列于表12－12中。污染产业转入区域的样本回归结果与整体样本相比，三种环境规制对工业企业选址的抑制作用更明显，在转入区域，事前环规制和事中环境规制均显著为负，事后环境规制的作用不显著。再将污染产业转出区域的样本回归结果与整体样本结果比较，总体看来，环境规制促进企业进入的作用更明显，其中事前环境规制显著为正，事中环境规制和事后环境规制的系数均为正数，但不显著。

表12－12　不同样本下实证检验结果对比

环境规制类型	整体样本	污染产业转入区域	污染产业转出区域
事前环境规制系数	0.1519***	－0.1049***	0.3317***
事中环境规制系数	－0.0120	－0.0673*	0.0496
事后环境规制系数	0.0574**	0.0784	0.0239

注：***、**、*分别表示在1%、5%、10%的显著性水平上显著。

污染产业转出和转入区域实证结果的明显差异，验证了Kheder和Zugravu（2012）的观点：环境规制对企业区位选择的作用效果在发展水平不同的区域存在明显差异，在发达地区，较严的环境规制有利于企业进入，而在经济发展较弱的地区，严苛的环境规制政策则易导致工业企业转移出去。

五、环境规制影响中国工业行业区位选择的门槛效应

以往大多数研究在考察环境规制的具体作用时，一般假定环境规制与企业区位选择为线性关系，这种假定确实大大简化了模型，有效降低了计量的难度。近年来，随着计量方法的丰富与发展，使对环境规制的研究可以不再拘泥于线性假定，尤其在门槛回归出现后，研究环境规制与区位选择间的非线性关系的文章越来越多。第五章的区域分样本回归结果证明了环境规制在污染产业转入区域和污染产业转出区域，对工业企业区位选择的作用存在显著的差异，在环境规制水平较高的污染产业转出区域，环境规制促进企业选址的作用更显著，而在环境规制水平较低的污染产业转入区域，环境规制抑制企业进入的作用更明显，据此推断推断环境规制对工业行业区位选址的影响可能是非线性的。所以本章将使用门槛回归法判断不同类型的环境规制工具和工业企业区位选择间是否存在非线性关系。

1. 面板门槛模型设定

（1）门槛模型介绍。本章使用汉森在 2000 年提出的面板门槛模型进行实证，使用中国的具体数据对这一假设进行验证。使用门槛面板回归具有明显的优势，首先不需设定非线性方程的具体形式，门槛个数及具体门槛值由样本数据决定，保证了门槛值的可靠性。其次门槛回归模型中门槛参数的置信区间是使用渐进分布理论估计的，并且还可以使用“自抽样”进一步检验得到的门槛值是否显著。最后根据门槛回归找到的门槛值对样本数据进行内生性分组，在不同区间内分别考察环境规制的估计值和显著性，能够考察事前、事中和事后环境规制影响中国工业行业区位选择的门槛效应。

本章首先分别对这三种环境规制的门槛效应进行估计和显著性检验，以确定三种环境规制的门槛值个数。其次根据特定的门槛值划分相应的分段门槛区间，在不同的门槛区间内，环境规制对工业区位选择的作用方向和作用程度可能会存在差异。最后依据划分的门槛分段区间逐一进行回归，判断环境规制对工业行业区位选择的作用效果在不同区间内有何不同。

（2）门槛模型设定。单门槛模型可设定成如下形式：

$$y_{it} = u + \beta_1 X_{it}(q_{it} < \gamma) + \beta_2 X_{it}(q_{it} \geq \gamma) + u_i + e_{it} \qquad (12-28)$$

其中，q_{it}是门槛变量，γ 是门槛参数，β_1 和 β_2 分别是不同区间内核心解释变量的系数。采用面板模型固定效应，得到参数的系数估计值，并计算出残差平方和 $S_1(\gamma)$，当所给定的 γ 越接近真实值时，残差平方和就越小，所以模型的残差平方和最小处所对应的门槛值 γ 即为所求的门槛值。汉森在门槛回归中使用的格栅搜索法，通过连续给出候选门槛值 γ 可以显著提升门槛估计值的准确度。格栅搜索法具体步骤如下：首先，以 0.0025 作为格栅化水平，对候选门槛值范围进行格栅化处理；其次，用格栅化后得到的全部格栅点作为候选门槛值 γ，并分别进行回归计算出相应的模型的残差平方和 $S_1(\gamma)$，选择模型残差平方和最小的候选门槛值作为回归估计的真实门槛值，即

$$\hat{\gamma} = \arg\min[S_1(\gamma)] \qquad (12-29)$$

在确定门槛值$\hat{\gamma}$的估计值以后，进一步估计出 β_1 和 β_2 的数值，并对门槛效益进行显著性检验，以及对门槛估计值的真实性进行检验。

首先，对该模型中门槛效应是否显著进行检验，也就是检验回归结果中的 β_1 和 β_2 是否有显著差异。对既定门槛值对应的回归模型施加如式（12－30）所示约束条件进行 Wald 检验。

$$H_0: \beta_1 = \beta_2 \quad H_1: \beta_1 \neq \beta_2 \qquad (12-30)$$

如果 Wald 统计量的置信概率大于 0.05，则接受原假设，H_0 成立，表示 β_1 和 β_2 无显著差异，不存在门槛效应；反之，Wald 统计量的置信概率小于 0.05，则拒绝原假设，H_1 成立，表示 β_1 和 β_2 存在显著差异，门槛效应显著。

令 S_0 为存在门槛效应条件下的残差平方和，则 $F = \frac{S_0 - S_1(\hat{\gamma})}{\hat{\sigma}^2}$，汉森使用 Bootstrap 进行模拟，得到 F 统计量的渐进分布，计算基于似然比检验的 p 值，若 p 值显著，则表明至少存在 1 个门槛值。若存在 2 个或 2 个以上的门槛值，将式（12－30）扩展为多个门槛值的面板门槛回归模型。模型（12－31）为考虑 2 个门槛值，分为 3 个区间的面板门槛回归模型：

$$y_{it} = u + \beta_1 X_{it}(q_{it} < \gamma_1) + \beta_2 X_{it}(\gamma_1 \leq q_{it} \leq \gamma_2) + \beta_3 X_{it}(q_{it} > \gamma_2) + u_i + e_{it} \qquad (12-31)$$

其中，γ_1 和 γ_2 表示门槛参数，且 $\gamma_1 < \gamma_2$。若在单门槛模型中拒绝 F_1，则应通过 F_2 统计量来判断第 2 个门槛值是否显著，若门槛值是显著的则表明至少存

在2个及2个以上门槛值。重复上述步骤进行多次门槛值的检验，直到不能拒绝原假设为止，最终确定相应的门槛个数。

2. 环境规制门槛回归结果

（1）事前环境规制门槛回归。将事前环境规制作为门槛变量，选取不同的规制强度逐一对模型进行估计并计算残差，残差平方和最小时所对应的事前规制强度即为门槛值。在此基础上，进一步通过“自抽样法”（Bootstrap）模拟LM检验F统计量的渐进分布临界值检验门槛效应是否存在。

门槛面板检验结果和门槛估计值如表12－13和表12－14所示，事前环境规制的第一个门槛值是37.16，P值为0.000，因此拒绝无门槛效应的假设，图12－10显示事前环境规制的门槛值位置及其显著性。根据搜索到的门槛值将样本划分两部分：事前环境规制小于37.16的为样本1，事前环境规制大于等于37.16的为样本2，分别对两个子样本回归，结果如表12－15所示。

表12－13　事前环境规制门槛效应检验结果

模型	F值	P值	BS次数	1%临界值	5%临界值	10%临界值
单一门槛	50.19**	0.01	300	44.3	31.32	25.79

表12－14　事前环境规制门槛估计值

模型	门槛估计值	95%置信区间
单一门槛模型	37.16	[36.24，37.44]

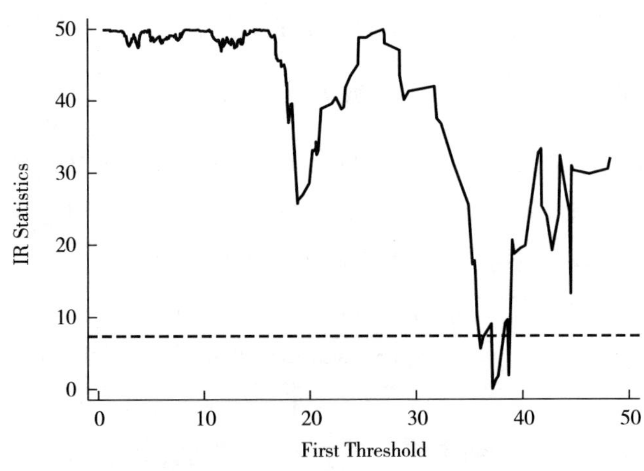

图12－10　事前环境规制门槛变量似然比曲线

表 12－15　事前环境规制门槛实证结果

变量	事前环境规制阶段划分	
	事前规制＜37.16	事前规制≥37.16
事前环境规制	－0.0269 (0.0247)	0.3114** (0.1412)
劳动力投入	0.3590*** (0.0459)	－1.0143*** (0.3060)
资本投入	0.3845*** (0.0237)	0.3294*** (0.1060)
工资成本	－0.1250*** (0.0144)	－0.6160*** (0.1359)
全要素生产率	0.0263*** (0.0099)	0.0179 (0.0678)
市场失灵	－0.1127*** (0.0122)	－4.0732*** (0.9271)
人口数量	0.02720 (0.0211)	1.9358*** (0.4721)
GDP	－0.0736 (0.0527)	0.2840 (0.7050)
Adjust－R^2	0.9031	0.9137

注：表中括号内是 t 值，***、**、*分别表示在1%、5%、10%的显著性水平上显著。

门槛回归结果显示，事前环境规制对工业行业区位选择的作用并不是单调递增（递减）的，随着事前环境规制强度的由弱变强，初期对工业企业进入没有明显作用，跨过门槛值后，加大事前规制力度会显著吸引企业进入，促进企业数量增加。当事前规制强度低于37.16时，环境规制对区位选择的影响系数为－0.0269且不显著，但是当跨过门槛值37.16后，事前环境规制的系数发生变化，显著为正，提高规制水平会促进本地区企业数量增加，增强区域对工业企业的吸引力。

（2）事中环境规制门槛回归。将事中环境规制作为门槛变量，得到门槛面板检验结果和门槛估计值如表12－16和表12－17所示。从表12－17中可以看出，搜索到的门槛值是78.13，P值为0.000，在1%的显著性水平上拒绝无门槛效应的假设。图12－13显示了事中环境规制门槛值的所在位置及其显著性。

表 12-16　事中环境规制门槛效应检验结果

模型	F值	P值	1%临界值	5%临界值	10%临界值
单一门槛	67.34***	0.000	300	40.2	31.81

表 12-17　事中环境规制门槛估计值

模型	门槛估计值	95%置信区间
单一门槛模型	78.13	[77.96, 78.80]

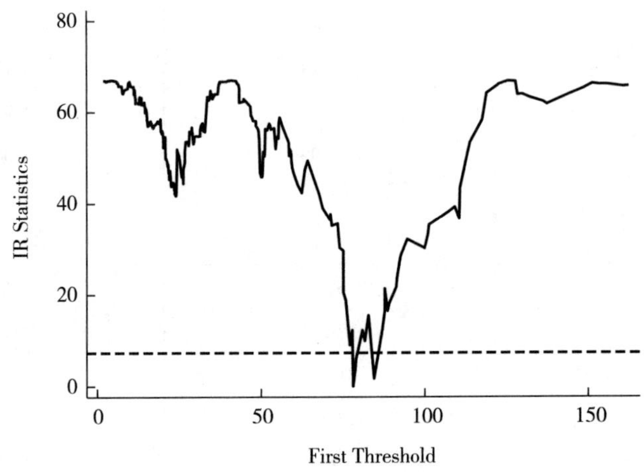

图 12-11　事中环境规制门槛变量似然比曲线

依据事中环境规制的门槛值 78.13，将样本划分为两部分，分别回归得到结果如表 12-18 所示。

表 12-18　事中环境规制门槛实证结果

变量	事中环境规制阶段划分	
	事中规制<78.13	事中规制≥78.13
事中环境规制	-0.1192*** (0.0404)	0.0203 (0.0365)
劳动力投入	0.6550*** (0.0964)	0.1026 (0.1129)

续表

变量	事中环境规制阶段划分	
	事中规制 <78.13	事中规制≥78.13
资本投入	-0.0387 (0.0343)	-0.0786** (0.0329)
工资成本	-0.0882*** (0.0253)	-0.4805*** (0.0665)
全要素生产率	0.0003 (0.0089)	-0.0549*** (0.0210)
市场失灵	-0.0431* (0.0258)	-0.4805*** (0.1481)
人口数量	0.1451* (0.0769)	0.3298* (0.1689)
GDP	0.6054*** (0.1242)	1.1372*** (0.1986)
Adjust - R^2	0.8952	0.9432

注：表中括号内是t值，***、**、*分别表示在1%、5%、10%的显著性水平上显著。

门槛回归结果显示，随着事中环境规制强度的由弱变强，会对工业企业的区位选择产生先抑制再不显著的作用。当低于门槛值78.13时，提高事中环境规制强度，会阻碍本地区工业企业数量的增加，抑制企业在该区域的选址行为；当规制强度跨过该门槛值时，事中环境规制的影响系数由-0.1192变为0.0203，但此时参数估计值并未通过显著性检验，对工业企业的区位选择没有显著的影响。

（3）事后环境规制门槛回归。将事后环境规制作为门槛变量，得到门槛面板检验结果和门槛估计值如表12-19和表12-20所示。从表12-20中可以看出，事后环境规制的门槛值是11.35，P值为0.05，在5%的显著性水平上拒绝无门槛效应的假设。图12-12显示了事后环境规制的门槛值所在位置及其显著性。

表12-19 事后环境规制门槛效应检验结果

模型	F值	P值	1%临界值	5%临界值	10%临界值
单一门槛	31.98*	0.050	300	48.8	32.43

表 12－20　事后环境规制门槛估计值

模型	门槛估计值	95%置信区间
单一门槛模型	11.35	[11.18，11.36]

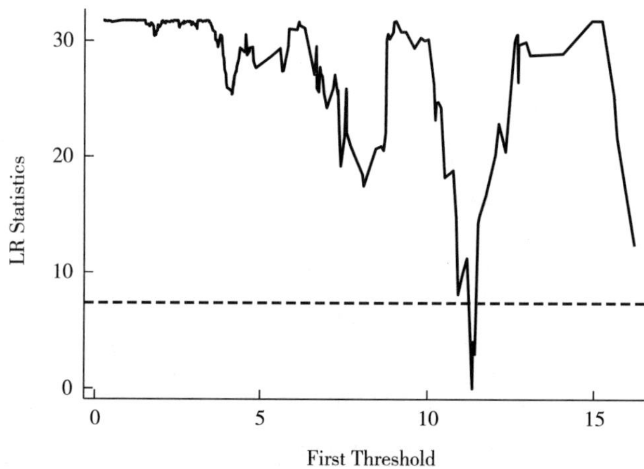

图 12－12　事后环境规制门槛变量似然比曲线

依据事后环境规制的门槛值 11.35，划分为两个子样本分别进行回归，回归结果如表 12－21 所示。

表 12－21　事后环境规制门槛实证结果

变量	事后环境规制阶段划分	
	事后规制 <11.35	事后规制≥11.35
事后环境规制	−0.1141*** (0.0280)	0.0110 (0.1287)
劳动力投入	0.4712*** (0.0471)	0.7579* (0.4765)
资本投入	0.4193*** (0.0303)	0.4016*** (0.1132)
工资成本	0.1250*** (0.0209)	1.3270*** (0.2611)

续表

变量	事后环境规制阶段划分	
	事后规制＜11.35	事后规制≥11.35
全要素生产率	0.0386***	0.0704
	(0.0124)	(0.0856)
市场失灵	-0.0944***	-1.4254***
	(0.0151)	(0.3902)
人口数量	0.0238	1.1547**
	(0.0280)	(0.4349)
GDP	0.0717	0.2697
	(0.0659)	(0.7944)
Adjust - R^2	0.9294	0.9565

注：表中括号内是 t 值，***、**、* 分别表示在 1%、5%、10% 的显著性水平上显著。

门槛回归结果显示，事后环境规制对工业行业区位选择的作用与事中环境规制的作用类似，在事后规制强度较低时，事后环境规制会对工业行业区位选择产生抑制作用，加快本地工业企业迁出，而降低本地工业企业的数量。当事后规制强度跨过门槛值 11.35 时，影响系数由 -0.1141 变为 0.0110，但此时事后规制的作用不显著。

3. 三种环境规制的门槛回归结果对比

综合分析以事前环境规制、事中环境规制和事后环境规制分别作为门槛变量三次回归的结果（见表 12-22），发现如下共同点：三种环境规制对工业行业区位选择的影响均存在一个门槛值，且在门槛值前，三种环境规制的影响系数均为负数；越过门槛值后，影响系数变为正数。事前环境规制对工业企业区位选择的促进作用最明显，在未跨过门槛值时，增强规制力度，对工业企业的区位选择没有明显作用，但在跨过门槛值后，增强环境规制强度会显著吸引工业企业进入；事中环境规制和事后环境规制的作用类似，在未跨过门槛值时，增强环境规制力度会显著降低本地工业企业的数量，当跨过门槛值后，增加规制强度对区位选择的作用不显著。本书结果与李玉楠和李廷（2012）、傅京燕和李丽莎（2010）得出的结论相似。当环境规制刚开始实施时，环境规制强度较低，此时企业需要从生产资本中抽出部分资金用于污染治理，短期内会降低企业利润，从而导致难以承受环境规制压力的企业迁出。从长期来看，如果政府不断提高环境规制强度至门槛值后的水平，增强环境规制能够有效刺激企业的技术创新，加强环境规制反而能够吸引企业进入，环境规制能提升地区竞争优势的前提应是满足适度的规制强度。

表 12-22　三种环境规制门槛回归结果对比

环境规制类型	门槛值	门槛值前影响系数	门槛值后影响系数
事前环境规制	37.16	-0.0269	0.3314***
事中环境规制	78.13	-0.1192***	0.0203
事后环境规制	11.35	-0.1141***	0.0110

注：***、**、*分别表示在1%、5%、10%的显著性水平上显著。

六、政策建议

（一）研究结论

1. 环境规制对中国工业行业区位选择的整体效应结论

整体回归结果显示：不同的环境规制工具对工业行业的区位选择的作用存在明显的差异。事前环境规制和事后环境规制的系数均显著为正，这两种类型的环境规制并没有成为企业进入的障碍，反而成为企业进入的诱因，且事前环境规制的对区位选择的促进作用最明显。事中环境规制的影响系数为负，但不显著，现阶段事中环境规制对区位选择的影响作用不明显。

2. 环境规制与中国工业行业区位选择的空间异质性结论

空间异质性回归结果显示：将全国 30 个省份划分为污染产业转入区域和污染产业转出区域两个子样本进行回归。在污染产业转入区域，事前环规制和事中环境规制对工业区位选择均是显著的抑制作用，其中事前环境规制的系数为 -0.1049，事中环境规制的系数为 -0.0673；事后环境规制对区位选择的影响不显著。在污染产业转出区域，三种环境规制对工业区位选择影响系数均为正数，事前环境规制的系数为 0.3317，在 1% 的显著性水平上显著，事中环境规制

和事后环境规制的系数分别为0.0496和0.0239，但两者都不显著。

3. 环境规制影响中国工业行业区位选择的门槛效应结论

门槛回归结果显示：三种环境规制工具对工业行业区位选择的影响均存在一个门槛值，且在门槛值前，三种环境规制的影响系数均为负数；越过门槛值后，影响系数变为正数。事前环境规制在未跨过门槛值时，增强规制力度，对工业企业的区位选择没有明显作用，但在跨过门槛值后，增强环境规制强度会显著吸引工业企业进入；事中环境规制和事后环境规制的作用类似，在未跨过门槛值时，增强环境规制力度会显著降低本地工业企业的数量；跨过门槛值后，增加规制强度对区位选择的作用不显著。

（二）政策建议

1. 多样化扩展环境规制类型，重视事前环境规制作用

根据第四章实证结果：不同类型的环境规制工具对工业的区位选择的作用存在明显的差异。事前环境规制和事后环境规制并没有成为工业企业进入的壁垒，反而成为工业企业进入的诱因，且事前环境规制的促进作用远大于事后环境规制。要重视事前环境规制的作用，使用多样化的环境规制工具满足政府和企业双赢的目标。

高度重视事前规制作用，建立严格、审慎、全面的预防机制。第一，大力加强环境执法监管，严把新建项目准入关。树立事后治污不如事前预防的理念，环境管理应从源头抓起，加强“事前预警”而非“事后灭火”，坚持保护优先、预防为主、综合治理的环境规制原则。强化环境执法监管，审慎制定环境准入负面清单，坚持执行“四个一律不批”准则，充分发挥环保“一票否决权”作用，从源头上严控新增污染行业和企业，严把新建项目准入关。第二，严格落实“三同时”制度，加强新建企业检查力度。全面完善环保“三同时”监管机制，扎实推进“三同时”制度落实，杜绝未批新建、批建不符、久拖不验等行为。继续加大对新建企业检查频次和监督力度，切实整合项目审批、验收、监察和监测等机构力量，加强在环评审批、项目跟踪管理、试生产审核、环保设施竣工验收各个环节的协调与配合。

不断丰富环境规制工具，建立公平、多样、精准的规制体系。事前环境规制工具可以防患于未然，激发企业技术创新意识，但难以充分了解受规制企业的详细信息；事中规制实施方法简单，可以获得实时反馈，但现场控制受制约较多；

事后规制能够充分了解信息、总结其中规律，但缺乏对企业的技术创新激励。三种环境规制工具规制重点不同、优缺点各异且能相互弥补，需要多种规制工具相结合使用尽可能同时满足政府和企业的利益最大化要求。同时，探索引进第三方监督评估机构，加强对不同环境规制工具使用效果的评估，综合考量不同类型规制工具的利润成本情况，建立环境规制工具的选择机制，不断扩大环境规制覆盖面，丰富环境规制工具类型，逐步提升规制的可操作性，达到控制污染和激励创新的双重目标。

大力推进信息共享机制，建立及时、有效、协同的衔接渠道。第一，优化各项监管制度的有效衔接。厘清环境规制事前、事中、事后各个环节所属的监察监测机构，促进“三同时”、排污费、污染总量控制、排污权交易、环境影响评价等工具和制度的有效衔接。第二，加强各大机构组织的管理协调。成立跨部门、跨区域的环境保护委员会来协调不同部门、不同行业、不同区域等垂直管理部门与地方政府机构的行动，采用交流、协调、合作和共享等手段来解决公共政策在不同部门的具体落实问题。第三，建立互通互联的信息共享平台。依托环保管理部门的信息办公网及地方政府的政务局域网，将信息化建设与深度应用相结合，促进相关部门间信息的开放、共享、互通、互联，利用互联网技术形成工作合力，构建促公开、促效率、促交流的信息共享平台，达到信息共享的规范化、常态化、平台化。

2. 差异化执行环境规制政策，推行因地制宜的环保策略

根据第五章的实证结果：环境规制的作用在污染产业转入区域和污染产业转出区域存在明显的不同。制定环境规制政策时，要充分考虑各地区的经济发展水平、产业发展阶段、环境资源要素和工业污染排放等多项特征，针对不同地区制定差异化的规制政策，而非所有地区“一刀切”的环境政策。

针对污染产业转出的地区，执行较严格的环境规制政策。第一，实施较高的环境规制标准，实现经济增长和环境保护的“双赢”。污染产业转出地区的经济发展水平更高、绿色产业比重更大、消费者环保意识更强，在该地区提高环境规制强度，能够吸引企业定址，因此实施较为严格的环境规制，能够引导企业加大绿色研发投入，激励企业技术创新，充分发挥环境规制的“创新补偿效应”，实现经济发展和环境保护的“双赢”局面。第二，注重精准的招商引资战略，努力做好模范带头作用。污染产业转出地区要加大力度推动现存污染企业转变经济发展方式，加快产业升级进程，提升绿色技术水平；要注重吸收第三产业和新兴

产业，大力发展资源消耗低、综合效益好、就业机会好、市场前景广阔的战略性新兴产业，构建产业特色鲜明、技术水平领先、竞争优势明显、产业链布局合理的产业集群，努力做好建设资源节约型、环境友好型社会的模范带头作用。第三，依靠科技创新的重要作用，构建可持续发展机制。优先把政策的“先行先试”任务交给污染产业转出地区，积极探索环保、经济和科技在该地区的有机结合，依靠科技创新构建可持续发展机制，推动该区域成为经济与环保同兼顾的前沿性阵地，科技与经济相结合的重要先行区，科技与环保共促进的首批试验地。

针对污染产业转入的地区，执行适度宽松的环境规制政策。第一，制定适度宽松的环境规制吸引产业转移，前期进行严格的环境评价避免“先污染后治理”。在污染产业转入的地区，环境容量相对较大、资源要素相对较多、环境承载力相对较强，这些地区既有提升经济发展水平的需要，也有保护生态环境的要求，但较严格的环境规制会抑制企业进入，在经济发展落后的前提下，可以适度降低环境规制标准，承接发达地区的产能转移，促进经济发展，在承接产业转移前期，要进行严格的环境评价，避免“先污染后治理”的现象出现。第二，强化技术支撑体系，加大政策倾斜力度。在污染产业转入区域，受限于资本实力不够雄厚、创新氛围不够浓厚、人才支撑严重不足等现实困境，当企业在面临环境规制时，无力进行技术升级，政府需要加大政策倾斜和资金扶持力度，通过政府投资、税收政策和财政补贴等手段，对引进先进生产设备、采用绿色生产技术的企业给予资金支持；通过设立专项技术基金，为企业、高校及科研机构之间的技术合作搭建平台，委托具有研发资质的科研院所或高校开展新技术研发，并以较低价格将技术转让给相关企业，为更多研发能力不足的企业提供技术支持；通过提供专项人才资金，破解欠发达地区人才“瓶颈”，依托人才引进政策，建立人才激励保障机制，切实解决人才实际困难，抓好人才队伍建设，为当地企业提供人才支持。

3. 多主体提高环境规制力度，加快跨越环境规制门槛

根据第六章的实证结果：在开始实施环境规制时，当未跨越门槛拐点时，环境规制的影响系数均为负数；但当规制强度超过特定的门槛拐点值时，三种环境规制的系数为正数，且事前环境规制明显成为区域吸引行业进入的诱因。因此，目前应从地方政府、工业企业以及社会公众三个方面着手，提高环境规制的标准和监督处罚力度，跨越环境规制的门槛值，通过提高行业的技术创新来补偿和抵消环境规制所增加的成本。

创新环境规制体制机制，加强政府监管力度。第一，完善自上而下的环境规制监督问责机制。建立行政系统内部、上级机构对下级机构、地方政府对环保部门的监督问责机制，明确环保部门在环境规制中的责任主体地位，进一步细化环保机构各部门的职责，建立明确的责任追究机制，降低各部门对环境污染问题责任推诿的可能性。第二，改变以 GDP 为核心的传统绩效考核方式。将节能减排、环境质量、治污能力等环境相关指标纳入地方政府或领导者的考核体系，防止地方政府为了经济增长干预环保机构执法，使环保部门成为地方政府的附属品，影响环保部门环境标准制定、环境法规发布的监督和约束作用。第三，强化公开透明的环境信息公开制度。设立环境信息公开制度，制定透明的环境决策程序，建立自上而下和自下而上相结合的监督体系。坚决贯彻执行政企分离，深化行政体制改革，降低环境管制部门与污染型企业间出现“寻租”行为的可能性。

加强工业企业自身约束，推动技术革新进程。第一，企业要顺应环境规制要求，坚持可持续发展战略。企业要充分认识到环境规制政策的执行是开展技术创新、推行清洁生产、提高经济绩效的契机，积极顺应政府规制要求，通过自主创新提高企业应对环境规制的能力，树立良好的品牌口碑，获得消费者的认可，从而赢取市场竞争的主动性优势。第二，企业要认识其污染主体地位，逐步完善内部环境治理机构。企业尤其是工业企业作为污染排放的主体，要积极承担环境治理主体责任，要扎实履行绿色安全发展义务，要尽量实现污染物排放达标要求，强化环保理念、增加环保投资、推动环保创新，切实做到达标排放、精准治理、技术创新，从源头上减少对环境的压力。第三，企业要挖掘技术进步潜力，抵消环境规制成本。长期来看，随着经济发展水平的稳步提升，社会对环境质量的要求越来越高，“资源节约型、环境友好型”的绿色企业是未来发展趋势，企业应设立专用的绿色环保基金，开展绿色技术研发，加大技术创新力度发挥补偿效应，吸收环境规制带来的消极影响。

加强环境保护宣传，强化民众责任意识。第一，加大环境保护宣传力度，积极向民众宣传环保知识。重点突出新闻媒体的宣传作用，充分认识公众参与环境监督的必要性，设立专门的宣传人员、划拨一定的宣传预算，利用公共媒体进行大力宣传，使环保宣传社会化、环保意识全民化，让民众树立“环境保护，人人有责”的意识，具备“绿色可持续发展”的长远眼光，形成环保事业人人参与、社会舆论广泛监督的环境保护工作局面。第二，定期或不定期公布环境规制情况，保障民众的知情权。完善公众参与环境监督的条件，畅通公众举报违法企业

的渠道，规范公众参与监督的形式，健全公众环保问责法律机制，为社会民众提供便利及适当的法律援助，充分发挥社会公众的主观能动性，减少环保部门或地方政府的不作为现象。第三，充分认识民间环保组织的重要性。民间环保组织是一种贴近公众、联系公众、反映公众愿望的民间公益性组织，是对政府治理功能的必要补充，政府应当加大对民间环保组织的政策支持和资金投入，通过设立专项资金、提供活动场地、鼓励开展环保活动等方式，加强民间环保组织的自身能力建设，积极采纳民间组织关于环境规制的政策建议。

第十三章　绿色技术进步下产业集聚区生态文明建设研究*

技术进步的方向将对经济活动的环境结果产生深刻的影响，技术进步由污染型向绿色型的转变，标志着一国经济发展模式从“灰色经济”向“绿色经济”的根本变革。本书在区分污染型技术和绿色技术的基础上，通过将绿色技术引入污染排放方程构建理论模型，着重考察了绿色技术进步及其双重外部性特征对环境污染排放的影响机理，并运用 2002 ~ 2014 年中国 35 个工业行业的面板数据，采用固定效应模型和差分 GMM 方法，对理论假设进行了实证检验。结果表明：①中国当前技术进步呈现出显著的污染密集型特征，是导致环境污染排放增加的重要因素。②绿色技术进步有效减少了环境污染的排放，是改善中国环境质量的关键手段。③工业行业全样本回归中，环境规制有效纠正了绿色技术外部性所导致的“市场失灵”，对绿色技术进步的环境改善效应起到了积极的调节作用，然而在污染密集行业的子样本回归中，则未通过显著性检验。最后，根据本书的研究结论，提出相应的政策建议。

一、研究背景

2013 年，雾霾天气在中国（尤其是中东部地区）的大面积集中爆发，意味着过去 30 多年经济高速发展所积累的环境问题日益尖锐，中国环境的承载能力已达到某种“临界点”。自“十一五”首次将节能减排作为经济发展的约束性指

---

* 本章借鉴的主要研究成果为：谢荣辉．绿色技术进步、正外部性与中国环境污染治理［J］．管理评论（已录用待刊发）．

标以来，中国政府制定并实施了日益严厉的环境管制政策，环境污染治理工作取得了显著成效。然而，值得注意的是，中国环境污染治理呈现出“时点化”特征，即围绕关键时间点，集中强化治理，形成了北京“APEC 蓝”、杭州“G20 蓝”等现象，而一旦放松这种阶段性的超常规治理手段，雾霾天气卷土重来。由美国耶鲁大学和哥伦比亚大学联合发布的 2016 年世界环境绩效排名 EPI（Environmental Performance Index）显示，中国得分仅为 65.1 分，在 180 个国家和地区的评估中位居第 109 位。由此可知，中国尚未形成保持经济增长的同时实现污染减排的长效机制。

Antweiler 等（2001）的开创性研究将环境污染的影响因素分解为规模效应、结构效应和技术效应，其中技术效应是实现污染减排的关键因素。随后，这一经典研究激起了国内外学者对技术进步减排效应的热烈讨论，且得到了部分研究的验证，即认为一国环境质量的改善主要依赖于技术进步。然而，也有学者对此提出了质疑，认为技术进步对环境污染的影响方向具有不确定性。20 世纪 70 年代，梅多斯等在《增长的极限》一书中便指出，技术进步并不一定总能带来环境质量的提高。如果一项新技术的使用将最终导致新的污染源出现，那么技术进步效应对环境质量改善的作用将非常有限。导致这一分歧的关键原因是，并非所有的技术进步都是清洁的和环保的，然而大多数研究并未对污染型技术（Dirty Technology）[①] 和绿色技术（Green Technology）[②] 进行细致的区分。但宽泛地考察技术进步的环境效应而不区分技术进步的类型和方向，无法为中国实现经济发展与环境保护的“双赢”提供科学、有效的引导或建议，甚至会误导政策制定者而做出错误的政策判断。针对我国经济转型攻坚期所面临的发展方式粗放、资源约束趋紧、生态环境持续恶化等现实问题，党的十九大报告指出，中国未来应构建市场导向的绿色技术创新体系，在创新引领、绿色低碳等领域培育新增长点、形成新动能，加快建立健全绿色低碳循环发展的经济体系。然而，我国绿色技术的研发和创新尚处于理念渗透阶段，其在环境保护和经济转型中的作用仍较为有限。因此，深入探讨绿色技术的内涵、属性及其在环境污染治理中的作用机制，是推动中国技术进步进入绿色创新通道的内在要求，对加快我国发展方式绿色转

① 污染型技术即指传统意义上未考虑环境影响的技术进步，其与下文的“传统技术”“肮脏技术”“环境有害型技术”均指同一含义，本书统称为“污染型技术”。

② 现有的国内外研究文献中，与绿色技术（Green Technology）相关的术语还有环境技术（Environmental Technology）、清洁技术（Clean Technology）等，为了与前文保持一致，本书统一称为“绿色技术”。

型、打好污染防治攻坚战具有重要的理论价值和现实意义。

综上所述，本章将尝试在以下两个方面做出新的贡献：①重点关注污染型技术进步与绿色技术进步的区分，并在此基础上从理论和实证两个方面着重考察了绿色技术进步的环境效应及其作用机制；②由于绿色技术将产生显著的正外部性，技术进步由污染型向清洁型的转变并不会自然发生，而需要环境规制的外生引导和激励。因此，本章进一步将环境规制作为调节变量纳入研究框架，以考察环境规制是否有效纠正了由绿色技术正外部性所导致的市场失灵，从而是否显著加强了绿色技术进步的环境治理效应。

二、理论分析与假设提出

根据本书的研究目的，本书将绿色技术限定为生产技术的范畴，即所有能够直接或间接地有益于资源节约和环境保护的生产技术。基于 Copeland 和 Taylor 的模型框架，本书对污染型技术和绿色技术进行了区分，并将绿色技术引入标准的污染排放方程，构建了一个绿色技术进步影响环境污染治理的一般线性模型，并提出了本书研究假设。

1. 模型的基本框架

假设部门 X 只生产一种产品 x，产量用 Y 表示，其生产函数为柯布—道格拉斯形式，规模报酬不变，生产要素投入包含劳动、资本和能源三种，则有：

$$Y(t)=A(t)\cdot F(K,\ L,\ E)=A(t)\cdot K(t)^{\alpha}\cdot L(t)^{\beta}\cdot E(t)^{\gamma} \tag{13-1}$$

其中，K(t)、L(t)和 E(t)分别表示资本、劳动力和能源投入；α、β、γ 分别表示三种生产要素对产出的贡献份额，且 $\alpha>0$、$\beta>0$、$\gamma>0$，$\alpha+\beta+\gamma=1$；假设同一种产品 x 既可以由污染型技术生产，也可以由绿色技术生产，A(t)表示生产技术的集合，即同时包含污染型技术和绿色技术，其中污染型生产技术是指环境有害型生产技术，其将增加污染物的产生和排放；绿色技术则指环境友好型生产技术，即有利于降低污染物产生和排放的技术。

假设部门 X 的每单位产出将伴随产生 Ω 单位的污染物 P。根据产出弱可处置性公理（Weak Disposability of Outputs Axiom），污染减排活动是有成本的，若要减少污染物的排放，则需要占用一定数量的生产资料，从而使“好”产出的产量相应下降。将用于减少污染所需的投入占总产出的比重记为 $\theta \in [0, 1]$，则可将产量 Y(t) 视为潜在产出，实际产出为：

$$Y(t)_{real} = (1-\theta) \cdot Y(t) = (1-\theta) \cdot A(t) \cdot K(t)^{\alpha} \cdot L(t)^{\beta} \cdot E(t)^{\gamma} \quad (13-2)$$

污染排放函数可写为：

$$P = Y(t) \cdot \Omega \cdot a(\theta) \quad (13-3)$$

令减排强度函数 $a(\theta) = A_{green}^{-1} \cdot (1-\theta)^{1/\delta}$ $(0<\delta<1)$，其是绿色技术水平 A_{green} 和污染治理投入强度 θ 的减函数。

结合式（13－2）和式（13－3），可进一步将实际生产函数式（13－2）变换为如下形式：

$$Y(t)_{real} = (A_{green} \cdot P)^{\delta} \cdot [Y(t)]^{1-\delta} = (A_{green} \cdot P)^{\delta} \cdot [A(t) \cdot K(t)^{\alpha} \cdot L(t)^{\beta} \cdot E(t)^{\gamma}]^{1-\delta} \quad (13-4)$$

式（13－4）为柯布—道格拉斯函数形式，且为规模报酬不变。根据式（13－4）所示，可将污染排放 P 和潜在产出 Y（t）视作产品 x 的两种要素投入，参数 δ 表示污染排放 P 的边际产出贡献份额。

2. 部门生产决策

假定政府实施外生的环境税，税率为τ，即可将其视作污染排放的单位成本；将潜在产出 Y（t）的单位成本记为 c_Y。部门 X 的生产决策则为选择最优的投入要素组合，即污染排放量 P 和潜在产出 Y（t）的最优组合，从而使生产成本 c 最小，即：

$$c(\tau, c_Y) = \min\{\tau \cdot (A_{green} \cdot P) + c_Y \cdot Y(t),\ (A_{green}P)^{\delta} \cdot Y(t)^{1-\delta} = 1\} \quad (13-5)$$

假定资本、劳动力和能源的价格分别为 r、ω 和 ρ，且均为外生给定，则 $c_Y = r \cdot \tilde{K} + \omega \cdot \tilde{L} + \rho \cdot \tilde{E}$。其中，$\tilde{K}$、$\tilde{L}$、$\tilde{E}$ 分别表示生产单位潜在产出 Y(t) 时的资本、劳动力和能源投入量。求解式(13－5)的最优化问题，可得一阶条件如下：

$$(1-\delta) \cdot (A_{green} \cdot P) \cdot \tau = \delta \cdot Y(t) \cdot c_Y \quad (13-6)$$

假定产品 X 的价格外生给定，记为 P_Y。当市场完全竞争时，所有厂商的总利润为 0，因此：

$$P_Y \cdot Y(t)_{real} = \tau \cdot (A_{green} \cdot P) + c_Y \cdot Y(t) \quad (13-7)$$

通过相应的推导和变换，最终可将污染排放函数写为：

$$P = \frac{\delta \cdot P_Y \cdot (1-\theta) \cdot A \cdot K^{\alpha} \cdot L^{\beta} \cdot E^{\gamma}}{(\tau \cdot A_{green})} \quad (13-8)$$

进一步对式（13－8）等号两边均取对数，最终可得：

$$\ln P = \ln C + \alpha \ln K + \beta \ln L + \gamma \ln E - \ln(A_{green}/A) - \ln \tau \quad (13-9)$$

式（13－9）中 $\ln(A_{green}/A)$ 反映了厂商所选择技术组合的绿色偏向性特征，即表示绿色技术和污染型技术的相对水平，$\ln(A_{green}/A)$ 的值越大，则表示绿色技术的比例越高，生产技术的“绿色”特征越强；$\ln(A_{green}/A)$ 的值越小，则表示污染型技术的比例越高，即生产技术的“肮脏”特征越强。

克拉普指出，自工业革命以来的大量新技术均具有典型的“肮脏”特性，技术创新的目的主要是扩大生产规模和提升生产效率，因此造成了化石能源和环境资源的消耗急剧上升，诱发了大规模的环境污染。孙军和高彦彦的研究表明，假设使用绿色技术恰好可以养活一个地球的人数，那么在使用污染型技术的情况下，养活相同的人数则需要 6.79 个地球。由此可知，污染排放量的下降和环境质量的改善，实质上取决于绿色技术的创新水平；一国经济发展模式从“灰色经济”向“绿色经济”转变的根本标志，是其技术进步方向由污染型向清洁型的转变。基于此，本书提出：

研究假设 1：传统的技术创新活动大多具有明显的污染型特征，并不能带来环境质量的改善，甚至增加了环境污染。

研究假设 2：绿色技术进步是改善环境质量的关键手段，能够显著促进污染排放的减少。

3. 对绿色技术创新“双重外部性”的进一步探讨

与传统技术创新相比，绿色技术创新具有显著的双重外部性特征，即环境正外部性和知识溢出效应，而正外部性将导致市场失灵，企业往往缺乏主动投资于绿色技术创新活动的内生激励。若企业率先推行绿色技术的创新和应用，其污染排放的减少和资源利用效率的提高将产生一定的社会收益，但绿色技术的研发成本和改造成本则无法从社会收益中得到补偿，即企业的私人收益小于社会收益；而不采用绿色技术的企业，其因排放污染所导致的社会成本则无须由企业承担，即企业的私人成本小于社会成本。因此，若市场中缺失了对损害环境行为的惩罚机制，追求利润最大化的理性企业将不会主动进行绿色技术的研发和改造活动，即导致对绿色技术创新的投资成为企业的次优选择，这无疑扭曲了绿色技术创新与污染技术创新之间的竞争。绿色技术创新“双重外部性”的特征，继而引致其第二个典型特征，即绿色技术创新是一种强烈受到政策驱动的创新范式，其中，环境规制的驱动作用尤为重要。由于企业对不符合环境标准的高能耗、高污

染设备及生产技术、工艺的改造通常无法为企业带来更多的收益，因此技术推动或市场拉动等因素通常不足以驱动企业开展绿色技术创新活动，因此需要具体的环境规制为企业的绿色技术创新行为提供有效的制度约束。合理的环境规制能够有效内部化绿色技术的环境外部性，从而解决因绿色技术创新而导致的“市场失灵”。由此可知，在有效引导和激励企业进行绿色技术创新和改造、进而建立污染减排长效机制的过程中，环境规制是必不可少的外生约束。基于此，本书提出：

研究假设3：环境规制通过有效纠正绿色技术外部性所引致的市场失灵，而加强了绿色技术进步的污染减排效应，即环境规制发挥了显著的调节作用。

三、计量模型及指标度量

（一）计量模型的构建

在上述理论模型（13－9）的基础上，通过引入相应的控制变量，构建计量模型（13－10）以检验研究假设1和研究假设2；进一步引入绿色技术进步与环境规制的交互项 lnGTECH × lnREG，构建计量模型（13－11），以期对研究假设3进行经验验证。为了消除异方差，对所有变量取自然对数，计量模型构建如下：

$$\ln POL_{i,t} = \alpha_0 + \alpha_1 \ln TECH_{i,t} + \alpha_2 \ln REG_{i,t-1} + \alpha_3 Z_{i,t} + \varepsilon_{i,t} \tag{13-10}$$

$$\ln POL_{i,t} = \beta_0 + \beta_1 \ln GTECH_{i,t} + \beta_2 \ln REG_{i,t-1} + \beta_3 (\ln GTECH_{i,t} \times \ln REG_{i,t-1}) + \beta_4 Z_{i,t} + \varepsilon_{i,t} \tag{13-11}$$

其中，i 表示工业行业（i=1，2，…，35），t 表示时间。被解释变量为污染排放强度综合指数（POL）；式（13－10）中，TECH = {DTECH，GTECH} 表示技术进步指标的集合，其中，DTECH 为污染型技术进步指标，GTECH 表示绿色技术进步指标；REG 为环境规制强度指数，由于企业的减排决策、技术决策等行为对环境规制的反应存在一定的滞后期，因此选取环境规制强度指数的滞后一期纳入计量模型；$Z_{i,t}$ 表示控制变量的集合，主要包括资本—劳动比（K/L）、所有制结构（OWNER）、外资进入程度（FDI）、人均产值（GDP）及其平方项。$\varepsilon_{i,t}$ 为误差项。

（二）指标说明

由于工业是污染排放的主体，同时考虑到数据的可得性和统计口径的一致性，本书以中国35个工业行业为研究对象，并选取2002～2014年的面板数据进行实证研究。原始数据分别来自历年的《中国统计年鉴》《中国工业经济统计年鉴》《中国环境年鉴》《中国环境统计年鉴》《中国能源统计年鉴》《中国科技统计年鉴》和国研网数据库。指标的选取和度量方式说明如下：

1. 污染排放强度综合指数（POL）

选取工业行业的“三废”排放量，即工业废水排放量、工业废气排放量①和工业固体废弃物产生量的数据，参照傅京燕和李丽莎的研究，构建工业分行业污染排放强度指数的方法如下：

首先，计算各工业行业单项污染物的排放强度 $PI_{i,j} = E_{i,j}/Y_i$。其中，i 表示工业行业（i＝1，2，…，35），j 表示各类污染物（j＝1，2，3）；$PI_{i,j}$ 表示行业 i 污染物 j 的排放强度，其等于该行业污染物 j 的排放总量 $E_{i,j}$ 与该工业行业总产值 Y_i 之比。其次，对各单项污染排放强度 $PI_{i,j}$ 进行线性标准化处理，得到相应的标准化值 $PI^S_{i,j}$，以消除指标间在量纲上的矛盾性和不可公度性。最后，将上述得到的各种污染排放强度的标准化值进行等权重加权平均，以最终得到各行业的污染排放强度综合指数 $POL_i = (1/3)\sum_{j=1}^{j} PI^S_{i,j}$。

2. 绿色技术进步指数（GTECH）

对绿色技术进步的度量是本书研究的重要环节。现有文献中对绿色技术进步的度量主要有两种方法：一是构建环境效率指标来衡量；二是选取绿色全要素生产率指标作为代理变量。沿用景维民和张璐的思路，绿色技术进步不仅可能来源于新的绿色技术的发明创造、引入及应用，也可能来源于现有设备的质量改进、各行业对现行技术知识吸纳能力的提高等，因此，本书选用第二种度量方法，运用绿色全要素生产率以综合度量由技术变化和效率变化所共同带来的绿色技术进步。采用 Fukuyama 和 Weber 和王兵等提出的考虑能源和环境因素的 SBM 方向性距离函数，以及 Chambers 等提出的 Luenberger 生产率指数作为绿色技术进步指数（GTECH）。

① 工业废气排放量等于工业二氧化硫排放量和工业烟粉尘排放量的加总。

本书使用 Max DEA 软件对绿色技术进步指数进行测算，所使用的数据说明如下：期望产出为工业行业以 2001 年不变价表示的工业总产值；非期望产出选用各行业 CO_2 排放量、工业废气排放量、工业废水排放量和工业固体废弃物产生量 4 个指标，由于 CO_2 排放量的数据无法直接获取，本书按照 2006 年联合国政府间气候变化专门委员会（IPCC）提供的方法，以各行业历年所消耗的煤炭、石油和天然气三种主要的一次能源为基准对 CO_2 排放量进行了估算。要素投入指标主要包括劳动投入，采用各行业从业人员数来衡量；资本投入，选用以 2001 年不变价表示的固定资产投资净值来衡量；能源投入，选用折合为万吨标准煤的工业行业能源消费总量来衡量。此外，采用 Luenberger 生产率指数的分解来源之一，即纯绿色技术进步率（GTC）作为绿色技术进步的另一代理变量，用于稳健性检验。

由于这一方法得到的测算结果是 t + 1 期的绿色技术进步指数（GTECH）和纯绿色技术进步率（GTC）相对于 t 期的环比增长率。为了考虑绿色技术进步在各年间的动态变化，我们将环比指数相应地转换为以 2002 年为基期的累积指数。

3. 污染型技术进步指数（DTECH）

根据《中国环境年鉴（2015）》公布的数据，2014 年中国各级环保科研机构的人员数为 7289 人，仅占同期全国 R&D 总人数的 0. 14%；另根据国家知识产权局公布的 2018 年第 14 期《专利统计简报》可知，2017 年中国绿色专利申请量是 8. 1 万件，仅占同期中国发明专利申请量的 6. 4%。由此可知，中国当前工业企业的研发活动普遍针对的是污染型技术。这亦与董直庆等的数值模拟结果相一致，其认为中国现阶段的技术进步具有明显的污染型特征。因此，本书选取各工业行业 R&D 经费内部支出总额作为污染型技术进步水平的代理变量，具有一定的合理性。鉴于研发投入与技术成果应用之间存在一定的时间滞后，因此选取 DTECH 指标的滞后一期值纳入计量方程。

4. 环境规制强度（REG）

目前，中国尚未形成系统性的环境管制模式，且尚未公布工业分行业的排污费征收数据。基于数据的可得性和完整性，本书分别选取工业各行业废水和废气治理设施本年运行费用占该行业成本费用总额（REG1）以及占该行业营业收入总额（REG2）的比重，通过刻画各工业行业的减排努力以度量环境规制强度。其中，工业行业的成本费用总额由该行业的财务费用、销售费用、管理费用和主营业务成本加总而得。

5. 控制变量

本书共包含四个控制变量：①资本—劳动比（K/L）。用于衡量行业的要素禀赋结构，行业的资本密集度越高，其污染排放则越高。②所有制结构（OWNER）。由于在研发能力、融资渠道、政府调控力度等方面存在较大的差异，国有企业和民营企业即便在面临相同的环境约束时也可能做出不同的绿色技术决策和不同的减排决策。本书采用国有控股工业企业的从业人员数占全部规模以上工业企业从业人员数的比重作为所有制结构的度量。③外资进入程度（FDI）。由于目前在统计年鉴等统计资料中尚未公布中国工业分行业外商直接投资的相关指标数据，本书选取工业各行业中外商投资企业和港澳台投资企业的固定资产合计占全部规模以上工业企业固定资产合计的比重来衡量。④人均产值（GDP）及其平方项（GDP^2）。由工业行业的增加值与就业人数之比计算而得。

四、实证结果及分析

在以上计量模型设定及数据说明的基础上，这一部分对绿色技术进步的环境效应进行实证考察。笔者对中国工业行业总样本进行了回归分析；继而，考虑到污染密集型产业往往受到政府和社会的高度关注，对其实施的环境监管也更加严格；清洁行业的低污染特征则更多是内生的，而不是为了应对环境规制而人为加强的，因此本书进一步对污染密集型行业进行了专门的实证检验及分析。在回归方法上，首先使用静态面板固定效应模型得到初步的估计结果，但是当模型存在较为严重的内生性时，该估计结果将是有偏的和不一致的。产生内生性的原因有二：一是变量间存在双向因果关系，即污染排放水平反过来对解释变量产生影响；二是遗漏变量问题，即模型中遗漏的变量与其他解释变量相关。本书中对内生性问题的处理如下：将可能存在双向因果关系的变量（如污染排放指标、环境规制）作为内生变量，以其一阶至三阶的滞后值作为工具变量，从而将内生变量转换成前定变量处理；对于模型中可能遗漏变量的问题，本书将解释变量的一阶滞后作为解释变量纳入模型，通过这种方式，既能刻画环境污染排放的动态特征，又能将其他影响污染排放的因素涵盖进来，从而有效降低模型的设定偏误。对动态面板模型使用差分 GMM 方法进行拟合估计，以得到更稳健、可靠的估计

结果。

1. 工业行业的全样本回归结果分析

表 13-1 中模型（1）、模型（2）、模型（3）分别报告了固定效应模型（FE）和差分 GMM 对计量模型（10）和模型（11）的估计结果，由表 13-1 中的结果可知，一方面，固定效应模型的 F-统计量均显著，表明模型设定是合理的，但 R^2 统计量的值则普遍较小，且各变量估计系数的显著性均表现较差；而差分 GMM 的估计结果均通过了自相关检验和过度识别检验，证明了误差项不存在自相关，且每组实证回归中工具变量的选择都是有效的。因此，差分 GMM 因较好地控制了经济变量的时间滞后效应，并有效解决了内生性问题，因而明显优于固定效应模型。基于此，笔者将着重就差分 GMM 的估计结果进行分析和讨论。

表 13-1 绿色技术进步、环境规制与污染排放的回归结果

解释变量	模型（1）		模型（2）		模型（3）	
	（1-1） FE	（1-2） 差分 GMM	（2-1） FE	（2-2） 差分 GMM	（3-1） FE	（3-2） 差分 GMM
$POL_{i,t-1}$		0.1830*** (0.0205)		0.4213*** (0.0291)		0.2519*** (0.0382)
$GTECH_{i,t}$			0.1957 (0.1644)	-0.6575*** (0.1952)	0.0056 (0.4422)	-1.6344*** (0.1147)
$DTECH_{i,t-1}$	0.2047*** (0.0674)	0.1564*** (0.0113)				
$REG1_{i,t-1}$	0.1327*** (0.0438)	-0.0184*** (0.0066)	0.1115** (0.0436)	-0.0897*** (0.0108)	0.1084** (0.0442)	-0.1183*** (0.0087)
$GTECH_{i,t} \times REG1_{i,t-1}$					-0.0253 (0.0546)	-0.1309*** (0.0150)
$K/L_{i,t}$	0.0495 (0.1406)	-0.2456*** (0.0768)	0.2388* (0.1254)	-0.2591*** (0.0694)	0.2425* (0.1258)	-0.1717** (0.0764)
$OWNER_{i,t}$	0.1695 (0.1057)	0.0687 (0.0635)	-0.0112 (0.0878)	-0.1873*** (0.0324)	-0.01379 (0.0881)	-0.1789*** (0.0308)
$FDI_{i,t}$	-0.1532** (0.0726)	-0.3457*** (0.0301)	-0.1364* (0.0758)	-0.4037*** (0.0408)	-0.1371* (0.0759)	-0.3325*** (0.0608)
$GDP_{i,t}$	0.1033 (0.1045)	0.1845*** (0.0217)	0.0834 (0.1055)	0.1433*** (0.0176)	0.0826 (0.1056)	0.1101*** (0.0115)

续表

解释变量	模型（1）		模型（2）		模型（3）	
	（1－1）FE	（1－2）差分 GMM	（2－1）FE	（2－2）差分 GMM	（3－1）FE	（3－2）差分 GMM
$(GDP_{i,t})^2$	－0.0079 (0.0123)	－0.0167*** (0.0029)	－0.0078 (0.0124)	－0.0140*** (0.0026)	－0.0077 (0.0124)	－0.0100*** (0.0011)
Cons	－5.5224*** (0.6182)		－3.7286*** (0.3161)		－3.7721*** (0.3301)	
观测量	414	379	414	379	414	379
R^2 统计量	0.1802		0.2895		0.3118	
F－统计量（p值）	0.0020***		0.0382**		0.0586*	
Hansen 检验（p值）		p＝1.0000		p＝1.0000		p＝1.0000
AR（1）－p值		0.0050***		0.0030***		0.0050***
AR（2）－p值		0.0970*		0.0600*		0.1110
AR（3）－p值				0.7850		

注：括号内的数字代表标准差；***、**和*分别表示在1%、5%和10%水平上显著，下同。

观察每组差分 GMM 估计所反映出的动态特征可知，上一期的污染排放强度与本期污染排放强度均呈现显著为正的相关关系，意味着环境污染显著受到自身惯性的影响，呈现较强的自累积效应。模型（1－2）的回归结果表明，污染型技术进步是促进污染排放增加的关键因素，污染性技术进步水平每提高1%，将导致污染排放增加0.1564%。模型（2－2）的结果显示，绿色技术进步呈现出显著的环境改善效应，绿色技术进步水平每提高1%，可相应促进污染排放减少0.6575%；环境规制也有效发挥了环境监管的作用，其估计系数为－0.0897，且在1%的水平上显著。这一结果验证了前文提出的研究假设1和研究假设2。由于技术进步存在一定的路径依赖，如果企业在初期使用的技术为污染型技术，则其后期研发的技术有极大的可能仍为污染型技术；而如果企业在初期使用的技术为绿色技术，则其后期研发的技术极可能仍为绿色技术。这意味着，在经济绿色转型的初期，政府更应集中资源、加大力度来激励、扶持工业企业由污染型技术向绿色技术创新的转型，从而有助于在全行业、全社会形成绿色的、清洁的技术创新路径。

模型（3－2）的结果显示，绿色技术进步指数、环境规制强度及两者交互

项的估计系数均为负，且在1%的显著性水平上强烈显著，表明环境规制起到积极的调节作用，研究假设3得以验证。由于模型结果关于环境规制的调节作用所带来的增强效应并不直观，根据模型（3－2）的结果，进一步量化绿色技术进步和环境规制强度的边际减排效应，如表13－2所示。可以看出，当引入绿色技术进步和环境规制的交互项后，相较于模型（2－2）的结果，模型（3－2）中绿色技术进步指数的边际减排效应显著增强，其对污染减排的边际贡献由0.6575提高至0.7438。由此可知，环境规制作为调节变量，有效纠正了绿色技术外部性所导致的“市场失灵”，加强规制强度能够显著提升绿色技术进步对环境治理的促进效果。

表13－2　绿色技术进步与环境规制的边际效应

	绿色技术进步的边际效应	环境规制强度的边际效应
模型（2－2）	－0.6575	－0.0897
模型（3－2）	－0.7438	－0.0951

关于控制变量，由模型（3－2）的回归结果可知，资本—劳动比（K/L）对污染排放强度具有显著的抑制作用，作用系数为－0.1717，可能的解释是，企业的污染减排活动通常是资本密集型的，治理污染需要额外的投资，如引进清洁生产技术、安装污染治理设备等，因此企业的资本深化程度越高，则越有利于开展污染减排活动。所有制结构（OWNER）与污染排放强度呈显著的负相关关系，表明国有企业的比重的提高有利于促进污染减排。可能的原因是，一方面，国有企业承担了更多的社会责任，需要面对来自政府、消费者等更大的减排压力；另一方面，国有企业也能够获得更多的研发资金等资源用于绿色技术创新和污染减排活动，因此取得了更好的环境效益。外资进入程度（FDI）的系数为负且在1%水平上显著，表明中国并未成为发达国家的“污染避难所”，FDI比内资企业能够带来更多先进的绿色技术和环境控制标准，并通过人员流动、“干中学”等途径向内资企业溢出，从而对环境污染起到了显著的改善作用。人均收入（GDP）及其二次项的系数均在1%水平上显著，且与污染排放强度呈倒U形关系，验证了环境库兹涅茨假说在中国的成立。

2. 污染密集型行业的回归结果分析

对于污染密集型行业的识别，本书以前文中测算的污染排放强度综合指数作为行业分组的标准。首先，为了平滑短期波动的影响，计算本书时间窗口期内各工业行业污染排放强度指数的年均值；继而，参考童健等的做法，以该指数年均值的中位数作为工业行业分类的依据，即选择污染排放强度指数大于或等于该中位数的行业作为污染密集型行业。在回归方法上与前文保持一致，分别运用固定效应模型和差分 GMM 方法进行回归估计。需要说明的是，差分 GMM 要求面板数据的截面长度 N 显著大于时间长度 T，所得到的估计结果才是一致的。为了保证差分 GMM 对面板数据结构的要求，本书将子样本的时间窗口缩短为 2006 ~ 2014 年，而固定效应模型回归中子样本数据的时间窗口则保持不变（仍为 2002 ~ 2014 年）。由表 13 – 3 中的估计结果可知，每组固定效应模型的 F – 统计量均不显著，而差分 GMM 的估计结果则均通过了自相关检验和过度识别检验，表明内生性问题导致了固定效应模型的回归结果产生了较为严重的偏差，而差分 GMM 方法所得到的估计结果则更加可靠。

表 13 – 3　污染密集型行业的回归结果

解释变量	模型（4）		模型（5）		模型（6）	
	(4 – 1) FE	(4 – 2) 差分 GMM	(5 – 1) FE	(5 – 2) 差分 GMM	(6 – 1) FE	(6 – 2) 差分 GMM
$POL_{i,t-1}$		0.1514 *** (0.0578)		–0.0822 (0.2142)		–0.3700 *** (0.0578)
$GTECH_{i,t}$			–0.0148 (0.1398)	–0.7918 *** (0.3033)	0.4228 (0.3085)	–0.7668 *** (0.2515)
$DTECH_{i,t-1}$	0.0498 (0.0643)	0.0074 (0.0153)				
$REG1_{i,t-1}$	0.0012 (0.0385)	–0.0251 *** (0.0087)	–0.0045 (0.0380)	–0.0604 *** (0.0232)	0.0102 (0.0390)	–0.0584 ** (0.0249)
$GTECH_{i,t} \times REG1_{i,t-1}$					0.0650 (0.0409)	0.0189 (0.0393)
$K/L_{i,t}$	–0.0405 (0.1151)	–0.1267 (0.1254)	–0.0008 (0.1030)	0.3295 (0.2512)	–0.0281 (0.1040)	–0.4412 *** (0.1402)
$OWNER_{i,t}$	0.0422 (0.1026)	–0.5366 *** (0.1255)	–0.0013 (0.0872)	–0.9340 *** (0.2192)	0.0070 (0.0870)	–0.7815 *** (0.1900)
$FDI_{i,t}$	0.0708 (0.0604)	–0.2053 (0.1623)	0.0778 (0.0600)	0.3993 *** (0.1144)	0.0882 (0.0602)	–0.7220 * (0.3734)

续表

解释变量	模型（4）		模型（5）		模型（6）	
	（4－1）FE	（4－2）差分 GMM	（5－1）FE	（5－2）差分 GMM	（6－1）FE	（6－2）差分 GMM
$GDP_{i,t}$	－0.0885 （0.1194）	－1.8933 （1.8974）	－0.0887 （0.1196）	－7.5201 *** （1.2702）	－0.0846 （0.1192）	－1.1701 （2.9900）
$(GDP_{i,t})^2$	0.0104 （0.0142）	0.3438 （0.3361）	0.0097 （0.0142）	1.2111 *** （0.2126）	0.0092 （0.0142）	0.2072 （0.5386）
Cons	－2.2122 *** （0.6592）		－1.7649 *** （0.3082）		－1.5513 *** （0.3351）	
观测量	213	123	213	123	213	123
R^2 统计量	0.1564		0.1133		0.2395	
F－统计量（p 值）	0.9164		0.9575		0.8006	
Hansen 检验（p 值）		p＝1.0000		p＝1.0000		p＝0.9970
AR（1）－p 值		0.0010 ***		0.0670 *		0.0640 *
AR（2）－p 值		0.3170		0.3950		0.3860

模型（4－2）的回归结果表明，污染型技术的估计系数未通过显著性检验，因此未能对污染密集型行业的污染减排发挥有效的影响。模型（4－9）和模型（4－11）的估计结果表明，绿色技术进步和环境规制均有效抑制了环境污染排放，但两者的交互项并未通过显著性检验，表明环境规制不仅未能对污染密集型行业绿色技术进步的环境效应起到有效的调节效应，更导致绿色技术进步对污染减排的边际贡献由 0.7918 略降至 0.7668。可能的解释是，虽然近年来中国的环境规制强度大幅提高，但仍然以行政命令手段为主；而行政命令手段压缩了企业自主选择污染治理措施的空间，导致企业更多地采取被动的短期策略，而非绿色技术研发等长期战略。

例如，2013 年国务院发布的《大气污染防治行动计划》，明确规定了燃煤电厂、钢铁、石油炼制、金属冶炼等行业的脱硫技术标准，同时严格控制化工、钢铁、水泥等“两高”行业新增产能、加快落后产能的淘汰。另一项针对污染密集型行业的代表性政策是将同行业的污染密集型企业集中起来建立工业园区，通常由地方政府总体规划，并配备污染集中处理系统等基础设施，从而便于对污染排放的监管和集中治理。由此可见，目前的环境规制体系，仍然处于强制企业

“遵循”的阶段，而尚未激发“创新补偿效应”。污染密集型企业作为环境规制的首要目标，在日趋增强的规制压力下，其更可能采取迅速“处理”所产生的污染物的短期行为，以满足环境规制的要求，而不是进行能够减少污染物“产生”的绿色技术研发的长期投资，因此对绿色技术进步的激励作用极其有限。

3. 稳健性检验

为了考察上文中工业行业总样本及污染密集型行业子样本的回归结果的稳健性，本书选取纯绿色技术进步率（GTC）以及用污染治理设施运行费用占营业收入额的比重（REG2）衡量的环境规制强度指标对上述计量模型进行同样的估计，所得结果与表 13 –1 及表 13 –3 中的对应结果较为吻合。

五、政策建议

随着中国经济社会迈入新时代，环境污染治理工作亦进入关键时期。党的十九大报告将“绿水青山就是金山银山”确定为新时代的重要发展理念，因此由“灰色经济”模式向“绿色经济”增长模式的转型，并不是一个可供选择的选项，而是中国未来必须要走的发展道路。本书在区分污染型技术和绿色技术的基础上，通过将绿色技术引入标准的污染排放方程，构建了一个绿色技术进步影响环境污染治理的理论模型，并提出了研究假设。理论研究的结论表明：并不是所有的技术进步都能带来环境污染排放的减少，而是取决于绿色技术与污染型技术的相对水平，生产技术的“绿色”偏向性越大，则其产生的减排效应越大；然而，绿色技术具有显著的环境正外部性，将导致“市场失灵”，企业缺乏绿色技术研发和应用的内生动力，因此需要环境规制的外生约束和激励。在实证部分，本书利用 2002 ~2014 年中国 35 个工业行业的面板数据对理论研究部分所提出的研究假设进行了验证。结果表明：对于工业行业全样本而言，①目前，中国工业的技术研发活动仍具有显著的非绿色特征，即仍然依赖于污染型技术进步路径，尚未实现向绿色技术进步路径的成功转型，而污染型技术进步并不能带来环境质量的改善，反而是导致中国环境污染排放增加的重要因素；相比之下，绿色技术进步才是改善中国环境质量的关键手段，其有效减少了环境污染的排放。②引入绿色技术进步和环境规制的交互项后，绿色技术进步指数的边际减排效应显著增强，说明环境规制有效纠正了绿色技术外部性所导致的“市场失灵”，从而对绿色技术进步的环境改善效应起到了积极的调节作用。然而，污染密集型行业的子样本回归结果却显示：绿色技术进步和环境规制的交互项并未通过显著性检验，甚至导致了绿色技术进步对污染减排的边际贡献略有下降，表明目前对污染密集型工业行业所施加的以行政命令手段为主的环境规制，尚未有效纠正污染密集行业绿色技术所引致的“市场失灵”，从而导致了相应行业主动开展绿色技术创新的动力不足。

本书的政策含义在于：第一，由于污染密集型行业对环境规制的变动反应较慢，因此在制定环境政策时应充分考虑行业的异质性特征，对不同行业实行差异化的环境规制；针对纸浆造纸、水泥、印染、化工等高污染行业，应充分运用规划环评、环境准入、监督处罚机制等行政性工具，以及环境税、排污权交易、环境补贴等市场型工具，建立以“市场型工具为主、行政性工具为辅”的环境政策体系，加强环境规制工具的优化组合，提高环境成本压力的效率和质量，从而有效驱动污染企业的绿色转型，而避免环境规制单方面增加企业污染成本却难以形成绿色创新激励的状况。第二，虽然近年来，我国一再强调科技创新是引领发展的第一动力，并不断加大对企业研发的扶持力度，然而“创新驱动战略”的实施却未能扭转工业污染排放绝对量不降反升的事实，这意味着依靠经济体自身的运作难以转变中国当前污染密集型技术进步的路径依赖，相比于传统的技术创新，绿色技术创新更需要恰当的环境规制的引导。因此，政府层面应加强运用环境税收优惠、环境补贴等导向性规制工具，对开展基础性绿色技术研发的企业或科研院所给予一定的 R&D 补贴、税收减免或返还等政策扶持，对于取得关键性突破的企业，尤其是污染密集型企业应给予相应的奖励，从而促进 R&D 资源在污染技术与绿色技术之间的重新配置，激励技术进步路径向清洁化、绿色化的方向转型。第三，由于能源过度消耗和清洁技术的缺乏，污染密集型工业行业面临更大的污染减排压力，对绿色转型具有更为紧迫的要求，因此除了借助环境规制的倒逼激励效应，以及政府对绿色研发补贴等扶持政策的大力倾斜之外，还应加快建立新兴产业和污染密集型行业互动耦合发展的长效机制，尤其是节能环保产业、新能源、新材料等新兴产业对污染密集型工业行业绿色技术研发及清洁技术改造的带动作用，通过制定相应政策促进、鼓励新兴产业向污染密集型工业行业提供先进的绿色技术手段或技术改造方案，向开展绿色技术自主研发的企业提供咨询等服务，从而助力污染密集型工业行业突破高污染、高能耗的路径锁定。第四，加强环境规制与科技创新政策的相互配合。根据《中国环境年鉴（2015）》公布的数据，2014 年中国环保科研机构的人员数仅占同期全国 R&D 总人数的 0.14%，可见我国绿色技术研发人才存在较大缺口。因此，科技创新政策应向此倾斜，重视绿色技术研发人才的培养，不断壮大全国绿色技术的研发规模；同时，应强化知识产权保护，推进产权制度改革，完善技术创新的知识产权保护体系，从而增强企业进行绿色技术创新的积极性。

第十四章　扬子江城市群产业集聚区的环境污染效应研究*

伴随着区域城镇化和工业化的深入推进，产业集聚及其人口集中引发的环境问题不容乐观。首先，沿江生态环境问题凸显，沿江生态环境承载力与产业集聚进一步发展矛盾突出；其次，沿江八市环境污染治理缺乏协同，多头管理、内部职能交叉无法有效形成治理合力，产业集聚摩擦成本较高；再次，产业规划不到位，沿江各市同质产业集聚造成恶性竞争引发环境问题；最后，区域内部制度性障碍突出，城市间横向协作欠缺，生产要素流动不畅。新常态下，传统经济发展模式已不可持续，保增长、调结构、转方式、促创新成为当前经济发展的首要任务。促进扬子江城市群产业集聚与区域环境协调发展是区域可持续发展的现实需要，同时也对江苏经济增长有重要的辐射和带动意义。为促进扬子江城市群产业集聚与区域环境协调发展，应切实做好以下四个方面工作：用足禀赋，集聚高端要素描绘绿色发展；加强协调，注重产业集聚与环保规划的整体性；减少同构，推动产业合理集聚放大环境正效应；加速转型，推动产业集聚生态化发展。

一、研究背景

区域布局是一个地方发展理念和思路的集中反映，也是发展内涵和水平的直观体现。江苏省提出并实施“1+3”重点功能区战略，跳出传统的梯度划分，

---

* 本章借鉴的主要研究成果为：朱英明，夏妍．促进扬子江城市群产业集聚与生态保护双赢［J］．群众，2018（14）．

根据各地不同的基础条件、资源禀赋，明确各自的功能定位，进行差异化、协同化发展。其中，“1”是由南京、镇江、常州、无锡、苏州、扬州、泰州及南通沿江八市组成的扬子江城市群。党的十九大报告中强调：以城市群为主体，构建大中小城市和小城镇协调发展的城镇格局。江苏省建设扬子江城市群既是事关江苏发展大局的重大决策，也是落实“一带一路”倡议和长江经济带战略的重要载体。

扬子江城市群地处长江流域通向大海最前端，是长江经济带的开放前沿，不仅产业基础好，而且将不断引入、集聚和发展具有全球影响力的国内及国际产业，构建创新发展高地与创新要素集聚区。作为全省经济发展的主要“发动机和增长极”，旨在打造江苏高端产业集聚区，引领产业发展。然而，产业集聚现象对生态环境产生了广泛而深刻的影响，伴随着江苏省城镇化和工业化的深入推进，产业集聚及其人口集中引发的环境问题，尤其是城市大气环境问题，令人不容乐观。根据江苏省 2016 年环境状况公报，虽然全省环境质量总体改善，但是按照《环境空气质量标准》（GB 3095—2012）进行年度评价，江苏省 13 个设市区环境空气质量均未达二级标准要求，超标污染物为 PM2. 5、PM10、臭氧和二氧化氮，全省共发生 11 次重污染天气过程。燃煤、机动车、扬尘等污染排放是空气质量下降的表面原因，而高速经济增长过程中的产业集聚及其人口集中则是城市环境空气质量下降的根本源头。

目前，我国已经进入以高效率、低成本、低能源消耗、低环境污染、可持续的中高速增长阶段为主要特征的经济新常态。与此同时，中等收入群体持续扩大，对生态产品需求日益增加。在新常态的背景下，产业集聚发展不平衡、不协调、不可持续的问题将得到改善，产业集聚发展格局将出现新的变化。党的十九大报告指出，要提供更多优质生态产品以满足人民日益增长的优美生态环境需要。为此，根据市场化发育程度和生态环境保护要求，扬子江城市群建设必须紧紧围绕“两聚一高”，在推进区域协调创新、提升产业整体竞争力、推动基础设施互联互通、建设绿色城市群、加快国际化进程、提高城市群能级等方面求得突破，用生态底色描绘发展绿色，加快建设“强富美高”新江苏。

二、扬子江城市群发展概况及问题分析

扬子江城市群，面积5.1万平方千米，人口近5000万，产业发展历史悠久，基础雄厚，既是江苏发展工业的“主战场”，也是全省经济发展的“发动机”。但是，一方面，区域内城市化进程具有明显差异，产业同构现象严重，没有形成对称的市场进入和退出机制，城市间横向协作、生产要素流动不畅；另一方面，生态环境问题日益突出，沿江生态环境受损、环境承载力与经济社会发展矛盾突出。

1. 扬子江城市群发展概况

（1）扬子江城市群的发展优势。一是区位交通优势显著。扬子江城市群位于长江中下游平原，跨江临海，自然禀赋优良。沿江城市的立体综合交通网络已基本形成，是我国交通信息网络便利通达、基础设施保障能力较强的优势区域。二是经济基础雄厚。经济总量达6万亿元，创造了江苏省80%的地区生产总值、90%的进出口总额。作为区域中心城市的南京市，拥有50多所大学、70多万科技人才、80多位院士；科技进步贡献率达62%，科技成果就地转化率接近50%，位居全国前列。三是融合发展趋势不断增强。高铁时代和互联网时代的到来，使区域之间功能互补、成果共享成为可能。江苏省以往以行政区为主导的“3（苏南、苏中、苏北）+1（沿海）”的区域发展战略，主要着眼于缩小差异；现在以功能区为主导的“1+3”区域发展战略，则主要着眼于特色开发和国土空发展结构优化。行政区经济的本质是竞争，而功能区经济的核心是协同。

（2）扬子江城市群的劣势。第一，区域发展不平衡问题依然突出。虽然目前跨江融合趋势基本形成并不断强化，但区域发展在经济总量、结构、效益等诸多方面仍不平衡，将对产业协同发展产生极大的影响和制约。第二，区域“黏合度”不强。这里的“黏合度”是指经济实体之间的经济关系紧密程度。在区域一体化进程中，发展条件好的城市甚至会对发展较自身差的城市产生“包袱”思想，这将严重影响一体化发展进程。第三，区域整体产业链尚未形成。扬子江城市群区域产业协同发展并形成分工明确、配套完整、覆盖全域的强产业链基础。

（3）扬子江城市群发展的机遇。一是多重战略叠加效应集中释放。“一带一路”、长江经济带、长三角区域发展一体化、江苏沿海开发等国家重大战略深入实施，国家级江北新区、苏南现代化建设示范区、苏南国家自主创新示范区的建设全面推进，为扬子江城市群深入发展拓展了更加广阔的空间。二是上海龙头带动作用不断增强。随着长三角区域发展一体化进程提速，上海对江苏、浙江等周边区域的“溢出效应”和“虹吸效应”同步显现。积极对接上海自贸区、上海科技创新中心和上海国际经济、金融、贸易、航运“四个中心”建设，为扬子江城市群在更大范围内集聚发展要素提供了有力支撑。三是重大改革创新活力竞相迸发。江苏等地区作为新型城镇化试点，将逐步建立以城乡统筹、城乡一体、产城互动、节约集约、生态宜居、和谐发展为基本特征的发展格局，为扬子江城市群创新发展提供了新机制、新活力。

2. 扬子江城市群产业集聚与区域环境协调发展面临的问题分析

扬子江城市群产业集聚与区域环境协调发展主要面临以下问题：

（1）生态环境问题凸显，沿江生态环境承载力与产业集聚进一步发展矛盾突出。沿江地区化工园区密布，且大都邻近城市，资源占用多、环境风险高、环境质量改善难度大，是沿江的突出“短板”。研究发现，苏南部分地区开发强度已经接近或超过国际公认的30%警戒线，单位国土面积耗煤量约是全国平均值的10倍；沿江八市生产了约占全省73%的化工产值、77%的钢铁产值、69%的发电量；单位国土面积主要污染物排放强度是全国平均值的4～7倍。江苏80%的能源重化产业集中在长江沿岸，加上近年上游水质持续下降，使下游扬子江段的水质日趋恶化，造成了很大的生态环境安全隐患。建设扬子江经济带，亟须解决沿江不合理的产业配置问题和岸线规划使用问题。

（2）环境污染治理缺乏协同，产业集聚摩擦成本较高。在现有属地管理模式下，由于不同行政区之间存在各自为政以及利益竞争的问题，加上环境污染的治理涉及产业布局等多方面因素，因此在治理上存在长期性和反复性。扬子江城市群最突出的环境问题之一就是水污染，沿江各市在水污染治理上缺乏整体协同。当前沿江八市对于流域水资源的管理主要遵循属地化管理原则，即按照“统一管理与分级、分部门管理相结合”进行。这虽然明确了各城市和地区在本辖区内水污染治理的责任义务，但割裂了流域的完整性。出于各自利益，还会在治理上出现“搭便车”行为，容易导致水资源的过度开发和利用。当一市出现水污染时，相邻城市会互相推诿，使治理难以取得成效。

（3）产业规划不到位，沿江各市同质产业集聚造成恶性竞争引发环境问题。总体上看，江苏省沿江地区产业规模很大，沿江八市功能定位、产业分工重叠交错。产集聚区包括高新技术产业开发区、经济技术开发区、综合保税区、出口加工区等不同形式的园区，从不同区域层面看，各类集群的功能定位规划是错位互补的，区域政策和产业政策也存在明显不同。但在实际运行过程中，各集聚区在业绩考核的巨大压力下，为了增加本地收入和自身业绩，热衷于上项目、铺摊子，不加选择地吸引热门产业的投资项目入园，造成各类集群名称不同但实际功能趋同的现象。在全省制造业产值前十大行业中，无锡、常州有 9 个相同，苏州、南京、扬州、南通有 8 个相同，镇江、泰州有 7 个相同，产业结构相似系数普遍偏高。除了苏州工业园区、宜兴环科园等少数园区外，大部分园区尚未真正形成独特而成规模的产业优势和功能特色，特别是很多开发区缺少龙头项目支撑、上下游产业配套不到位。

（4）制度性障碍突出，城市间横向协作、生产要素流动不畅。近年来，宁镇扬一体化体制机制日益完善，但覆盖沿江八市的一体化体制机制尚未形成，行政区对经济要素自由流动、资源配置具有一定程度的隔离性，缺少基础设施共建共享、产业协同发展、环境联防联治等方面的协调会商机制。在行政区经济和政府绩效评估体系的影响下，当下沿江八市的协作屡屡诱发“非合作博弈”——苏州、无锡、常州等城市或因发展空间受限，或因上级政府的行政命令，不得已向苏中各市输出各类发展要素，设立各类共建园区；而扬州、泰州、南通等城市在付出土地出让、社会事务管理等方面的代价后，过度追求对合作事项的主导权，各方跨区域协作的积极性有待提高。由于共建双方缺乏有效的协商机制和具有法律约束的合作机制，从而无法根本解决双方在管理机构设立、土地审批、污染物排放与环境治理等方面的争议。

三、扬子江城市群产业集聚与区域环境协调发展的经验借鉴研究

产业集聚是指在某一特定领域中，大量产业联系密切的企业以及相关支撑机构在空间上集聚，并形成强劲、持续的竞争优势现象。但是集聚区内产业扩张使

污染排放呈现刚性增长，对环境质量势必造成一定的损害。江苏省扬子江城市群要实现产业集聚与区域环境协调发展应借鉴国际经验，充分发挥后发优势，以便少走弯路。

1. 产业集聚的环境效应研究

产业集聚对环境的影响是一个非常复杂的研究命题，其复杂性表现在：一是产业集聚对环境影响的直接效应，包括产业集聚的正、负环境效应；二是产业集聚对环境影响的各种间接效应。

（1）产业集聚对环境影响的直接效应研究。马歇尔外部性理论在涉及资源环境问题的研究上运用广泛。内部经济即随着产量的扩大，长期平均成本不断降低；外部经济则使企业间分工带来效率提高，从而降低企业的生产和交易成本。产业集聚对环境影响的直接效应表现为：其一，产业集聚促进地区经济规模和产能的扩张，污染物排放绝对量呈现出刚性增长的态势，产业集聚产生负环境效应（负环境外部性）；其二，通过集中生产集聚，企业获得了内部经济并产生外部经济，提高了地区生产率，减少资源消耗和污染物排放，同时政府采取更加严格的环境规制使环境有可能得到改善，产业集聚产生正环境效应（正环境外部性）；其三，产业集聚引致的环境效应因地区分布和发展阶段等方面的差异而呈现出复杂的变化特征。

（2）产业集聚对环境影响的间接效应研究。国内外学者关于产业集聚对环境影响的间接效应研究主要集中在国际资本转移、国际贸易以及环境公平三个方面。伴随着经济全球化进程的不断发展，发达国家的资本和产业加速向发展中国家集聚水平较高的地区转移。根据“污染天堂假说”、边际产业扩张论和产品生命周期论，发达国家跨国企业向外转移国内污染产业、资源密集型产业和比较劣势产业，而发展中国家由于资金需求度高，环境保护意识薄弱，对引进资金的质量和清洁性要求较低，从而为跨国企业向外转移污染和资源密集型产业提供了契机。而波特假说、污染晕轮效应的观点则肯定了政府在协调经济增长与环保政策关系中的作用。如果一国在引进 FDI 时实施严格的环境管制标准，跨国企业便会执行国际通行的环境标准，通过技术扩散带动内资企业加大环保投入，进而改善东道国环境质量。

2. 发达国家产业集聚与区域环境协调发展的经验借鉴研究

美欧等发达国家经过几十年的产业发展以及环境污染综合治理，环境质量显著改善。从发达国家治理产业集聚区环境污染的经验和教训中，我们可以得到以

下几点启示：

（1）建立集聚区内统一集中的防治体制，以法治污。世界上首部环境空气污染防治法律《清洁空气法》于1956年在英国出台，此后英国政府相继出台了《能源法》《公共卫生法》等法案。这些法律法规的实施以及相关配套政策的落实，为伦敦大气污染治理提供了运行保障。在完善法律的基础上各国政府还根据本国实际情况，制定了有关大气、水质污染的环境标准，制定了工厂废气及工厂污水的限制法和排放标准，明确规定了国家、地方、企业、居民在环境保护方面的职责、权利和义务，使环境保护工作有章可循，有法可依。

（2）重视产业结构的调整和企业的技术改造。环境污染与工业发展，尤其是重化工业的发展密切相关。为了有效治理雾霾，英国政府大力推进能源结构的调整，对工业用煤炭进行洗选，降低煤炭的含硫量。对一些污染严重的区域禁止使用会产生有毒有害气体的燃料。加强产业结构调整，对一些重污染工业进行搬迁改造，推行清洁能源，从源头上控制污染物的产生。同时要求重污染企业必须配备脱硫和脱硝设备，小型企业必须安装电除尘设备，并严格进行监督管理，保证正常运行。此外，充分利用新技术革命的有利形势，淘汰和改造传统的重化工业，集中力量发展污染少的技术密集工业。

（3）重视区域内乡镇企业的环境污染问题。国际上最严重的六起环境污染公害事件，除英国伦敦烟雾事件外，其余事件均发生在中小城镇。这说明，小城镇也会发生大污染，环境保护工作绝不能忽视中小城镇的污染问题。事实上，我国的乡镇企业近年来迅速发展，为改变农村贫困面貌起了很大作用。但是，这些企业数量多，布局不合理，而且大多技术落后。随着乡镇企业的发展，有一些地区已经出现了环境污染由城市向农村蔓延的倾向。为此，应以国外公害事件为戒，制定发展乡镇产业的整体规划，在农村广泛宣传和执行环保的有关法令和条例，开展乡镇企业实用技术的研究，以缓解中小城镇的环境污染。

四、扬子江城市群产业集聚影响污染排放的实证设计和评价研究

在当前经济快速发展的新时期，产业集聚的发展规律与阶段化特征已明晰

化。以往许多文献局限于研究产业集聚与环境污染之间的线性关系，大多采用传统的面板数据进行分析，而传统的面板回归通常假定各个地区的污染排放是相互独立的，这显然与现实存在偏离，造成估计结果偏差。为此，这里借鉴 Hansen（1999）的门槛模型，考察产业集聚对环境污染的“门槛效应”，深入分析产业集聚与环境污染之间的非线性关系。

1. 模型设定

Hansen（1999）给出了静态门槛模型的设定、估计与检验方法，基本形式为：

$$y_{it}=\alpha_i+v_t+\theta x_{it}+\beta_1 d_{it} I(q_{it}\leqslant\lambda)+\beta_2 d_{it} I(q_{it}>\lambda)+\varepsilon_{it}$$

其中，i 和 t 分别表示地区和年份；q_{it} 代表门槛变量，本书指代产业集聚水平；λ 为待估门槛值；X 是一组对环境污染有影响的控制变量，这里主要包括 FDI、治污成本、劳动力投入及薪资水平等。

2. 变量选取

（1）被解释变量——污染排放（P）。污染排放包括大气污染、水污染、固体废弃物污染等，但是对于如何构建一个综合污染指数来衡量一个地区整体污染状况并未达成共识。由于目前我国是 SO_2 排放最多的国家，同时 SO_2 也是我国计划减排目标中两个主要污染指标之一，并且数据具有更高的可靠性，为此采用工业 SO_2 排放量衡量区域环境污染程度。

（2）核心解释变量及门槛变量——产业集聚水平（Aggl）。关于产业集聚的衡量指标较多，本书采用国内外较多学者选取的区位熵来衡量产业集聚水平。i 地区 j 产业的区位熵（$Aggl_{ij}$）计算公式为：

$$Aggl_{ij}=\frac{X_{ij}/\sum_{i-1}^{m}X_{ij}}{\sum_{j-1}^{n}X_{ij}/\sum_{i-1}^{m}\sum_{j-1}^{n}X_{ij}}$$

3. 扬子江城市群产业集聚对环境污染的实证结果及分析

（1）门槛效应检验。门槛模型回归是根据门槛值将样本分成多个区间，并分别考察在这几个区间内解释变量对被解释变量的不同影响。确定模型形式之前，需确定门槛数的个数。以产业集聚水平（Aggl）作为门槛变量，依次假定存在 1 个、2 个、3 个门槛值。结果显示单一门槛模型的 F 值检验为高度显著，这说明以产业集聚水平为门槛变量拒绝线性关系的原假设，存在单一门槛效应，产业集聚和环境污染的关系为非线性关系。

表 14－1　门槛效应检验

门槛模型	F 统计值	P 值	门槛估计值	95%置信区间
单一门槛	3.315***	0.000	0.592	[0.510，0.675]
双重门槛	17.245	0.127	0.462	[0.451，0.517]
			0.674	[0.652，0.699]
三重门槛	0.000	0.174	—	—

注：*** 表示在 1% 水平上显著。

（2）门槛模型估计。产业集聚对污染排放影响效应的门槛回归结果如表 14－2 所示。

表 14－2　门槛与线性模型估计结果

解释变量	Aggl · I (q≤γ)	Aggl · I (q≥γ)	lnFDI	lnw	lnf	lnlf	R^2
被解释变量 ($lnSO_2$)	0.5824*** (2.59)	0.1531** (2.74)	−0.3214** (−2.43)	−0.2169*** (−1.76)	0.0617*** (0.79)	−0.0701 (−0.07)	0.5674

注：括号内数字为 t 统计量；***、** 分别表示在 1%、5% 水平上显著。

由表 14－2 可看出，在不同的产业集聚水平下，产业集聚对环境污染的影响存在差异，具有显著的门槛特征。当产业集聚水平低于 59.2% 时，其对环境污染的影响为正，系数为 0.5824；而在产业集聚水平高于 59.2% 时，其环境效应发生显著改变，影响系数变为 0.1531。这表明，当地区跨越产业集聚发展门槛后，伴随着产业集聚度的提高，SO_2 排放量的增加幅度逐渐趋于缓慢，产业集聚对环境的污染效应逐渐减弱。一个重要原因可能在于产业集聚过程中存在的各种规模经济：当区域环境规制政策已经确定后，工业污染排放量主要取决于生产技术、治理污染的努力程度以及公众和政府的监督成本。此外，外商直接投资以及污染治理投入的增加也对环境污染起到一定的缓解作用。

五、政策建议

产业集聚的环境效应是市场机制配置资源以及政府宏观调控综合作用的结

果，对扬子江城市群产业集聚与区域环境协调发展起决定性作用的是市场，同时政府在产业集聚与区域环境协调发展中扮演着十分重要的角色。政府不仅要为产业集聚与区域环境协调发展提供良好的市场环境，更重要的是，要为产业集聚与区域环境协调发展提供有保障的公共产品和有效的公共服务。为此，在结合国内外先进经验以及实证评价研究的基础上，针对扬子江城市群面临的发展问题提出以下保障机制与政策措施。

1. 用足禀赋，集聚高端要素描绘绿色发展

城市的发展已经进入群时代、圈时期，城市群已经成为全球经济中心转移最重要的存在体，也是当今世界最具活力和竞争的地区。扬子江城市群各市自然地理区位得天独厚，沿江两侧近400千米长江黄金水岸，集聚了丰富的经济、科教、人文等要素资源，可以形成聚合度更高的发展单元。随着社会的发展，地区经济增长越来越依赖于自身资源区别于传统资源而形成的独特性，包括网络、技术、信息、学习能力、合作能力、劳动技能和经验、先进生产与运作流程等。区域，特别是城市区域必须将自己定位于知识型经济中，通过知识战略定位来获取和强化相关性资源，提高知识密度，增强创新能力和动态竞争力，促进经济有效可持续增长。

城市本身是一种集聚经济，产业进入使城市化建设具备了自我“造血”功能。扬子江城市群是一个带状城市群，应坚持多核心带状扩散路径。然而江苏南北地区不仅在城镇化和工业化发展水平上，并且在所面临的生态环境挑战上也有很大的区别。要打破扬子江城市群发展不均衡的格局，需要进行必要的资源整合，促进人口、经济和资源环境协调发展。在政策和工作力度上予以倾斜，通过行政区划调整和多个过江通道建设，打造跨江发展的城市组团。依托优越的地理区位条件和政策资源，扬子江城市群应在更大范围内、更高层次上集聚利用高端要素，各种优质要素的空间集聚将有利于污染排放的集中处理，有利于环保技术创新，通过区域产业升级转型、集约利用、低碳经济以及生态文明来实现产业集聚与环境保护的平衡全面发展。

2. 加强协调，注重产业集聚与环保规划的整体性

目前沿江八市对环境污染治理的每项任务，虽明确了牵头部门，但由于各部门之间不存在上下级隶属关系，牵头部门往往难以协调平级部门，无法有效形成治理合力。环境污染治理是一个系统性问题，需要集聚区内产业布局、城市基础设施建设、科技创新载体及大众生活方式等多方面的协调。在扬子江城市群内

部，应完善城市群协调机制，推动持续降低制度性交易成本。城市群之所以成为“群”，跨越行政区的制度政策安排是关键，不仅需要看得见的纽带相联系，更需要“看不见”的一体化政策来保障。在全面推进生态环境治理体系和治理能力现代化进程中，要以发达国家为标杆，找差距、明方向、添措施，在理念、制度、保障措施等方面进一步突破和创新，加快构建绿色化、差异化集聚发展的环境规制政策体系。

此外，由于环境污染具有“溢出效应”，扬子江城市群环境污染的治理不能仅局限于城市群内部，还要加强扬子江城市群与长江中上游段的协同治理，通过设立环境治理共同基金和横向转移支付制度实现区域间协作共同治污。近些年，长江流域中上游地区在加快经济发展目的驱动下，产业集聚速度明显加快，陆续新建了宜昌、万州、涪陵等重化工业集聚区，长江沿线目前共有化工园 62 个，生产企业约 2100 家，沿线化工产量约占全国的 46%。虽然 2016 年出台的《长江经济带发展规划纲要》明确将长江的生态环境保护放在优先位置，但是一些地区为地方税收等利益所主导，仍会对本地的一些排污企业进行保护。为此，各地方政府应坚持效益导向，推动企业向产业链价值链中高端攀升。以制度创新为保障，彻底转变以污染换经济增长的发展思路，制定严格的产业发展环境保护制度，从严倒逼落后产能退出，加强投资项目管理，严格效能评估、环保评估等环节的审查。一方面，要制定企业环保技术创新激励制度，提升企业技术创新动力，给予资源循环利用企业一定的税收优惠政策，对高耗能、高排放企业的设立制定严格的审批制度，加大对环境污染企业的处罚力度；另一方面，将环境保护等内容纳入地方官员的评价机制，加快环保税的立法和实施节奏。不断强化与上中游之间的生态环境保护联动机制，实现跨区域、全流域治理，共同建设“绿色生态廊道”。

3. 减少同构，推动产业合理集聚放大环境正效应

产业同构具有极大的“负面效应”：一方面区域之间相互争夺资源，无法将有限的资源投入区域内具有绝对优势的产业中，使本地绝对优势产业难以形成区域品牌；另一方面园区“大而全或小而全”的经济构架将会造成重复建设，也不利于整个区域在大范围内形成合理的产业布局和专业化的分工协作。沿江八市产业同构率过高，自然条件占据很大因素。地处长三角南北两翼，自然资源禀赋差异较小，在当地政府缺乏充分有效的沟通协调下，极易造成高度相似的产业结构。为了减少地区产业同构带来的资源浪费和过度的行业竞争，各市在制定区域经济和产业发展规划时应加强协调沟通，逐步形成产业错位发展。通过产业分工

和协调，优化特色现代产业，进一步强化各地发展规划的约束力，完善产业关联机制，最大可能地降低“布局跟着产业走”的随意性，逐步降低产业同构系数。不断增强高端集聚要素的吸引力，实现单一生产功能向城市综合功能转型。产业结构的升级对经济增长和环境保护都具有重要的意义，但同时要注重立足于各地的经济实际发展状况，优先保证产业结构的合理化程度，而非盲目地发展第三产业。

以泰州为例，泰州 2016 年造船完工量分别占全省、全国、全球的 48.2%、20.4%、7.24%，其医药产业已形成千亿级的规模。泰州政府应积极引导，打造大健康产业集聚示范城市，在“医、药、养、游”四大方向形成特色。同时，在扬子江城市群中，泰州的湿地生态环境最具水乡生态特色，可联合周边其他城市，共同编制里下河湿地保护开发规划，全力打造长江流域康复养生旅游目的地。地方政府部门应提高服务意识，根据本区域经济优势提升区域产业的知名度，支持促进龙头产业的不断发展壮大，做强做优现代特色产业。不同类型产业的进一步集聚促进城镇产业体系的逐渐完善，物质资源在集聚区内循环有效利用，从而降低产业系统对生态环境的破坏，放大产业集聚的正环境效应。

4. 加速转型，推动产业集聚生态化发展

新常态下，传统经济发展模式已不可持续，保增长、调结构、转方式、促创新成为当前经济发展的首要任务。在推进新型城镇化进程中促进产业集聚生态化发展，是破解生态“瓶颈”约束进而实现经济可持续增长的有效路径。在以基于生态环境压力的有关城市组织与管理的社会技术变革来促进社会产业的生态化发展方面，英国伦敦等城市的社会管理技术变革实践对于推进产业生态化发展具有极强的借鉴意义。基于生态经济的视角，通过构建城镇内部“零碳排放”、低污染、循环能量流动系统，构建起适合地区发展实际的、经济效益和生态效益双优的产业生态化发展模式。

扬子江城市群产业集聚发展应当积极促进跨产业之间的合作共生，提升资源的综合利用效率，构建以资源、技术和管理为基础的产业生态化发展模式。不同类型产业的进一步集聚促进城镇产业体系的逐渐完善，使物质资源在集聚区内循环有效利用，从而降低产业系统对生态环境的破坏。沿江各市应采取有效途径促进人才、资金和技术等高端要素向城镇聚集。对高能耗、高水耗与高排放特征突出的石油化学、有色金属、建材等产业积极探索利用多种形式产业共生发展途径，发展经济效益好、污染排放低的生态产业园区，并通过产业生态化基础设施建设推动资源在不同园区之间提升循环利用水平。在追求经济可持续发展的过程中，以产业合理集聚为重点，加快城镇产业生态园区建设，促进城镇化与产业生态园区互动发展，不断引导关联产业向园区合理、有序集聚。

5. 客观分析，动态处理产业集聚与环境污染的关系

研究发现，产业集聚与环境污染之间关系并非简单的线性关系，产业集聚对环境污染的影响具有显著的门槛特征。当产业集聚水平较低时，产业集聚将加剧环境污染，工业集聚的拥挤效应高于集聚效应，资源消耗速率超过了资源的再生速率和环境承载力。但这种负面影响将随着产业集聚水平提高而逐渐减弱，此时法律、制度等软环境得到改善，环保技术创新增加，治污管理的效率提高，集聚产业的共生性增强，从而降低了工业集聚对环境的损害。由于产业集聚水平较低时将加剧环境污染，所以应采取有效措施提高产业集聚水平至门槛值；而一旦提高到门槛值，则可以通过产业集聚的门槛效应缓解环境污染，因此，促进产业集聚水平提高是改善扬子江城市群环境污染的重要途径之一。

扬子江城市群内部各个城市的产业集聚发展水平处于不同阶段，产业集聚对环境污染的门槛效应也不尽相同，因此地方政府在制定政策时要全面分析所处的发展环境，综合考虑临近城市发展政策上可能存在的冲突，因地制宜采取不同措施，趋利避害，发挥当地资源的比较优势，避免城市群内部“一刀切”，严格控制不同功能空间的集聚开发强度。对于产业集聚水平较低的地区，应在采取措施提高产业集聚水平的同时，选择引进外商直接投资和更加严厉的环境规制等政策组合，以改善环境污染；在产业集聚水平较高的地区，积极鼓励产业科技创新，优化产业集聚方向，引导产业集聚向高端研发与设计等高附加值方向发展。具体而言，南京市要适度控制人口规模，大力发展先进制造业、高端服务业；扬州市、泰州市、镇江市、南通市在未来一定时期内工业经济仍将作为主要支柱经济，应充分发挥产业集聚优势，走“专精特深”的发展道路；苏州市、无锡市、常州市则应着眼于“转型升级”，进一步明晰服务业发展定位、方向和路径，迅速实现从工业经济转向服务经济转型。

对于扬子江城市群当前的环境问题而言，从某种意义上讲可以归因于产业集聚发展不足造成的。为此，在加快推进扬子江城市群产业集聚发展进程中，在协调城市发展与环境治理的过程中，要把产业集聚与要素禀赋有机结合，实行差别化的产业集聚发展战略，使各类污染排放量降到最优水平，更加注重营造绿色韧性包容的氛围，打造优越的宜居宜业环境，使产业集聚的发展红利转化为环境保护的发展新动力。

第十五章　宁杭生态经济集聚带高质量发展与生态文明建设研究*

宁杭生态经济集聚带资源禀赋优越、区位优势突出，是长三角城市群不可分割的重要组成部分，其建设对于推动长三角地区一体化有着重要意义。本书遵循“优势条件—实证研究—问题分析—对策建议”的基本研究路径，融合了产业经济学、生态经济学、经济地理学等理论和方法，首先，对建设宁杭生态经济集聚带的优势条件进行梳理，主要包括生态环境优美、科教实力强大、文化底蕴深厚、社会经济发达、交通设施齐全。其次，通过主成分分析法和引力模型方法，对宁杭生态经济集聚带建设现状分析表明，除南京、杭州两个中心城市之外，宁杭生态经济集聚带内其他中小城市经济竞争力较弱，生态竞争力没有表现出与经济竞争力间的相关关系；宁杭生态经济集聚带内城市间经济联系强度呈现“少强多弱”“局优整劣”的格局，南京、杭州这两个中心城市对其他城市的经济联系较强，而其他城市间的经济联系较弱，经济带内整体联系不够紧密。宁杭生态经济集聚带的“瓶颈”问题主要在于：经济实力相对薄弱、生态经济发展欠协调、城市联系不紧密、跨界问题难解决。最后，提出了加快建设宁杭生态经济集聚带的对策建议：推动产业发展生态化、加快生态资源资本化、建立更加有效的区域分工合作新机制、构建更为完善的城市发展体系。

---

* 本章借鉴的主要研究成果为：朱英明等．加快建设宁杭生态经济带研究［R］．江苏省决策咨询研究基地课题报告，2018.

一、宁杭生态经济集聚带建设的优势条件

宁杭生态经济集聚带横跨江浙两省，山水相连、环境优越，自古以来就是富庶之地。不仅经济基础好、科教实力强，生态资源、旅游资源也得天独厚，更有多重国家战略的叠加优势，具有其他区域难以媲美的优势条件。

1. 生态环境优美

宁杭生态经济集聚带地处江南，是典型的亚热带季风气候，温暖湿润，四季分明。带内不仅有南京、湖州等国家生态文明先行示范区，还拥有多个省级及国家级自然保护区、风景名胜区、森林公园、湿地公园，植被茂密，带内森林覆盖率高达37.6%。此外，独特的地貌造就了带内的丘陵生态景观资源优势，宁镇山脉、宜溧山脉、茅山山脉、天目山山脉、龙门山脉、千里岗山脉等高低起伏、连绵不绝，太湖、天目湖、石臼湖、固城湖、滆湖、西湖、千岛湖等星罗棋布、点缀其间。优美的生态环境，不仅为带内城市提供了丰富的旅游资源，也为带内居民提供了充足的物产资源，这些都是宁杭生态经济集聚带内物阜民安的基础。

2. 科教实力强大

宁杭生态经济集聚带拥有强大的科教创新实力。宁杭生态经济集聚带内高等教育资源丰富，其中包括南京大学、浙江大学、东南大学等全国知名大学，这些高校为诸多科研单位及创新型企业培养了大量有生力量，不断加强区域的科研创新实力。此外，宁杭生态经济集聚带还是苏南国家自主创新示范区和杭州国家自主创新示范区重要组成部分和核心区域，这一区域所集聚的国家工程技术研究中心达20多家，在全国都处于领先位置。

3. 文化底蕴深厚

宁杭生态经济集聚带还拥有深厚的文化积淀。独特的低山丘陵景观、秀美的自然山水、富庶的物质条件孕育了为人称道的江南文化，宁杭生态经济集聚带便是“江南文化”典型的代表地区，历代很多学者、文学家、教育家、科学家等在这里生活、工作，为这片区域营造出优秀的文化氛围。区域内不仅有南京、杭州两个全国知名的历史文化名城，还包括一大批特色文化城镇。目前，宁杭生态

经济集聚带内已经打造出一批具有一定基础的特色文化，包括高淳的慢城文化、宜兴的紫砂文化、溧阳的茶文化、句容茅山的道教文化、安吉和广德的竹文化等。

4. 社会经济发达

宁杭生态经济集聚带区域规划总面积约2万平方千米，区域内人口密集，产业层次高，经济发展水平高。位于经济带两端的南京和杭州作为特大城市和大城市，GDP总量均超过万亿大关，人均GDP超过1.6万美元，远远高于全国的平均水平。宁杭生态经济集聚带是沪宁杭“金三角”地区中的一个重要部分，也是长江经济带的主要组成部分，具有多重战略叠加优势，在长三角区域一体化发展格局与长江经济带的整体建设中具有举足轻重的战略地位。

5. 交通设施齐全

宁杭生态经济集聚带内拥有较为完善的现代综合交通体系，航空、铁路、公路、水运、轨道交通等现代运输方式齐全。南京与杭州都是华东地区重要的交通枢纽，交通干线四通八达，为宁杭生态经济集聚带融入长三角、走向全国提供了优越的交通基础条件。目前，宁杭沿线已经建成了以宁杭高速铁路以及若干高速公路为支撑的区域交通骨架，成功将宁杭之间变成了“1小时”经济圈。

二、研究背景

1. 经济竞争力分析

（1）原始数据处理。本书根据数据的可获得性及科学性，选取地区生产总值（X_1）、固定资产投资（X_2）、人均地区生产总值（X_3）、一般公共预算收入（X_4）、城镇居民人均可支配收入（X_5）、社会消费品零售总额（X_6）这6个指标作为经济竞争力的评价指标，资料来源于2016年各地的统计年鉴。为便于进行主成分分析，先使用Zscore方法对原始数据进行无量纲化处理，具体结果见表15－1。

表 15 - 1 经济竞争力的标准化数据

地区	地区生产总值 X_1	固定资产投资 X_2	人均地区生产总值 X_3	一般公共预算收入 X_4	人均可支配收入 X_5	消费品零售总额 X_6
南京	1.80	1.82	1.47	1.63	1.24	1.87
句容	-0.52	-0.50	-0.82	-0.50	-1.47	-0.55
金坛	-0.49	-0.48	0.52	-0.50	-0.70	-0.49
溧阳	-0.45	-0.44	0.43	-0.47	-1.04	-0.47
宜兴	-0.31	-0.42	0.65	-0.37	0.12	-0.34
长兴	-0.52	-0.48	-0.88	-0.49	0.10	-0.50
湖州市区	-0.40	-0.35	-0.94	-0.41	0.03	-0.35
安吉	-0.56	-0.58	-1.28	-0.51	-0.38	-0.55
德清	-0.53	-0.53	-0.47	-0.50	0.22	-0.54
杭州	1.98	1.96	1.33	2.13	1.87	1.91

（2）KMO 和 Bartlett 检验。确定数据是否适合主成分分析常采用的方法有 KMO 与 Bartlett 球体检验，其中 KMO 检验是 Kaiser - Meyer - Oklin 的取样适当性量数。KMO 测度的值越高（接近 1.0 时），表明变量间的共同因子越多，研究数据适合用主成分分析；通常 KMO 值达到 0.9 以上为非常好，0.5 以上可做主成分分析；如果 KMO 测度的值低于 0.5 时，表明样本偏小，需要扩大样本。Bartlett 球体检验的目的是检验相关矩阵是否是单位矩阵，如果是单位矩阵，则认为因子模型不合适。Bartlett 球体检验的原假设为相关矩阵是单位阵，如果不能拒绝该假设的话，就表明数据不适合用于主成分分析。一般来说，显著性水平值越小（<0.05）表明原始变量之间越可能存在有意义的关系，如果显著性水平很大（如 0.1 以上）可能表明数据不适宜于主成分分析。

由表 15 - 2 检验结果可知，KMO 测度值为 0.621，大于 0.5；Bartlett 球形检验值为 140.471，显著性的值为 0。因此，可以数据采用主成分分析法。

表 15 - 2 KMO 与 Bartlett 球体检验结果

Kaiser - Meyer - Olkin 测量取样适当性		0.621
Bartlett 的球形检验	近似卡方	140.471
	df	15
	显著性	0

（3）确定主成分。从表 15－3 中可知，第 1 个主成分对应的特征根大于 1，且提取第 1 个主成分的累计方差贡献率为 88.834%，表明第 1 个主因子可解释原变量超过 80% 的信息。因此，这个主成分基本可以反映原来全部指标的信息，可以代替原来的 6 个指标。该主成分可通过原来 6 个指标的线性组合得到。

表 15－3　各因子解释的总方差

成分	初始特征值			提取平方和截入		
	总计	方差的%	累加%	总计	方差的%	累加%
1	5.33	88.834	88.834	5.33	88.834	88.834
2	0.454	7.571	96.405			
3	0.208	3.469	99.874			
4	0.007	0.114	99.988			
5	0.001	0.011	99.999			
6	5.66E－05	0.001	100			

（4）计算经济竞争力指数。表 15－4 是因子得分系数矩阵，根据这些因子得分系数和原始指标的值可以计算主成分 1 的得分（FAC1），在本节中即为经济竞争力指数。经济竞争力指数的计算公式如下：

$$FAC1 = 0.186 \times X_1 + 0.186 \times X_2 + 0.15 \times X_3 + 0.186 \times X_4 + 0.163X_5 + 0.186X_6$$

$$经济竞争力 = FAC1 \tag{15-1}$$

表 15－4　因子得分系数矩阵

标准化指标	成分
	1
地区生产总值（X_1）	0.186
固定资产投资（X_2）	0.186
人均地区生产总值（X_3）	0.15
一般公共预算收入（X_4）	0.186
城镇居民人均可支配收入（X_5）	0.163
社会消费品零售总额（X_6）	0.186

将表 15－1 中的标准化数据代入式（15－1），计算得到宁杭生态经济集聚带

内各城市的经济竞争力指数，结果见表 15－5。

表 15－5　宁杭生态经济集聚带各城市经济竞争力指数

地区	FAC1	经济竞争力	排名
南京	1.7476	1.7476	2
句容	－0.7471	－0.7471	10
金坛	－0.4015	－0.4015	4
溧阳	－0.4453	－0.4453	7
宜兴	－0.1535	－0.1535	3
长兴	－0.4868	－0.4868	8
湖州市区	－0.4165	－0.4165	5
安吉	－0.6626	－0.6626	9
德清	－0.4258	－0.4258	6
杭州	1.9915	1.9915	1

由表 15－5 中可知，南京、杭州两个宁杭生态经济集聚带的中心城市，经济体量庞大，有远超宁杭生态经济集聚带内中小城市的经济竞争力，对宁杭生态经济集聚带整体发展有良好的带动示范作用。但是，除南京、杭州两个中心城市外，宁杭生态经济集聚带内其他中小城市在经济竞争力方面大多表现平平。仅宜兴这一城市，经济竞争力方面的表现显著优于其他中小城市，这说明了宁杭生态经济集聚带还需要加大投入，发展次中心城市和中小城市建设，形成宁杭生态经济集聚带内完善的城镇体系，提升经济带整体的集聚力和辐射力。

2. 生态竞争力分析

（1）原始数据处理。本书根据数据的可获得性及科学性，选取水质达标率（X_7）、人均公园绿地面积（X_8）、国家湿地公园（X_9）、国家森林公园（X_{10}）、绿化覆盖面积（X_{11}）、造林面积（X_{12}）、旅游人次（X_{13}）这 7 个指标作为生态竞争力的评价指标，数据来源于 2016 年各地的统计年鉴、国民经济及社会发展统计年报。为便于进行主成分分析，先使用 Zscore 方法对原始数据进行无量纲化处理，具体结果见表 15－6。

表 15-6 生态竞争力的标准化数据

地区	水质达标率（X_7）	人均公园绿地面积（X_8）	国家湿地公园（X_9）	国家森林公园（X_{10}）	绿化覆盖面积（X_{11}）	造林面积（X_{12}）	旅游人次（X_{13}）
南京	-2.28	0.05	0.32	1.22	2.67	1.58	1.55
句容	-0.89	-1.92	1.90	-0.31	-0.46	-0.49	-0.53
金坛	0.73	1.42	0.32	-0.69	-0.46	-0.03	-0.68
溧阳	-0.44	-1.29	0.32	-0.31	-0.45	-0.22	-0.53
宜兴	0.73	0.47	-1.26	-0.31	-0.35	-0.54	-0.39
长兴	0.73	0.28	0.32	-0.69	-0.43	-0.78	-0.53
湖州市区	0.73	0.70	-1.26	-0.31	-0.32	-0.78	-0.10
安吉	0.73	0.76	-1.26	-0.31	-0.45	-0.16	-0.46
德清	0.29	0.01	0.32	-0.69	-0.44	-0.64	-0.50
杭州	-0.32	-0.48	0.32	2.37	0.68	2.07	2.16

（2）KMO 和 Bartlett 检验。确定是否适合主成分分析常采用的方法有 KMO 与 Bartlett 球体检验：KMO 检验是 Kaiser - Meyer - Oklin 的取样适当性量数。KMO 测度的值越高（接近 1.0 时），表明变量间的共同因子越多，研究数据适合用主成分分析。通常 KMO 值达到 0.9 以上为非常好，0.5 以上可做主成分分析；如果 KMO 测度的值低于 0.5 时，表明样本偏小，需要扩大样本。Bartlett 球体检验的目的是检验相关矩阵是否是单位矩阵，如果是单位矩阵，则认为因子模型不合适。Bartlett 球体检验的原假设为相关矩阵是单位阵，如果不能拒绝该假设的话，就表明数据不适合用于主成分分析。一般来说，显著性水平值越小表明原始变量之间越可能存在有意义的关系，如果显著性水平很大（如 0.1 以上）可能表明数据不适宜于主成分分析。由表 15-7 检验结果可知，数据的 KMO 测度值为 0.511，大于 0.5；Bartlett 球形检验值为 80.565，显著性的值为 0。因此，可以采用主成分分析法。

表 15-7 KMO 与 Bartlett 球体检验结果

Kaiser - Meyer - Olkin 测量取样适当性		0.511
Bartlett 的球形检验	近似卡方	80.565
	df	21
	显著性	0

（3）确定主成分。由表 15－8 中可知，前两个主成分对应的特征根大于 1，且提取前两个个主成分的累计方差贡献率为 86.36%，表明前两个主因子可解释原变量超过 80% 的信息。因此，这两个主成分基本可以反映原来全部指标的信息，可以代替原来的 7 个指标。这两个主成分可通过原来 7 个指标的线性组合得到。

表 15－8　各因子解释的总方差

成分	初始特征值			提取平方和截入		
	总计	方差的%	累加%	总计	方差的（%）	累加（%）
1	4.251	60.73	60.73	4.251	60.73	60.73
2	1.794	25.63	86.36	1.794	25.63	86.36
3	0.547	7.818	94.178			
4	0.337	4.811	98.988			
5	0.063	0.903	99.891			
6	0.006	0.08	99.971			
7	0.002	0.029	100			

（4）计算生态竞争力指数。表 15－9 是因子得分系数矩阵，根据这些因子得分系数和原始指标的值可以计算主成分 1、主成分 2 的得分（FAC1、FAC2），并据此进一步算出宁杭生态经济集聚带内各城市的生态竞争力指数。

表 15－9　因子得分系数矩阵

标准化指标	成分	
	1	2
水质达标率（X_7）	－0.195	0.213
人均公园绿地面积（X_8）	－0.079	0.469
国家湿地公园（X_9）	0.08	－0.466
国家森林公园（X_{10}）	0.215	0.129
绿化覆盖面积（X_{11}）	0.206	0.114
造林面积（X_{12}）	0.219	0.133
旅游人次（X_{13}）	0.218	0.165

生态竞争力指数的计算公式如下：

$$FAC1 = -0.195X_7 - 0.079X_8 + 0.08X_9 + 0.215X_{10} + 0.206X_{11} + 0.219X_{12} + 0.218X_{13}$$

$$FAC2 = 0.213X_7 + 0.469X_8 - 0.466X_9 + 0.129X_{10} + 0.114X_{11} + 0.133X_{12} + 0.165X_{13}$$

$$生态竞争力 = \frac{60.73\% \times FAC1 + 25.63\% \times FAC2}{86.36\%} \quad (15-2)$$

将表15－6中的标准化数据代入式（15－2），计算得到宁杭生态经济集聚带内各城市的生态竞争力指数，结果见表15－10。从表15－10中可以发现，经济竞争力最强的城市（南京、杭州）同样拥有最强的生态竞争力，生态竞争力与经济竞争力表现出了一定的相关关系。这说明在宁杭生态经济集聚带内，经济发展走在前列的城市已经能够利用经济优势培育生态竞争力、利用生态优势加强经济竞争力。但是，更为普遍的是，在宁杭生态经济集聚带内诸多中小城市的经济竞争力与生态竞争力没有表现出明显的联系。比如，生态竞争力排名第3的安吉，其经济竞争力仅排名第9。而经济竞争力较强的宜兴、金坛在生态竞争力方面的排位又都出现了下滑。这些都表明了宁杭生态经济集聚带内中小城市既没有充分挖掘其固有的生态竞争力优势，以促进产业发展，提升经济竞争力；也没有充分利用其经济竞争力优势，以改进生态环境质量，提升生态竞争力。如何促进经济竞争力和生态竞争力的良性互动发展，是促进宁杭生态经济集聚带高质量发展的重大课题。

表15－10　宁杭生态经济集聚带各城市生态竞争力指数

地区	FAC1	FAC2	生态竞争力	排名
南京	1.9605	0.3188	1.4687	1
句容	0.0946	－2.2204	－0.5906	10
金坛	－0.6272	0.4152	－0.3169	6
溧阳	－0.1067	－1.0536	－0.3865	7
宜兴	－0.6207	0.7483	－0.2137	5
长兴	－0.6610	－0.1884	－0.5192	9
湖州市区	－0.6235	0.8783	－0.1772	4
安吉	－0.5968	0.9136	－0.1481	3
德清	－0.5190	－0.3859	－0.4780	8
杭州	1.6999	0.5740	1.3615	2

三、宁杭生态经济集聚带经济联系强度分析

1. 模型选择

不同地区之间的经济联系量可以用来衡量不同地区之间的经济联系强度。地区经济联系量这一指标不仅能够反映出某一个中心城市对周边中小城市的驱动能力、辐射能力，还能够反映出周边中小城市对这个中心城市驱动能力、辐射能力的敏感程度。地区经济联系量主要包括两种类型，即地区绝对经济联系量与地区相对经济联系量。本书参照孟德友的研究方法，选取绝对经济联系量来衡量不同地区间的经济联系强度，采用的模型为引力模型。引力模型起源于物理学中的万有引力定律，本书对引力模型进行一定的修改，并使用该模型来衡量宁杭生态经济集聚带内各城市间的经济联系强度，其表达式为：

$$R_{ij} = \frac{\sqrt{P_i GDP_i} \times \sqrt{P_j GDP_j}}{D_{ij}^2} \tag{15-3}$$

其中，R_{ij}表示地区 i 与地区 j 之间的经济联系强度；P_i 与 P_j 分别表示地区 i 与地区 j 的人口数量；GDP_i 与 GDP_j 分别表示地区 i 与地区 j 的地区生产总值；D_{ij}表示地区 i 与地区 j 之间的交通距离，需要进一步构建指标进行衡量。

2. 宁杭生态经济集聚带各城市间交通距离

考虑到宁杭生态经济集聚带内各城市的实际交通状况，本书主要考察了高速铁路、高速公路两种交通方式。通过百度地图及火车票网等方式收集的城市间距离数据如表 15－11 及表 15－12 所示。

表 15－11　宁杭生态经济集聚带各城市间公路里程　　单位：千米

	南京	句容	金坛	溧阳	宜兴	长兴	湖州	安吉	德清	杭州
南京		48.2	101.5	106.1	139.2	176.3	201.6	208.3	240.1	283.6
句容	48.2		58.1	76.6	113.7	149.4	170.2	213.5	210.6	251.4
金坛	101.5	58.1		41.0	53.2	93.1	120.4	144.0	160.6	197.5
溧阳	106.1	76.6	41.0		34.7	73.5	96.7	106.4	138.3	183.6
宜兴	139.2	113.7	53.2	34.7		40.9	64.0	111.3	105.7	148.4

续表

	南京	句容	金坛	溧阳	宜兴	长兴	湖州	安吉	德清	杭州
长兴	176.3	149.4	93.1	73.5	40.9		26.6	61.1	68.7	110.2
湖州	201.6	170.2	120.4	96.7	64.0	26.6		78.9	48.6	89.3
安吉	208.3	213.5	144.0	106.4	111.3	61.1	78.9		44.8	79.0
德清	240.1	210.6	160.6	138.3	105.7	68.7	48.6	44.8		51.3
杭州	283.6	251.4	197.5	183.6	148.4	110.2	89.3	79.0	51.3	

注：湖州是指湖州市区，下同。

表 15－12　宁杭生态经济集聚带各城市间铁路里程　　单位：千米

	南京	句容	金坛	溧阳	宜兴	长兴	湖州	安吉	德清	杭州
南京		26	无	98	129	165	185	无	221	256
句容	26		无	72	103	139	159	无	195	230
金坛	无	无		无	无	无	无	无	无	无
溧阳	98	72	无		31	67	87	无	123	158
宜兴	129	103	无	31		36	56	无	92	127
长兴	165	139	无	67	36		20	无	56	91
湖州	185	159	无	87	56	20		无	36	71
安吉	无	无	无	无	无	无	无		无	无
德清	221	195	无	123	92	56	36	无		35
杭州	256	230	无	158	127	91	71	无	35	

注：金坛及安吉无高铁站。

参照高汝鑫在其研究中所提出的交通距离的修正系数对高速铁路、高速公路这两种交通方式赋权，高速铁路的权重为 0.45，高速公路的权重为 0.55。具体的交通距离的计算式如下：

$$D_{ij} = \sigma \sum_{n=1}^{2} \lambda_{ijn} d_{ijn} \tag{15-4}$$

其中，λ_{ijn}代表赋予第 n 种交通方式的权重，当 n＝1 时，取值为 0.45，当 n＝2时，取值为 0.55；d_{ijn}代表采用第 n 种交通方式时，地区 i 与地区 j 之间的实际交通距离。关于 σ 的取值：当地区 i 与地区 j 之间只有高速铁路时，取值为 1；当地区 i 与地区 j 之间只有高速公路时，取值为 1.2；当地区 i 与地区 j 之间既有

高速铁路也有高速公路时，取值为0.7。将表15－11与表15－12中的数据代入式（15－4）中，得到宁杭生态经济集聚带城市间修正后的交通距离 D_{ij}，见表15－13。

表15－13　宁杭生态经济集聚带各城市间修正后的交通距离

	南京	句容	金坛	溧阳	宜兴	长兴	湖州	安吉	德清	杭州
南京	—	26.8	67.0	71.7	94.2	119.9	135.9	137.5	162.1	189.8
句容	26.8	—	38.4	52.2	76.2	101.3	115.6	140.9	142.5	169.2
金坛	67.0	38.4	—	27.1	35.1	61.5	79.5	95.0	106.0	130.4
溧阳	71.7	52.2	27.1	—	23.1	49.4	64.6	70.2	92.0	120.5
宜兴	94.2	76.2	35.1	23.1	—	27.1	42.3	73.5	69.7	97.1
长兴	119.9	101.3	61.5	49.4	27.1	—	16.5	40.3	44.1	71.1
湖州	135.9	115.6	79.5	64.6	42.3	16.5	—	52.1	30.1	56.8
安吉	137.5	140.9	95.0	70.2	73.5	40.3	52.1	—	29.6	52.1
德清	162.1	142.5	106.0	92.0	69.7	44.1	30.1	29.6	—	30.8
杭州	189.8	169.2	130.4	120.5	97.1	71.1	56.8	52.1	30.8	—

3. 宁杭生态经济集聚带经济联系强度

将相关数据及表15－13计算出的宁杭生态经济内各城市间的交通距离代入式（15－3）中可得到宁杭生态经济集聚带内各城市间的经济联系强度，见表15－14。并按照城市间的经济联系强度对45组城市进行划分，见表15－15。

表15－14　宁杭生态经济集聚带各城市间经济联系强度

	南京	句容	金坛	溧阳	宜兴	长兴	湖州	安吉	德清	杭州
南京		723.8	120.4	141.5	138.0	36.8	87.5	19.3	15.5	263.7
句容	723.8		21.9	15.9	12.6	3.1	7.2	1.1	1.2	19.8
金坛	120.4	21.9		61.8	61.8	8.7	15.9	2.5	2.3	34.8
溧阳	141.5	15.9	61.8		192.0	18.2	32.4	6.2	4.0	54.9
宜兴	138.0	12.6	61.8	192.0		101.7	127.6	9.6	11.8	142.0
长兴	36.8	3.1	8.7	18.2	101.7		359.7	13.7	12.7	114.5

续表

	南京	句容	金坛	溧阳	宜兴	长兴	湖州	安吉	德清	杭州
湖州	87.5	7.2	15.9	32.4	127.6	359.7		25.1	83.8	549.2
安吉	19.3	1.1	2.5	6.2	9.6	13.7	25.1		19.6	147.2
德清	15.5	1.2	2.3	4.0	11.8	12.7	83.8	19.6		469.6
杭州	263.7	19.8	34.8	54.9	142.0	114.5	549.2	147.2	469.6	
总计	1547	807	330	527	797	669	1288	244	620	1796

表 15－15　宁杭生态经济集聚带内城市经济联系强度划分

联系强度	数量	区间
超强联系（联系强度≥600）	1	南京—句容
强联系（600 > 联系强度≥200）	4	杭州—湖州　杭州—德清 湖州—长兴 南京—杭州
较强联系（200 > 联系强度≥100）	9	溧阳—宜兴　杭州—安吉　杭州—宜兴 南京—溧阳　南京—宜兴　宜兴—湖州 南京—金坛　杭州—长兴　宜兴—长兴
弱联系（联系强度 < 100）	31	其他

从表 15－15 中可以看出，宁杭生态经济集聚带内各城市间经济联系强度的分布是一个上窄下宽的金字塔形。地区之间存在超强联系的只有一组城市，即南京—句容，其经济联系强度高达 723.8。但这主要是源于句容与南京非常接近的地理位置，从表 15－14 中可以看出，剔除掉南京—句容这一城市组，句容与其他城市间的经济联系强度总计仅仅为 82.7。由表 15－15 可知，经济联系强度相对强的城市组共有 14 组，其中与杭州有关的共 6 组、与南京有关的共 5 组，占据了大概 80% 的比例。可见，南京与杭州作为宁杭生态经济集聚带内重要的中心城市，它们对其他中小城市具有非常强的辐射能力和集聚能力。但是，同时存在的现实状况是，在 45 组城市组中，有 31 组城市组属于弱联系城市组，弱联系城市组占宁杭生态带内城市组总体的 68.89%，大部分城市难以接收到中心城市较强的辐射作用，更毋论去带动其他低层次城市的发展。总体而言，宁杭生态经济集聚带内城市间经济联系强度呈现“少强多弱”“局优整劣”的格局，南京、杭州这两个中心城市对其他城市的引力较强，而其他城市间的引力较弱，经济带

内整体联系不够紧密。

四、宁杭生态经济集聚带建设的“瓶颈”问题

虽然宁杭生态经济集聚带的发展条件较好，但是与同处长三角区域的沪宁带、沪杭带相比，其经济实力仍处于相对弱势的地位，宁杭生态经济集聚带内还存在制约其发展的“瓶颈”问题。基于上文的实证研究，结合实际情况，发现这些问题主要在于：

1. 经济实力相对薄弱

虽然宁杭生态经济集聚带各中小城市的经济发展从全国来讲是处于领先地位的，但是与同处长三角区域的沪宁带、沪杭带相比，经济规模相对较小，发展水平相对滞后。宁杭生态经济集聚带上发展最好的县级市是宜兴，2017 年，宜兴的地区生产总值约为 1560 亿元，而沪宁带的昆山生产总值已达 3520 亿元，江阴也达到 3488 亿元，经济实力的差距可见一斑。而宁杭生态经济集聚带内的其他几个市县与昆山、江阴、张家港相比，更是相形见绌。

2. 生态经济发展欠协调

宁杭生态经济集聚带生态资源与经济发展不协调。宁杭生态经济集聚带内生态资源丰富，但并没有被合理高效地利用。特别是在江苏段，产业结构还是以第二产业为重，且多为产业链下游、附加值较低的传统产业。例如，2016 年宜兴市、溧阳市、金坛区、句容市第二产业比重分别为 51.5%、50.0%、50.4%、47.0%，明显高于全国的平均水平 40.0%，这是与其资源禀赋并不相符的数据，说明区域内生态旅游优势没有被充分地发挥，产业结构、产业布局需要进一步优化、调整。

3. 城市联系不紧密

宁杭生态经济集聚带内城市间的联系强度呈现“少强多弱、局优整劣”的格局，即个别城市对其他城市的引力相对较强，比如南京与杭州两个中心城市，但是大部分城市之间的引力相对较弱。从整体来看，宁杭生态经济集聚带沿线城市虽然空间邻近，但经济联系、功能联系不够紧密。南京、杭州两大核心城市虽然实力雄厚，有着全国领先的产业基础和发展水平，仅依靠两个核心城市并不能有效带动宁杭生态经济集聚带沿线城市的整体发展，长此以往，“局优整劣”的城市联系格局将愈演愈烈。此外，不仅宁杭生态经济集聚带内部各城市间联系不够紧密，并且与区域外联系也有待加强。

4. 跨界问题难解决

宁杭生态经济集聚带地处两省，包括多个城市，带内行政区域分割，在处理污染治理、生态保护、重大基础设施建设等方面问题时，势必需要进行跨界治理、协同管理。而且宁杭沿线有着丰富的生态资源，水系复杂、山脉连绵，复杂的地貌特征导致该地区一旦出现问题很容易造成跨区域影响，这大大增加了跨界治理的任务量和实现区域协调发展的难度。

五、政策建议

为加快建设宁杭生态经济集聚带，江苏一方面要充分利用区域内生态资源、科教实力、文化底蕴、社会经济、交通设施等方面优势，提高宁杭生态经济集聚带沿线江苏城市整体实力，缩小与沪宁带、沪杭带城市之间的差距；另一方面要针对制约宁杭生态经济集聚带发展的关键问题，提出相关的对策建议包括：推动产业发展生态化、加快生态资源资本化、建立更加有效的区域分工合作新机制、构建更加完善的城市发展体系。

1. 推动产业发展生态化

推动宁杭生态经济集聚带产业发展生态化，需要优化产业结构、调整产业布局，多层面、多角度构建绿色低碳经济体系，实现农业发展生态化、制造业发展生态化、服务业发展生态化齐头并进，并因地制宜发展地方特色产业。

一是促进农业发展生态化。选用合理的耕种方式，加强耕地质量水平；采取高效的灌溉方式，提高资源利用效率；降低农药、化肥的使用，增加绿色农产品供给；此外，还要积极推广休闲农业和乡村旅游，拓展非农经济空间。二是促进制造业发展生态化。全面推行绿色制造，逐步淘汰高污染、高耗能的传统制造业，立足于地方优势，推动制造业向高端、绿色、低碳方向发展。三是促进服务业发展生态化。重视服务过程的生态化，特别关注耗能多的交通运输业、浪费多的住宿餐饮业。

2. 加快生态资源资本化

推动宁杭生态经济集聚带生态资源的资本化，需要全面推进绿色金融创新发展，做到以生态资本维护生态资源、以生态资本修复生态资源、以生态资本培育生态资源，实现生态资源的良性循环、健康发展。

一是制度创新化。要在绿色发展机制体制上进行突破，构建生态价值体系、生态文化体系、生态经济体系上的制度创新和有效的实践路径，实现新发展理念下的“绿水青山”向“金山银山”的转化。二是生态金融化。着力构建能够推动污染减排或环境保护的生态性基金，支撑经济系统绿色转型的金融系统，以生态为资本的绿色生态股份制银行，以金融服务强化生态保护与修复，提升生态文明建设水平。三是政府调控化。政府要通过强有力的经济手段、法律手段和行政手段制约资本的逐利性，抵制资本的无限扩张性，推动经济社会朝着有利于生态保护和改善生态环境的方向发展。

3. 建立更加有效的区域分工合作新机制

建立宁杭生态经济集聚带更加有效的区域分工合作新机制，需要围绕促进区域协调发展与正确处理政府和市场关系，加强区域政策与财政、货币、投资等政策的协调配合，优化政策工具组合，推动宏观调控政策精准落地。

一是健全市场一体化发展机制。促进城市间要素自由流动，推动区域市场一体化建设，完善经济带内用水权、排污权、碳排放权、用能权初始分配与交易制度和平台。二是健全区际利益补偿机制。完善多元化横向生态补偿机制，建立生态功能区与非生态功能区之间利益补偿机制，通过共建生态产业园区、生态产业合作、生态飞地经济等形式，加快建立支持生态功能区经济发展长效机制。三是创新区域政策调控机制。实行差别化的区域生态经济政策，建立区域均衡的财政转移支付制度，建立健全区域政策与其他宏观调控政策联动机制，建立健全区域协调发展法律法规体系。

4. 构建更为完善的城市发展体系

根据国务院批复的《长江三角洲城市群发展规划》，宁杭生态经济集聚带构建更为完善的城市发展体系，需要坚持核心带动、轴带发展、节点提升、对接周边，推动大中小城市和小城镇合理分工、功能互补、协同发展，促进城乡统筹发展，构建布局合理、集约高效的城市体系。

一是要加快南京和杭州国家中心城市建设，进一步提升特大城市南京和Ⅰ型大城市杭州的提升城市能级和核心竞争力，要面向世界科技前沿，面向国家战略要求，加快全球功能性机构高度集聚，不断增强配置全球高端资源要素的能力。

二是中等城市湖州市要以“八八战略”为指引，把推进重大国家级战略作为获取政策红利，增强发展内生动力的着力点，强化湖州在宁杭生态经济集聚带中部支撑的战略支点地位，将其建设成为宁杭生态经济集聚带发展上的重要副中心城市。

三是其他小城市要扮演促进大小城市以及小城镇之间合理分工的关键抓手角色，要坚持城乡统筹，提高小城市城市辐射和服务农村的能力，要坚持因地制宜，以自然和历史文化为本底构建小城市特色。

第十六章　以产业集聚高质量发展助推美丽中国建设研究*

以习近平总书记为核心的党中央提出了美丽中国建设“两个15年”的战略目标，做出了我国经济由高速增长阶段转向高质量发展阶段这一战略判断。生态环境问题归根结底是低质量发展带来的，也只有通过高质量发展才能加以解决。推动产业集聚高质量发展，既是保持我国经济持续健康发展的必然要求，也是助推美丽中国建设的必由之路。党的十八大以来，我们党形成了以新发展理念为主要内容的习近平新时代中国特色社会主义经济思想，形成了以“绿水青山就是金山银山”为核心价值观的习近平新时代生态文明思想。学习贯彻习近平新时代中国特色社会主义经济思想和生态文明思想，要求我们以绿色发展理念引领经济高质量发展，以生态文明思想指引美丽中国建设，以产业集聚高质量发展助推美丽中国建设。

一、研究背景

以习近平总书记为核心的党中央在综合分析国际国内形势和我国发展条件之后，提出了美丽中国建设“两个15年”的战略目标，即从2020~2035年，在全面建成小康社会的基础上，再奋斗15年，基本实现社会主义现代化，美丽中国目标基本实现；从2035年到21世纪中叶，在基本实现现代化的基础上，再奋斗15年，把我国建成富强民主文明和谐美丽的社会主义现代化强国，建成美丽中

---

* 本章借鉴的主要研究成果为：朱英明．以经济高质量发展助推美丽中国建设：学习贯彻习近平新时代中国特色社会主义经济思想和生态文明思想［J］．贵州省委党校学报，2019（3）．

国。以习近平总书记为核心的党中央根据我国社会主要矛盾的历史性变化以及经济发展阶段的根本性变化，做出了我国经济由高速增长阶段转向高质量发展阶段这一战略判断。经济高质量发展既是能够创造更多物质财富和精神财富以满足人民日益增长的美好生活需要的发展，是体现新发展理念的发展；又是能够提供更多优质生态产品以满足人民日益增长的优美生态环境需要的发展，是体现生态文明思想的发展。推动经济高质量发展，既是我国保持经济持续健康发展的必然要求，也是助推美丽中国建设的必由之路。为此，我们要坚韧不拔、锲而不舍，以绿色发展理念引领经济高质量发展，以生态文明思想指引美丽中国建设，以产业集聚高质量发展助推美丽中国建设，奋力开启新时代伟大征程。

二、以绿色发展理念引领产业集聚高质量发展

“理念是行动的先导，一定的发展实践都是由一定的发展理念来引领的。”习近平总书记在中共十八届五中全会二次全体会议上的这一重要论述表明，新时代我国产业集聚产业集聚高质量发展需要由新发展理念来统领。党的十八大以来，我们党坚持观大势、谋全局、干实事，成功驾驭了我国经济发展大局，在实践中形成了以新发展理念为主要内容的习近平新时代中国特色社会主义经济思想。以绿色发展理念引领中国经济高质量发展，就是要将绿色发展理念贯穿于中国产业集聚高质量发展的全过程，推动形成绿色发展方式和生活方式，通过高质量、有效益的发展推动形成人与自然和谐发展的现代化建设新格局。

“推动形成绿色发展方式和生活方式，是发展观的一场深刻革命。”习近平总书记在中共十八届中央政治局四十一次集体学习时做出的这一重要论断，是对马克思主义发展理论的重要贡献，是我国高质量发展阶段必须长期坚持的重要指导思想。新时代加快推进我国产业集聚高质量发展，首要的就是就要坚持和贯彻绿色发展理念，正确处理产业集聚发展和生态环境保护的关系，像保护眼睛一样保护生态环境，像对待生命一样对待生态环境，有度有序利用自然，还自然以宁静、和谐、美丽。要着力实现绿水青山与金山银山的有机统一，坚持在发展中保护，在保护中发展，护卫青山绿水，收获金山银山，坚决摒弃损害甚至破坏生态环境的发展模式，坚决摒弃以牺牲生态环境换取一时一地经济增长的做法。要推

动自然资本大量增值，让良好生态环境成为人民生活的增长点、成为经济社会持续健康发展的支撑点，让中华大地天更蓝、山更绿、水更清、环境更优美。

“把推动形成绿色发展方式和生活方式摆在更加突出的位置。”习近平总书记在中共十八届中央政治局四十一次集体学习时的这一重要论述，将绿色发展引领产业集聚济高质量发展的具体内涵提到了前所未有的高度，同时为未来的产业集聚高质量发展指明了前进方向。推动形成绿色发展方式和生活方式，需要加快构建科学适度有序的国土空间布局体系、绿色循环低碳发展的产业体系、约束和激励并举的生态文明制度体系、政府企业公众共治的绿色行动体系构成的“四大体系”，加快构建生态功能保障基线、环境质量安全底线、自然资源利用上线构成的“三大红线”。在此基础上，通过全方位、全地域、全过程开展生态环境保护建设，为产业集聚高质量发展提供坚实的生态环境支撑。

三、以生态文明思想指引美丽中国建设

“坚决打好污染防治攻坚战，推动生态文明建设迈上新台阶。”习近平总书记在全国生态环境保护大会上的讲话，吹响了用习近平生态文明思想全面指引美丽中国建设的前进号角，这次会议也标志着习近平生态文明思想的正式确立。党的十八大以来，从绿色发展列入五大发展理念之一，到将“绿水青山就是金山银山”写入党章，再到建设生态文明和美丽中国写入宪法。以习近平同志为核心的党中央深刻回答了为什么建设生态文明、建设什么样的生态文明、怎样建设生态文明的重大理论和实践问题，提出了一系列新理念新思想新战略，形成了以“绿水青山就是金山银山”的“两山论”为核心价值观的习近平新时代生态文明思想，成为习近平新时代中国特色社会主义思想的重要组成部分，是我们党的重大理论和实践创新成果。当前，我国生态文明建设正处于压力叠加、负重前行的关键期，已进入提供更多优质生态产品以满足人民日益增长的优美生态环境需要的攻坚期，也到了有条件、有能力解决突出生态环境问题的“窗口期”。以生态文明思想指引美丽中国建设，就是要将生态文明思想贯穿于美丽中国建设的始终，建立健全生态文明制度体系，解决生态环境问题，坚决打好污染防治攻坚战，努力走向社会主义生态文明新时代。我们必须用习近平生态文明思想武装头脑、指

导实践、推动工作。

“建设生态文明，关系人民福祉，关乎民族未来。”习近平总书记在主持十八届中央政治局六次集体学习时再次把生态文明建设放在突出的战略位置。党的十八大以来，以习近平同志为核心的党中央把生态文明建设作为统筹推进“五位一体”总体布局和协调推进“四个全面”战略布局的重要内容，明确提出大力推进生态文明建设，努力建设美丽中国，实现中华民族永续发展。谋划开展了一系列根本性、长远性、开创性工作，推动生态文明建设和生态环境保护从实践到认识发生了历史性、转折性、全局性变化。这标志着我们党对中国特色社会主义规律认识的进一步深化，也表明了我们党加强生态文明建设的坚定意志和坚强决心。

“持之以恒推进生态文明建设，一代接着一代干，驰而不息，久久为功。”这是习近平总书记在对河北塞罕坝林场建设者事迹所作重要批示中给予全党和全国人民的殷切期望。习近平生态文明思想是一个系统完整而又与时俱进的科学理论体系，是坚持问题导向和注重实践检验的活的思想。我们要认真学习领会习近平生态文明思想，切实增强做好生态环境保护工作的责任感、使命感；要培育和践行“绿水青山就是金山银山”的核心价值观，坚定不移走生态优先、绿色发展新道路；要深刻把握良好生态环境是最普惠民生福祉的宗旨精神，着力解决损害群众健康的突出环境问题；要深刻把握山水林田湖草是生命共同体的系统思想，提高生态环境保护工作的科学性、有效性。在习近平生态文明思想指引下，把思想和行动统一到党中央对美丽中国建设的部署上来，不驰于空想，不骛于虚声，一步一个脚印，踏踏实实干好工作，为建设美丽中国添砖加瓦。

四、以产业集聚高质量发展助推美丽中国建设

习近平总书记在主持中共中央党外人士座谈会时指出，“高质量发展是我们当前和今后一个时期确定发展思路、制定经济政策、实施宏观调控的根本要求”。我们要以习近平新时代中国特色社会主义经济思想和生态文明思想为指导，认真贯彻党中央、国务院决策部署，以经济高质量发展为导向，以改善生态环境质量为核心，以协同推动产业集聚高质量发展和生态环境高水平保护为抓手，以产业

集聚高质量发展助推美丽中国建设。为此，应重点从以下方面着力。

1. 从生态环境供需两侧上同时发力

习近平总书记在海南考察时指出，“良好生态环境是最公平的公共产品，是最普惠的民生福祉”。高质量发展是更加突出以人民为中心的发展，推进高质量发展就是让良好生态环境成为最普惠的民生福祉。生态环境问题是人类活动的结果，不同的产业集聚发展模式导致迥异的生态环境问题：以规模扩张为主导的低质量发展模式，依靠要素的低成本扩张和环境成本的外部化，是造成环境污染和生态破坏的重要原因。以质量效益为主导的高质量发展模式，要求以较少的资源能源消耗和环境破坏来实现经济发展，优美生态环境是高质量发展的必然要求。

生态环境问题归根结底是低质量发展带来的，也只有通过高质量发展才能加以解决。这要求我们从产业集聚高质量发展供需两侧同时发力，充分发挥产业集聚高质量发展对生态环境高水平保护的推动引导作用。从产业集聚高质量发展的环境需求侧来看，我们要营造更加优美的生态环境，满足产业集聚高质量发展的环境需求。优美生态环境是高质量发展的重要组成部分，经济高质量发展就满足了人民群众对优美生态环境的需要，增加了生态产品的价值，这客观上要求加快推动产业集聚向高质量发展，持续提高经济高质量发展水平，以便生态环境变得更加优美。

从产业集聚高质量发展的环境供给侧来看，我们要提升环境要素的供给质量，满足产业集聚高质量发展的环境供给。优美生态环境也是推动高质量发展的重要生产要素之一，企业在投资的区位决策时更偏好于优美生态环境地区，这也使高质量发展地区能够吸引投资者的更多投资，并进一步加大生态保护和环境治理投入力度，生态环境质量同时得到进一步提升。

2. 从新旧动能破立上同步发动

习近平总书记在中国共产党第十九次全国代表大会上的讲话中强调，“创新是引领发展的第一动力，是建设现代化经济体系的战略支撑”。建设现代化经济体系，必须把发展经济的着力点放在实体经济上，把提高供给体系质量作为主攻方向，显著增强我国经济质量优势，而创新解决的是高质量发展中的动力问题。这要求我们在推进产业集聚高质量发展过程中，必须正确把握破除旧动能和培育新动能的关系，从新旧动能破立上同步发动：一方面，加快推动新兴产业成长为新的增长引擎，成为引领产业集聚发展的主要动能；另一方面，大力促进传统产业完成改造升级，成为推动产业集聚发展的重要动能。

发展新兴产业培育壮大新动能，就是要深入推进供给侧结构性改革，实施创新驱动发展战略，培育壮大新产业、新业态、新模式等发展新动能。为此，一是强化科技创新，推动互联网、大数据、人工智能和实体经济深度融合，在中高端消费、绿色低碳、共享经济、现代供应链等领域培育新增长点，培育形成新动能主体力量；二是围绕量子计算机与量子通信、干细胞与再生医学、纳米科技与石墨烯新材料等一批具有重大产业变革前景的颠覆性技术及其不断创造的新产品、新业态，加快布局人工智能、未来网络、增材制造与前沿新材料、生命健康等交叉应用领域，培育未来产业，打造发展新动能。

提升传统产业改造形成新动能，就是要运用互联网、大数据、人工智能等新技术，加强技术改造和模式创新，推动传统产业优化升级，形成支撑产业集聚发展的新动能。为此，一是以新技术新业态新模式推动传统产业生产、管理和营销模式变革，促进传统产业智能化、清洁化改造，促进传统产业焕发出新动能；二是瞄准国际标准提高装备技术水平改造既有的传统产业，加快发展现代服务业，实现与传统产业的融合发展，融合创新形成新动能。

3. 从生产和生活方式上协同推进

习近平总书记在2015年中央经济工作会议上讲话时强调，“保护生态环境，要更加注重促进形成绿色生产方式和消费方式”。这要求我们，从生产方式和生活方式两个方面协同推进绿色化：一方面，要坚定不移走绿色低碳循环发展之路，加快推动生产方式绿色化，形成节约资源和保护环境的空间格局、产业结构、生产方式；另一方面，要坚持节约优先、绿色消费的基本原则，加快推动生活方式绿色化，实现勤俭节约、绿色低碳、文明健康的生活方式和消费模式。

推进生产方式的绿色化，就是要在发展过程中，构建科技含量更高、资源消耗更低、环境污染更少的产业结构，大幅提高经济绿色化程度，有效降低经济发展的资源环境代价。为此，一是要推动科技创新，调整优化产业结构，发展绿色产业，推动技术创新和结构调整，提高经济发展质量和效益；二是要推进节能减排，发展循环经济，加强资源节约，全面促进资源节约循环高效使用，推动利用方式根本转变。

推进生活方式的绿色化，就是要在生活消费过程中，倡导勤俭节约的消费观，积极引导消费者购买节能环保低碳产品，倡导绿色生活和休闲模式，严格限制发展高耗能服务业，大幅提高消费绿色化程度，有效降低社会发展的资源环境代价。为此，一是要增强绿色供给，推进绿色包装，促进绿色采购，开展绿色回收，促进生产、流通、回收等环节绿色化；二是要引导绿色饮食，推广绿色服装，倡导绿色居住，鼓励绿色出行，推进衣、食、住、行等领域绿色化。

4. 从治理和制度体系上双重保障

习近平总书记在主持中共十八届中央政治局四十一次集体学习时强调，“要加大环境污染综合治理”和“要完善生态文明制度体系”。这要求我们，在推进美丽中国建设进程中，要从生态环境治理体系和生态文明制度体系上进行双重保障：一方面，要改革完善生态环境治理体系，大幅提升治理能力；另一方面，要建立健全生态文明制度体系，用制度保护生态环境。

从生态环境治理体系的改革完善看，我们要深化生态环境保护管理体制改革，完善生态环境管理制度，加快构建生态环境治理体系。为此，一是要完善生态环境监管体系，健全生态环境保护经济政策体系，健全生态环境保护法治体系；二是要强化生态环境保护能力保障体系，构建生态环境保护社会行动体系。

从生态文明制度体系的建立健全看，我们要引导、规范和约束各类开发、利用、保护自然资源的行为，加快建立以治理体系和治理能力现代化为保障的生态文明制度体系。为此，一是要健全生态文明建设的法律法规，健全自然资源资产产权制度和用途管制制度，健全生态保护补偿机制，健全政绩考核制度；二是完善污染物排放、环境质量等方面的标准体系，完善生态环境监管制度，完善价格、财税、金融等经济政策，完善责任追究制度。

五、遵循产业集群污染排放规律推进产业集群高质量发展

1. 产业集群污染排放边际递减规律

产业经济活动在本质上具有空间集群的特征，产业集群是经济活动的普遍现象。正如1994年英国《经济学家》论述的那样，甚至最新的产业也正遵守地理集中的老规则。世界工业发展实践表明，集群化是产业发展的基本规律，是制造业向中高端迈进的必由之路，也是提升区域经济高质量发展的内在要求。江苏紧扣“走在前列”目标，把握高质量发展要求，聚焦重点集群培育，提出加快培育竞争力强的先进制造业集群，产业集群高质量发展已经成为江苏经济高质量发

展的重要抓手和依托载体。“发展必须是遵循经济规律的科学发展，必须是遵循自然规律的可持续发展”，产业集群高质量发展也必须是遵循经济自然规律的科学发展和可持续发展。

在由传统制造业产业集群向先进制造业产业集群转型升级的过程中，江苏生态文明建设正处于压力叠加、负重前行的关键期，生态环境质量与高质量发展的要求和人民群众的期盼还有较大差距，经济社会发展同生态环境保护的矛盾仍然突出，集群产业结构偏重、空间布局不合理，国土开发强度过大，污染防治形势严峻，打好污染防治攻坚战的任务艰巨而紧迫。为此，既要加快建立和完善污染减排的环境规制，为产业集群环境高质量建设提供更加有效的制度供给；更要遵循产业集群边际污染排放递减规律及其所发挥的污染减排效应，降低产业集群的污染排放需求。

产业集群污染排放具有“边际递减规律”，因而产业集群具有环境污染减缓效应。随着地区产业集群规模的扩大，产业集群水平的提高，投入品的规模和强度不断加大，污染排放量呈现出单调递增特征，这是区域产业集群发展到一定阶段共有的现象。但是，伴随着产业集群进一步发展，产业集群区域对集聚正外部性的追逐和对环境负外部性的规避，污染的边际排放量具有递减现象，由此形成产业集群边际污染排放递减规律。这一规律表明，伴随着产业集群水平的提高，污染排放物的增量不仅没有增加，反而减少，污染排放总量持续快速增加的趋势得到有效控制。产业集群犹如地区污染排放的“制动器”，对地区污染排放这辆快速行驶的“车辆”起到“减速”作用。产业集群过程本身不仅没有继续加重地区的环境污染，反而减缓了地区环境污染，避免了地区环境质量的恶化现象，由此引发产业集群的环境污染减缓效应。

2. 基于规律的产业集群高质量发展推进思路

基于产业集群污染排放边际递减规律及其引发的环境污染减缓效应，江苏产业集群高质量发展应从以下三个方面入手：

（1）在总体思路上，要更加注重环境规制与产业集群发展有机结合，切实凸显环境规制的环境污染抑制效应。产业集群的环境污染减缓效应依赖于环境规制严厉程度的高低，产业集群的环境污染减缓效应与环境规制的环境污染抑制效应存在联动效应，更高的产业集群水平通过更严厉的环境规制的联动作用将大幅度降低污染排放。这就要求我们在加快培育高质量产业集群过程中，始终遵循产业集群污染排放边际递减规律，积极推动环境规制融入高质量产业集群发展过程

之中，实现“同频共振”。一要突出环境规制对产业集群环境高质量发展的引领和推动作用，二要突出环境规制对产业集群污染排放的抑制和调控作用，不断提升产业集群发展的高端化、绿色化水平。

（2）在实现路径上，要更加注重“顶层设计”与“基层探索”有机结合，走好双轮驱动的路子。产业集群高质量发展是一项涉及方方面面的复杂系统工程，我们既要整体上统一规划、搞好顶层设计，遵循产业集群的边际污染排放递减规律，提升产业集群整体发展水平，进一步放大产业集群的环境污染减缓效应；又要加强分类指导、突出区域特色和优势，探寻不同区域产业集群污染排放的门槛阈值，针对不同产业集群分类施策，精准发力，加快其跨越产业集群水平门槛值，产生更强大的环境污染减缓效应。两者结合，才能最大限度地发挥产业集群的环境污染减缓效应，加快推进产业集群高质量发展。

（3）在着力重点上，要更加注重“面上推进”与“点上突破”有机结合，充分发挥点面共振的协同效应。在面上，关键是遵循产业集群边际污染的一般规律，准确掌控产业集群延缓环境污染的速度和程度，积极探索在产业集群发展中保护、在保护中促进产业集群发展的新道路，把产业集群发展纳入环境保护的战略布局中，实施绿色化产业集群发展战略。在点上，重点是探寻江苏重点打造的13个先进制造业产业集群边际污染排放的特殊规律，针对处于市场成熟期、国内外市场需求稳定的7个先进制造业产业集群和尚处于快速发展期、未来增长空间大的6个先进制造业产业集群的发展“短板”，通过集群创新体系构建、企业技术改造升级、行业龙头骨干企业培育、促进“制造＋服务”融合发展等举措，显著提升其产业集群水平，同时降低其总排放量和边际排放量，努力形成环境高质量型产业集群。

参考文献

[1] Acemoglu D., Aghion P., Bursztyn L., Hemous, D. The Environment and Directed Technical Change [J]. American Economic Review, 2012, 2 (1): 131-166.

[2] Akimoto H. Global Air Quality and Pollution [J]. Science, 2003 (3): 1716-1719.

[3] Ambec S., Cohen M. A., Elgie S., et al. The Porter Hypothesis at 20: Can Environmental Regulation Enhance Innovation and Competitiveness? [J]. Review of Environmental Economics and Policy, 2013, 7 (1): 2-22.

[4] Amiti M. New Trade Theories and Industrial Location in the EU: A Survey of Evidence [J]. Oxford Review of Economics Policy, 1998 (14): 45-53.

[5] Anselin L., Moreno R. Properties of Tests for Spatial Error Components [J]. Regional Science and Urban Economics, 2003 (33): 595-618.

[6] Anselin L. Spatial Econometrics: Methods and Models [M]. Dordrecht: Kluwer Academic Publishers, 1988.

[7] Anselin L. Spatial Effects in Econometric Practice in Environmental and Resource Economics [J]. American Journal of Agricultural Economics, 2001, 83 (3): 705-710.

[8] Anselin L. The Moran Scatter Plot as an ESDA Tool to Assess Local Instability in Spatial Association [M]. London, UK: Taylor and Francis, 1996: 111-125.

[9] Anselin L. Under the Hood: Issues in the Specification and Interpretation of Spatial Regression Models [J]. Agricultural Economics, 2002, 27 (3): 247-267.

[10] Anselin L., Bera A. K., Florax R., et al. Simple Diagnostic Tests for Spatial Dependence [J]. Regional Science and Urban Economics, 1996, 26 (1): 77-104.

[11] Anselin L., Hudak S. Spatial Econometrics in Practice: A Review of Software Option [J]. Regional Science and Urban Economics, 1992, 22 (3): 509 - 536.

[12] Antweiler W., Copeland B. R., Taylor M. Is Free Trade Good for the Environment? [J]. American Economic Association, 2001 (4): 877 - 908.

[13] Arfi W. B., Hikkerova L., Sahut J. M. External Knowledge Sources, Green Innovation and Performance [J]. Technological Forecasting & Social Change, 2018, 12 (9): 210 - 220.

[14] Atwood S., Kelly B. The Southland' s War on Smog: Fifty Years of Progress Toward Clean Air [J]. South Coast Air Quality Management District, 1997 (2): 1 - 32.

[15] Aunan K., Wang S. Internal Migration and Urbanization in China: Impacts on Population Exposure to Household Air Pollution (2000 - 2010) [J]. Science of the Total Environment, 2014, 48 (1): 186 - 195.

[16] Balandynowicz H. W., Cofala J., Parczewski Z., et al. Air Pollution Control Strategies: A Comparative Analysis for Poland and the Federal Republic of Germany [J]. Antiquaries Journal, 1990, 6 (4): 457 - 459.

[17] Baldwin R., Forslid R., Martin P., Ottaviano G., Robert - Nicoud F. Economic Geography and Public Policy [M]. Princeton: Princeton University Press, 2003.

[18] Baltagi B. H. Random Effects and Spatial Autocorrelation with Equal Weights [J]. Econometric Theory, 2006, 22 (5): 973 - 984.

[19] Baltagi B. H. Econometric Analysis of Panel Data (3rd) [J]. Wiley, New York, Chichester, Toronto and Brisbane, 2005 (7): 314.

[20] Baltagi B. H., Song S. H., Jung B. C., et al. Testing for Serial Correlation, Spatial Autocorrelation and Random Effects Using Panel Data [J]. Journal of Econometrics, 2007, 140 (1): 5 - 51.

[21] Bannon C., Carr J., Seekel. D. A., et al. Globalization of Agricultural Pollution due to Internatioanl Trade [J]. Hydrology and Earth System Sciences, 2013 (10): 1221 - 1239.

[22] Baomin D., Jiong. G. Zhao X. FDI and Environmental Regulation: Pollu-

tion Haven or a Race to the Top? [J]. Journal of Regulatory Economics, 2012 (2): 216-237.

[23] Barker T., Anger A., Dessens O., et al. Integrated Modelling of Climate Control and Air Pollution: Methodology and Results from One-way Coupling of An Energy-Environment-Economy and Atmospheric Chemistry Model (P-TOMCAT) in Decarbonising Scenarios for Mexico to 2050 [J]. Environmental Science & Policy, 2010, 13 (8): 661-670.

[24] Barro R. J., Sala-I-Martin, X., et al. Convergence Across States and Regions [J]. Brookings Papers on Economic Activity, 1991, 1991 (1): 107-182.

[25] Bartik T. J. The Effects of Environmental Regulation on Business Location in the United States [J]. Book Chapters Authored by Upjohn Institute Researchers, 2002, 19 (3): 22-44.

[26] Baumol W. J. Productivity Growth, Convergence, and Welfare: What the Long-run Data Show [J]. American Economic Review, 1986, 76 (5): 1072-1085.

[27] Becker R., Henderson V. Effects of Air Quality Regulations on Polluting Industries [J]. Journal of Political Economy, 2000, 108 (2): 379-421.

[28] Beltrán-Esteve M., Picazo-Tadeo J. A. Assessing Environmental Performance Trends in the Transport Industry: Eco-innovation or Catching-up? [J]. Energy Economics, 2015 (51): 570-580.

[29] Berman E., Bui L. T. M. Environmental Regulation and Productivity: Evidence from Oil Refineries [J]. Review of Economics & Statistics, 2001, 83 (3): 498-510.

[30] Birkinshaw J. Upgrading of Industry Clusters and Foreign Investment [J]. International Studies of Management & Organization, 2000, 30 (2): 93-113.

[31] Böcher M. A. Theoretical Framework for Explaining the Choice of Instruments in Environmental Policy [J]. Forest Policy & Economics, 2012, 16 (2): 14-22.

[32] Bowen H. P., Munandar H., Viaene J. M. How Integrated is the World Economy? [J]. Review of World Economics, 2010, 146 (3): 389-414.

[33] Boyd G. A., Mcclelland J. D. The Impact of Environmental Constraints on Productivity Improvement in Integrated Paper Plants [J]. Journal of Environmental Economics & Management, 1999, 38 (2): 121 – 142.

[34] Brajer V., Mead R. W., Xiao F. Searching for an Environmental Kuznets Curve in China's Air Pollution [J]. China Economic Review, 2011, 22 (3): 383 – 397.

[35] Braun E., Wield D. Regulation as a Means for the Social – control of Technology [J]. Technology Analysis & Strategic Management, 1994, 6 (3): 259 – 272.

[36] Brolhart M. Evolving Geographic Concentration of European Manufacturing Industries [J]. Weltwritschaftliches Archiv, 2001 (137): 215 – 243.

[37] Burridge P. Testing for a Common Factor in a Spatial Autoregression Model [J]. Environment and Planning A, 1981, 13 (7): 795 – 800.

[38] Cai W. G., Li G. P. The Drivers of Eco – innovation and Its Impact on Performance: Evidence from China [J]. Journal of Cleaner Production, 2018 (176): 110 – 118.

[39] Cai W. G., Zhou X. L. On the Drivers of Eco – innovation: Empirical Evidence from China [J]. Journal of Cleaner Production, 2014 (79): 239 – 248.

[40] Cai X., Lu, Y., Wu M., et al. Does Environmental Regulation Drive away Inbound Foreign Direct Investment? Evidence from a Quasi – Natural Experiment in China [J]. Journal of Development Economics, 2016 (123): 73 – 85.

[41] Calvert J. G., Heywood J. B., Sawyer R. F., et al. Achieving Acceptable Air Quality: Some Reflections on Controlling Vehicle Emissions [J]. Science, 1993, 261 (51): 37 – 45.

[42] Chambers R. G., Färe R., Grosskopf S. Productivity Growth in APEC Countries [J]. Pacific Economic Review, 1996, 1 (3): 181 – 190.

[43] Chapman K. The Incorporation of Environmental Considerations into the Analysis of Industrial Agglomerations – Examples from the Petrochemical Industry in Texas and Louisiana [J]. Geoforum, 1983, 14 (1): 37 – 44.

[44] Che H., Zhang X., Li Y., et al. Haze Trends over the Capital Cities of 31 Provinces in China, 1981 – 2005 [J]. Theoretical and Applied Climatology, 2009,

97 (3 - 4): 235 - 242.

[45] Che H., Zhang X., Li Y., et al. Horizontal Visibility Trends in China 1981 - 2005 [J]. Geophysical Research Letters, 2007, 34 (24): 497 - 507.

[46] Chen J., Cheng J. H., Dai S. Regional Eco - innovation in China: An Analysis of Eco - innovation Levels and Influencing Factors [J]. Journal of Cleaner Production, 2017 (153): 1 - 14.

[47] Chen Z., Wang J. N., Ma G. X., et al. China Tackles the Health Effects of Air Pollution [J]. Lancet, 2013, 3 (99): 1959 - 1960.

[48] Cheng C. C. J., Yang C., Sheu C. The Link between Eco - innovation and Business Performance: A Taiwanese Industry Context [J]. Journal of Cleaner Production, 2014 (64): 81 - 90.

[49] Cheng K. Spatial Overflow Effect of Haze Pollution in China and its Influencing Factors [J]. Nature Environment and Pollution Technology, 2016, 15 (4): 1409 - 1416.

[50] Cheng Z. The Spatial Correlation and Interaction Between Manufacturing Agglomeration and Environmental Pollution [J]. Ecological Indicators, 2016 (61): 1024 - 1032.

[51] Cheng Z., Li L., Liu J. Identifying the Spatial Effects and Driving Factors of Urban PM2.5 Pollution in China [J]. Ecological Indicators, 2017 (82): 61 - 75.

[52] Chow J. C., Watson J. G., Shah J. J., et al. Megacities and Atmospheric Pollution [J]. Journal of the Air & Waste Management Association, 2004, 54 (6): 1226 - 1235.

[53] Ciccone A., Hall R. Productivity and the Density of Economic Activity [J]. American Economic Review, 1996, 87: 54 - 70.

[54] Cogliani E. Air Pollution Forecast in Cities by an Air Pollution Index Highly Correlated with Meteorological Variables [J]. Atmospheric Environment, 2001, 35 (16): 2871 - 2877.

[55] Cole M. A. Trade, the Pollution Haven Hypothesis and the Environmental Kuznets Curve: Examining the Linkages [J]. Ecological Economics, 2004, 48 (1): 71 - 81.

[56] Cole M. A., Elliott R., Zhang J. Environmental Regulation, Anti - corrup-

tion, Government Efficiency and FDI Location in China: A Province Level Analysis [M] . Department of Economics, University of Birmingham, Working Paper, 2007.

[57] Cole M. A. , Elliott R. J. R. FDI and the Capital Intensity of "Dirty" Sectors: A Missing Piece of the Pollution Haven Puzzle [J] . Review of Development Economics, 2005, 9 (4): 530 – 548.

[58] Cole M. A. , Elliott R. J. R. , Okubo T. Trade, Environmental Regulations and Industrial Mobility: An Industry – level Study of Japan [J] . Discussion Paper, 2010, 69 (10): 1995 – 2002.

[59] Condliffe S. , Morgan O. A. The Effects of Air Quality Regulations on the Location Decisions of Pollution – intensive Manufacturing Plants [J] . Journal of Regulatory Economics, 2009, 36 (1): 83 – 93.

[60] Copeland B. , Taylor M. Trade and Transboundary Pollution [J] . American Economics Review, 1994, 4 (85): 716 – 737.

[61] Copeland B. R. , Taylor M. Trade, Growth and Environment [J] . Journal of Economic Literature, 2014 (1): 7 – 71.

[62] Copeland B. R. , Taylor M. S. North – South Trade and the Environment [J] . Quarterly Journal of Economics, 1994, 109 (3): 755 – 787.

[63] Copeland B. R. , Taylor M. S. Trade and the Environment: A Partial Synthesis [J] . American Journal of Agricultural Economics, 1995, 77 (3): 765 – 771.

[64] Cuerva M. C. , Triguero – Cano A. , Córcoles D. Drivers of Green and Non – green Innovation: Empirical Evidence in Low – tech SMEs [J] . Journal of Cleaner Production, 2014 (68): 104 – 113.

[65] Cuhadaroglu B. , Demirci E. Influence of some Meteorological Factors on Air Pollution in Trabzon City [J]. Energy & Buildings, 1997, 25 (3): 179 – 184.

[66] Dam L. , Scholtens B. Environmental Regulation and MNEs Location: Does CSR Matter? [J] . Ecological Economics, 2008, 67 (1): 55 – 65.

[67] Dean T. J. , Brown R. L. , Stango V. Environmental Regulation as a Barrier to the Formation of Small Manufacturing Establishments: A Longitudinal Examination [J] . Journal of Environmental Economics and Management, 2000, 40 (1): 56 – 75.

[68] Dechezleprêtre A. , Sato M. The Impacts of Environmental Regulations on Competitiveness [J] . Review of Environmental Economics and Policy, 2017, 11

(2): 183 -206.

[69] Deng G., Ding Y., Ren S. The Study on the Air Pollutants Embodied in Goods for Consumption and Trade in China - Accounting and Structural Decomposition Analysis [J]. Journal of Cleaner Production, 2016 (135): 332 -341.

[70] Derek E. Smog Alert: Managing Urban Air Quality [M]. UK, London: Earthscan Publications Ltd., 1996.

[71] Dixit A. K., Stiglitz J. E. Monopolistic Competition and Optimum Product Diversity [J]. American Economic Review, 1977, 67 (3): 297 -308.

[72] Dixon - Fowler H. R., Slater D. J., Johnson J. L., et al. Beyond "Does It Pay to Be Green?" A Meta - Analysis of Moderators of the CEP - CFP Relationship [J]. Journal of Business Ethics, 2013, 112 (2): 353 -366.

[73] Dong B., Gong J., Zhao X. FDI and Environmental Regulation: Pollution Haven or a Race to the Top? [J]. Journal of Regulatory Economics, 2012, 41 (2): 216 -237.

[74] Dong L., Liang H. Spatial Analysis on China' s Regional Air Pollutants and CO_2 Emissions: Emission Pattern and Regional Disparity [J]. Atmospheric Environment, 2014 (92): 280 -291.

[75] Donkelaar A. V., Martin R. V., Brauer M., et al. Global Estimates of Ambient Fine Particulate Matter Concentrations from Satellite - Based Aerosol Optical Depth: Development and Application [J]. Environmental Health Perspectives, 2010, 118 (6): 847 -855.

[76] Duc T. A., Georges V., Bonnet M. P., Prieur V. D. Experimental Investigation and Modelling Approach of the Impact of Urban Wastewater on a Tropical River: A Case Study of the Nhue River, Hanoi, Viet Nam [J]. Journal of Hydrology, 2007, 334 (3 -4): 347 -358.

[77] Economopoulos P. Development of the Five - year Air Pollution Abatement Plan for the Greater Athens Area [J]. Journal of Air and Waste Management, 1987, 37 (8): 889 -897.

[78] Elhorst J. P. Matlab Software for Spatial Panels [J]. International Regional Science Review, 2012, 37 (3): 389 -405.

[79] Elhorst J. P. Spatial Panel Data Models. Handbook of Applied Spatial Analy

sis [M] . Springer, Berlin: Heidelberg, 2010: 377 -407.

[80] Elhorst J. P. Specification and Estimation of Spatial Panel Data Models [J] . International Regional Science Review, 2003 (26): 244 -268.

[81] Elhorst J. P. , Freret S. Evidence of Political Yardstick Competition in France Using a Two - regime Spatial Dublin Model with Fixed Effects [J] . Journal of Regional Science, 2009, 49 (5): 931 -951.

[82] Eskeland G. S. , Harrison A. E. Moving to Greener Pastures? Multinationals and the Pollution Haven Hypothesis [J] . Journal of Development Economics, 2003, 70 (1): 1 -23.

[83] Fan C. , Scott A. J. Industrial Agglomeration and Development: A Survey of Spatial Economic Issues in East Asia and a Statistical Analysis of Chinese Regions [J] . Economic Geography, 2003, 79 (3): 295 -319.

[84] Fang C. , Liu H. , Li G. , et al. Estimating the Impact of Urbanization on Air Quality in China Using Spatial Regression Models [J] . Sustainability, 2015, 7 (7): 15570 -15592.

[85] Fang X. , Li R. , Xu Q. , et al. A Two - stage Method to Estimate the Contribution of Road Rraffic to PM2. 5 Concentrations in Beijing, China [J] . International Journal of Environmental Research & Public Health, 2016, 13 (1): 124.

[86] Feng Y. , Huang X. , Sun H. , et al. Framingham Risk Score Modifies the Effect of PM10, on Heart Rate Variability [J] . Science of the Total Environment, 2015, 523: 146 -151.

[87] Forslid R. , Ottaviano G. I. An Analytically Solvable Core - Periphery Model [J] . Journal of Economic Geography, 2003, 3 (3): 229 -240.

[88] Friedlander S. K. , Marlow W. H. Smoke, Dust and Haze: Fundamentals of Aerosol Behavior [J] . Physics Today, 1977, 30 (9): 58 -59.

[89] Fu H. , Chen J. Formation, Features and Controlling Strategies of Severe Haze - fog Pollutions in China [J] . Science of the Total Environment, 2016 (578): 121.

[90] Fu L. , Yang M. , Chen Y. Factors Influencing PM2. 5 and the Governance Strategies in Jiangsu [J] . Nature Environment and Pollution Technology, 2016, 15 (4): 1401 -1408.

[91] Fukuyama H., Weber W. L. A Directional Slack – based Measure of Technical Inefficiency [J]. Socio – Economic Planning Science, 2009, 43 (4): 274 – 287.

[92] Fullerton D. The Economics of Pollution Havens [M]. Cheltenham, UK: Edward Elgar Pub., 2006.

[93] Gallero F. J. G., Vallejo M. G., Umbría A., et al. Multivariate Statistical Analysis of Meteorological and Air Pollution Data in the "Campo De Gibraltar" Region, Spain [J]. Environmental Monitoring & Assessment, 2006, 119 (1 – 3): 405 – 423.

[94] Gao L., Tian Y., Zhang C., et al. Local and Long – range Transport Influences on PM2.5 at a Cities – cluster in Northern China, During Summer 2008 [J]. Particuology, 2014, 13 (2): 66 – 72.

[95] Gao M., Guttikunda S. K., Carmichael G. R., et al. Health Impacts and Economic Losses Assessment of the 2013 Severe Haze Event in Beijing Area [J]. Science of the Total Environment, 2015 (511): 553 – 561.

[96] Ghisetti C., Pontoni F. Investigating Policy and R&D Effects on Environmental Innovation: A Meta – analysis [J]. Ecological Economics, 2015 (118): 57 – 66.

[97] Ghisetti C., Rennings K. Environmental Innovations and Profitability: How Does It Pay to Be Green? An empirical Analysis on the German Innovation Survey [J]. Journal of Cleaner Production, 2014 (75): 106 – 117.

[98] Gray W. B., Shadbegian R. J. When Do Firms Shift Production Across States to Avoid Environmental Regulation? [J]. Social Science Electronic Publishing, 2002.

[99] Greater London Authority. 50 Years on: The Struggle for Air Quality in London Since the Great Smog of December 1952 [M]. London, UK: Chandos Publishing Limited, 2002.

[100] Grey K., Brank D. Environmental Issues in Policy – Based Competition for Investment: A Literature Review [J]. Ecological Economics, 2002 (11): 71 – 81.

[101] Grossman G. M., Krueger A. B. Economic Growth and the Environment

[J]. Quarterly Journal of Economics, 1995, 110 (2): 353 – 377.

[102] Grossman G. M., Krueger A. B. Environmental Impacts of a North American Free Trade Agreement [J]. Social Science Electronic Publishing, 1991, 8 (2): 223 – 250.

[103] Han L., Zhou, W., Li, W., et al. Impact of Urbanization Level on Urban Air Quality: A Case of Fine Particles (PM2.5) in Chinese Cities [J]. Environmental Pollution, 2014, 194 (1): 163 – 170.

[104] Han R., Wang S. X., Shen W. H., et al. Spatial and Temporal Variation of Haze in China from 1961 to 2012 [J]. Journal of Environmental Sciences, 2016, 46 (8), 134 – 146.

[105] Hansen B. E. Sample Splitting and Threshold Estimation [J]. Econometrica, 2000, 68 (3): 575 – 603.

[106] Hansen B. E. Threshold Effects in Non – Dynamic Panels: Estimation, Testing, and Inference [J]. Journal of Econometrics, 1999, 93 (2): 345 – 368.

[107] Hao Y., Liu Y. M. The Influential Factors of Urban PM2.5, Concentrations in China: A Spatial Econometric Analysis [J]. Journal of Cleaner Production, 2015, 112: 1443 – 1453.

[108] Hassler J., Krusell P., Olovsson C. Energy – saving Technical Change [M]. NBER Working Paper No. 18456, 2012.

[109] Hasunuma H., Ishimaru Y., Yoda Y., et al. Decline of Ambient Air Pollution Levels Due to Measures to Control Automobile Emissions and Effects on the Prevalence of Respiratory and Allergic Disorders Among Children in Japan [J]. Environmental Research, 2014 (131): 111 – 118.

[110] He C., Huang Z., Ye X. Spatial Heterogeneity of Economic Development and Industrial Pollution in Urban China [J]. Stochastic Environmental Research and Risk Assessment, 2014, 28 (4): 767 – 781.

[111] He J. Pollution Haven Hypothesis and Environmental Impacts of Foreign Direct Investment: The Case of Industrial Emission of Sulfur Dioxide (SO_2) in Chinese Provinces [J]. Ecological Economics, 2006, 60 (1): 228 – 245.

[112] Head K., Mayer T. Market Potential and the Location of Japanese Firms in the European Union [J]. The Review of Economics and Statistics, 2004, 86 (4):

959 – 972.

[113] Hester R. E., Harrison R. M. Air Quality in Urban Environments [R]. Royal Society of Chemistry, 2009.

[114] Hixson M., Mahmud A., Hu J., et al. Resolving the Interactions Between Population Density and Air Pollution Emissions Controls in the San Joaquin Valley, USA [J]. Journal of the Air & Waste Management Association, 2012, 62 (5): 566 – 575.

[115] Hodson M., Marvin S. Can Cities Shape Socio – technical Transitions and How Would We Know If They Were [J]. Research Policy, 2010, 39 (4): 477 – 485.

[116] Hojnik J., Ruzzier M. The Driving Forces of Process Eco – innovation and Its Impact on Performance: Insights from Slovenia [J]. Journal of Cleaner Production, 2016 (133): 812 – 825.

[117] Hojnik J., Ruzzier M. What Drives Eco – innovation? A Review of an Emerging Literature [J]. Environmental Innovation & Societal Transitions, 2015 (19): 31 – 41.

[118] Hojnik J., Ruzzier M., Manolova T. S. Internationalization and Economic Performance: The Mediating Role of Eco – innovation [J]. Journal of Cleaner Production, 2018 (171): 1312 – 1323.

[119] Hoover E. M. Location Theory and the Shoe and Leather Industries [M]. Harvard University Press, 1937: 72 – 101.

[120] Horbach J., Oltra V., Belin J. Determinants and Specificities of Eco – innovations Compared to Other Innovations: An Econometric Analysis for the French and German Industry Based on the Community Innovation Survey [J]. Industry and Innovation, 2013, 20 (6): 523 – 543.

[121] Horbach J., Rammer C., Rennings K. Determinants of Eco – innovations by Type of Environmental Impact – the Role of Regulatory Push/Pull, Technology Push and Market Pull [J]. Ecological Economics, 2012 (78): 112 – 122.

[122] Hosseini H. M., Rahbar F. Spatial Environmental Kuznets Curve for Asian Countries: Study of CO_2 and PM10 [J]. Journal of Envirnomental Studies, 2011, 37 (58): 1 – 14.

[123] Hu J., Wang Y., Ying Q., et al. Spatial and Temporal Variability of

PM2. 5 and PM10 over the North China Plain and the Yangtze River Delta, China [J] . Atmospheric Environment, 2014, 95 (1): 598 -609.

[124] Huang R. J. , Zhang Y. , Bozzetti C. , et al. High Secondary Aerosol Contribution to Particulate Pollution During Haze Events in China [J] . Nature, 2014, 5 (21): 218 -221.

[125] Huang W. , Long E. , Wang J. , et al. Characterizing Spatial Distribution and Temporal Variation of PM10 and PM2. 5 Mass Concentrations in an Urban Area of Southwest China [J] . Atmospheric Pollution Research, 2015, 6 (5): 842 -848.

[126] Jaffe A. B. , Newell R. G. , Stavins R. N. Environmental Policy and Technological Change [J] . Environmental and Resource Economics, 2002, 22 (1): 41 -70.

[127] Jaffe A. B. , Palmer K. Environmental Regulation and Innovation: A Panel Data Study [J] . Review of Economics & Statistics, 1997, 79 (4): 610 -619.

[128] Jerrett M. Atmospheric Science: The Death Toll from Air - pollution Sources [J] . Nature, 2015, 525 (75): 330.

[129] Jin Q. , Fang X. , Wen B. , et al. Spatio - temporal Variations of PM2. 5 Emission in China from 2005 to 2014 [J] . Chemosphere, 2017 (183): 429 -436.

[130] Johnstone N. , Hascic I. , Poirier J. , et al. Environmental Policy Stringency and Technological Innovation: Evidence from Survey Data and Patent Counts [J] . Applied Economics, 2012 (44): 2157 -2170.

[131] Kao C. Spurious Regression and Residual - based Tests for Cointegration in Panel Data [J] . Journal of Econometrics, 1999, 90 (1): 1 -44.

[132] Kheder S. B. , Zugravu N. Environmental Regulation and French Firms Location Abroad: An Economic Geography Model in an International Comparative Study [J] . Ecological Economics, 2012, 77 (3): 48 -61.

[133] Khoshsima M. , Ahmadi - Givi F. , Bidokhti A. A. , et al. Impact of Meteo rological Parameters on Relation Between Aerosol Optical Indices and Air Pollution in a Sub - urban Area [J] . Journal of Aerosol Science, 2014, 68 (2): 46 -57.

[134] Kriecher B. , Ziesemer T. The Environmental Porter Hypothesis: Theory, Evidence and a Model of Timing of Adoption [J] . Economics of Innovation and New Technology, 2009, 18 (3): 267 -294.

[135] Krugman P. A Dynamic Spatial Model [J]. National Bureau of Economic Research, 1992.

[136] Krugman P. Increasing Returns and Economic Geography [J]. National Bureau of Economic Research, 1990.

[137] Kuo Y. M., Wang S. W., Jang C. S., et al. Identifying the Factors Influencing PM2.5 in Southern Taiwan Using Dynamic Factor Analysis [J]. Atmospheric Environment, 2011, 45 (39): 7276 – 7285.

[138] Kuznets S. Economic Growth and Income Inequality [J]. American Economic Review, 1995 (49): 1 – 28.

[139] Kyriakopoulou E., Xepapadeas A. Environmental Policy, First Nature Advantage and the Emergence of Economic Clusters [J]. Regional Science and Urban Economics, 2013, 43 (1): 101 – 116.

[140] Lan Q. X., Han J. Research on the Green Transformation Strategy of Chines Industry [J]. Reform of Economic System, 2012 (1): 24 – 28.

[141] Lange A., Quaas M. F. Economic Geography and the Effect of Environmental Pollution on Agglomeration [J]. The B. E. Journal of Economic Analysis & Policy, 2007, 7 (1): 1 – 31.

[142] Lanoie P., Laurent – Lucchetti J., Johnstone N., et al. Environmental Policy, Innovation and Performance: New Insights on the Porter Hypothesis [J]. Journal of Economics & Management Strategy, 2011, 20 (3): 803 – 842.

[143] Lanoie P., Patry M. Lajeunesse R. Environmental Regulation and Productivity: Testing the Porter Hypothesis [J]. Journal of Productivity Analysis, 2008 (30): 121 – 128.

[144] Lee J. Y. Long – term Trends in Visibility and Its Relationship with Mortali ty, Air – quality Index, and Meteorological Factors in Selected Areas of Korea [J]. Aerosol & Air Quality Research, 2015, 15 (2): 673 – 681.

[145] Lee L. F., Yu J. Estimation of Spatial Autoregressive Panel Data Models with Fixed Effects [J]. Journal of Econometrics, 2010, 154 (2): 165 – 185.

[146] Leeuw A. A., Frank M. D., Moussiopoulos N., Sahm P., et al. Urban Air Quality in Larger Conurbations in the European Union [J]. Environmental Modelling & Software, 2001, 16 (4): 399 – 414.

[147] Lelieveld J., Evans J. S., Fnais M., et al. The Contribution of Outdoor Air Pollution Sources to Premature Mortality on a Global Scale [J]. Nature, 2015, 25 (75): 367 - 371.

[148] Lesage J. P., Fischer M. M. Spatial Growth Regressions: Model Specification, Estimation and Interpretation [J]. Social Science Electronic Publishing, 2008, 3 (3): 275 - 304.

[149] Lesage J. P., Pace R. K. Introduction to Spatial Econometrics [M]. Boca Raton, US: CRC Press Taylor and Francis Group, 2009: 513 - 514.

[150] Levidow L., Lindgaard P., Nilsson Å., et al. Process Eco - innovation: Assessing Meso - level Eco - efficiency in Industrial Water - Service Systems [J]. Journal of Cleaner Production, 2016 (110): 54 - 65.

[151] Levinson A. Environmental Regulations and Manufacturers' Location Choices: Evidence from the Census of Manufactures [J]. Journal of Public Economics, 1996, 62 (12): 5 - 29.

[152] Levinson A. Technology, International Trade, and Pollution from US Manu facturing [J]. American Economic Review, 2009, 99 (5): 2177 - 2192.

[153] Li L., Qian J., Ou C. Q., et al. Spatial and Temporal Analysis of Air Pollution Index and its Timescale - dependent Relationship with Meteorological Factors in Guangzhou, China, 2001 - 2011 [J]. Environmental Pollution, 2014, 190 (7): 75.

[154] Li L., Tang D., Kong Y., et al. Spatial Analysis of Haze - fog Pollution in China [J]. Energy and Environment, 2016, 27 (6 - 7): 726 - 740.

[155] Li M., Zhang L. Haze in China: Current and Future Challenges [J]. Environmental Pollution, 2014, 189 (12): 85 - 86.

[156] Lian T., Ma T., Cao J., et al. The Effects of Environmental Regulation on the Industrial Location of China's Manufacturing [J]. Natural Hazards, 2016, 80 (2): 1381 - 1403.

[157] Lim S., Vos T., Flaxman A. D., et al. A Comparative Risk Assessment of Burden of Disease and Injury Attributable to 67 Risk Factors and Risk Factor Clusters in 21 Regions, 1990 - 2010: A Systematic Analysis for the Global Burden of Disease Study 2010 [J]. Lancet, 2015, 380 (98): 2224 - 2260.

[158] Lin X., Elder M. Major Developments in China's National Air Pollution

Policies in the Early 12th Five – Year Plan [R] . IGES Policy Report, 2014 (3) .

[159] List J. A. , Catherine Y. The Effects of Environmental Regulations on Foreign Direct investment [J] . Journal of Environmental Economics and Management, 2000 (40): 1 – 20.

[160] List J. A. US County – Level Determinants of Inbound FDI: Evidence from a Two – Step Modified Count Data Model [J] . International Journal of Industrial Organization, 2001, 19 (6): 953 – 973.

[161] Liu M. , Huang Y. , Jin Z. , et al. The Nexus Between Urbanization and PM2. 5 Related Mortality in China [J] . Environmental Pollution, 2017 (227): 15 – 23.

[162] Liu S. X. , Zhu Y. M. , Du K. Q. The Impact of Industrial Agglomeration on Industrial Pollutant Emission: Evidence from China Under New Normal [J] . Clean Technologies and Environmental Policy, 2017, 19 (9): 2327 – 2334.

[163] Liu T. , Zhang Y. H. , Xu Y. J. , et al. The Effects of Dust – haze on Mortality are Modified by Seasons and Individual Characteristics in Guangzhou, China [J] . Environmental Pollution, 2014, 187 (8): 116 – 123.

[164] Lou C. R. , Liu H. Y. , Li Y. F. , et al. Socioeconomic Drivers of PM2. 5 in the Accumulation Phase of Air Pollution Episodes in the Yangtze River Delta of China [J] . International Journal of Environmental Research & Public Health, 2016, 928 (13): 1 – 19.

[165] Low B. , Heinen J. Population, Resources, and Environment: Implications of Human Behavioral Ecology for Conservation [J] . Population and Environment, 1993, 15 (1): 7 – 14.

[166] Lu M. , H Feng. An Empirical Analysis of How Intra – province Spatial Distribution of Industries Affects Pollution [J] . World Economy, 2016 (7): 86 – 114.

[167] Luan C. J. , Tien C. , Chen W. L. Which "Green" is Better? An Empirical Study of the Impact of Green Activities on Firm Performance [J] . Asia Pacific Management Review, 2016 (21): 102 – 110.

[168] Lundvall B. Å. , Johnson B. , Andersen E. S. , et al. National Systems of Production, Innovation and Competence Building [J] . Research Policy, 2002 (2): 213 – 231.

[169] Ma Y. R. , Ji Q. , Fan Y. Spatial Linkage Analysis of the Impact of Regional Economic Activities on PM2. 5 Pollution in China [J] . Journal of Cleaner Production, 2016 (139): 1157 - 1167.

[170] MacKerron G. , Mourato S. Life Satisfaction and Air Quality in London [J] . Ecological Economics, 2009, 68 (5): 1441 - 1453.

[171] Malmberg A. Industrial Geography: Agglomeration and Local Milieu [J] . Progress in Human Geography, 1996, 20 (3): 392 - 403.

[172] Managi S. , Jena P. R. Environmental Productivity and Kuznets Curve in India [J] . Ecological Economics, 2008 (65): 432 - 440.

[173] Maria L. Economic Structure and Pollution Intensity Within the Environmental Input - output Framewor [J] . Energy Policy, 2007 (35): 3410 - 3417.

[174] Matus K. , Nam K. M. , Selin N. E. , et al. Health Damages from Air Pollution in China [J] . Global Environmental Change, 2012, 22 (1): 55 - 66.

[175] Mazeikis A. Urbanization Influence on Meteorological Parameters of Air Pollution: Vilnius Case Study [J] . Baltica, 2013, 26 (1): 51 - 56.

[176] Mccann P. , Ortega - Argiles R. Smart Specialization, Regional Growth and Applications to European Union Cohesion Policy [J] . Regional Studies, 2015, 49 (8): 1291 - 1302.

[177] Megaritis A. G, Fountoukis C. , Charalampidis P. E. , et al. Linking Climate and Air Quality over Europe: Effects of Meteorology on PM2. 5 Concentrations [J] . Atmospheric Chemistry & Physics, 2014, 14 (18): 10283 - 10298.

[178] Meng J. , Liu J. , Guo S. , et al. The Impact of Domestic and Foreign Trade on Energy - related PM Emissions in Beijing [J] . Applied Energy, 2016 (184): 853 - 862.

[179] Michaels G. , Rauch F. , Redding S. J. Urbanization and Structural Transformation [J] . The Quarterly Journal of Economics, 2012, 2 (127): 535 - 586.

[180] Moran P. A. Notes on Continuous Stochastic Phenomena [J] . Bimetrika, 1950, 37 (1 - 2): 17 - 23.

[181] Morgan O. A. , Condliffe S. Spatial Heterogeneity in Environmental Regulation Enforcement and the Firm Location Decision among US Counties [J] . The Review of Regional Studies, 2009, 39 (3): 239 - 252.

[182] Mulatu A., Gerlagh R., Dan R., et al. Environmental Regulation and Industry Location in Europe [J]. Environmental & Resource Economics, 2010, 45 (4): 459-479.

[183] Noailly J., Ryfisch D. Multinational Firms and the Internationalization of Green R&D: A Review of the Evidence and Policy Implications [J]. Energy Policy, 2015 (83): 218-228.

[184] Nyiwul L. Economic Performance, Environmental Concerns, and Renewable Energy Consumption: Drivers of Renewable Energy Development in Sub-Sahara Africa [J]. Clean Technologies and Environmental Policy, 2017, 19 (2): 437-450.

[185] Pace R. Barry R. Sparse Spatial Autoregressions [J]. Statistics and Probability Letters, 1997 (33): 291-297.

[186] Pan Q., Yu Y., Tang Z., et al. Haze, a Hotbed of Respiratory-associated Infectious Diseases, and a New Challenge for Disease Control and Prevention in China [J]. American Journal of Infection Control, 2014, 42 (6): 688.

[187] Panayotou T. Empirical Tests and Policy Analysis of Environmental Degradation at Different Stages of Economic Development [M]. Working Papers, 1993, 4.

[188] Pedroni P. Fully Modified OLS for Heterogeneous Cointegrated Panels [M]. Bingley, UK: Emerald Group Publishing Limited, 2000.

[189] Peng J., Chen S., Lü H., et al. Spatiotemporal Patterns of Remotely Sensed PM2.5, Concentration in China from 1999 to 2011 [J]. Remote Sensing of Environment, 2016 (174): 109-121.

[190] Platt S. M., Haddad I. E., Pieber S. M., et al. Two-stroke Scooters are a Dominant Source of Air Pollution in Many Cities [J]. Nature Communications, 2014, 5 (83): 4749.

[191] Popp D. International Innovation and Diffusion of Air Pollution Control Technologies: The Effects of NO_x, and SO_2, Regulation in the US, Japan, and Germany [J]. Journal of Environmental Economics and Management, 2006, 51 (1): 46-71.

[192] Popp D., Newell R. Where Does Energy R&D Come from? Examining Crowding out from Energy R&D [J]. Energy Economics, 2012, 34 (4): 980-991.

[193] Porter M. E., Van der Linde C. Toward a New Conception of the Environment Competitiveness Relationship [J]. Journal of Economic Perspectives, 1995, 9 (4): 97-118.

[194] Pui D. Y. H., Chen S. C., Zuo Z. PM2.5 in China: Measurements, Sources, Visibility and Health Effects, and Mitigation [J]. Particuology, 2014 (13): 1-26.

[195] Qin S., Liu F., Wang C., et al. Spatial-temporal Analysis and Projection of Extreme Particulate Matter (PM10, and PM2.5) Levels Using Association Rules: A Case Study of the Jing-Jin-Ji region, China [J]. Atmospheric Environment, 2015 (120): 339-350.

[196] Quah, E., Boon T. L. The Economic Cost of Particulate Air Pollution on Health in Singapore [J]. Journal of Asian Economics, 2003, 14 (1): 73-90.

[197] Ren P., Ponder J. W. Polarizable Atomic Multipole Water Model for Molecular Mechanics.

[198] Ren W., Z. Yang J., Mnligrana B., Anderson W., Watt J. Chen, H. Leung. Urbanization, Land Use, and Water Quality in Shanghai 1947-1996 [J]. Environment International, 2003, 29 (5): 649-659.

[199] Rennings K. Redefining Innovation-Eco-innovation Research and the Contribution from Ecological Economics [J]. Ecological Economics, 2000, 32 (2): 319-332.

[200] Rennings K., Rammer C. Increasing Energy and Resource Efficiency through Innovation-An Explorative Analysis Using Innovation Survey Data [R]. ZEW Discussion Paper No. 009-056, 2009.

[201] Rexhäuser S., Rammer C. Environmental Innovations and Firm Profitability: Unmasking the Porter Hypothesis [J]. Environmental and Resource Economics, 2014, 57 (1): 145-167.

[202] Robaina-Alves M., Moutinho V., Macedo P. A. New Frontier Approach to Model the Eco-efficiency in European Countries [J]. Journal of Cleaner Production, 2015 (103): 562-573.

[203] Rosenfeld D., Dai J., Yu X., et al. Inverse Relations Between Amounts of Air Pollution and Orographic Precipitation [J]. Science, 2007 (315) (58): 1396.

［204］ Rupasingha A. , Goetz S. J. , Debertin D. L. , et al. The Environmental Kuznets Curve for US Counties：A Spatial Econometric Analysis with Extensions ［J］ . Papers in Regional Science, 2004, 83 (2)：407 –424.

［205］ Sadiq R. , Haji S. A. , Cool G. , et al. Using Penalty Functions to Evaluate Aggregation Models for Environmental Indices ［J］ . Journal of Environmental Management, 2010, 91 (3)：706 –716.

［206］ Sadiq R. , Rodriguez M. J. Fuzzy Synthetic Evaluation of Disinfection By – products – A Risk – based Indexing System ［J］ . Journal of Environmental Management, 2004, 73 (1)：1 –13.

［207］ Sanni M. Drivers of Eco – innovation in the Manufacturing Sector of Nigeria ［J］ . Technological Forecasting & Social Change, 2018 (131)：303 –314.

［208］ Sarkar A. N. Promoting Eco – innovations to Leverage Sustainable Development of Eco – industry and Green Growth ［J］ . European Journal of Sustainable Development, 2013, 2 (1)：171 –224.

［209］ Satterwaite D. The Implication of Population Growth and Urbanization for Climate Change ［J］ . Environment and Urbanization, 2009 (12)：545.

［210］ Selden T. M. , Song D. Environmental Quality and Development：Is There a Kuznets Curve for Air Pollution Emissions? ［J］ . Journal of Environmental Economics & Management, 1994, 27 (2)：147 –162.

［211］ Shadbegian R. J. , Gray W. B. Pollution Abatement Expenditures and Plant – level Productivity：A Production Function Approach ［J］ . Ecological Economics, 2005, 54 (2)：196 –208.

［212］ Shahraki N. , Turkay M. Analysis of Interaction Among Land Use, Transportation Network and Air Pollution Using Stochastic Nonlinear Programming ［J］ . International Journal of Environmental Science & Technology, 2014, 11 (8)：2201 – 2216.

［213］ Shi H. , Wang Y. , Chen J. , et al. Preventing Smog Crises in China and globally ［J］ . Journal of Cleaner Production, 2016 (112)：1261 –1271.

［214］ Shimamoto K. Effects of Environmental Regulations on Pollution Reduction and Firm Location ［J］ . Regional Science Inquiry, 2016, 8 (3)：65 –76.

［215］ Silva R. A. , West J. J. , Zhang Y. , et al. Global Premature Mortality Due to Anthropogenic Outdoor Air Pollution and the Contribution of Past Climate Change [J]. Environmental Research Letters, 2013, 8 (3): 34005 - 34015.

[216] Söderholm K., Söderholm P., Helenius H., et al. Environmental Regulation and Competitiveness in the Mining Industry: Permitting Processes with Special Focus on Finland, Sweden and Russia [J]. Resources Policy, 2015 (43): 130 - 142.

[217] Song Y., Wang X., Maher B. A., et al. The Spatial - temporal Characteristics and Health Impacts of Ambient Fine Particulate Matter in China [J]. Journal of Cleaner Production, 2016 (112): 1312 - 1318.

[218] Song Y., Zhang Y., Xie S., et al. Source Apportionment of PM2.5 in Beijing by Positive Matrix Factorization [J]. Atmospheric Environment, 2006, 40 (8): 1526 - 1537.

[219] Statheropoulos M., Vassiliadis N., Pappa A. Principal Component and Canonical Correlation Analysis for Examining Air Pollution and Meteorological Data [J]. Atmospheric Environment, 1998, 32 (6): 1087 - 1095.

[220] Sueyoshi T., Wang D. Radial and Non - radial Approaches for Environmental Assessment by Data Envelopment Analysis: Corporate Sustainability and Effective Investment for Technology Innovation [J]. Energy Economics, 2014 (45): 537 - 551.

[221] Sun Y. Spatial Distribution of Haze Pollution in China and Eco - compensation Measures [J]. Nature Environment and Pollution Technology, 2016, 15 (3): 929 - 934.

[222] Tai A. P. K., Mickley L. J., Jacob D. J. Correlations Between Fine Particulate Matter (PM2.5) and Meteorological Variables in the United States: Implications for the Sensitivity of PM2.5 to Climate Change [J]. Atmospheric Environment, 2010, 44 (32): 3976 - 3984.

[223] Tang D., Li L., Yang Y. Spatial Econometric Model Analysis of Foreign Direct Investment and Haze Pollution in China [J]. Polish Journal of Environmental Studies, 2016, 25 (1): 317 - 324.

[224] Taylor M. S., Copeland B. R. Trade, Growth and the Environment [J]. Social Science Electronic Publishing, 2003, 42 (1): 7 - 71.

[225] Teng M. J., Wu S. Y., Chou J. H. Environmental Commitment and Eco-

nomic Performance – Short – Term Pain for Long – Term Gain [J]. Environmental Policy & Governance, 2014, 24 (1): 16 – 27.

[226] Tian X., Ju M., Shao C., et al. Developing a New Grey Dynamic Modeling System for Evaluation of Biology and Pollution Indicators of the Marine Environment in Coastal Areas [J]. Ocean & Coastal Management, 2011, 54 (10): 750 – 759.

[227] Titos G., Lyamani H., Drinovec L., et al. Evaluation of the Impact of Transportation Changes on Air Quality [J]. Atmospheric Environment, 2015, 114: 19 – 31.

[228] Tobler W. R. A Computer Movie Simulating Urban Growth in the Detroit Region [J]. Economic Geography, 1970, 46 (2): 234 – 240.

[229] Tran L. T., Knight C. G., O' Neill R. V., et al. Integrated Environmental Assessment of the Mid – Atlantic Region with Analytical Network Process [J]. Environmental Monitoring & Assessment, 2004, 94 (1 – 3): 263 – 277.

[230] Trinh A., Georges V., Marie P. et al. Experimental Investigation and Modelling Approach of the Impact of Urban Wastewater on a Tropical River: A Case Study of the Nhue River [J]. Journal of Hydrology, 2007 (334): 347 – 358.

[231] Ushifusa U., Tomohara A. Productivity and Labor Density: Agglomeration Effects over Time [J]. Atlantic Economic Journal, 2013, 41 (3): 123 – 132.

[232] Vega S. H., Elhorst J. P. On Spatial Econometric Models, Spillover Effects and W [D]. European Regional Science Association Conference Papers, 2013.

[233] Verhorf T., Nijkamp P. Externalities in Urban Sustainability Environmental Versus Localization – type Agglomeration Externalities in a General Spatial Equilibrium Model of a Single – sector Monocentric Industrial City [J]. Ecological Economics, 2002, 40 (2): 157 – 179.

[234] Vieira – Filho M. S., Lehmann C., Fornaro A. Influence of Local Sources and Topography on Air Quality and Rainwater Composition in Cubatão and São Paulo, Brazil [J]. Atmospheric Environment, 2015, 10 (101): 200 – 208.

[235] Virkanen J. Effect of Urbanization on Metal Deposition in the Bay of Töölönlahti, Southern Finland [J]. Marine Pollution Bulletin, 1998, 36 (9): 729 – 738.

[236] Walter I., Ugelow J. L. Environmental Policies in Developing Countries

[J]. Ambio, 1979, 8 (2/3): 102 - 109.

[237] Wang K., Liu Y. Can Beijing Fight with Haze? Lessons Can be Learned from London and Los Angeles [J]. Natural Hazards, 2014, 72 (2): 1265 - 1274.

[238] Wang Q., Xie X., Wang M. Environmental Regulation and Firm Location Choice in China [J]. China Economic Journal, 2015, 8 (3): 215 - 234.

[239] Wang Q., Yuan B. L. Air Pollution Control Intensity and Ecological Total - factor Energy Efficiency: The Moderating Effect of Ownership Structure [J]. Journal of Cleaner Production, 2018 (186): 373 - 387.

[240] Wang S., Zhou C., Wang Z., et al. The Characteristics and Drivers of Fine Particulate Matter (PM2.5) Distribution in China [J]. Journal of Cleaner Production, 2017 (142): 1800 - 1809.

[241] Wang Z. B., Fang C. L. Spatial - temporal Characteristics and Determinants of PM2.5 in the Bohai Rim Urban Agglomeration [J]. Chemosphere, 2016, 148 (148): 148 - 162.

[242] Watson J. G. 2002 Critical Review - visibility: Science and Regulation [J]. Journal of the Air and Waste Management Association, 2002, 52 (6): 628 - 713.

[243] Wenwei Ren., Yang Zhong, John Meligrana. Urbanization, Land use, and Water Quality in Shanghai: 1947 - 1996 [J]. Environment International, 2003, 29 (5): 649 - 659.

[244] Whiteman C. D., Hoch S. W., Horel J. D., et al. Relationship Between Particulate Air Pollution and Meteorological Variables in Utah's Salt Lake Valley [J]. Atmospheric Environment, 2014 (94): 742 - 753.

[245] Wu X., Chen Y., Guo J., et al. Spatial Concentration, Impact Factors and Prevention - control Measures of PM2.5 Pollution in China [J]. Natural Hazards, 2016 (86): 1 - 18.

[246] Xia T. Y., Wang J. Y., Song K., et al. Variations in Air Quality During Rapid Urbanization in Shanghai, China [J]. Landscape & Ecological Engineering, 2014, 10 (1): 181 - 190.

[247] Xing Y., Kolstad C. D. Do Lax Environmental Regulations Attract Foreign Investment? [J]. Environmental & Resource Economics, 1998, 21 (1): 1 - 22.

[248] Xu B., Lin B. Regional Differences of Pollution Emissions in China: Contributing Factors and Mitigation Strategies [J]. Journal of Cleaner Production, 2016, 112 (4): 1454 - 1463.

[249] Yang F. X., Yang M. Analysis on China's Eco - innovations: Regulation Context, Intertemporal Change and Regional Differences [J]. European Journal of Operational Research, 2015 (247): 1003 - 1012.

[250] Yarime M. Promoting Green Innovation or Prolonging the Existing Techno logy [J]. Journal of Industrial Ecology, 2010, 11 (4): 117 - 139.

[251] You W., Zang Z., Zhang L., et al. Estimating Ground - level PM10 Concentration in Northwestern China Using Geographically Weighted Regression Based on Satellite AOD Combined with CALIPSO and MODIS Fire Count [J]. Remote Sensing of Environment, 2015 (168): 276 - 285.

[252] Zeng D. Z., Zhao L. Pollution Havens and Industrial Agglomeration [J]. Journal of Environmental Economics & Management, 2009, 58 (2): 141 - 153.

[253] Zhang Q., He K., Huo H. Cleaning China's Air [J]. Nature, 2012, 484 (93): 161 - 162.

[254] Zhang D., Liu J., Li B. Tackling Air Qollution in China - What do We Learn from the Great Smog of 1950s in London [J]. Sustainability, 2014, 6 (8): 5322 - 5338.

[255] Zhang H., Wang Y., Hu J., et al. Relationships Between Meteorological Parameters and Criteria Air Pollutants in Three Megacities in China [J]. Environmental Research, 2015 (140): 242 - 254.

[256] Zhang J., Samet J. M. Chinese Haze Versus Western Smog: Lessons Learned [J]. Journal of Thoracic Disease, 2015, 7 (1): 3 - 13.

[257] Zhang J., Yang S., et al. The Characteristics, Seasonal Variation and Source Apportionment of VOCs at Gongga Mountain, China [J]. Atmospheric Environment, 2014 (88): 297 - 305.

[258] Zhang R., Jing J., Tao J., et al. Chemical Characterization and Source Apportionment of PM2.5 in Beijing: Seasonal Perspective [J]. Atmospheric Chemistry Physics, 2013 (13): 7053 - 7074.

[259] Zhang X., Wang L., Wang W., et al. Long - term Trend and Spatiotem-

poral Variations of Haze over China by Satellite Observations from 1979 to 2013 [J]. Atmospheric Environment, 2015 (119): 362 - 373.

[260] Zhao X., Zhang X., Xu X., et al. Seasonal and Diurnal Variations of Ambient PM2.5 Concentration in Urban and Rural Environments in Beijing [J]. Atmospheric Environment, 2009, 43 (18): 2893 - 2900.

[261] Zhou Y., Zhu S., He C. How Do Environmental Regulations Affect Industrial Dynamics? Evidence from China's Pollution - intensive Industries [J]. Habitat International, 2017 (60): 10 - 18.

[262] 阿尔弗雷德·韦伯. 工业区位论 [M]. 北京：商务印书馆，2011.

[263] 埃尔霍斯特·J. 保罗. 空间计量经济学——从横截面数据到空间面板 [M]. 肖光恩译. 北京：中国人民大学出版社，2015.

[264] 安虎森. 空间经济学教程 [M]. 北京：经济科学出版社，2006.

[265] 包咏菲. 建好宁杭生态经济集聚带文化廊道——专访南京大学贺云翱教授 [J]. 群众，2017 (8): 40 - 41.

[266] 曹彩虹，韩立岩. 雾霾带来的社会健康成本估算 [J]. 统计研究，2015，32 (7): 19 - 23.

[267] 陈东. 治霾新途径：能源结构调整与发展清洁能源 [J]. 生态经济，2014 (6): 10 - 13.

[268] 陈海汉. 环境规制下企业创新补偿效应机理与提升对策 [J]. 产业与科技论坛，2015，14 (20): 209 - 211.

[269] 陈建军，胡晨光. 产业集聚的集聚效应——以长江三角洲次区域为例的理论和实证分析 [J]. 管理世界，2008 (6): 68 - 83.

[270] 陈健生，李文宇，刘洪铎. 区域竞争、本地市场效应与产业集聚——一个包含政府部门的新经济地理分析 [J]. 产业经济研究，2015 (1): 83 - 92.

[271] 陈开琦，杨红梅. 发展经济与雾霾治理的平衡机制 [J]. 社会科学研究，2015 (6): 42 - 48.

[272] 陈柳钦. 论产业集群、技术创新和技术创新扩散的互动 [J]. 中国矿业大学学报（社会科学版），2007 (3): 4.

[273] 陈楠，操文祥，丁青青等. 湖北省 PM2.5 与 PM10 比值分析及 PM2.5 时空分布特征研究 [J]. 环境科学与管理，2017，42 (1): 98 - 102.

[274] 陈媛媛. 工业集聚对行业清洁生产与末端治理的影响 [J]. 财经研

究，2011（9）：17－27.

［275］崔功豪，罗震东，何鹤鸣．创新理念打造宁杭生态城镇群［J］．群众，2017（8）：37－39.

［276］崔艳红．欧美国家治理大气污染的经验以及对我国生态文明建设的启示［J］．国际论坛，2015，17（5）：13－18.

［277］崔宇明，代斌，王萍萍．城镇化、产业集聚与全要素生产率增长研究［J］．中国人口科学，2013（4）：54－63.

［278］邓晓兰，车明好，陈宝东．我国城镇化的环境污染效应与影响因素分析［J］．经济问题探索，2017（1）：31－37.

［279］丁丰．产业集聚及其影响区域经济分析［J］．现代商贸工业，2010（6）：11－12.

［280］东童童，李欣，刘乃全．空间视角下工业集聚对雾霾污染的影响——理论与经验研究［J］．经济管理，2015（9）：29－41.

［281］董俊，朱程．求解宁杭生态经济集聚带绿色发展公约数［J］．群众，2017（8）：32－34.

［282］董敏杰，梁泳梅，李钢．环境规制对中国出口竞争力的影响——基于投入产出表的分析［J］．中国工业经济，2011（3）：57－67.

［283］董战峰，葛察，王金南．环境经济政策：十年呈现五大特征［J］．环境经济，2014（Z1）：32－36.

［284］董直庆，蔡啸，王林辉．技术进步方向、城市用地规模和环境质量［J］．经济研究，2014（10）：111－124.

［285］范剑勇．市场一体化、地区专业化与产业集聚趋势——兼谈对地区差距的影响［J］．中国社会科学，2004（6）：39－51.

［286］方时姣，周倩玲．产业结构、能源消费与我国雾霾的时空分布［J］．学习与实践，2017（11）：49－58.

［287］冯薇．产业集聚与生态工业园的建设［J］．中国人口·资源与环境，2006（3）：51－55.

［288］冯志军，陈伟，杨朝均．环境规制差异、创新驱动与中国经济绿色增长［J］．技术经济，2017，36（8）：61－69.

［289］傅京燕，李丽莎．环境规制、要素禀赋与产业国际竞争力的实证研究——基于中国制造业的面板数据［J］．管理世界，2010（10）：87－98.

［290］高静，刘国光．自由贸易下要素禀赋、环境规制和中国制造业的空间集聚［J］．湖南科技大学学报（社会科学版），2016，19（2）：70－78.

［291］高爽，魏也华，陈雯．环境规制对无锡市区污染密集型制造业区位选择的影响［J］．湖泊科学，2012，24（6）：883－890.

［292］高爽，魏也华，陈雯，赵海霞．发达地区制造业集聚和水污染的空间关联——以无锡市区为例［J］．地理研究，2011（5）：902－912.

［293］古冰，朱方明．我国污染密集型产业区域转移动机及区位选择的影响因素研究［J］．云南社会科学，2013（3）：66－70，95.

［294］郭建万，陶锋．集聚经济、环境规制与外商直接投资区位选择——基于新经济地理学视角的分析［J］．产业经济研究，2009（4）：29－37.

［295］郭亚军，马凤妹，董庆兴．无量纲化方法对拉开档次法的影响分析［J］．管理科学学报，2011，14（5）：19－28.

［296］郭亚军．综合评价理论、方法及应用［M］．北京：科学出版社，2007.

［297］韩楠，于维洋．中国产业结构对环境污染影响的计量分析［J］．统计与决策，2015（20）：133－136.

［298］郝寿义，张永恒．环境规制对经济集聚的影响研究——基于新经济地理学视角［J］．软科学，2016，30（4）：27－30.

［299］何枫，马栋栋，祝丽云．中国雾霾污染的环境库兹涅茨曲线研究——基于2001－2012年中国30个省市面板数据的分析［J］．软科学，2016（4）：37－40.

［300］何洁．外国直接投资对中国工业部门外溢效应的进一步精确量化［J］．世界经济，2000（23）：94－52.

［301］何静．产业集群的发展与城镇化互动初探［J］．财经问题研究，2004（2）：54－59.

［302］贺灿飞，谢秀珍，潘峰华．中国制造业省区分布及其影响因素［J］．地理研究，2008，27（3）：623－635.

［303］侯凤岐．我国区域经济集聚的环境污染效应研究［J］．西北农林科技大学学报（社会科学版），2008，8（3）：20－25.

［304］侯青，安兴琴，王自发等．2002～2009年兰州PM10人体健康经济损失评估［J］．中国环境科学，2011，31（8）：1398－1402.

［305］胡雪萍，梁玉磊．治理雾霾的政策选择——基于庇古税和污染权的启示［J］．科技管理研究，2015（8）：220－226.

［306］黄德春，刘志彪．环境规制与企业自主创新——基于波特假设的企业竞争优势构建［J］．中国工业经济，2006（3）：100－106.

［307］黄娟，汪明进．科技创新、产业集聚与环境污染［J］．山西财经大学学报，2016（4）：50－61.

［308］黄清煌，高明，吴玉．环境规制工具对中国经济增长的影响——基于环境分权的门槛效应分析［J］．北京理工大学学报（社会科学版），2017，19（3）：33－42.

［309］黄志基，贺灿飞，杨帆等．中国环境规制、地理区位与企业生产率增长［J］．地理学报，2015，70（10）：1581－1591.

［310］惠炜，赵国庆．环境规制与污染避难所效应——基于中国省际数据的面板门槛回归分析［J］．经济理论与经济管理，2017，36（2）：23－33.

［311］纪玉俊，邵泓增．产业集聚影响环境污染：加剧抑或抑制？基于我国城市面板数据的实证检验［J］．经济与管理，2018（3）：59－64.

［312］江兵，朱春林，杨蕾．基于“纵横向拉开档次法”的上市公司经营业绩评价［J］．运筹与管理，2005，14（1）：110－114.

［313］江珂．我国环境规制的历史、制度演进及改进方向［J］．改革与战略，2010，26（6）：31－33.

［314］江珂．中国环境规制对外商直接投资的影响研究［D］．华中科技大学博士学位论文，2010.

［315］姜丙毅，庞雨晴．雾霾治理的政府间合作机制研究［J］．学术探索，2014（7）：15－21.

［316］姜欢欢，李瑞娟，高颖楠．美国机动车污染控制经验及其对中国的启示研究［J］．环境污染与防治，2015，37（10）：104－110.

［317］姜绵峰，叶春明，盛真真等．上海市雾霾健康经济损失风险评估［J］．生态科学，2017，36（3）：90－97.

［318］蒋伏心，纪越，白俊红．环境规制强度与工业企业生产技术进步之关系——基于门槛回归的实证研究［J］．现代经济探讨，2014（11）：39－43.

［319］金春鹏，李晓清．扬子江城市群产业协同发展研究［J］．中国经贸导刊，2017（9）：39－43.

[320] 金培振，张亚斌，彭星．技术进步在二氧化碳减排中的双刃效应——基于中国工业 35 个行业的经验证据［J］．科学学研究，2014，32（5）：706－716.

[321] 金煜，陈钊，陆铭．中国的地区工业集聚：经济地理、新经济地理与经济政策［J］．经济研究，2006（4）：79－89.

[322] 景维民，张璐．环境管制、对外开放与中国工业的绿色技术进步［J］．经济研究，2014（9）：34－47.

[323] 康雨．贸易开放程度对雾霾的影响分析——基于中国省级面板数据的空间计量研究［J］．经济科学，2016（1）：114－125.

[324] 孔东民．通货膨胀阻碍了金融发展与经济增长吗？——基于一个门槛回归模型的新检验［J］．数量经济技术经济研究，2007（10）：56－66.

[325] 孔锋，吕丽莉，方建等．不同时间角度下的中国霾日数时空变化格局研究（1961 年～2015 年）［J］．华中师范大学学报（自然科学版），2017，51（3）：370－377.

[326] 孔令丞，李慧．环境规制下的区域污染产业转移特征研究［J］．当代经济管理，2017，39（5）：57－64.

[327] 郎铁柱．人口、资源与发展［M］．天津：天津大学出版社，2015.

[328] 雷社平，牛嘉悦，李想，王璐芸．陕西省关中地区产业集聚对环境污染的影响研究［J］．西安工业大学学报，2018（6）．

[329] 冷艳丽，杜思正．产业结构、城市化与雾霾污染［J］．中国科技论坛，2015（9）：49－55.

[330] 冷艳丽，杜思正．能源价格扭曲与雾霾污染——中国的经验证据［J］．产业经济研究，2016（1）：71－79.

[331] 李斌，彭星，欧阳铭珂．环境规制、绿色全要素生产率与中国工业发展方式转变——基于 36 个工业行业数据的实证研究［J］．中国工业经济，2013（4）：56－68.

[332] 李大元，孙妍，杨广．企业环境效益、能源效率与经济绩效关系研究［J］．管理评论，2015，27（5）：29－37.

[333] 李根生，韩民春．财政分权、空间外溢与中国城市雾霾污染：机理与证据［J］．当代财经，2015（6）：26－34.

[334] 李婧，谭清美，白俊红．中国区域创新生产的空间计量分析——基于静态与动态空间面板模型的实证研究［J］．管理世界，2010（7）：43－55.

[335] 李立，田益祥，张高勋等．空间权重矩阵构造及经济空间引力效应分析——以欧债危机为背景的实证检验 [J]．系统工程理论与实践，2015，35（8）：1918－1927.

[336] 李名升，张建辉，张殷俊等．近 10 年中国大气 PM10 污染时空格局演变 [J]．地理学报，2013，68（11）：1504－1512.

[337] 李娜，伍世代，代中强，王强．扩大开放与环境规制对我国产业结构升级的影响 [J]．经济地理，2016（11）：109－115.

[338] 李平，慕绣如．波特假说的滞后性和最优环境规制强度分析——基于系统 GMM 及门槛效果的检验 [J]．产业经济研究，2013（4）：21－29.

[339] 李顺毅，王双进．产业集聚对我国工业污染排放影响的实证检验 [J]．统计与决策，2014（8）：128－130.

[340] 李巍，郗永勤．创新驱动低碳发展了吗？——基础异质和环境规制双重视角下的实证研究 [J]．科学学与科学技术管理，2017，38（5）：14－26.

[341] 李伟娜，杨永福，王珍珍．制造业集聚、大气污染与节能减排[J]．经济管理，2010（9）：36－44.

[342] 李伟娜．中国城市雾霾治理的内在机理与路径选择研究 [J]．理论探讨，2016（1）：162－165.

[343] 李晓燕．京津冀地区雾霾影响因素实证分析 [J]．生态经济，2016，32（3）：144－150.

[344] 李筱乐．市场化、工业集聚和环境污染的实证分析 [J]．统计研究，2014，31（8）：39－45.

[345] 李新宁．雾霾治理：国外的实践与经验 [J]．生态经济，2015（5）：2－5.

[346] 李璇．环境规制与产业区域集聚效应研究——基于中国省际面板数据的实证分析 [J]．创新，2015，9（6）：106－111.

[347] 李扬．新常态下经济面临六大挑战 [N]．中国证券报，2014－12－08.

[348] 李勇刚，张鹏．产业集聚加剧了中国的环境污染吗：来自中国省级层面的经验证据 [J]．华中科技大学学报（社会科学版），2013（5）：97－106.

[349] 李玉楠，李廷．环境规制、要素禀赋与出口贸易的动态关系——基于我国污染密集产业的动态面板数据 [J]．国际经贸探索，2012，28（1）：34－42.

［350］李政大，袁晓玲，杨万平．环境质量评价研究现状、困惑和展望［J］．资源科学，2014，36（1）：175－181.

［351］李子豪．FDI 增加了还是减少了中国工业碳排放？——门槛效应视角的考察［J］．经济经纬，2016（2）：66－71.

［352］梁琦．中国工业的区位基尼系数——兼论外商直接投资对制造业集聚的影响［J］．统计研究，2003（9）：21－25.

［353］廖茂林．英国雾霾治理经验对中国的启示［J］．中国发展观察，2016（16）：58－59.

［354］林季红，刘莹．内生的环境规制："污染天堂假说"在中国的再检验［J］．中国人口·资源与环境，2013，23（1）：13－18.

［355］刘晨跃，徐盈之．城镇化如何影响雾霾污染治理？——基于中介效应的实证研究［J］．经济管理，2017（8）：6－23.

［356］刘华军，裴延峰．我国雾霾污染的环境库兹涅茨曲线检验［J］．统计研究，2017，34（3）：45－54.

［357］刘华军，孙亚男，陈明华．雾霾污染的城市间动态关联及其成因研究［J］．中国人口·资源与环境，2017，27（3）：74－81.

［358］刘鉴强．中国环境发展报告（2015）［M］．北京：社会科学文献出版社，2015.

［359］刘满凤，谢晗进．中国省域经济集聚性与污染集聚性趋同研究［J］．经济地理，2014（4）：25－32.

［360］刘强，李平．大范围严重雾霾现象的成因分析与对策建议［J］．中国社会科学院研究生院学报，2014（5）：63－68.

［361］刘婉琪，任毅，丁黄艳．长江经济带雾霾污染的空间特征及影响因素研究［J］．资源开发与市场，2017，33（10）：1220－1226.

［362］刘望辉，张奋勤，刘习平．产业集聚与新型城镇化的关系的实证研究［J］．统计与决策，2015（24）：140－143.

［363］刘西忠，吴绍山．宁杭生态经济集聚带建设的江苏作为［J］．群众，2017（8）：42－43.

［364］刘习平，宋德勇．城市产业集聚对城市环境的影响［J］．城市问题，2013（3）：9－15.

［365］刘晓红，江可申．基于静态与动态空间面板模型分析城镇化对雾霾的

影响［J］．农业工程学报，2017，33（20）：218－225.

［366］刘晓红，江可申．我国城镇化、产业结构与雾霾动态关系研究——基于省际面板数据的实证检验［J］．生态经济，2016，32（6）：19－25.

［367］刘修岩，张学良．集聚经济与企业区位选择——基于中国地级区域企业数据的实证研究［J］．财经研究，2010，36（11）：83－92.

［368］刘修岩，殷醒民，贺小海．市场潜能与制造业空间集聚：基于中国地级城市面板数据的经验研究［J］．世界经济，2007，30（11）：56－63.

［369］刘志忠，陈果．环境管制与外商直接投资区位分布——基于城市面板数据的实证研究［J］．国际贸易问题，2009（3）：61－69.

［370］陆大道，姚士谋，刘慧等．中国区域发展报告（北京）［M］．北京：商务印书馆，2007.

［371］陆铭，冯皓．集聚与减排：城市规模差距影响工业污染强度的经验研究［J］．世界经济，2014（7）：86－114.

［372］陆旸．从开放宏观的视角看环境污染问题：一个综述［J］．经济研究，2012（2）：146－158.

［373］路正南，冯阳．环境规制对碳绩效影响的门槛效应分析［J］．工业技术经济，2016，35（8）：31－37.

［374］罗能生，王玉泽．财政分权、环境规制与区域生态效率——基于动态空间杜宾模型的实证研究［J］．中国人口·资源与环境，2017，27（4）：110－118.

［375］马丽梅，刘生龙，张晓．能源结构、交通模式与雾霾污染——基于空间计量模型的研究［J］．财贸经济，2016（1）：147－160.

［376］马丽梅，张晓．区域大气污染空间效应及产业结构影响［J］．中国人口·资源与环境，2014（7）：157－164.

［377］马丽梅，张晓．中国雾霾污染的空间效应及经济、能源结构影响［J］．中国工业经济，2014（4）：19－31.

［378］马晓倩，刘征，赵旭阳等．京津冀雾霾时空分布特征及其相关性研究［J］．地域研究与开发，2016，35（2）：134－138.

［379］毛锦凰．环境规制对我国工业产业绩效影响的实证研究［D］．兰州大学博士学位论文，2016.

［380］孟德友，陆玉麒．基于引力模型的江苏区域经济联系强度与方向

[J]. 地理科学进展，2009，28（5）：697－704.

[381] 缪瑞林. 合力打造长三角新增长极 [J]. 群众，2017（8）：28－31.

[382] 穆泉，张世秋. 2013 年 1 月中国大面积雾霾事件直接社会经济损失评估 [J]. 中国环境科学，2013，33（11）：2087－2094.

[383] 潘月云，李楠，郑君瑜等. 广东省人为源大气污染物排放清单及特征研究 [J]. 环境科学学报，2015，35（9）：2655－2669.

[384] 彭迪云，刘畅，周依仿. 长江经济带城镇化发展对雾霾污染影响的门槛效应研究——基于居民消费水平的视角 [J]. 金融与经济，2015（8）：36－42.

[385] 彭海珍，任荣明. 环境政策工具与企业竞争优势 [J]. 中国工业经济，2003（7）：75－82.

[386] 彭文斌，程芳芳，路江林. 环境规制对省域绿色创新效率的门槛效应研究 [J]. 南方经济，2017（9）：73－84.

[387] 彭星，李斌. 不同类型环境规制下中国工业绿色转型问题研究[J]. 财经研究，2016，42（7）：134－144.

[388] 齐亚伟. 空间集聚、经济增长与环境污染之间的门槛效应分析[J]. 华东经济管理，2015（1）：72－78.

[389] 齐园，张永安. 北京三次产业演变与 PM2.5 排放的动态关系研究 [J]. 中国人口·资源与环境，2015（7）：15－23.

[390] 綦建红，鞠磊. 环境管制与外资区位分布的实证分析——基于中国 1985－2004 年数据的协整分析与格兰杰因果检验 [J]. 财贸研究，2007，18（3）：10－15.

[391] 钱峻屏，黄菲，杜鹃等. 广东省雾霾天气能见度的时空特征分析 I：季节变化 [J]. 生态环境学报，2006，15（6）：1324－1330.

[392] 丘兆逸. 国际垂直专业化集聚对中国环境的影响 [J]. 学术论坛，2012（3）：121－124.

[393] 邱玉霞，郭景先. 环境规制与技术创新：基于不同类型环境规制的比较分析 [J]. 企业经济，2017（6）：157－164.

[394] 任保平，宋文月. 我国城市雾霾天气形成与治理的经济机制探讨 [J]. 西北大学学报（哲学社会科学版），2014，44（2）：77－84.

[395] 任胜钢. 中国环境规制类型对区域生态效率影响的差异化机制研究 [J]. 经济管理，2016（1）：157－165.

[396] 任宛竹．基于新经济地理学的地方政府行为与经济集聚：一个综述[J]．现代管理科学，2017（9）：46－48.

[397] 茹少峰，雷振宇．我国城市雾霾天气治理中的经济发展方式转变[J]．西北大学学报（哲学社会科学版），2014，44（2）：90－93.

[398] 邵帅，李欣，曹建华等．中国雾霾污染治理的经济政策选择——基于空间溢出效应的视角[J]．经济研究，2016（9）：73－88.

[399] 邵帅，张可，豆建民．经济集聚的节能减排效应：理论与中国经验[J]．管理世界，2019（1）：36－60.

[400] 申萌，李凯杰，曲如晓．技术进步、经济增长与二氧化碳排放：理论和经验研究[J]．世界经济，2012（7）：83－100.

[401] 沈能，刘凤朝．高强度的环境规制真能促进技术创新吗？——基于“波特假说”的再检验[J]．中国软科学，2012（4）：49－59.

[402] 沈能，王艳，王群伟．集聚外部性与碳生产率空间趋同研究[J]．中国人口·资源与环境，2013，23（12）：40－47.

[403] 沈能，王群伟，赵增耀．贸易关联、空间集聚与碳排放——新经济地理学的分析[J]．管理世界，2014（1）：176－177.

[404] 沈能．工业集聚能改善环境效率吗？——基于中国城市数据的空间非线性检验[J]．管理工程学报，2014（3）：57－63.

[405] 沈能．环境规制对区域技术创新影响的门槛效应[J]．中国人口·资源与环境，2012，22（6）：12－16.

[406] 盛斌，吕越．外国直接投资对中国环境的影响：来自工业行业面板数据的实证研究[J]．中国社会科学，2012（5）：54－75.

[407] 史宇，张建辉，罗海江等．北京市2012～2013年秋冬季大气颗粒物污染特征分析[J]．生态环境学报，2013（9）：1571－1577.

[408] 宋娟，程婷，谢志清等．江苏省快速城市化进程对雾霾日时空变化的影响[J]．气象科学，2012，32（3）：275－281.

[409] 宋爽．环境规制工具影响污染产业投资区位的比较研究——基于空间视角的分析[J]．重庆理工大学学报（社会科学版），2017，31（4）：35－44.

[410] 苏芳．产业集聚与环境影响关系的库兹涅茨曲线检验[J]．生态经济，2015（2）：20－23.

[411] 孙根年．基于节能减排的我国工业行业分类研究[J]．商丘师范学

院学报，2008，24（3）：7－12.

［412］孙军，高彦彦．技术进步、环境污染及其困境摆脱研究［J］．经济学家，2014（8）：52－58.

［413］孙柳柳，唐送平．中国特色城镇化道路中有关环境问题的研究［J］．中国科技投资，2013（3）：59－60.

［414］孙学敏，王杰．环境规制对中国企业规模分布的影响［J］．中国工业经济，2014（12）：44－56.

［415］覃伟芳，廖瑞斌．环境规制、产业效率与产业集聚［J］．现代财经，2015（3）：14－26.

［416］谭灵芝，王国友．环境规制、服务业发展与区位分布影响研究［J］．西安财经学院学报，2015（4）：38－43.

［417］唐鹏程，杨树旺．环境保护与企业发展真的不可兼得吗?［J］．管理评论，2018，30（8）：225－235.

［418］陶品竹．城市空气污染治理的美国立法经验：1943－2014［J］．城市发展研究，2015，22（4）：9－13.

［419］陶长琪，琚泽霞．金融发展视角下环境规制对技术创新的门槛效应——基于价值链理论的两阶段分析［J］．研究与发展管理，2016，28（1）：95－102.

［420］陶长琪，周璇．环境规制、要素集聚与全要素生产率的门槛效应研究［J］．当代财经，2015（1）：10－22.

［421］田野，程婷．新贸易理论框架下我国对外贸易的环境效应研究［J］．统计与决策，2016（3）：145－147.

［422］童健，刘伟，薛景．环境规制、要素投入结构与工业行业转型升级［J］．经济研究，2016（7）：43－57.

［423］童玉芬，王莹莹．中国城市人口与雾霾：相互作用机制路径分析［J］．北京社会科学，2014（5）：4－10.

［424］王兵，吴延瑞，颜鹏飞．中国区域环境效率与环境全要素生产率增长［J］．经济研究，2010（5）：95－109.

［425］王锋正，陈方圆．董事会治理、环境规制与绿色技术创新——基于我国重污染行业上市公司的实证检验［J］．科学学研究，2018（2）：361－369.

［426］王锋正，姜涛，郭晓川．政府质量、环境规制与企业绿色技术创新

[J]．科研管理，2018，39（1）：26－33.

［427］王桂芝，顾赛菊，陈纪波．基于投入产出模型的北京市雾霾间接经济损失评估［J］．环境工程，2016，34（1）：121－125.

［428］王红梅．中国环境规制政策工具的比较与选择［J］．中国人口·资源与环境，2016，26（9）：132－138.

［429］王洪庆．人力资本视角下环境规制对经济增长的门槛效应研究［J］．中国软科学，2016（6）：52－61.

［430］王俊，陈柳钦．我国能源消费结构转型与大气污染治理对策［J］．经济研究参考，2014（50）：32－39.

［431］王磊，龚新蜀．城镇化、产业生态化与经济增长——基于西北五省面板数据的实证研究［J］．中国科技论坛，2014（3）：99－105.

［432］王磊，王琰琰，李慧明．再生资源产业集聚与区域环境污染：来自我国省域面板数据的实证分析［J］．科技进步与对策，2018（13）：72－77.

［433］王磊，龚新蜀．城镇化、产业生态化与经济增长——基于西北五省面板数据的实证研究［J］．中国科技论坛，2014（3）：99－105.

［434］王美霞．雾霾污染的时空分布特征及其驱动因素分析——基于中国省级面板数据的空间计量研究［J］．陕西师范大学学报（哲学社会科学版），2017（3）：37－47.

［435］王书斌，徐盈之．环境规制与雾霾脱钩效应——基于企业投资偏好的视角［J］．中国工业经济，2015（4）：18－30.

［436］王硕，郭晓旭．垂直关联、产业互动与双重集聚效应研究［J］．财经科学，2012（9）：34－41.

［437］王小宁，周晓唯．市场化进程、环境规制与经济增长——基于东、中、西部地区的经验研究［J］．科学决策，2015（3）：82－94.

［438］王星．雾霾与经济发展——基于脱钩与 EKC 理论的实证分析［J］．兰州学刊，2015（12）：157－164.

［439］王兴杰，谢高地，岳书平．经济增长和人口集聚对城市环境空气质量的影响及区域分异［J］．经济地理，2015（2）：71－76.

［440］王振波，方创琳，许光等．2014 年中国城市 PM2.5 浓度的时空变化规律［J］．地理学报，2015，70（11）：1720－1734.

［441］魏玮，毕超．环境规制、区际产业转移与污染避难所效应——基于省

级面板 Poisson 模型的实证分析［J］. 山西财经大学学报，2011（8）：69－75.

［442］吴福象，段巍. 国际产能合作与重塑中国经济地理［J］. 中国社会科学，2017（2）：44－64.

［443］吴雁，陈瑞敏，王颉等. 2013 年河北中南部 PM10 和 PM2.5 浓度时间变化特征及其影响气象条件分析［J］. 气象与环境科学，2015，38（4）：68－75.

［444］吴颖，蒲勇健. 区域过度集聚负外部性的福利影响及对策研究——基于空间经济学方法的模拟分析［J］. 财经研究，2008（1）：106－115.

［445］吴玉鸣. 外商直接投资与环境规制关联机制的面板数据分析［J］. 经济地理，2007，27（1）：11－14.

［446］向堃，宋德勇. 中国省域 PM2.5 污染的空间实证研究［J］. 中国人口·资源与环境，2015，25（9）：153－159.

［447］项歌德. 空间计量经济学理论及其方法应用——基于 R&D 溢出效应测度的视角［M］. 上海：复旦大学出版社，2013.

［448］肖鹏，胡许萍，刘金培等. 环境规制差异对我国跨国企业技术创新的影响——基于海尔的探索性案例研究［J］. 经济经纬，2015，32（1）：102－107.

［449］谢里，张敬斌. 中国制造业集聚的空间技术溢出效应：引入制度环境差异的研究［J］. 地理研究，2016，35（5）：909－928.

［450］谢荣辉，原毅军. 产业集聚动态演化的污染减排效应研究——基于中国地级市面板数据的实证检验［J］. 经济评论，2016（2）：18－28.

［451］谢元博，陈娟，李巍. 雾霾重污染期间北京居民对高浓度 PM2.5 持续暴露的健康风险及其损害价值评估［J］. 环境科学，2014，35（1）：1－8.

［452］徐辉，杨烨. 人口和产业集聚对环境污染的影响——以中国的 100 个城市为例［J］. 城市问题，2017（1）：53－60.

［453］徐建中，贯君，林艳. 制度压力、高管环保意识与企业绿色创新实践——基于新制度主义理论和高阶理论视角［J］. 管理评论，2017（9）：72－83.

［454］徐敏燕，左和平. 集聚效应下环境规制与产业竞争力关系研究——基于“波特假说”的再检验［J］. 中国工业经济，2013（3）：72－84.

［455］徐茉，陶长琪. 双重环境规制、产业结构与全要素生产率——基于系统 GMM 和门槛模型的实证分析［J］. 南京财经大学学报，2017（1）：8－17.

［456］徐圆. 源于社会压力的非正式性环境规制是否约束了中国的工业污

染？[J]．财贸研究，2014（2）：7－15.

[457] 许和连，邓玉萍．外商直接投资、产业集聚与策略性减排[J]．数量经济技术经济研究，2016（9）：112－128.

[458] 许和连，邓玉萍．外商直接投资导致了中国的环境污染吗？——基于中国省际面板数据的空间计量研究[J]．管理世界，2012（2）：30－43.

[459] 许军涛，吴慧之．城市雾霾危机治理的现实困境与路径探索[J]．理论与实践，2015（5）：82－84.

[460] 闫逢柱，苏李，乔娟．产业集聚发展与环境污染关系的考察：来自中国制造业的证据[J]．科学学研究，2011（1）：79－83.

[461] 闫文娟，郭树龙，史亚东．环境规制、产业结构升级与就业效应：线性还是非线性？[J]．经济科学，2012，34（6）：23－32.

[462] 杨杰，卢进勇．外商直接投资对环境影响的门槛效应分析——基于中国247个城市的面板数据研究[J]．世界经济研究，2014（8）：81－87.

[463] 杨礼琼，李伟娜．集聚外部性、环境技术效率与节能减排[J]．软科学，2011，25（9）：14－19.

[464] 杨仁发．产业集聚、外商直接投资与环境污染[J]．经济管理，2015（2）：11－19.

[465] 杨仁发．产业集聚能否改善中国环境污染[J]．中国人口·资源与环境，2015（3）：23－29.

[466] 杨万平，袁晓玲．对外贸易、FDI对环境污染的影响分析——基于中国时间序列的脉冲响应函数分析：1982－2006[J]．世界经济研究，2008（12）：62－68.

[467] 杨万平．中国省际环境污染的动态综合评价及影响因素[J]．经济管理，2010（8）：159－165.

[468] 姚士谋，张平宇，余成等．中国新型城镇化理论与实践问题[J]．地理科学，2014（6）：641－647.

[469] 叶金珍，安虎森．开征环保税能有效治理空气污染吗[J]．中国工业经济，2017（5）：54－74.

[470] 殷永文，程金平，段玉森等．某市霾污染因子PM2.5引起居民健康危害的经济学评价[J]．环境与健康杂志，2011，28（3）：250－252.

[471] 袁晓玲，李政大．中国生态环境动态变化、区域差异和影响机制

［J］．经济科学，2013，35（6）：59－76.

［472］袁晓玲，张宝山，杨万平．基于环境污染的中国全要素能源效率研究［J］．中国工业经济，2009（2）：76－86.

［473］原毅军，刘柳．环境规制与经济增长：基于经济型规制分类的研究［J］．经济评论，2013（1）：27－33.

［474］原毅军，谢荣辉．环境规制的产业结构调整效应研究——基于中国省际面板数据的实证检验［J］．中国工业经济，2014（8）：57－69.

［475］原毅军，谢荣辉．环境规制与工业绿色生产率增长——对“强波特假说”的再检验［J］．中国软科学，2016（7）：144－154.

［476］原毅军，谢荣辉．环境规制的产业结构调整效应研究——基于中国省际面板数据的实证检验［J］．中国工业经济，2014（8）：57－69.

［477］原毅军，谢荣辉．产业集聚、技术创新与环境污染的内在联系［J］．科学学研究，2015，33（9）：1340－1347.

［478］张博颜，郭亚军．FDI 的环境效应与我国引进外资的环境保护政策［J］．中国人口·资源与环境，2009（4）：7－12.

［479］张成，于同申．环境规制会影响产业集中度吗?：一个经验研究［J］．中国人口·资源与环境，2012，22（3）：98－103.

［480］张国兴，李佳雪，胡毅等．节能减排科技政策的演变及协同有效性——基于 211 条节能减排科技政策的研究［J］．管理评论，2017（12）：72－83.

［481］张江雪，蔡宁，杨陈．环境规制对中国工业绿色增长指数的影响［J］．中国人口·资源与环境，2015，25（1）：24－31.

［482］张娟．资源型城市环境规制的经济增长效应及其传导机制——基于创新补偿与产业结构升级的双重视角［J］．中国人口·资源与环境，2017（10）：39－46.

［483］张可，汪东芳．经济集聚与环境污染的交互影响及空间溢出［J］．中国工业经济，2014（6）：70－82.

［484］张可，豆建民．集聚对环境污染的作用机制研究［J］．中国人口科学，2013（5）：105－117.

［485］张可，豆建民．集聚与环境污染——基于中国 287 个地级市的经验分析［J］．金融研究，2015（12）：32－45.

[486] 张可，汪东芳．经济集聚与环境污染的交互影响及空间溢出［J］．中国工业经济，2014（6）：70－82.

[487] 张平，张鹏鹏，蔡国庆．不同类型环境规制对企业技术创新影响比较研究［J］．中国人口·资源与环境，2016，26（4）：8－13.

[488] 张启春．中国省际环境基本公共服务绩效差异分析［J］．财经理论与实践，2014（3）：104－110.

[489] 张三峰，卜茂亮．环境规制、环保投入与中国企业生产率——基于中国企业问卷数据的实证研究［J］．南开经济研究，2011（2）：129－146.

[490] 张晓莹．环境规制对中国污染产业贸易竞争力影响机理研究［J］．经济与管理评论，2015（3）：38－45.

[491] 张旭，李伦．绿色增长内涵及实现路径研究述评［J］．科研管理，2016，37（8）：85－93.

[492] 张亚伟．发达国家环境规制改革的经验与启示［J］．中州学刊，2010（2）：82－84.

[493] 张友国．碳排放视角下的区域间贸易模式：污染避难所与要素禀赋［J］．中国工业经济，2015（8）：5－19.

[494] 张宇，蒋殿春．FDI、政府监管与中国水污染——基于产业结构与技术进步分解指标的实证检验［J］．经济学（季刊），2014（2）：491－514.

[495] 张云峰，陈洪全．江苏沿海城镇化与生态环境协调发展量化分析［J］．中国人口·资源与环境，2011（3）：113－116.

[496] 赵红．环境规制对中国产业技术创新的影响［J］．经济管理，2007（21）：57－61.

[497] 赵少钦，张海军，张潇潇．环境规制影响中国产业集聚的效应分析［J］．广西民族大学学报（哲学社会科学版），2013（3）：121－125.

[498] 赵细康．环境保护与产业国际竞争力——理论与实证分析［J］．北京：中国社会科学出版社，2003.

[499] 赵永亮，申泽文，廖瑞斌．环境规制的认知、社会责任感与集聚区企业区位选择［J］．产业经济研究，2015（3）：82－91.

[500] 赵玉民，朱方明，贺立龙．环境规制的界定、分类与演进研究［J］．中国人口·资源与环境，2009，19（6）：85－90.

[501] 郑国姣，杨来科．基于经济发展视角的雾霾治理对策研究［J］．生

态经济，2015（9）：34－38.

［502］郑季良．论产业集聚生态效应及其培育［J］．科技进步与对策，2008（4）：51－54.

［503］郑权，田晨．美国洛杉矶雾霾之战的经验和启示［J］．中国财政，2013（11）：70－71.

［504］钟茂初，李梦洁，杜威剑．环境规制能否倒逼产业结构调整——基于中国省际面板数据的实证检验［J］．中国人口·资源与环境，2015，25（8）：107－115.

［505］周兵，梁松，邓庆宏．金融环境视角下 FDI 流入与产业集聚效应的双门槛检验［J］．中国软科学，2014（1）：148－159.

［506］周海华，王双龙．正式与非正式的环境规制对企业绿色创新的影响机制研究［J］．软科学，2016，30（8）：47－51.

［507］周浩，郑越．环境规制对产业转移的影响——来自新建制造业企业选址的证据［J］．南方经济，2015，33（4）：12－26.

［508］周宏春，季曦．改革开放三十年中国环境保护政策演变［J］．南京大学学报（哲学·人文科学·社会科学版），2009（1）：31－40.

［509］周晶淼，赵宇哲，肖贵蓉等．污染控制下导向性技术创新对绿色增长的影响机理研究［J］．科研管理，2017，38（3）：38－51.

［510］周景坤．我国支持雾霾防治技术创新政策的优化策略研究［J］．理论月刊，2017（6）：148－154.

［511］周明生，王帅．产业集聚是导致区域环境污染的“凶手”吗？来自京津冀地区的证据［J］．经济体制改革，2018（5）：185－190.

［512］周锐波，石思文．中国产业集聚与环境污染互动机制研究［J］．软科学，2018（2）：30－33.

［513］周少甫，蔡梦宁．城市化、碳排放与经济增长关系的实证分析［J］．统计与决策，2017（2）：130－132.

［514］周生贤．我国环境保护的发展历程与探索［J］．人民论坛，2014（9）：10－13.

［515］周文．产业空间集聚机制理论的发展［J］．经济科学，1999（6）：96－101.

［516］周沂，贺灿飞，刘颖．中国污染密集型产业地理分布研究［J］．自

然资源学报，2015（7）：1183－1196.

［517］周长富，杜宇玮，彭安平．环境规制是否影响了我国 FDI 的区位选择？——基于成本视角的实证研究［J］．世界经济研究，2016（1）：110－120.

［518］朱英明，杨连盛，吕慧君，沈星．资源短缺、环境损害及其产业集聚效果研究——基于 21 世纪我国省级工业集聚的实证分析［J］．管理世界，2012（11）：28－44.

［519］朱英明．产业集聚论［M］．北京：经济科学出版社，2003.

［520］朱英明．产业集聚研究述评［J］．经济评论，2003（3）：117－121.

［521］朱英明．区域制造业规模经济、技术变化与全要素生产率——产业集聚的影响分析［J］．数量经济技术经济研究，2009（10）：3－18.

［522］朱英明，李玉见，刘素霞，裴宇，乔汉青．产业集聚对环境污染的减缓效应：理论与实证［J］．环境经济研究，2019（1）：86－107.

［523］朱英明．新时代中国新战略区域发展研究［J］．贵州省委党校学报，2018（2）：68－74.

［524］朱英明．以经济高质量发展助推美丽中国建设：学习贯彻习近平新时代中国特色社会主义经济思想和生态文明思想［J］．贵州省委党校学报，2019（3）：5－11.

［525］朱英明．实现产业集群与生态环境“双赢”［N］．新华日报，2018－12－04.

［526］朱英明．探索江苏鲜活实践，回答时代之问［N］．新华日报，2019－03－12.

［527］朱英明．加快构建物联网产业生态圈［N］．新华日报，2019－03－19.

［528］朱英明．借鉴发达国家经验建设江苏智能制造生态体系［J］．群众，2019（2）：39－40.

［529］朱英明．以海洋经济高质量撬动经济高质量［N］．新华日报，2019－06－25.